移民・ディアスポラ研究8

人口問題と移民

日本の人口・階層構造はどう変わるのか

駒井 洋 監修
是川 夕 編著

ジル・スピルボーゲル／ミケーラ・メグナジ
シャフェイ・グー／エリック・フォング
石田賢示／永吉希久子／馬 文甜／松宮 朝
鍛治 致／平澤文美／額賀美紗子

明石書店

「移民・ディアスポラ研究」8の刊行にあたって

移民やディアスポラの流入と定着にともなう諸問題は、重要な研究課題として日本でも近年急浮上してきた。第二次世界大戦後の日本社会においては、移民ないしディアスポラにあたる人びとは在日韓国・朝鮮人および在日中国人以外にはほとんどおらず、しかもこの人びとは、単一民族主義のイデオロギーのもとで、できれば日本社会から排除すべき存在として、厳重な管理統制のもとにおかれていた。したがって、この人びとが移民・ディアスポラとして日本社会を構成する、欠くことのできない一員であるという認識は、政策的にはまったく欠如していた。

1970年代から、外国人労働者をはじめとして、さまざまな背景をもつ外国人の流入が本格化したが、この人びとはあくまでも一時的滞在者にすぎず、いつかは本国へ帰国することあるいは帰国させることが政策の前提とされていた。このような状況にもかかわらず、移民ないしディアスポラとしての日本社会への定着は、まず在日韓国・朝鮮人や在日中国人からはじまった。この人びとのなかで外国籍を保持する者には特別永住者という日本での永住を予定する在留資格が与えられるとともに、日本国籍を取得して外国系日本人となる者が増加していった。また、非正規滞在者であっても、帰国する意思をもたない者には限られた条件をみたせば在留特別許可が付与されるようになり、その数は相当規模に達している。さらに日本人と結婚するなどの条件をみたした者には永住者という在留資格が与えられ、永住者は激増傾向にある。また、主として日本人の配偶者等あるいは定住者という在留資格で流入したラテンアメリカ日系人やその他の在留資格をもつ外国人の相当部分も日本社会に定着し、難しい条件をクリアして日本国籍を取得する者も増大している。つまり、日本に永住する意思のある外国籍者と日本国籍取得者とからなる、無視できない人口規模の外国系移民・ディアスポラは、日本社会にすでに確固とした地歩を確立したのである。

日本での従来の「移民」研究の主要な対象は、日本から主として北アメリカやラテンアメリカに渡った人びとであり、日本にやってくる人びとではなかった。そのため、「移民」研究にはこれまでとは異なる新しいアプローチが要求されている。ディアスポラは、「分散する」「拡散する」「まき散らす」などの意味をもつギリシャ語の動詞を起源とするものであり、近年、ユダヤ人ばかりでなく、国境を越えて定住する人びとをさす概念として広く使われるようになってきた。ディアスポラは、出身国と移住先国に二重に帰属しているから、その異種混淆性から従来の国民文化を超える新しい文化的創造をなしとげる可能性をもつ。また、ある出身国から離れてグローバルに離散したディアスポラは、いわばディアスポラ公共圏とも呼ばれるべきネットワークをグローバルに形成しつつあり、グローバル・ガバナンスの重要な担い手になりつつある。

このような状況に鑑み、われわれは「移民・ディアスポラ研究会」を結成することとした。その目的は、移民・ディアスポラ問題の理論的実践的解明とそれに基づく政策提言にある。この研究会は特定の学問分野に偏らず学際的に組織され、この趣旨に賛同する者であれば、誰でも参加できる。日本にはすでに「移民政策学会」が存在し、活発に活動している。「移民・ディアスポラ研究会」の現在の会員も全員「移民政策学会」の会員でもある。それにもかかわらず「移民・ディアスポラ研究会」を立ちあげる主な理由は、日本を中心としながらもグローバルな広がりをもつ、もっとも緊急に解明を要する課題をとりあげ、それに関する研究および実践の成果を体系的に整理しながら政策提言を行なう「移民・ディアスポラ研究」のシリーズを刊行することにある。シリーズの各号には編者をおくが、編集には会員全員があたる。また、このシリーズはおおむね年1冊の刊行をめざす。

シリーズ第8号のメインタイトルは、「人口問題と移民」とすることにした。日本社会は少子高齢化時代に突入し、それにともないこれから人口が急速に減少していくことは確実である。それに対処する方策として、移民の導入にたいする一般的期待が高まっている。それにたいして、移民導入による人口減少への対応は、その量があまりに多大となるので非現実的だというのが、本書を貫流する基本的前提である。

しかしながら、移民の一定の受け入れがこれから必然的に進展していくことは疑えない。その結果、受け入れ社会である日本にどのような人口社会学的な影響が現れるかを明らかにしたいということが、本書の主要な問題意識である。本書のサブタイトルは「日本の人口・階層構造はどう変わるのか」であるが、重点は階層構造に置かれている。

本書は3部から構成されている。第Ⅰ部は、移民受け入れへのシフトを意味する「国際移動転換」が日本にも波及したことを、ヨーロッパや東アジア諸国の経験と照らし合わせながら解明する。第Ⅱ部および第Ⅲ部は、移民集団別にみた階層構造とその変動の様態を検討する。第Ⅱ部は地位達成構造に焦点を当てながら移民の第一世代を、第Ⅲ部は代表的な移民集団の第二世代の地位達成構造を、検討の主たる対象とする。

第Ⅱ部の4論文のうち2論文は、全国的標本抽出にもとづくデータに依拠し、1論文は調査会社に登録されている対象者にたいするウェブ調査にもとづく全国調査であるという点で、特筆されるべき方法的特徴を共有している。こうして、日本全体の数量的分析が初めて可能となった。これは、これまでの日本の量的移民研究が果たせなかった課題であった。

本年4月から、新在留資格による外国人労働者の本格的な導入が開始された。あくまでも移民ではないという建前は保持されているものの、日本社会への影響は今後少なくないと思われる。本書の知見が、日本の本格的な移民政策の樹立に寄与することを切望する。

2019年5月3日

移民・ディアスポラ研究会代表　駒井　洋

人口問題と移民——日本の人口・階層構造はどう変わるのか　目次

◎序章

はじめに

移民受け入れと日本の人口・階層構造の変化

是川 夕

1 人口問題と移民

低迷する出生率の回復がなかなか見えてこないまま、日本社会が本格的な人口減少局面に入りつつあるなか、こうした状況に対する解決策としての移民政策への期待が高まってきている。折しも2019年4月には、戦後日本で初めて高度人材に限らない形での外国人労働者の受け入れが始まったことは、そうした期待の高まりを示すものともいえよう。こうしたなか、本書では「人口問題と移民」という、現在大きな注目を集めている論点について論じることを目的とする。

しかしながら、本書における狙いは人口減少局面における移民受け入れをことさらに称揚することでも否定することでもない。なぜなら、移民政策がマクロレベルでの少子高齢化を解決しないことについては、すでに国連の補充移民推計（UN 2001）によって示された通りであり、この点についてあらためて論じる必要性はほとんどないと考えるためである。

むしろ重要なのは、低出生力状態が持続するなか、一定規模の移民受け入れが進むことで、先進諸国は大きな社会人口学的な変動を経験しつつあるとする「第三の人口転換理論（the third demographic transition）」（Coleman 2006）や、そういった変動が若年層から社会経済的格差をともなった形で進行することで社会的分断が生じるとする「下からの多様性（diversity from the bottom）」（Lichter 2013）といった考え方に見られるように、低出生力下における移民流入は過去とも現在とも異なる新しい社会経済的状況を帰結するという視点であると考える。

もちろん、日本もこうした状況の例外ではない。たとえば、是川（2018）は、現状のペースでの移民流入が続いた場合でも、２０６５年には日本の総人口の約12％が外国籍、帰化、あるいは国際結婚による子どもであるなど、何らかの移民的背景をもつ人口によって占められるであろうことを明らかにしている。その際、重要になってくるのは移民と現地人のエスニシティの境界線がどのように構築されるのか、あるいは移民、及び現地人の社会経済的属性がどのように異なるかといったことであろう。

このような問題意識に基づき、本書では低出生力下における移民流入の人口学的影響を明らかにしつつ、それに基づいた社会変動の最たるものである社会階層論的な視点から、移民流入の社会経済的な影響を明らかにすることを目指す。また、それに当たっては日本における移民の移住過程（migratory process）の内、代表的なものをとりあげ、そこにおける移民の階層的地位変動、特にその分かれ目を明らかにすることを目指す。

こうした視点は今後、より一層の移民流入を経験すると予測される日本社会において「人口問題と移民」というテーマについて扱ううえで必要不可欠な視点であると考える。

2　本書の視点、及び構成

(1) 本書の視点

本書では、現代日本における移民受け入れの経験を日本に特殊なものと見なすのではなく、現在、特に１９９０年代以降、世界経済のグローバル化や先進諸国における低出生力状態の持続といったことを背景に見られた国際人口移動の活発化の一事例として扱う。これは、ある国や地域が移民送り出し／受け入れのいずれに位置づけられるかは固定的なものではなく、現在多くの国や地域で送り出しから受け入れへの転換が起きつつあるという「国際移動転換の波及」（proliferation of migration transition）（Castles et al. 2014）という考え方に基づくものである。

このような考え方を採用することで、現在の日本の経験を移民受け入れの経験として認識することが可能になると同時に、海外のものも含め移民受け入れに関する数多くの先行研究の成果を参照することが可能になる。しばしば見落とされることであるが、現在、多くの国にとっても移民受け入れは重要な政治的イシューであり、真正面から扱いにくいものとなっている。その意味で日本固有の問題とされることが多い、「バックドア」や「サイドドア」からの移民受け入れという状況（望月 2019）は他国にも多かれ少なかれ妥当する状況であり、そうした問題への対処方法について広く他国の経験も参照することは、われわれにとっても有益であるといえる。

第2に、本書では移民受け入れの経験を、移民個々人の移住過程（migratory process）とそこにおける「分かれ目」に注目してとらえることを目指した。これは移民受け入れの経験を当事者の視点に立って評価することを可能にすると同時に、それぞれの移民の置かれた状況を移住からの時間軸に沿って見ていくことを可能にする。

こうした背景には、移民は常に変化する存在であると同時に、単なる権力や資本による搾取の客体ではなく、主体的に行為する存在でもあるという認識がある。そこでは個々の移民は制度や市場による制約を受けつつも、それらを巧みに乗り越えたり／回避したりするなかで生活を営んでいると考えられるのである。

以下では、こうした視点に基づいて各章の内容について整理する。

(2) 本書の構成

本章は3部構成をとっており、第Ⅰ部では移民受け入れの社会人口学的な影響についてマクロな視点から分析している。そして第Ⅱ部、第Ⅲ部では移住過程に沿った階層変動について、日本における主要な移民グループごとに分析を行っている。さらに、第Ⅱ部、第Ⅲ部ではそれぞれ移民第一世代、及び第二世代以降に焦点を当てており、移住からの時間的経過にともなう違いを明らかにしている。以下でさらに各章ごとの内容について整理する。

第1章はこうしたグローバルな経験に関する分析を踏まえ、人口問題と移民の関係について日本の経験をもとに論点を整理したものである。具体的には以下の3つの論点について検討を行い、それぞれ以下の結論を得た。

第1に、日本がすでに国際人口移動転換を経て、移民受け入れ国になっているということが確認された。つまりこのことは、わが国において人口問題と移民の関係を論じることが他の先進国におけるのと同様、有効であることを意味するものである。

第2に、国立社会保障・人口問題研究所による最新の将来推計人口の結果を用いた場合でも、マクロな人口問題の解決策としての移民受け入れは現在、わが国にとって有効な解決策とはいえないということが明らかにされた。

第3にその一方で、わが国の労働市場において、外国人が労働力人口に占める割合自体は依然として小さいものの、他の先進諸国と同様、労働市場の変化やミクロな諸相において、外国人の与える影響が無視できないものになりつつあるということである。特に一部の職種や学歴の低い若年層においては、外国人労働者のプレゼンスは非常に大きなものとなってきているといえよう。これは低出生力状態に対する先見的（proactive）な処方箋としての移民受け入れではなく、その結果に対する受動的（reactive）な反応としての移民流入という視点の重要性を示すものといえよう。

第4に、日本社会が現在のままでも将来的には十分に大きなエスニシティ構成の多様化を経験することが示された。これは『第三の人口転換』を提唱するコールマンとほぼ同じ結果といえるだろう（Coleman 2006）。特に若年層でこうした変化は先行して起きると見込まれた。このことはわが国においても、今後エスニシティ構成の多様化、及びエスニシティの境界線が大きな社会的論点となることを示唆するものである。

以上の検討結果から見えてくるのは、人口問題と移民の関係について論じるに当たって、移民政策は人口問題に対するマクロな処方箋としての有効性はほとんどないといえるものの、低出生力下における移民流入はミクロな局面において大きな人口・社会変動の要因となるということである。特にそうしたミクロな変化はわが国の労働市場への影響、及びエスニシティ構成の変化という形ですでに顕在化しつつあるといえよう。これは冒頭で述べた本書を貫くテーマの有効性を再確認するものともいえる。

第2章では日本と同様、人口置換水準を下回る出生力を経験しつつ、日本よりもいち早く大量の移民受け入れを経験してきた欧州諸国の経験を扱う。そこではＥＵの２０３０年の労働力人口の規模と構成は直近や現在と大きく異なるものになると予想されているが、その主たる要因は高齢化と（若年層の）高学歴化であり、移民の流入の影響は緩やかなものにとどまると予想されている。これは国連の補充移民推計（UN 2001）などに示されているのと同様、国際人口移動が少子高齢化そのものの人口学的影響を相殺することはないとする結論を再確認するものといえよう。

しかしながら、職業や産業、あるいは学歴水準といった軸によって細分化して見ていくと、労働市場の特定のセグメントにおける労働需給ギャップを緩和するなど、新規移民の流入はミクロレベルでは大きな影響を及ぼしていることが示された。このことは低出生力下における移民受け入れという論点について考えていく際の重要な視点を示すものといえよう。

第3章は現在、世界で最も多くの国際人口移動が見られる地域でありながら既存の移民研究においてほとんど無視されてきた、（東）アジアにおける人口移動についてマクロな視点から分析を行ったものである。その結果、アジアから世界の他の地域への移動、あるいは世界の他の地域からアジアへの移動が世界の国際人口移動の大部分を占めていることや、そこでは移民における女性割合が増える「移民の女性化」が顕著に見られることが明らかにされた。また、同章ではこうした結果に基づき、アジア地域の国際人口移動を対象とした研究が行われることの必要性や、その際に欧米の経験とは異なるアジアの経験に基づいた理論的構築作業が必要とされていることを指摘している。

このような結果は１９９０年代以降、日本が経験してきた移民人口急増現象がアジア全域的に見られる現象の一端であり、そうしたなかでとらえられるべきことを端的に示すものといえよう。

ここまでの分析は人口問題と移民というテーマについて、主にマクロな視点、及び国際比較の視点からアプローチしたものであり、本章の第1の問題意識を反映したものといえる。次に第Ⅱ部以下では移民個々人の移住過程に焦点を当てた分析を行っている。

第4章は階層研究で標準的に用いられるブラウとダンカンの地位達成モデル（Blau and Duncan 1967）を日本における移民に応用し、日本人と移民のあいだの階層的地位達成構造の違いに焦点を当てたものとなっている。これは以下の分析にも通底する論点であり、またこれまで日本の移民研究において正面から問われたことがなかった重要な視点といえよう。

その結果明らかになったのは、男性の場合、移民第二世代では日本人とのあいだに地位達成構造の有意な差は見られなかった一方、第一世代では有意な差が見られたということである。具体的には第一世代では日本人の場合と異なり親の教育達成と本人の教育達成、及び親の職業的地位と本人の職業的地位（現職）のあいだに有意な関連が見られなかった。こうしたことから、移民男性の場合、世代を経ることで直線的同化が進んでいることが示された。一方、女性の場合、世代を問わず、移民女性と日本人女性の職業的地位達成構造のあいだに有意な差は見られないという結果が得られた。その点について著者は、日本人女性の就業機会が限定的であることにより、移民女性との差異が検出できなかったのではないか、という考察を示している。

第5章は、日本に居住する外国人に対して独自に行った全国調査の結果に基づくものである。こうした取り組みが可能になったのは２０１２年に新しい在留管理制度が導入され、外国籍人口も日本人と同様、住民基本台帳に収録されるようになり、同台帳のデータをもとに無作為抽出を行うことが可能になったことによる。同章では調査手法の詳細についても紹介されており、今後、同様の調査を行う際の重要な指針となるものといえよう。

　その結果、同調査はサンプル調査であるものの、その国籍や在留資格に関して、在留外国人統計との大きな乖離はなく、おおむね外国人全体を代表するものであることが確認された。また、その経済的地位達成に関する分析結果によると、特別永住者に代表されるオールドタイマーはニューカマーと比較して、専門職・管理職や経営者・自営業に就く割合が高いことが明らかにされたものの、それは世代を経るなかで優位性を獲得したということではなく、日本で高等教育を受けた者が多いことに起因するとしている。また、外国人の経済的地位達成の分岐点は、滞日年数の長期化にともなう日本社会へのさまざまな面での適応の有無ではなく、労働市場に入る時点に生じている可能性の高いことが指摘されている。最後に、ブラジル、ペルー、及びフィリピン国籍では、学歴や日本語能力の低さには還元しきれない経済的地位達成上の不利があるとされている。

　第6章では日本に居住する外国籍人口の約3分の1を占める中国人、とりわけ大学への留学生を中心とした高度人材の移住過程に注目した分析が行われている。そこで明らかにされたことは、中国人の留学、及び海外への滞在の動機はバリエーションに富んでいるということである。また、そうしたバリエーションを生み出す背景には、中国の経済発展によって、中国において大学卒業資格や留学経験に対する評価が高くなってきていること、または一人っ子世代であることや親の経済力が高いことでモラトリアムを追求することが可能になっているといった要素があるとされている。さらに、そうした結果を踏まえ、同章では高度人材中国人のあいだの多様性に注目した政策が求められていることを指摘している。

　第7章では、教育達成を通じた移住過程を代表するものとして、日本語学校で学ぶ留学生を対象とした独自の調査に基づいた分析を行っている。日本における外国人の移動過程において親族的要因の役割が後退していくなかで、そのプレゼンスを増しているのが日本語学校を通した移住過程であるといえるものの、その実態について明らかにした研究はまれであった。またそもそも移民研究においても留学を永住にいたる重要な移住過程と位置づける視点は弱く、そういった研究の蓄積は遅れているといえよう。

　そうしたなか、本研究では筆者が独自に行った調査の結果をもとに、日本語学校で学ぶ留学生の生活実態、及び移住過程における位置づけを明らかにした。具体的には、近年増加する日本語学校で学ぶ留学生を一時的な出稼ぎ労働者としてとらえる視点に注目し、特にその学力（日本語能力）、出身国への送金、及び中期的な日本滞在の意図に沿って検証を行うことで、日本語学校が教育達成を通じた移住過程の一部であるという命題を検証した。

その結果、よく言われるように日本語学校で学ぶ留学生の多くが短期的な経済的利得を目的とした出稼ぎ労働者であるという見方は、学歴や日本語能力が低い一部の層に限って妥当し、留学生全体を代表するとはいえないことが示されたといえよう。つまり、日本語学校は教育達成を通じた移住過程の一部であると考えられる。こうした見方は、マクロデータから見た全体の動向との関係でも整合的であるといえよう。また、本研究によって、これまで具体的に明らかにされることがなかった移住過程の失われた環（missing link）の一部が明らかにされたことの意義は大きいといえよう。

以上、第Ⅱ部では移民の階層的地位変動について、日本人との差異（第4章）、独自の全国調査を用いた分析（第5章）、高度人材中国人を対象とした分析（第6章）、及び近年プレゼンスを増す日本語学校で学ぶ留学生を対象とした分析（第7章）を行った。ここで明らかにされたことは、日本における移民の編入（incorporation）が、人的資本を軸とした日本人と同様のシステムの平面上で起きていること、及びそれに還元されない部分の2つからなるということであろう。また、移住者の側から見ても、どういった移住過程を展望するかは、日本と出身国のあいだの経済的格差といった単純な動機によるものではなく、その社会経済的背景による違いや中長期的な時間軸における展望の違いといったことが重要であることが示された。

第Ⅲ部では、世代を超えた移民の階層的地位変動に注目した分析を行った。第8章では、2008年のリーマンショック後の南米系住民の動向について雇用、住宅、第二世代の教育といった切り口から分析が行われている。その結果、南米系住民の第二世代の問題を考えるうえで、労働市場において技能実習生への労働力の置き換えが進むことにより南米系住民のウェイトが相対的に下がり、その「技能実習生化」とも呼ぶべき事態が進んでいることが明らかにされた。そのため、リーマンショック以前の労働をめぐる構造的問題が改善されることはなく、第二世代の教育や就労にも大きな影響を及ぼしている。また、定住が進んでいるにもかかわらず、社会保障・年金未加入が一定数存在している点も確認された。こうした点は、南米系住民の今後の生活において大きなリスク要因となっているとされる。

こうしたなか、南米系住民の一部にセーフティネットとして持ち家を購入するという自助的な手段により解決を目指す動きも認められるものの、集住地域でのエスニック・

コミュニティの機能の弱体化も並行して進んでおり、南米系住民の生活基盤の不安定性があらためて確認されたとしている。さらに同章では、南米系住民の受け入れの経験が現在日本における移民受け入れ政策を形成する重要な契機となっていることを指摘し、その政策の効果をしっかりと検証し再検討することの必要性を主張している。

第9章では大阪のある地域に住む中国帰国生徒（289人）の教育達成について著者の約20余年のフィールドワークをもとにした論考が示されている。同章では中国帰国生徒の教育達成を生徒自身の来日時期に分けて分析を行い、その結果、日本で生まれた第二世代と小学4－6年生の頃に来日した生徒のあいだで大学進学を含めた教育達成が最も進んでいることを明らかにした。一方、中学生の頃に来日した者（一・二世）は全体のなかで最も教育達成が進まず、それに次いで小学1－3年生の頃に来日した者（一・六世）、及び就学前に来日した者（一・八世）と続くことを明らかにしており、日本での滞在期間の長期化が直線的に教育達成の向上につながらないことを発見した。こうしたパターンの背景には、ポルテスらの示す親の文化変容と子どもの教育達成のあいだのパターン（Portes and Rumbaut 2001=2014）と同様のものが見られるとし、日本での滞在年数が長くともそれが親子の文化的断絶につながりがちな一・六世や一・八世では教育達成はかえって低くなると指摘する。そしてこうしたことから、移民二世では下降同化が起きていないと結論づけている。

第10章では、インドシナ難民として日本に定住したベトナム出身者、及び彼／彼女らに呼び寄せられた家族などを親にもつベトナム系第二世代の学校から労働市場への移行に焦点を当てた分析を行っている。その結果、学歴にかかわらず製造業での職に従事することが多かった第一世代に比べて、第二世代は相対的に教育達成が進んでいる可能性が指摘されている。また、労働市場への移行に当たっては、日ベトナム関係の変化や日本社会の変化にともなって、時期による違いが大きく見られることを指摘している。たとえば、80－90年代には、ベトナム系第二世代の若者は日本の大学を出ても就職の際にあからさまな差別を受けたことが明らかにされる一方、2000年代以降となると、むしろ経済のグローバル化やベトナムと日本の経済的関係の強まりを背景に、移民第二世代であることが有利に働く局面も見られるようになったという。

こうした状況を指して、同章では移民第二世代がその出自ゆえに「グローバル人材」として評価されること自体は肯定的に受け止めつつも、一方で依然として出自が問題とされることは、その出自にとどめ置かれかねない危険性をもつものとし、こうした傾向が移民第二世代の「包摂」に帰結するのか、あるいは「蚊帳の外」となるのかについて注視していく必要性を指摘している。

第11章では、フィリピン系移民第二世代の階層分化について、ライフストーリーを中心とした聞き取りを行い、学校はフィリピン人をスティグマ化する言説空間になっており、そのなかで子どもたちはエスニシティの無化・閉塞化を選択するか、逆にエスニシティを進学や就職の有効な資源とするかの選択肢を迫られていることを明らかにした。そうしたなかで、移民第二世代である本人のルーツや親子関係をはじめとする家族、そして学校や地域をはじめとする家族外の社会との関係が、本人のエスニシティに対する態度やそれを介したその後の教育達成をはじめとした階層的地位達成において重要な役割を果たすことを示した。また、いったん大学に進学した場合、高校までと異なり、フィリピン系であることに対する積極的な意味づけを得るチャンスに恵まれることが増えることを指摘しつつ、高校以前の教育課程でのエスニシティに対する扱いを変える必要性を主張している。

以上、第Ⅲ部で明らかにされたことは、移民第二世代の階層的地位達成において、安定的雇用に代表されるような親世代の経済的安定性や、自己の出自をいかに評価するかといったエスニック・アイデンティティのあり方が重要な役割を果たしているということである。また、そういった要因は本人たちの振る舞いによってのみ決まるものではなく、日本の社会経済情勢によって左右される部分が大きいことも示されたといえよう。

以下では本書で明らかにされたことをもとに、本書全体を貫く問いに答えていきたい。

3 考察

本書のそもそもの問いは、低出生力下における移民の受け入れが日本社会をいかに変容させるかということであった。そこで明らかにされたことは、第1に移民の受け入れはマクロレベルで見た少子高齢化のネガティブな影響を相殺するものではない、ということであった。これは他の諸外国におけるのと同様の結果であり、マクロな人口問題は移民受け入れによって解決されないことが再確認されたといえる。

一方で、他の先進諸国ではミクロな労働市場の個々のセグメントにおいて、移民の受け入れが労働力の置き換えに寄与していることが明らかにされ、日本においても類似の状況がすでに見られることが明らかにされたことは、昨今の外国人労働者をめぐる動きを見ていくうえで重要な視座を与えるものである。

次に、第Ⅱ部、第Ⅲ部ではそれぞれ移民第一世代、及び第二世代に焦点を絞り、その階層的地位達成の状況を移住過程に沿って明らかにした。その結果、日本における移民受け入れは部分的には移民のスムーズな階層的地位達成をともないつつ進んでいる一方、流動性が低い日本の労働市場や、同質化の圧力が強い日本の学校文化といった日本社会に固有の社会的文脈が、移民の日本社会への速やかな適応を阻んでいることが明らかにされた。

また、この10－20年のあいだに進んだ経済社会のグローバル化が、日本における移民の位置づけを大きく変えたことも明らかにされた。ひとつは、グローバル化によって海外とのビジネスがますます拡大し、留学生や移民第二世代といった外国とつながりをもつ人材への需要が増大したということである。その一方で、生産拠点のグローバルな再配置のなかで、雇用の調整弁としての派遣労働者の増加といった現象は、脆弱な労働者として移民を労働市場の底辺に押し込めることへもつながったといえよう。

最後に残された問いは、こうした状況を踏まえ、移民の受け入れが、今後、日本社会をどのように変えていくか、そしてそこにおいて移民はどのような移住過程を歩んでいくか、ということである。

現時点までに観察されていることから予想するならば、日本社会はさらなる移民の受け入れによって、社会的格差の急激な拡大を経験することなく、そして移民たち自身も極端なアンダークラスを形成するといった事態はひとまず避けられると考えられる。つまり、現在日本社会で見られる程度の格差構造の中に移民は組み込まれていくと考えられる。

こうした結果は意外に思われるかもしれない。しかしながら、より重要なのは移民を含め、社会を構成するメンバーであるわれわれが、どのような社会を作り上げていきたいかを鮮明にするということであろう。なぜなら、これらの課題は、移民受け入れの前から、すでに日本社会において解決すべきものとして認識されているものであり、それらが移民受け入れにともなってより鮮明になったにすぎないといえるからである。つまり、移民の受け入れについて考えることは、移民つまり、他者の問題について新たに考えることではなく、すでにあるわれわれの問題について共に考えることでもあるといえる。

参考文献

是川夕（2018）「日本における国際人口移動転換とその中長期的展望

——日本特殊論を超えて」『移民政策研究』10: 13–28
望月優大（2019）『ふたつの日本——「移民国家」の建前と現実』講談社
Blau, Peter M. and Otis Dudley Duncan（1967）*The American Occupational Structure*, The Free Press
Castles, S., H. D. Haas and M. J. Miller（2014）*The Age of Migration: International Population Movements in the Modern World*, Palgrave Macmillan
Coleman, D.（2006）“Immigration and Ethnic Change in Low-Fertility Countries: A Third Demographic Transition,” *Population and Development Review*, 32（3）: 401–46
Lichter, D. T.（2013）“Integration or Fragmentation? Racial Diversity and the American Future,” *Demography*, 50（2）: 359–91
Portes, A. and R. G. Rumbaut（2001）*Legacies: The Story of the Immigrant Second Generation*, University of California Press（村井忠政訳『現代アメリカ移民第二世代の研究——移民排斥と同化主義に代わる「第三の道」』明石書店、２０１４年）
United Nations Department of Economic and Social Affairs, Population Division（2001）*Replacement Migration: Is It a Solution to Declining and Ageing Populations?*, United Nations

第Ⅰ部
低出生力下における移民流入の人口学的影響

人口問題と移民*

日本の経験

是川　夕

1　移民受け入れは人口減少に対する解決策足りうるのか？

移民政策は人口減少への解決策となりうるのか？　これは2010年以降、本格的な人口減少局面に入った日本社会が自然と発し始めた問いである。もちろん、これまでも長引く低出生力状態やとどまることを知らない長寿化は少子高齢化問題という形で論じられてきた。しかしながら、実際に人口が減少し始めるにいたって、この問題はより切迫したものとしてわれわれの意識に上ることになったといえよう。

そもそも少子化については、1989年に合計出生率が過去最低を記録して以来（1・57ショック）、出生力そのものをターゲットとするのではなく、主に男女共同参画の促進という文脈で女性の就労継続と出産、育児の両立支援といった形で対策が行われてきた（赤川 2004, 2017）。しかしながら、なかなか回復しない出生力を目の当たりにするなか、近年、政府は希望出生率の実現といった形でより明確に出生力の引き上げを意識するようになってきたといえる（cf. 内閣府 2016: 43-48）。

入管政策（＝移民政策）についてもこれまで人口問題との関連が政府によって直接言及されることはなかったものの、特に2010年代に入ってから、高度人材ポイント制（2012年）や技能実習制度の大幅な改正（2017年）等、外国人労働者受け入れ（移民受け入れ）を促進する政策が相次いで打たれてきた。また、2014年には政府の有識者会議にて、人口減少に対するひとつのビジョンとして、年間20万人の移民の受け入れと出生率の回復（2030年の合計特殊出生率2・07）によって、2040年時点で1億人の人口を維持することが示された（内閣府 2014）。これは日本政府において移民受け入れが人口減少の解決策として示された初めての例といえる。さらに2018年秋の時点では生産年齢人口の趨勢的な減少にともなう人手不足に対応するため、マニュアルワークに従事する外国人労働者を受け入れるための法改正が戦後初めて行われるにいたっている[1]。

このように少子化対策の効果がなかなか見えてこないなか、（最後の手段としての）移民政策への期待は高まる一方であるものの、移民政策がわが国の人口減少への解決策足りうるかという点について、人口学的な観点から論じられることは稀であった。多くの議論は移民受け入れに関して、毎年の流入量などきわめて単純な仮定を置いただけのものであり、想定されるその他のメカニズムについては多くの知見を有さないまま議論を進めてきたといえる。その結果、移民受け入れの定量的な根拠が示されることがないまま、専らあいまいな期待感をもとに議論が進んできた。

以上を踏まえ、本章ではわが国において人口問題の観点から移民受け入れについて論じる際に焦点となる基本的な論点について検討することを目的とする。検討されるのは、以下の各点である。第1に、わが国が経験している国際人口移動の状況がグローバルな視点から見てどのように位置づけられるのかという点について確認する。第2に、少子高齢化に直面するなか、移民受け入れが現実的な解決策足りうるのかを改めて確認する。第3に、ミクロな局面に対する影響として、移民の流入がわが国の労働市場にもたらす影響について試算を行う。最後にわが国におけるエスニシティ構成の現状、及び将来について将来人口推計の視点から明らかにする。

これらはいずれも現在のわが国において移民受け入れの影響を人口問題との関係において論じる際の重要な論点であるものの、必ずしも明確にされてこなかった点であり、本章で検討する意義は大きいと考えられる。

2 先行研究の整理

人口問題と移民の関係について扱った研究としては、国連より2001年に公表された補充移民推計（replacement migration）（UN 2001）をあげることができる。同推計は人口置換水準を下回る出生力下にある先進各国において、仮にその減少分を国際移民の純流入によって補う場合、どの程度の規模が必要とされるかを推計し、注目を集めた。具体的には主に以下の4つのシナリオに基づいて推計を行っている。それらは、（1）1995年以降、移民の純流入を0とした場合に達成されたであろう総人口のピークを維持する場合、（2）この（1）と同様にして達成されたであろう生産年齢人口（15－64歳）のピークを維持する場合、あるいは（3）ターゲットを65歳以上人口に対する生産年齢人口の比（潜在的扶養指数）を3以上に維持するとした場合、最後に（4）1995年以降、移民の純流入を0とした場合に達成されたであろう潜在的扶養指数のピークを維持した場合の4つである。[2]

その結果、同推計では以下の結論を得ている。第1に21世紀の前半において、先進国の大半はその置換水準を下回る出生力と長寿化の影響で人口減少を経験するであろうとしつつ、移民受け入れがない場合、それはさらに深刻なものとなるであろうとしている。また、これまで移民を比較的多く受け入れてきたフランス、英国、米国、そしてEUといった地域では総人口を維持するために必要な移民の数は現状と比較してもそれほどでもないだろうとする一方、イタリア、日本、韓国といった国ではそれは過去や現在において経験されてきた水準を大きく上回るであろうとしている。さらに、生産年齢人口や潜在扶養指数を一定に維持するために必要とされる移民の数は、どの国の場合でも総人口を維持する際に必要とされる規模よりもはるかに大きいことを指摘している。

確かに、日本について見ると（**表1**）、2000年から2050年のあいだに毎年343千人～10471千人の移民の流入が必要とされており、特に潜在扶養指数を一定に維持するために必要とされる移民の数は1897千人～10471千人と非常に大きなものとなっている。

同推計はその必要とされる移民の多さによって大きな驚きを以て迎えられ（Coleman 2002）、人口減少や高齢化を移民の受け入れによって解決することが非現実的であるということを明確に示したといえよう。

しかしながら、その後、人口問題に対する移民政策の位置づけは、先見的（proactive）な解決策としてのものから、低出生力下において実際に進行する受動的（reactive）な人口・社会変動要因として位置づけられるようになってきているといえよう。

そのような視点を代表するものとしてあげられるのがコールマンの『第三の人口転換理論』である（Coleman 2006）。同研究では、現在、先進諸国に見られる低出生力下における持続的かつ大量の移民流入は、人口増加局面におけるのとは異なり、受け入れ社会の人口構成に大きな影響を与えるとしている。特に人口置換水準を大きく下回る

表1　国連補充移民推計の概要（年間純移民受入数、2000－50年の平均値）　（単位：千人）

国	シナリオ1	シナリオ2	シナリオ3	シナリオ4
日本	343	647	1,897	10,471
フランス	29	109	321	1,792
ドイツ	344	487	810	3,630
英国	53	125	273	1,194
韓国	30	129	232	102,563
米国	128	359	898	11,851
EU	949	1,588	3,073	13,480

出所：UN（2001）。

出生力が長く続くなか、中長期的にはマイノリティとマジョリティの入れ替えさえ起きるとされ、エスニックダイバーシティの拡大が今後、先進各国において大きな人口・社会変動の要因となると主張している。

こうした点については米国の人口学者であるリヒターが同様に、米国社会が経験しつつある大きな社会変動として、若年層から急速に進むエスニックダイバーシティの増大をあげている（Lichter 2013）。これは新たに流入する移民人口が若年層に偏っていることや、現地人と比較して移民の出生力が高いことによるもので、同氏はこれを"diversity from the bottom"（下からの多様化）と呼び、貧困や教育格差といった社会的分断が若年層から進みつつあることを明らかにしている。

また、移民流入の労働市場へ与える影響に注目した研究（Spielvogel & Meghnagi 2018; Meghnagi & Spielvogel 2018）は、移民を受け入れることで生産年齢人口そのものの維持が可能になるかといったマクロな問いかけではなく、年齢や学歴、職業といった細かなセグメント別に見た移民流入の影響を試算し、OECD加盟国間で比較している。その結果、移民人口は各国における退職者と若年新規入職者とのちょうど中間程度の学歴水準をもっているにもかかわらず、本来有するよりも低いスキルしか要さない職業に就く傾向（ミスマッチ）があることや、移民労働者は現地社会で急速に就労人口を増やしつつある職業のみならず、就労人口の減少を経験しつつある職業へも多く流入していることが示された。また、こうした影響は受入国によって大きく異なることも示された（詳細は本書第2章を参照）。

こういった視点に基づいた研究から明らかになってきたことは、移民受け入れは少子高齢化を根本的に解決することはないものの、それは受け入れ社会の人口・社会変動の要因としては無視できないということである。特に、移民流入を（ある程度は）受け入れ社会の低出生力状態による労働需給の逼迫に起因するととらえた場合（Massey et al. 2008: 32-3; Bean & Brown 2015: 73）、低出生力状態の持続と、その結果としての移民流入、及びそれによる人口・社会変動は受動的かつ不可避的な帰結ととらえられよう。

最後にこれらの一連の議論において、ある国が移民受け入れ国であるという立ち位置は固定的なものではなく、流動的なものであるということを指摘しておきたい。こうした視点に立つのがカースルズら（Castles et al. 2014）であり、同書によれば、近年、国際人口移動が活発化するにつれ、それまで移民送り出し国であった国／地域が短期間の内に移民受入国へ転換する国際人口移動転換（Migration Transition）の波及現象が見られるとされる。これは、人口問題と移民というテーマの広がりを考えるにあたって、重要な概念といえよう。

以上の先行研究から明らかになったことは、移民受け入れの人口学的効果はマクロに見れば少子高齢化という問題を解決するにはほど遠いものであるものの、低出生力下における持続的かつ大量の移民流入という現象は受け入れ社会に対して無視できない影響を及ぼすというものであった。また、そうした前提条件となる移民受入国としての立ち位置は固定的なものではなく、近年、グローバルな国際人口移動の活発化のなかで移民送り出し国から受入国へ転換する国際人口移動転換が波及拡大しつつあるというのである。これが現在、人口問題と移民というテーマについて考えるにあたっての出発点となる認識といえよう。

3 本章の視点

本章ではここまでに確認された認識と最新の研究結果を踏まえつつ、それらの妥当性を日本的な文脈において確認することを目的とする。具体的には以下の問いに答える。

第1に他の先進各国と同様、日本において移民の流入を今後の人口・社会変動の主要因としてとらえることが妥当かどうかという点について確認する。これは国際移動転換の波及過程において日本がどのように位置づけられるかを明らかにすることを意味する。

第2に、マクロな人口問題の解決策としての移民受け入れが現在わが国にとって有効な解決策といえるのかどうかという点について、最新のデータを用いて確認する。これは国連の補充移民推計が示唆する結果が現在でも有効であることを確認するものである。

第3に、ミクロな局面において新規移民流入がもたらす影響として、労働市場における移民流入の影響について国勢調査のデータから明らかにする。日本においても

(Spielvogel & Meghnagi 2018; Meghnagi & Spielvogel 2018) が示すように）労働市場において局所的な影響が見られるのかを明らかにする。

最後に現在、及び今後の日本のエスニシティ構成の現状、及び見通しについて、移民的背景をもつ人口の観点から明らかにする。これは、外国籍人口に限らず、日本へ帰化した人や両親の一方が移民である子ども（国際児）であるといった移民的背景をもつ人口全般の現状及び推移を見ることで、今後の日本社会のエスニシティ構成の変化を明らかにするものである。

4　日本における国際移動転換

日本において移民と人口問題の関係を論じる前提となるのが、日本が果たして移民受入国と呼べるのかどうかということである。この点について、日本は移民受入国ではないという認識は依然として強いといえるだろう。これは日本特殊論とでも言うべきものであり（明石 2010)、一般の人のみならず、移民研究者のあいだでも根強いものといえる。

しかしながら、グローバルな国際人口移動について包括的に論じているカースルズら（Castles et al. 2014）によれば、現代の国際人口移動の特徴として国際移動転換の波及現象（proliferation of migration transition）が見られるとしており、たとえば、ポーランド、スペイン、モロッコ、メキシコ、ドミニカ共和国、トルコ、韓国といった国々が移民送り出し国から受入国へと転換しつつあるとしている。

一方、日本の国際人口移動転換について論じた研究としてはWatanabe（1994)、石川（2005)、及び同研究を最新のデータに基づいて再検討した是川（2018）をあげることができるだろう。

ワタナベ（Watanabe 1994）によれば、戦前の日本はその強い人口増加圧力と相まって専ら移民送り出し国であったとしている。しかし、そうした特徴は太平洋戦争の終結とそれにともなう植民地、及び海外租借地等の喪失により一挙に変化したという。実際、終戦にともない、戦前には最盛期で267万人程度いた海外邦人の大半が帰国するとともに、戦前から日本列島に居住していた約130万人程度の植民地出身者の内、約半数が出身国に帰還した（**図1**）。その後1970年代まで日本は大規模な国際人口移動を経験することは少なかったものの、1980年代以降、日本経済のグローバル化の影響も相まって、再び海外に居住する日本人人口が増加し始めることとなる。ただこの時期の移動の多くは、企業の駐在員や留学生といった人たちによ

図1　明治期以降の在日外国人、及び在外在留邦人人口の長期推移

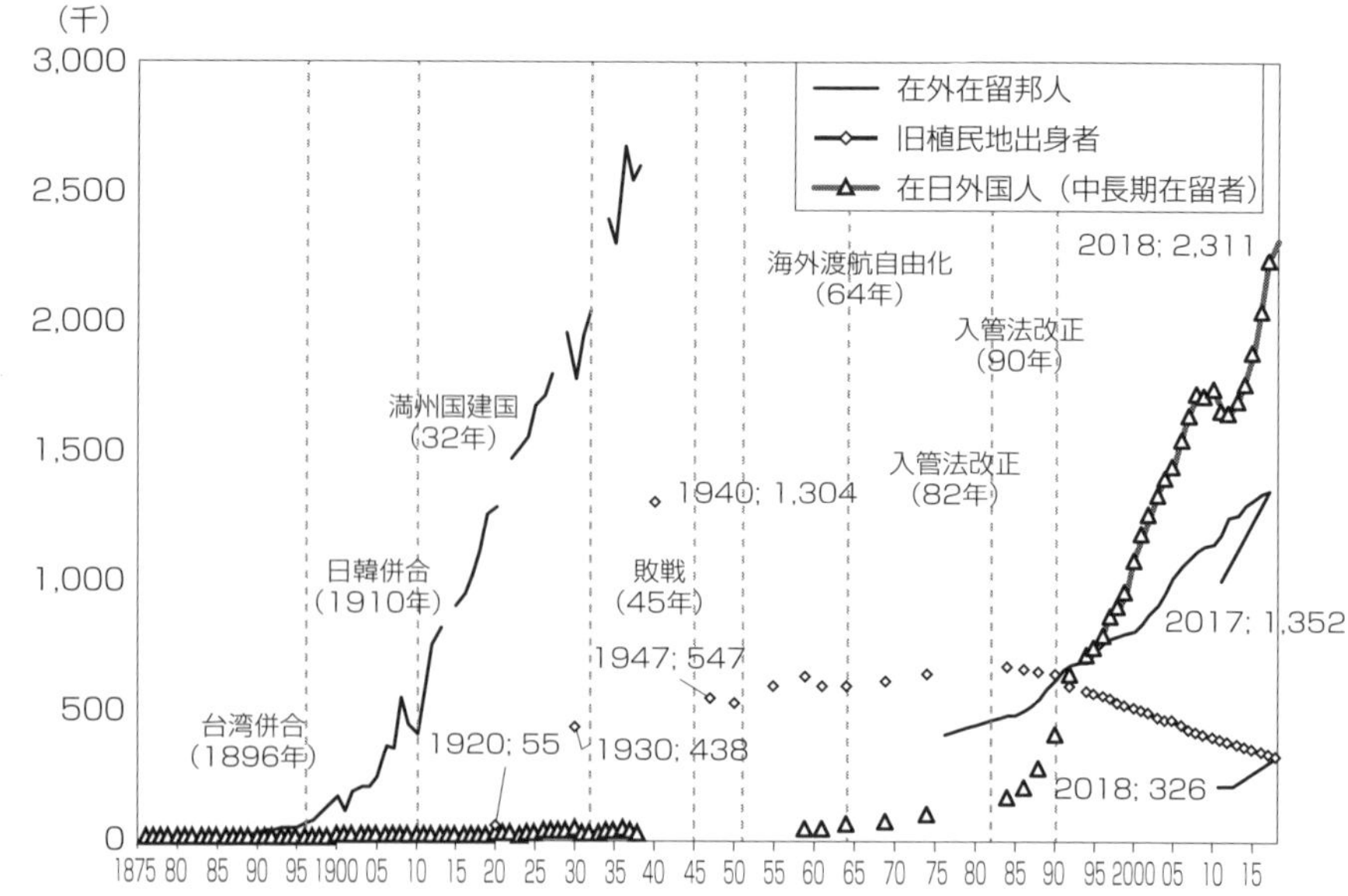

注：戦前期の在外在留邦人人口は『日本長期統計総覧』（日本統計協会 1987）に基づく。これは海外植民地等（朝鮮，台湾，樺太，関東州，南洋諸島）及び外国に居住する日本人人口の合計。戦後の在外在留邦人人口は，『海外在留邦人数調査統計』（外務省 1961, 1971, 1976-2017）に基づく。戦前期における在日旧植民地出身者人口については同様に『日本長期統計総覧』を参照した。戦前期の在日外国人人口については，『日本長期統計総覧』より外国人人口を参照した。戦後は『在留外国人統計』（法務省　1959b, 1964b, 1969b, 1974b, 1984b,1986b, 1988b, 1990b, 1992b, 1994b-2018b）の内，中長期在留者に該当する在留資格人口を用いた。なお、『在留外国人統計』が存在しない年については，『出入国管理統計年報』（法務省 1949a-2018a）の巻末に記載された各年末時点の外国人人口を用いて，その内一定数を中長期在留者が占めるものとして推定した値を用いている。
出所：各種資料より筆者作成。

るものであり、戦前のように国内の強い人口増加圧力を背景に海外に職を求めて移動した人たちとは性質を異にするとされる。

また、1980年代に入るとそれまでほぼ横ばいであった在日外国籍人口が増加し始めた。この背景にはバブル景気による労働集約部門における深刻な人手不足や日本経済の国際的なプレゼンスの高まりがあると考えられ、実際、この間の非正規滞在者数が急速に増加したことからもそうした変化をうかがうことができる。さらに、そうしたなか行われた入管法の改正において、日本での外国人の就労を可能にする在留資格が大幅に増加するとともに、研修生の受け入れの拡大や在留資格「定住者」による日系人の受け入れなど、非熟練労働力受け入れの機能的等価物となるルートが整備されたこともあり、日本に居住する外国籍人口は一挙に増加した。

こうした一連の変化により、1989年以降入国したニューカマー外国籍人口は、早くも1992年にはそれまで外国籍人口

図2　OECD加盟国における純入国超過率の推移

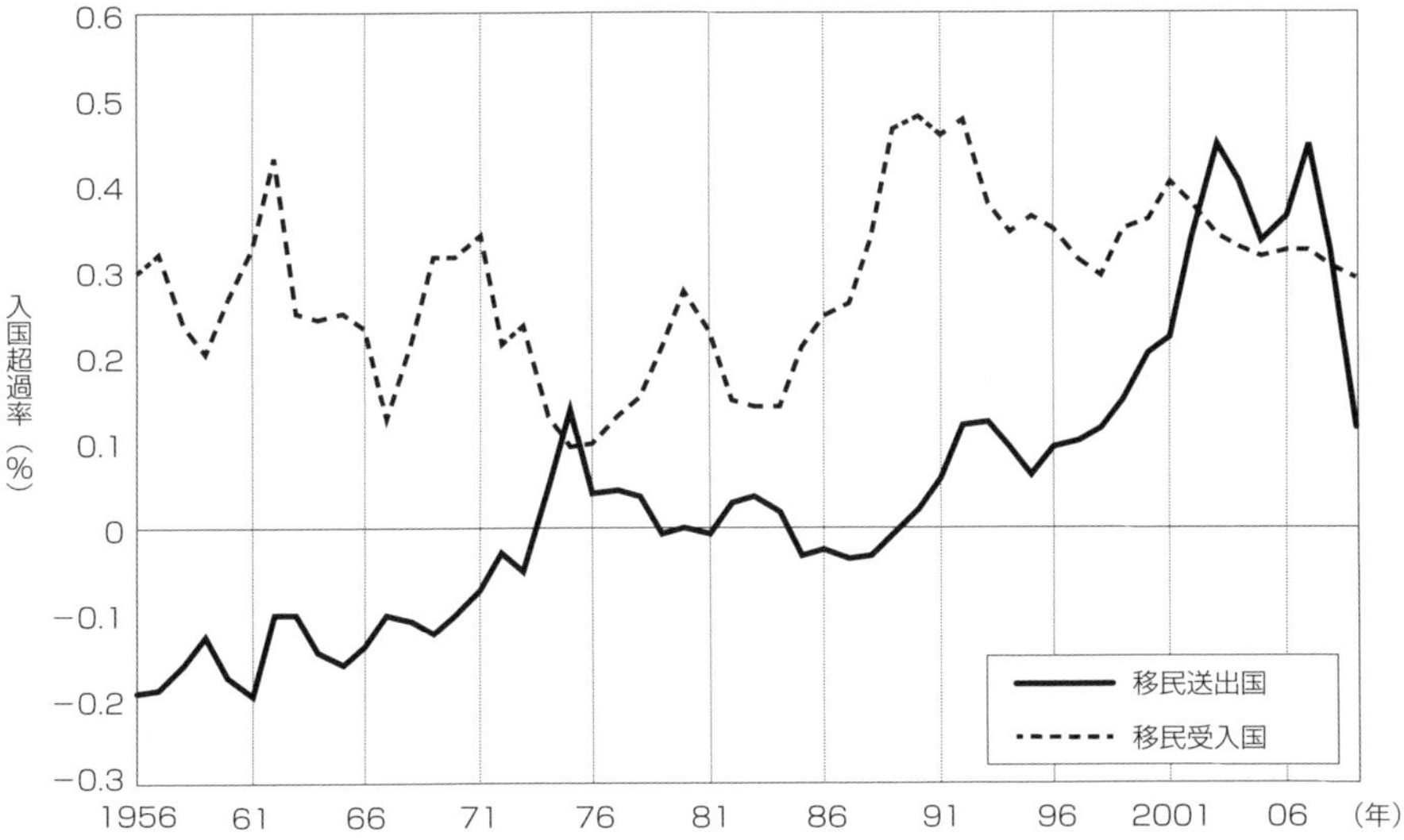

注：移民受入国とは、米国、ドイツ、フランス、オーストリア、英国、スイス、スウェーデン、ニュージーランド、ベルギー、ルクセンブルク、オランダ、オーストラリアを指す。移民送出国とは、チェコ、イスラエル、ノルウェー、デンマーク、フィンランド、スロバキア、ポーランド、日本、ギリシャ、ハンガリー、アイルランド、ポルトガル、イタリア、スペインを指す。
出所：OECD (2011)。

の大半を占めていた在日コリアン人口を抜き、その後１９９４年には海外在留邦人人口も抜くこととなった。さらにその後も同人口は増加のペースを緩めることなく、２０００年には１０８１７３２人と１００万人を超え、最新の統計（２０１８年６月末）では約２３１万人に達している。

こうした状況を受け、石川（2005）は２０００年代初頭までのデータをもとに、日本は１９９０年代に国際人口移動転換を経験したと結論づけている。また、是川（2018）はさらに２０１７年までのデータをもとにその傾向を明確にし、同様の結論を得ている。なお、ＯＥＣＤ（2011）によれば日本以外のＯＥＣＤ加盟国内においても、同様の変化が１９８０年代から90年代にかけて観察されている（**図2**）。これはこの時期における日本の経験が必ずしも入管法の改正に端を発した日本に固有のアドホックなものではなく、冷戦の終結やそれによる経済のグローバル化の進展などによって世界的に国際人口移動が活発化したことの一環であったという視点をとることを可能にするものといえよう。

こうしたことから見えてくることは、日本がすでに国際人口移動転換を経て、移民受入国になっているということである。つまりこのことは、わが国において人口問題と移民受け入れの関係を論じることが、他の先進国におけるのと同様、有効であることを意味する。

5 移民受け入れの人口学的効果の検証

移民受け入れを人口問題との関連で論じることが有効であるとして、それはどの程度、人口問題の解決に資するのであろうか。以下ではこの点について最新のデータをもとに検証する。

この点について、国立社会保障・人口問題研究所が行った最新の『日本の将来推計人口』（国立社会保障・人口問題研究所 2017）及び、同推計に添付された条件付き推計を参照してみよう。そこでは、出生率や国際人口移動仮定を機械的に変化させた場合の将来人口が示されている。

それによると、毎年の外国人の純入国者数のみを50万人とした場合でも、総人口を現在（2015年）と同程度に維持することはできず、これを75万人とした場合にようやく緩やかな増加を経験することが分かる（**図3**）。また、高齢化率については毎年50万人の外国人を受け入れた場合でも、高齢化率の上昇を食い止めることはできない。かろうじて毎年75万人以上受け入れた場合に、その若干の低下

図3　条件付き推計の結果

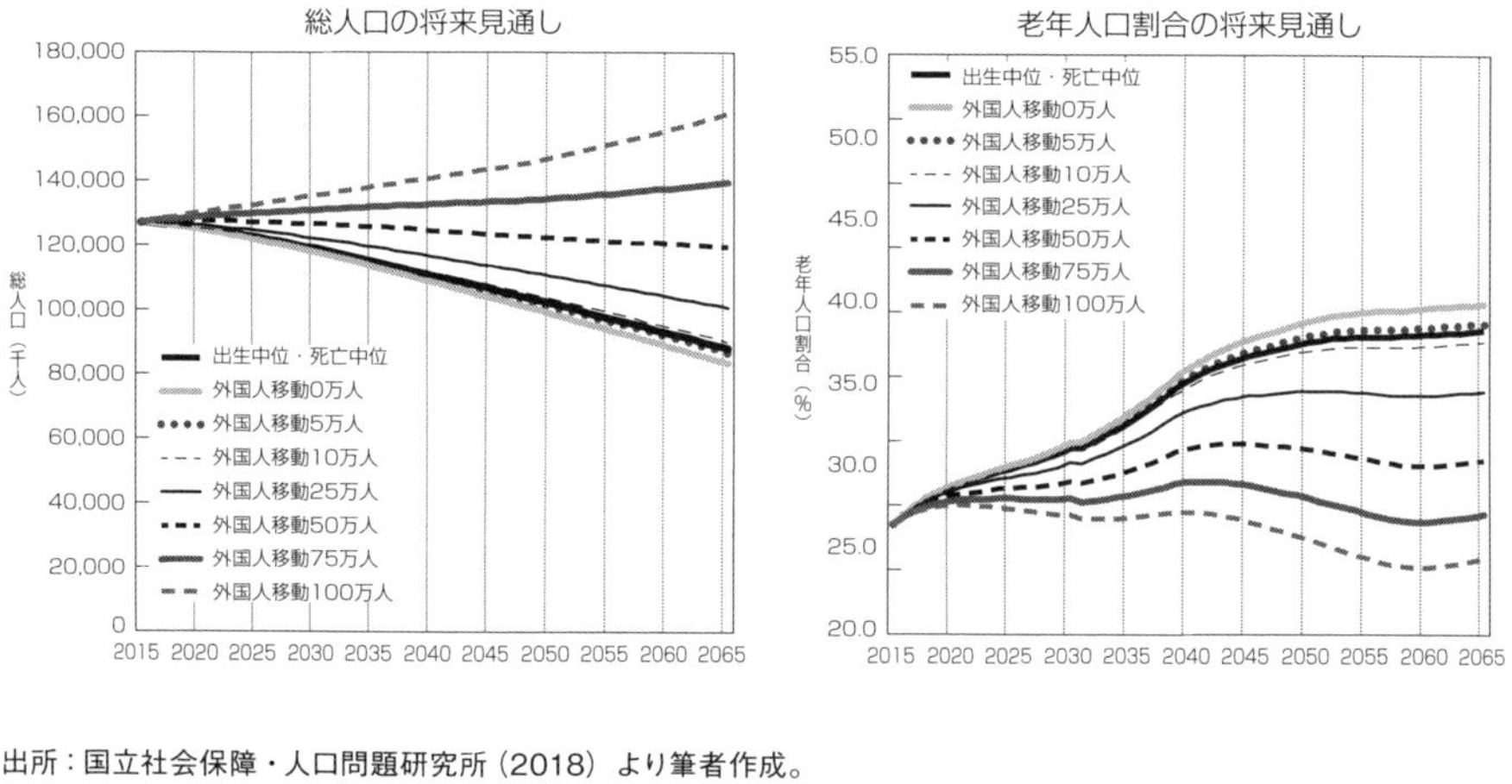

出所：国立社会保障・人口問題研究所（2018）より筆者作成。

を見るだけである。[3]つまり、移民受け入れによって少子高齢化の問題を完全に解決することは、国連推計で示されたのと同様、やはり非現実的といえるのである。

しかしながら、移民政策が人口問題をマクロに解決することはないということは、移民流入がわが国の今後の人口・社会変動にとって無視できるほど小さなものであることを必ずしも意味しない。以下では、よりミクロな局面において移民流入がもたらす影響について明らかにしていく。

6 労働市場に対する移民流入の影響

『「外国人雇用状況」の届出状況』（厚生労働省 2018）によると２０１７（平成29）年10月時点で、わが国で就労する外国人労働者人口は１２７８６７０人と前年同期比で１９４９０１人（18・０%）増加しており、近年、過去最高水準を更新し続けている。これは同時点におけるわが国の労働力人口の１・９%と非常に小さいものの、２０１６年から17年にかけての労働力人口の増分（72万人）の27・１%に相当しており、外国人労働者の流入がわが国労働力人口の趨勢に大きな影響を与えていることが分かる。[4]こういった点について、以下では国勢調査（総務省 2003, 2004a, 2004b, 2012, 2013, 2017a, 2017b）のデータを用いてより詳細に見ていきたい。

まず、どのような職業で外国人が多く働いているかを見ていくと、「漁業」、「農業」、「製品製造・加工処理」、「その他専門的職業」、「家庭生活支援サービス職」、「製品検査」、「法人・団体職員」、「機械検査」、及び「機械組立」といった職業で多いことが分かる（**図4**）。これらの内、「その他の専門的職業」[5]、「家庭生活支援サービス職」、「法人・団体職員」といった職業を除けば、その多くが技能実習制度の対象職種であり、近年の技能実習生の増加が外国人労働者の増加に寄与したと考えられる。

さらに特徴的なのはいずれの職業においても若年層ほど外国人の占める割合が高いということであろう（**図4**）。特に「農業」や「漁業」、「製品製造・加工処理（金属製品）」の場合、15－29歳就労人口に占める外国人の割合はそれぞれ13・6%、12・7%、11・2%と1割を超えているのに対して、それ以上の年齢層においては1－4%程度であり、年齢による差が非常に大きい。

また、職業別の就労人口の変化（２０１０－15年）とそこにおける外国人対前年寄与度の関係を見ると（**図5**）、全体として見れば就労者人口の増加している職業で外国人労働者も増加する傾向が見られるものの、「漁業」、「建設・土木作業」、及び「製品製造・加工処理（金属製品）」

図4　職業、年齢区分別に見た外国人労働者割合（上位10職種）（2015年）

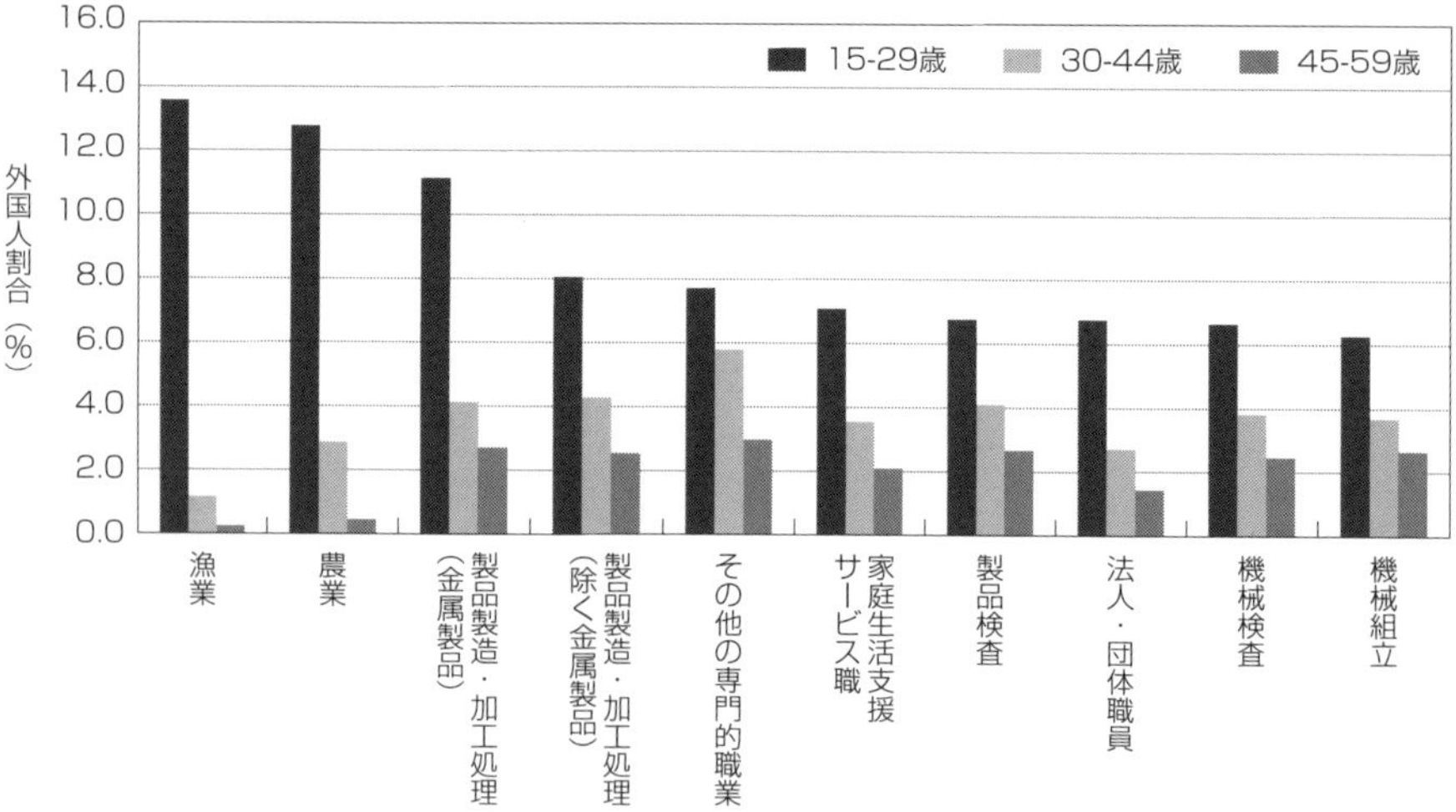

注：卒業者に限定。職業分類は中位（2桁）分類。抽出詳細集計用データセットを使用。
出所：国勢調査個票データより筆者集計。

図5　職業別の就労人口の変化（15-29歳）とそこにおける外国人対前年寄与度（2010－15年）

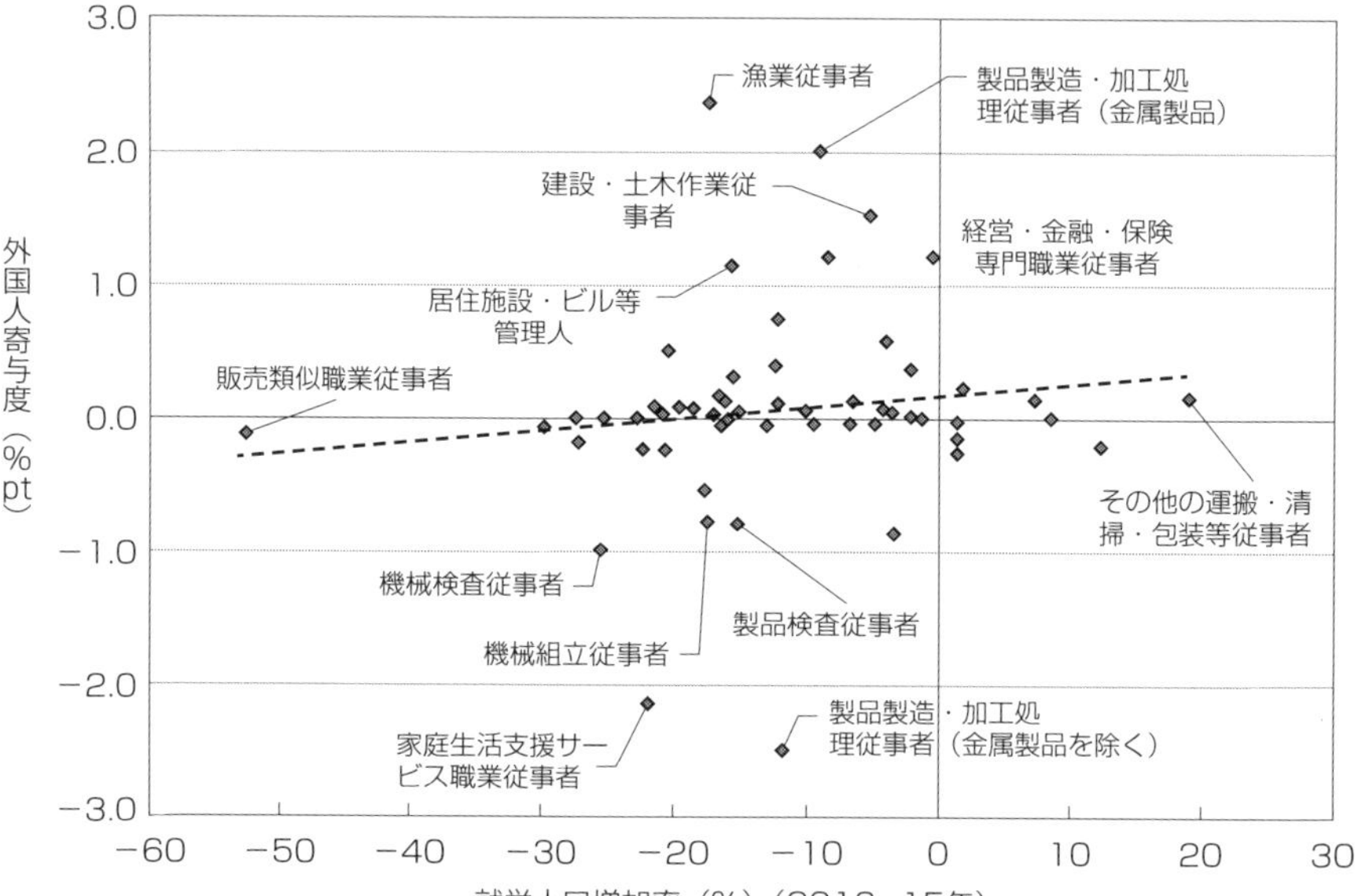

注：卒業者に限定。職業分類は中位（2桁）分類。抽出詳細集計用データセットを使用。
出所：国勢調査個票データより筆者集計。

図6　就労者の最終学歴、年齢別に見た外国人労働者割合

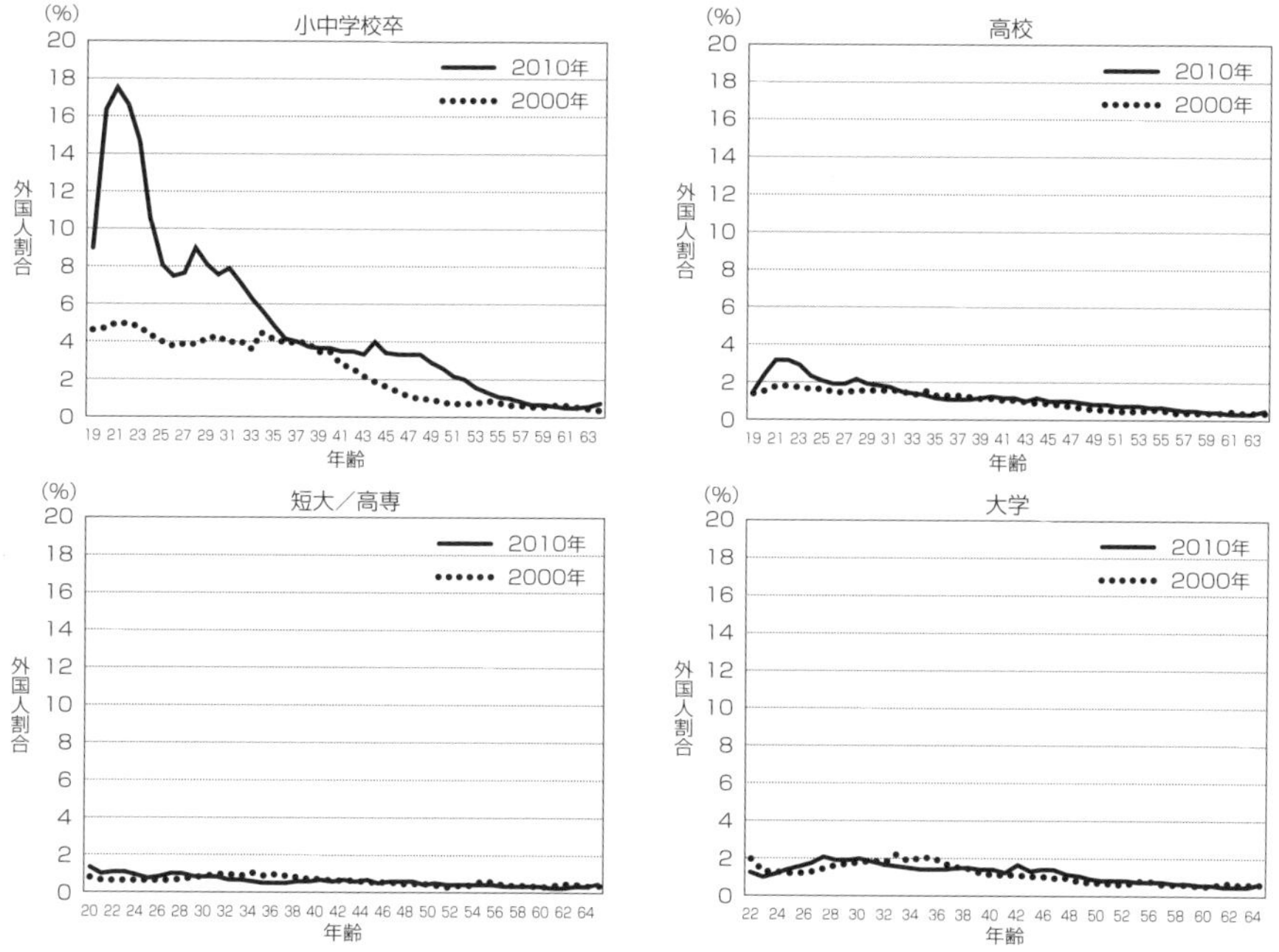

注：卒業者に限定。職業分類は中位（2桁）分類。抽出詳細集計用データセットを使用。
出所：国勢調査個票データより筆者集計。

といった一部の職業において、外国人労働者が大きく増加していることが分かる。これは若年層の新規入職が限定的ななか、外国人労働力に頼らざるを得なかったことが背景にあると考えられる。

次に、学歴別就労人口に占める外国人の割合の2000−10年の変化を年齢別に見たものが**図6**である。それによると、高卒以下、特に中卒以下の学歴で若年層を中心に外国人の占める割合が急激に増加していることが分かる。これは日本人のあいだで高校進学率が高止まりするなか、技能実習生の多くが中卒以下の低い学歴層によって占められていることによるものと考えられる。

最後に近年、話題になることが多い、留学生の就労（アルバイト）について見ていきたい。日本の労働市場においては「その他の専門的職業」、「接客・給仕職業従事者」、「飲食物調理従事者」、「商品販売従事者」、「その他の運搬・清掃・包装等従事者」といった職業においては、学生労働者の占める割合がもともと非常に高く、留学生のアルバイトにおいてもこれらの職種に集中する傾向が見られる（**表2**）。しかしながら、それぞれの職業に就く学生の内、留学生の割合を求めるとわずか数%程度と非常に少な

表2　各職業就業者における学生割合（15-29歳）（2015年）

	学生割合	（内　外国人学生）
その他の専門的職業従事者	42.7%	1.2%
接客・給仕職業従事者	41.4%	1.4%
飲食物調理従事者	35.7%	2.0%
商品販売従事者	28.3%	1.4%
その他の運搬・清掃・包装等従事者	28.0%	2.4%

注：学生とは各職業における総就業者に占める労働力状態が「通学のかたわら仕事」の者。職業分類は中位（2桁）分類。抽出詳細集計用データセットを使用。
出所：国勢調査個票データより筆者集計。

図7　日本人学生、及び留学生の年齢別アルバイト従事割合（2015年）

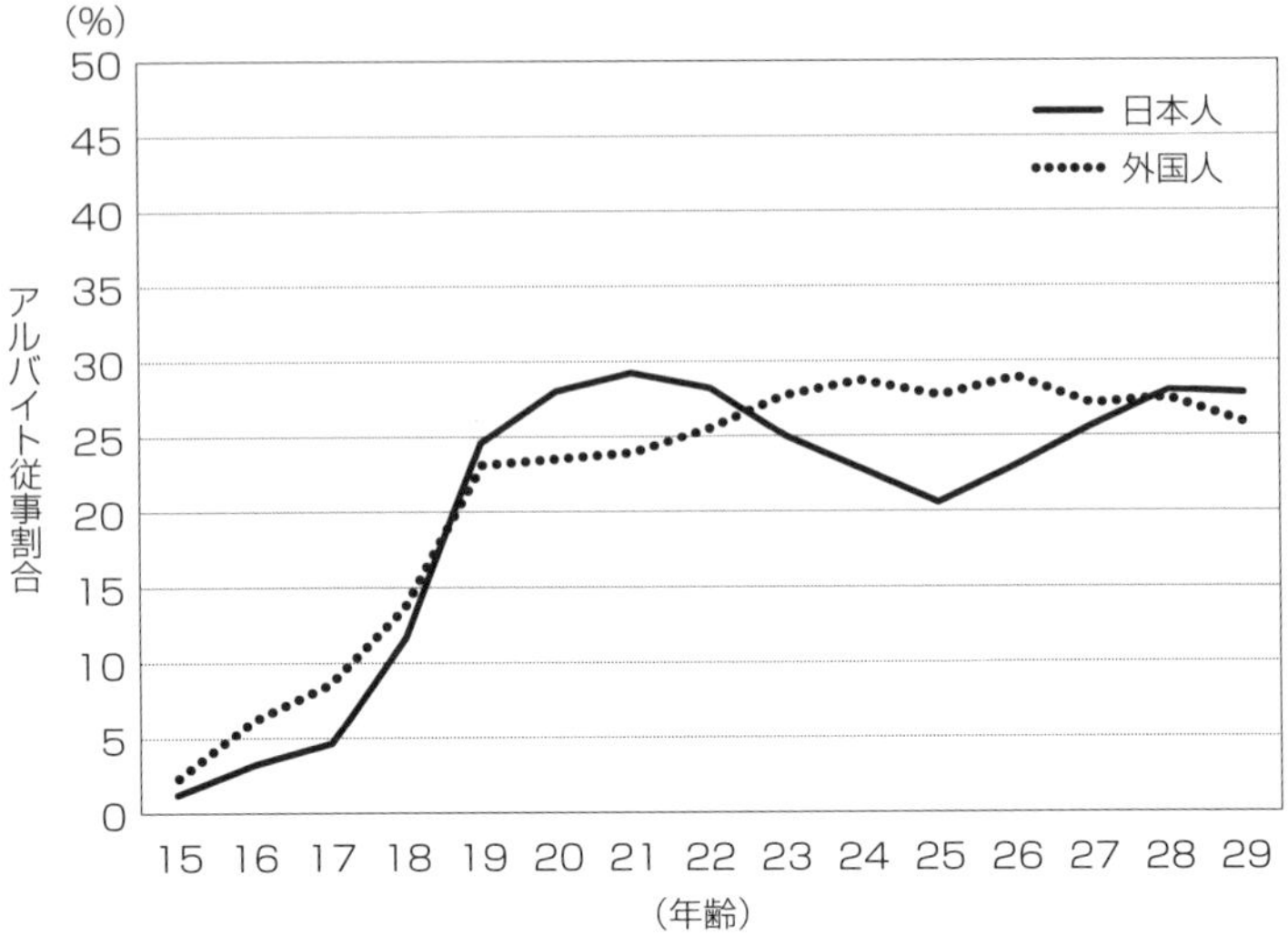

注：15-29歳、労働力状態が「通学」、及び「通学のかたわら仕事」の者を併せた内、「通学のかたわら仕事」を選択した者の割合。職業分類は中位（2桁）分類。抽出詳細集計用データセットを使用。
出所：国勢調査個票データより筆者集計。

いことが分かる。つまり、留学生が多く就くアルバイト先ではそれ以上の日本人学生が働いていることを意味する。

また、学生のアルバイト従事割合を日本人と外国人で年齢別に求めると、留学生のアルバイト率は日本人学生よりも低い。特に大学生に相当する年齢では日本人学生と留学生のあいだには最大で5%ポイントほどの差があることが分かる（**図7**）。これは日本に来る留学生の多くが本当はアルバイトを目的とした「偽装留学生」であるという一部の主張と矛盾するものといえよう。

以上のことから見えてくるのは、労働力人口に占める割合自体は依然として小さいものの、わが国においても他の先進諸国と同様、労働市場の変化や諸相において、外国人の与える影響が無視できないものになりつつあるということである。特に一部の職種や学歴の低い若年層においては、外国人労働者のプレゼンスは非常に大きなものとなってきているといえよう。これはわが国の労働市場のミクロな諸相において、エスニックダイバーシティの拡大が起きていることを示すものといえるだろう。

7 日本において移民的背景をもつ人口

移民流入によるもうひとつの大きな影響としてあげられるのが、受け入れ社会のエスニシティ構成の変化である。特に若い世代ではコーホートサイズは小さいものの、移民が多く流入する年齢層でもあるため、エスニック構成の変化は相対的に大きなものとなる。この点について移民的背景をもつ人口の観点から明らかにしたのが是川（2018）である。

同研究では移民的背景をもつ人口（population with migrant background）として以下の3つのカテゴリーを想定している。1つ目は外国籍人口、2つ目は帰化人口、そして3つめは両親のいずれかが外国籍である（あった）といった子ども、つまり国際児である。わが国においては従来、国籍別人口を以てエスニシティ構成の指標としてきたが、本来は帰化や国際結婚カップルのあいだにできた子どもといった存在まで含めて考える必要があることから、こうした複数の概念を提示した。

同人口を求めるにあたっては、総務省統計局（1987-2016）より毎年公表されている人口推計年報の参考表のデータをもとに、過去にさかのぼって帰化人口のストックを推定するとともに、厚生労働省（1987-2016）より公表される人口動態統計調査に基づいて、国際結婚カップルの子ども数を推定した。その結果、わが国における移民的背景をもつ人口は、2015年時点で国勢調査によって把握されている外国籍人口のおよそ2倍弱の333万人存在することが示された。その内訳は外国籍人口202万人、帰化人口46万人、そして国際児人口85万人である。これはわが国にエスニシティ構成が想定以上に多様化している可能性を示すものといえるだろう。

さらに同研究ではわが国において移民的背景をもつ人口の将来推計を行っている。それによると、仮に現状程度の外国人の流入が続いた場合でも、2040年に同人口は約726万人、2065年には1076万人へと増加し、総人口の12・0％を占めるようになると見込まれている（**図8**）。

また、年齢区分別の変化を見た場合、移民人口の相対的

図8　移民的背景をもつ人口の推移

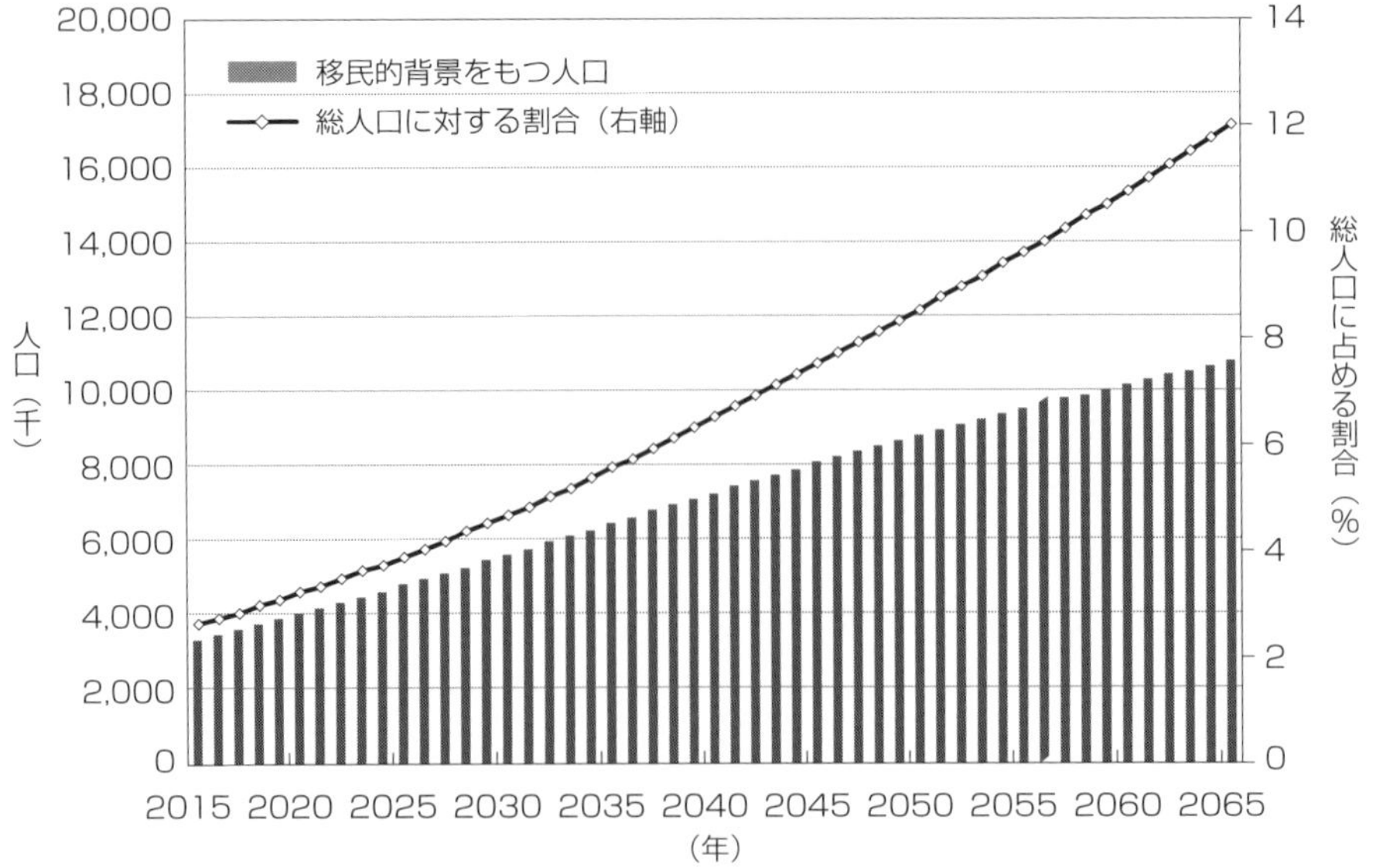

注：移民的背景をもつ人口とは、外国籍人口、帰化人口及び国際児人口及びその子孫から構成される。
出所：是川（2018）。

図9　移民的背景をもつ人口の推移（年齢区分別）

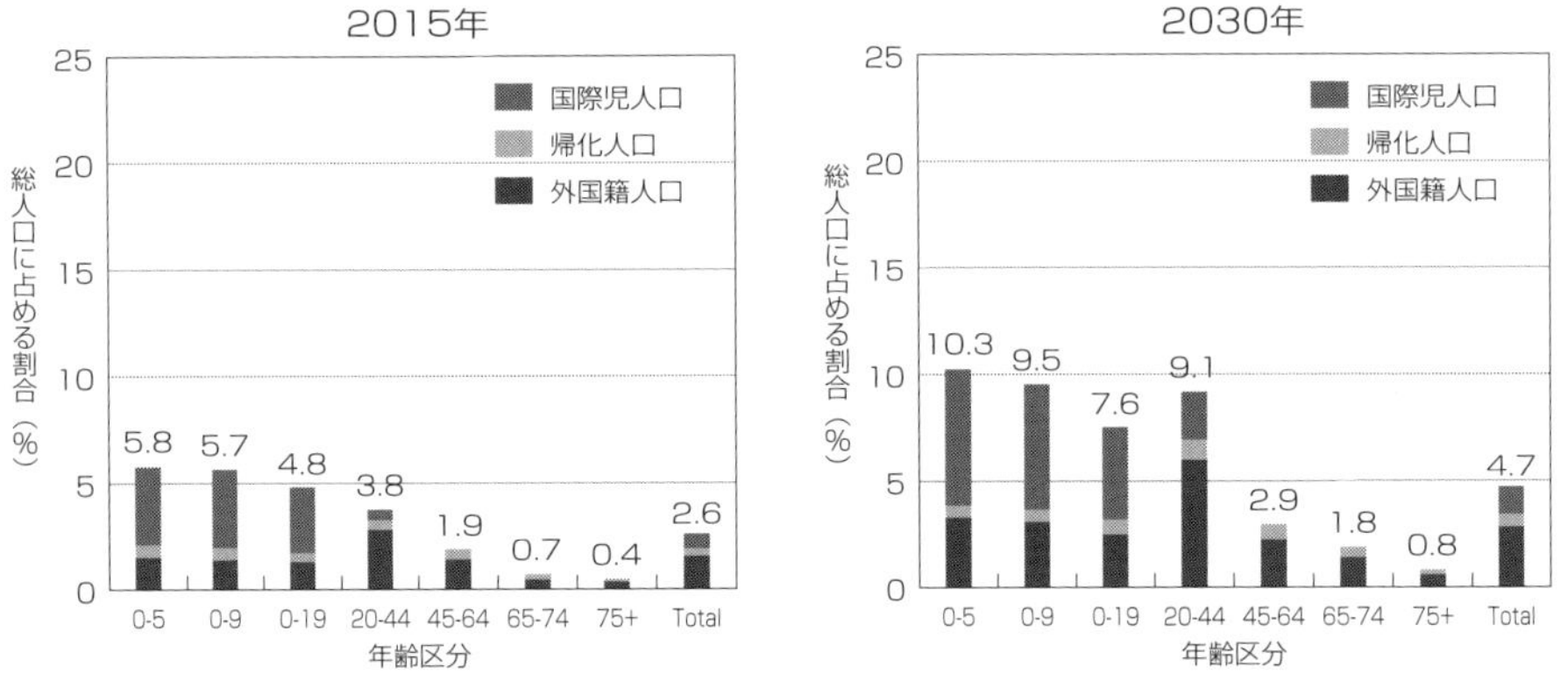

出所：是川（2018）。

に若い年齢構成を反映して、若い世代ほどエスニシティ構成の多様化を早期に経験するであろうことが示された（図9）。たとえば、2015年の時点でさえ0－9歳児の5・7％はすでに移民的背景をもつ人口によって占められていると考えられる。さらに2030年になると、未就学児（0－5歳）の10・3％、及び0－9歳児の9・5％、20－44歳の9・1％が同人口によって占められると考えられる。一方、2030年時点でも45－64歳人口に同人口が占める割合はわずか2・9％であることは、エスニシティ構成の多様化が世代によって大きく異なることを示すものである。

同推計は国立社会保障・人口問題研究所（2017）が行った最新の推計とその仮定値の多くを共有しており、その結果は比較可能なものといえるが、これは日本社会が現在のままでも十分に大きなエスニシティ構成の多様化を経験することを意味しており、かつそれは第三の人口転換を提唱するコールマンの結果（Coleman 2006）とほぼ同じ結果といえるだろう。このことはわが国においても、今後エスニシティ構成の多様化、及びエスニシティの境界線が大きな社会的論点となることを示唆するものである。

8 考察——時間は巻き戻せない、しかし未来は現在のそのままの延長でもない

本章では低出生力状態の回復が見込めず、人口減少さえ始まっているわが国において、（最後の手段として）最近言及されることの多い移民受け入れについて、そのわが国の国際人口移動の歴史における位置づけや、その現時点での人口学的可能性、及び実際に生じつつある人口・社会変動について明らかにした。

まず、人口問題と移民の関連を論じた先行研究を検討したところ、以下のことが明らかになった。それは、移民受け入れの人口学的効果はマクロに見れば少子高齢化という問題を解決するにはほど遠いものであるものの、低出生力下における移民流入という現象は受け入れ社会に対して無視できない影響を及ぼすというものであった。また、その前提条件となる移民受け入れ国としての位置づけは固定的なものではなく、近年、グローバルな国際人口移動の活発化のなかで移民送り出し国から受入国へ転換する国際人口移動転換が波及拡大しつつあるというのである。これが現在、人口問題と移民というテーマについて考えるにあたっての出発点となる認識であることが確認された。

そのうえで、本章では以下の問いに答えた。第1に他の先進各国と同様、日本において移民の流入を今後の人口・社会変動の主要因としてとらえることが妥当かどうか、第2にマクロな人口問題の解決策としての移民受け入れが現在、わが国にとって有効な解決策といえるのかどうか。第3にミクロな局面において新規移民流入が労働市場においてどのように影響するか。そして、最後に現在、及び今後の日本のエスニシティ構成がどのように変化するかという点である。

その結果、第1の点については、日本がすでに国際人口移動転換を経て移民受入国になっている、ということが確認された。つまりこのことは、わが国において人口問題と移民の関係を論じることが他の先進国におけるのと同様、有効であることを意味するものである。

第2に、国立社会保障・人口問題研究所による最新の将来推計人口の結果を用いた場合でも、マクロな人口問題の解決策としての移民受け入れは現在、わが国にとって有効な解決策とはいえないということが明らかにされた。

第3にその一方で、わが国の労働市場において、外国人が労働力人口に占める割合自体は依然として小さいものの、他の先進諸国と同様、労働市場の変化やミクロな諸相において、外国人の与える影響が無視できないものになりつつあるということである。特に一部の職種や学歴の低い若年層においては、外国人労働者のプレゼンスは非常に大きなものとなってきているといえよう。これは低出生力状態に対する先見的（proactive）な処方箋としての移民受け入れではなく、その結果に対する受動的（reactive）な反応としての移民流入という視点の重要性を示すものといえよう。

第4に、日本社会が現在のままでも将来的には十分に大きなエスニシティ構成の多様化を経験することが示された。これは『第三の人口転換』を提唱するコールマンの研究（Coleman 2006）とほぼ同じ結果といえるだろう。特に若年層でこうした変化は先行して起きると見込まれた。このことはわが国においても、今後エスニシティ構成の多様化、及びエスニシティの境界線が大きな社会的論点となることを示唆するものである。

以上の検討結果から見えてくるのは、人口問題と移民の関係について論じるにあたって、移民政策は人口問題に対するマクロな処方箋としての有効性はほとんどないといえるものの、低出生力下における移民流入はミクロな局面において大きな人口・社会変動の要因となるということである。特にそうしたミクロな変化はわが国の労働市場への影響、及びエスニシティ構成の変化という形ですでに顕在化しつつあるといえよう。

つまり、少子高齢化、そして人口減少という大きな人口問題に直面する我々にとって、移民受け入れによってもその時間を巻き戻すことは決してできないこと。その一方で、大規模な移民受け入れといったような大きな決断をしなくとも、やがてやってくる未来は決して現在のそのままの延長ではなく、社会のさまざまな局面において移民流入の影響を大きく受けていることが予想されるのである。これは人口問題と移民というテーマが我々の能動的に選択しうる選択肢ではなく、半ば確定的な未来として立ち現れてくることを意味する。

本章ではそのような変化のなか、労働市場への影響とエスニシティ構成の変化という限られたテーマについてのみ言及した。今後さらに重要になっていくのは、こうした変化の諸相をより一層、具体的に明らかにしていくことであるといえる。

＊本章は科研費（JSPS17H04785）による研究成果に基づくものである。また本研究にて使用された国勢調査を利用した集計、及び分析は統計法33条1号に基づき、総務省統計局より調査票情報の提供を受けて行われたものを含んでいる。

注

1 「出入国管理及び難民認定法及び法務省設置法の一部を改正する法律案」（第１９７回国会（臨時会）法律第１０２号）。

2 実際にはこの他に、国連推計の中位推計に従った場合、中位推計の仮定の内、国際人口移動を0とした場合の計6つのシナリオについて検討している。

3 なお、Korekawa（2017）によれば日本における外国人女性の出生力は日本人女性と比べても低い場合が多く、高い場合でもその差は小さいことが明らかにされている。

4 こうした傾向はこの近年、継続的に見られる。

5 通訳や学習塾講師などがこれに含まれる。

参考文献

赤川学（2004）『子どもが減って何が悪いか！』筑摩書房

——（2017）『これが答えだ！　少子化問題』筑摩書房

明石純一（2010）『入国管理政策——「１９９０年体制」の成立と展開』ナカニシヤ出版

石川義孝（2005）「日本の国際人口移動の転換点」石川義孝編『アジア太平洋地域の人口移動』明石書店、３２７－51頁

外務省（1961, 1971, 1976-2017）『海外在留邦人数調査統計』外務省

厚生労働省（1987－2016）『人口動態統計』厚生労働省

——（2018）『「外国人雇用状況」の届出状況』、https://www.mhlw.go.jp/stf/houdou/0000192073.html（最終アクセス日：２０１８年12月21日）

国立社会保障・人口問題研究所（2017）『日本の将来推計人口（平成29年推計）』国立社会保障・人口問題研究所

——（2018）『日本の将来推計人口（平成29年推計の解説及び条件付き推計）』国立社会保障・人口問題研究所

是川夕（2018）「日本における国際人口移動転換とその中長期的展望

――日本特殊論を超えて」『移民政策研究』10: 13-28
総務省統計局（2003）『平成12年国勢調査　第3次基本集計結果』総務省統計局
――――（2004a）『平成12年国勢調査　外国人に関する特別集計結果』総務省統計局
――――（2004b）『平成12年国勢調査　抽出詳細集計結果』総務省統計局
――――（2012）『平成22年国勢調査　職業等基本集計結果』総務省統計局
――――（2013）『平成22年国勢調査　抽出詳細集計結果』総務省統計局
――――（2017a）『平成27年国勢調査　就業状態等基本集計結果』総務省統計局
――――（2017b）『平成27年国勢調査　抽出詳細集計結果』総務省統計局
内閣府（2016）『平成28年版少子化社会対策白書』、https://www8.cao.go.jp/shoushi/shoushika/whitepaper/measures/w-2016/28pdfhonpen/28honpen.html（最終アクセス日：２０１８年12月21日）
――――（2014）『目指すべき日本の未来の姿について』経済財政諮問会議、https://www5.cao.go.jp/keizai-shimon/kaigi/special/future/0224/shiryou_01.pdf（最終アクセス日：２０１８年５月１日）
日本統計協会（1987）『日本長期統計総覧　第１巻』日本統計協会
法務省入国管理局（1949a-2018a）『出入国管理統計年報』法務省入国管理局
――――（1959b, 1964b, 1969b, 1974b, 1984b, 1986b, 1988b, 1990b, 1992b, 1994b-2018b）『在留外国人統計（登録外国人統計）』法務省入国管理局
Bean, Frank D. and Susan K. Brown（2015）"Demographic Analyses of Immigration," in Caroline B. Brettell and James F. Hollifield ed., *Migration Theory, Talking Across Disciplines, Third Edition*, Routledge, pp.67-89
Castles, S., H. D. Haas and M. J. Miller（2014）*The Age of Migration: International Population Movements in the Modern World*, Palgrave Macmillan
Coleman, D. A.（2002）"Replacement Migration, or Why Everyone is Going to Have to Live in Korea: A Fable for Our Times from the United Nations," *Philosophical Transactions of the Royal Society B: Biological Sciences*, 357(1420): 583-98
――――（2006）"Immigration and Ethnic Change in Low-Fertility Countries: A Third Demographic Transition," *Population and Development Review*, 32(3): 401-46
Korekawa, Yu（2017）"Fertility of Immigrant Women in Japan," Full Paper, Invited Speaker, *Cross-Border Marriage in Asia*, PAA 2017, Chicago, U.S.
Lichter, D. T.（2013）"Integration or Fragmentation? Racial Diversity and the American Future," *Demography*, 50(2): 359-91
Massey, Douglas S.(2008) *Worlds in Motion, Understanding International Migration at the End of the Millennium*, Oxford University Press
Meghnagi, M. and G. Spielvogel（2018）"The Contribution of Migration to the Dynamics of the Labour Force in OECD Countries: 2005-2015," *OECD Social, Employment and Migration Working Papers*: 1-42
OECD（2011）*International Migration Outlook 2011*, OECD
Spielvogel, G. and M. Meghnagi（2018）"Assessing the Role of Migration in European Labour Force Growth by 2030," *OECD Social, Employment and Migration Working Papers*: 1-37
United Nations Department of Economic and Social Affairs, Population Division（2001）*Replacement Migration: Is It a Solution to Declining and Ageing Populations?*, United Nations
Watanabe, S.（1994）"The Lewisian Turning Point and International Migration: The Case of Japan," *Asian and Pacific Migration Journal*, 3(1): 119-47

ヨーロッパ諸国における労働力人口の変動に対する国際移民の寄与*

ジル・スピルボーゲル
ミケーラ・メグナジ
（訳 是川夕）

はじめに[1]

ヨーロッパ諸国は現在、大きな人口変動の影響を受けており、そうした傾向はほとんどの非ヨーロッパOECD諸国にも妥当するものである。その社会経済的影響は非常に大きく、とりわけ人口の高齢化は多くのヨーロッパ及び非ヨーロッパのOECD諸国にとって最も重要な長期的課題のひとつとされている（European Commission 2015a; OECD 2006; United Nations 2015）。実際、その深刻さの程度は加盟国によって異なるものの、EU圏内の年齢の中央値は1985年の34歳から2015年にはほぼ43歳まで上昇した。

ヨーロッパ以外のOECD諸国も高齢化の影響を受けている。たとえば、日本は非常に急速な高齢化を経験しており、年齢の中央値は1985年の35歳から2015年には47歳近くまで上昇している。ヨーロッパよりもその年齢構成は若干若いものの、北米でも年齢の中央値は現在、米国で41歳、カナダで41歳と、いずれも1985年の31歳から上昇した。オーストラリアとニュージーランドでも同様の傾向が見られる。（多産多死から少産少死への――訳者注）人口転換を経験するのが遅かった国々では、その年齢構成はまだかなり若いものの、そうした国々でも人口の高齢化は進んでおり、今後数十年でヨーロッパと同じ状況に達すると考えられる。こうした国の典型はメキシコやトルコであり、2015年時点の年齢の中央値はメキシコで27歳、トルコでは30歳である。

ヨーロッパ諸国の人口の高齢化は、主に出生率の低下と長寿化によって引き起こされており、ほとんどの場合、後者の影響が大きいといえる。たとえば、ＥＵ諸国全体では、１９８５年から２０１５年のあいだに65歳以上の人口は約60％増加したが、０～４歳の人口は15％減少した。さらに一部のＥＵ諸国では、ここ数十年間で出生率の大幅な低下は経験していないものの、寿命の伸びはいたるところで見られる。

米国、カナダ、オーストラリア、ニュージーランドなど、ヨーロッパ以外のＯＥＣＤ加盟国では、出生率は依然として非常に高いものの、65歳以上の人口の増加速度は増している。一方、日本と韓国では短期間の内に人口構造が特に急激に変化した。１９８５年から２０１５年のあいだに、０～４歳の人口は日本で30％、韓国で40％減少し、65歳以上の人口はそれぞれ１７０％、及び２８０％も増加した。人口転換を最も早く経験した国々では高齢化のスピードは落ち始める可能性もあるものの、これらの傾向は今後数十年間継続すると予想される。

これらの人口動態の変化は、経済的及び社会的進歩の両方から生じている。これまで以上に、人々は広範囲の致命的な病気から保護されており、より長くより健康的な生活を楽しむことができる。また、人々は何人の子どもをもち、いつ子どもを産むかを選ぶことができる。しかしながら、これらの変化はまた、これまで広範囲にわたって確認されてきた新たな経済的及び社会的課題を生み出している（Bloom, Canning & Fink 2010; Harper 2014）。

人口の年齢構造の変化の直接的な意味合いは、年金、社会保障、及び高齢者人口に向けられたサービスを含む医療への公的支出の増加である（Colombo et al. 2011）。これは他の必要な社会的保護のために利用可能な資源がより少なくなることを意味する。さらに、従属人口指数の上昇は、賦課方式をとる年金制度がますます大きな負荷を抱えることを示唆しており、そのためいくつかのヨーロッパ諸国では退職年齢や年金保険料の引上げ、年金支給額の減額、またはそれらの選択肢の組み合わせを実施するにいたっている（OECD 2016b）。世代間の経済的及び政治的資源の配分の変化によって、世代間紛争もまたより広く見られるようになる可能性が高い（Busemeyer, Goerres & Weschle 2009; European Commission 2015a; European Commission 2015b, 2017b）。

これらの財政的及び世代間の問題に加えて、高齢化は（相対的及び絶対的な双方の意味で）労働年齢人口、ひいては労働市場の機能に影響を与える（Börsch-Supan 2003; European Commission 2017b）。特に特定の地域、セクター、職業では、さまざまなスキルレベルで労働力不足が発生する可能性がある。医療サービスや家庭内サービスなどの高齢化、あるいは継続的な技術革新の結果として労働需要が増加することが予想される職業では、不足リスクが特に深刻である。

労働市場のこの構造的な進化は、現在、2つの大きな一時的な現象と結びついている。第1に、多くのEU諸国では、（2009年の——訳者注）世界的景気後退と公的債務の増加に対処するために実施されてきた緊縮政策を受けて、依然として比較的低い雇用率に苦しんでいる（OECD 2016a; European Commission 2016b）。第2に、ベビーブーマー世代が労働力から撤退しつつあり、労働市場の一部の分野で需給ギャップが大きくなる可能性がある。どちらの問題も、EU諸国における労働市場の長期的な見通しを不明瞭にし、潜在的な解決策に関する政策論争をより両極端なものにする傾向がある。

現在及び将来の展開に特に関連のあるもうひとつの重要な文脈的要素は、女性の労働参加率の上昇である。これは、2005年から2015年のあいだに欧州連合全体で約4%ポイントの増加を示している。特にハイスキルの職業に就く女性の増加のスピードは男性のそれを上回っており（OECD/EU 2014）、労働力の全体的なスキルアップに積極的に貢献している。

さらに、過去10年間で、多くのヨーロッパ諸国では、時には自国民の国外移動と関連しつつ、移民人口の流入が加速している。確かに出生や死亡と比較すると、人口移動は依然として絶対的な影響は小さいものの、各国の人口の自然動態がほぼゼロ近傍であるため、きわめて大きな影響を及ぼす可能性がある。人口移動の活発化に関しては、EU諸国に関しては、域内の人口移動を自由化しているため（シェンゲン協定——訳者注）、特別な注意を払う必要がある。実際、2015年には、EUに加盟する28ヵ国、及びEFTA加盟国の20－64歳の市民約1140万人が、出生地とは異なる国に住んでいた。この数字は、2014年と比較して5・3%の増加を示している（European Commission 2017a）。

これに関連して、高齢化によって引き起こされた経済的課題の緩和に対する国際人口移動の潜在的な役割について広く議論されてきた（UN 2000; Coleman 2008; European Commission 2016a）。国際人口移動は時にこれらの問題に対する「解決策」として支持されてきた。発展途上国からの移動者は受入国であるOECD加盟国の人口よりも平均的に見て若いので、人口の高齢化の影響を相殺するのに役立つからである。さらに、移動直後には国際移民は現地住民よりも高い出生力を示す傾向があり、それが受入国の出生力の低下を遅らせる可能性があるためである。一方、これらの効果は実際に認められるものの、一時的なものにとどまる。最も一般的なコンセンサスは、国際人口移動は長期的には高齢化による総人口、及び労働力人口に対するネガティブな影響を相殺できないということである。それは、移民自身が高齢化するためであり、追加の移民流入は年齢構造に一時的な影響を与えることができるだけだからである。また、移民が豊かな受入社会に統合されるにつれて出生力も次第に低下するため、受入国の出生力への影響も一時的であるといえる。

国際人口移動の役割は、国連人口部が作成した人口推計を見ることで評価できる。それによれば、ＥＵ諸国への純移民流入数が年間平均75万人であると仮定する中位仮定のもとで、２０１５年から２０５０年のあいだにＥＵ諸国の生産年齢人口（15－64）は15％減少すると予想されている。純移動量がゼロの仮定では、生産年齢人口の23％の減少が予測されている。これは、２０５０年までにＥＵ諸国の生産年齢人口を維持するためだけでも、現在の水準と比較して2倍以上の移民の純流入が必要になることを意味している。これは現実的ではないだけでなく、国際人口移動は人口の高齢化を一時的に減速するだけであることを意味している。

人口学的に見たヨーロッパ諸国への国際人口移動の長期的な影響が限られたものであることは、今やよく理解されているものの、労働市場のダイナミクスへの影響はより複雑で、国によって異なる。年齢構造に加えて、自国民と移民、そして外国生まれ人口とのあいだには確かに大きな違いがあり、それは労働市場の構造と構成に影響を与えるためである。

特に戦後生まれ世代の労働市場からの退出という文脈では、生産年齢人口にある自国民と移民のあいだのスキル構成の違いは、最初に考慮すべき重要な側面である。確かにこれらの退職者は前の世代よりはるかに優れた教育を受けているものの、ほとんどのＥＵ諸国において彼／彼女らの後に来る世代は、平均してさらに高いレベルの教育を受けているためである。しかしながら、新規参入者の人口規模はいずれも小さいことから、異なる教育水準の両端のスキルをもつ労働者が必要になる可能性がある。この傾向は労働需要の近年の変化によって助長されており、サービス部門の低技能労働者と高技能労働者の両方において特に顕著であり、またこうした傾向は持続する可能性が高い（Autor & Dorn 2013; Goos, Manning & Salomons 2009; Cedefop 2016）。

ヨーロッパ諸国への移民は幅広い国から来ており、学歴や専門的資格の点で多様な背景をもっている。しかし、多くのＥＵ諸国では、移民の学歴構成は二峰性のパターンを示しており、移住者は、低学歴者と高学歴者の両方でしばしば過大であることが多い（Arslan et al. 2015）。これは、移民がそれぞれの受入国で生活し働くにあたっての動機の違いによって部分的に説明される。つまり、家族に付いて来たり、人道的理由のために来る人がその教育水準によって選別されることはまれである一方、留学や労働を目的とした場合、彼／彼女らは高等教育を受けているか、またはその後、高等教育を受ける可能性が高いといえる。

スキルの他に、労働市場のダイナミクスへ移民が潜在的に与える影響を検討するにあたって2番目に重要な要因は労働参加である。この点について、一部のカテゴリーの移住者、特に低学歴の移民女性の労働参加率は、時には不十分な語学力のために、平均を下回る傾向がある。一方、高学歴の移民は通常、現地人よりも高い労働参加率と雇用率を示している。ＥＵにおいてはＥＵ域内からの移民と第三国からの移民とのあいだには、労働参加という点ではしばしば大きな違いがある。前者は一般に現地人と同程度かさらに高い参加率を示す一方、後者はそうではない（European Commission 2016a; OECD/EU 2015）。

現在及び将来の労働市場の変化に対する国際人口移動の役割をよりよく理解するためには、移民と自国民のあいだ、ならびに外国生まれ人口内部の教育構造と労働参加率の国ごとの特徴を考慮に入れることが基本である。特に外国生まれ人口内部の多様性へ注目することは、自国民と他のＥＵ域内からの移民とのあいだの特徴の類似のためだけではなく、彼女／彼らは第三国出身者が受けることのできない（シェンゲン協定による――訳者注）移動の自由の恩恵を受けているため、ＥＵ諸国にとって特に重要である。

ＯＥＣＤと欧州委員会（OECD/EU 2014）が共同で行った過去の研究（「国際人口移動－人口データベース（Migration-Demography Database）：国際人口移動とその人口動態への影響に関するモニタリングシステム」）をもとに、２０１５年から２０１７年にかけてＯＥＣＤと欧州委員会は、労働力人口とその構成に対する国際人口移動の影響に関する分析のアップデートを行った。このプロジェクトには、過去10年間の遡及的分析と今後15年間の予測の両方が含まれている。この章では、このプロジェクトの主な結果について説明する（なお、さらに詳細な結果は、Meghnagi & Spielvogel（2018）及びSpielvogel & Meghnagi（2018）に記載されている）。

この章の前半では、過去10年間に欧州諸国で見られた変化に焦点を当て、２つの論点を取り上げる。国際人口移動は労働市場への他の新規参入の動きと比較して、労働市場のダイナミクスにどの程度貢献したであろうか？　こうした国際人口移動の影響は特定の学歴層に集中しているのだろうか？　この分析では、過去10年間の労働力の変化を、４つの異なる人口グループ、すなわち、若年者、新規退職者、新規移民、そして「働き盛り世代」の寄与を調べることによって明らかにする。こうした要因分解により、これらの各グループが労働力人口の変化にどのように影響を与えたかを明らかにする。

本章の後半では、2015年から2030年までの期間にわたる推計を行うことで、欧州諸国の生産年齢人口の変化の原動力、特に国際人口移動の流れの役割を特定することを目的としている。この推計では、学歴、及び出生地別に人口を3つのカテゴリーに分けることによって、ヨーロッパの労働力人口の将来的推移を学歴及び、自国生まれ、EU域内出身者、非EU域内出身者などの出生地別に分解して示した。

1 2005年から15年のあいだのヨーロッパ諸国における労働力人口への国際人口移動の寄与

(1) 労働力人口の動向

過去15年間にわたるEUの拡大は、受入国と送出国の双方の労働力人口に影響を与えてきた。2015年にはEU諸国全域で、外国生まれの者は労働力人口の約13%を占め、2005年と比較して3%ポイント以上増加した。しかし、移民人口の分布は国によってばらつきがある。たとえばルクセンブルクでは労働力人口の55%が外国生まれである一方、スイス(31%)、アイルランド(21%)、オーストリア(20%)、スウェーデン(19%)、ベルギーとイギリス(ともに17%)であるなど、大きく異なっている。

同年、新規流入移民(すなわち過去10年間に到着した者)はヨーロッパの全労働力の4%を占めていた。ルクセンブルクではその割合が最も高く、労働力の4分の1以上が新規流入移民によって占められており、続いてスイスとアイルランドがそれぞれ13%と12%であった。

ヨーロッパでは、EU域内及び第三国からの国際人口移動の流れは国によって大きく異なる。たとえば、オーストリア、アイスランド、アイルランド、ルクセンブルク、スイスでは、新規流入移民の60%以上が他のEU域内から来ている。一方、ギリシャ、ラトビア、リトアニア、ポルトガル、スロベニアでは、非EU域内からの移民が全体の3分の2以上を占めている。ベルギー、ブルガリア、チェコ共和国、デンマーク、英国ではEU域内、及び第三国(非EU域内)からの移民の割合はほぼ同じである。

ヨーロッパ諸国では、労働力人口の全体的な伸びは2005年から2015年の期間で4・5%であった。4つの異なるグループのこれに対する寄与を見ることによって、過去10年間の労働力人口の推移を分析することが可能であ

表1　選択された欧州諸国における労働力人口の2005年から15年にかけての推移、及びそれに対する異なる人口グループの寄与（2005年の労働力人口に対する割合）（%）

	労働力人口の変化（合計）(A+B+C+D)	若年新規参入者(A)	新規移民		新規退職者(C)	働き盛り世代(D)
			(B)	内EU地域内から		
オーストリア	8.9	17.2	7.6	4.8	−12.7	−3.2
ベルギー	7.5	18.7	7.6	4.1	−12.6	−6.2
スイス	15.6	17.2	15.0	10.6	−11.7	−4.9
チェコ共和国	2.5	16.0	1.1	0.6	−16.6	2.0
ドイツ	4.7	19.9	4.1	1.8	−14.2	−5.1
デンマーク	1.4	14.9	6.0	2.9	−14.5	−4.9
スペイン	9.8	13.0	6.2	1.9	−13.9	4.5
フィンランド	0.2	18.3	2.3	0.9	−16.9	−3.5
フランス	4.9	18.4	2.8	0.8	−15.7	−0.6
ギリシャ	−0.8	15.5	2.1	0.5	−14.5	−3.9
ハンガリー	7.5	18.4	0.6	0.4	−15.9	4.4
アイルランド	7.4	16.3	12.5	8.2	−9.7	−11.7
イタリア	4.2	12.3	4.8	1.7	−12.2	−0.8
リトアニア	−8.8	18.4	0.3	0.0	−10.0	−17.4
オランダ	4.8	16.5	2.1	0.9	−10.3	−3.5
ノルウェイ	15.6	19.0	9.1	5.2	−11.4	−1.1
ポーランド	1.4	22.4	0.4	0.1	−10.3	−11.1
ポルトガル	−6.2	14.3	1.4	0.2	−11.7	−10.3
ルーマニア	−6.7	15.6	0.0	0.0	−8.4	−14.0
スウェーデン	10.8	20.5	8.2	2.2	−16.5	−1.4
スロベニア	−0.7	15.3	3.0	0.3	−13.2	−5.7
スロバキア共和国	3.5	20.1	0.2	0.1	−13.2	−3.5
英国	10.0	19.4	8.8	4.8	−12.2	−6.1
EU-27	4.5	16.7	4.1	—	−13.0	−3.4

出所：EU労働力調査。

る。それらは（1）若年新規参入者、すなわち過去10年間に学業を終えて労働市場に参入した人々、（2）新規退職者、つまり過去10年間に退職をした労働者、（3）新規流入移民、つまり最近10年以内に現住国に移動して来た外国出身者、及び（4）働き盛り人口、つまり労働力に生じている他のすべての変化を説明するグループである。[2]

表1は、2005年から2015年までのヨーロッパのいくつかの国々における労働力人口の推移、及びこれらの変化に対する各人口グループの貢献を示している。なお、ヨーロッパと第三国からの移動者は区別されている。2005年から2015年のあいだの労働力人口の伸びを維持するにあたって、移民は重要な役割を果たしてきた。

全体としての労働力人口の伸びは4・5％であり、その間の若年新規参入者の寄与はプラス（2005年労働力人口の16・7％に相当）、新規流入移民もプラス（2005年労働力人口の4・1％に相当）であった。また、この間の若年新規参入者と新規退職者の差分はプラスであるものの、働き盛り人口の労働参加率及び出国等の影響はマイナスであった。結果として移民の流入はこの間の労働力人口の増加に大きく寄与したといえる。

表1に示すように、国によって異なるパターンが見られることから分かるように、各国の年齢構造の違いは、全体的な労働力増加に対する各人口グループの寄与度の違いにつながる。たとえば、スペインやイタリアなど、労働力人口に占める若年者の割合が低い国では、移民は労働力人口の増加を維持するのに貢献してきた。一方、ポーランド、スロバキア共和国、チェコ共和国のように移民の少ない国では、労働力人口の成長は主に（依然としてプラスである）若年層の増加に依存してきた。

(2) 学歴構成の動向

ヨーロッパ諸国では、ここ数十年で、生産年齢人口、ひいては労働力人口の教育レベルが全体的に高まっている。確かに、若年新規参入者は新規退職者よりも高いレベルの教育を受けている。これは労働需要に対する継続的な構造変化も反映したものである。それは、若年労働者は（主に高齢の）退職者とは異なる技能をもっているので、労働市場から退出する退職者に置き換えることはできないということである。

表2に示すように、2005年から2015年のあいだに、ヨーロッパ全域では、高等教育を受けた労働者[3]は40％増加した一方、新規移民の労働力人口全体の増加に対する寄与度は16％であった。[4] このことは、最近の移民は、労働力の規模を拡大または維持することに必要不可欠であったとしても、依然として労働者全体のスキルの上昇には限定的な影響しか与えていないことを示唆するものといえよう。

EU加盟国では、最近の退職者の内、低学歴である者の割合は、若年新規参入者のそれの4倍である。これら2つのグループ間の違いは南ヨーロッパ諸国で特に大きく、労働力人口の教育水準がこの地域で急速に上昇したことを意味している。

若年新規参入者と比較して、新規移民における低学歴者の割合も高い傾向にある。ギリシャ、イタリア、スロベニアなど、退職者の教育水準が低い国では、新規移民に占める低学歴者の割合も高い傾向にある。

先行研究（OECD / EU 2014）によると、欧州のほとんど

表2　選択された欧州諸国における2005-15年における高等教育を受けた労働力人口の推移、及び人口集団ごとの寄与（2005年の労働力人口に対する割合）（%）

	労働力人口の変化（合計）(A+B+C+D)	若年新規参入者(A)	新規移民(B)	新規退職者(C)	働き盛り世代(D)
オーストリア	31.9	24.7	14.9	−9.7	1.9
ベルギー	26.3	27.7	8.3	−10.1	0.3
デンマーク	10.5	19.4	8.5	−11.5	−5.8
フランス	40.8	33.5	4.0	−11.4	14.6
ドイツ	19.9	22.2	4.9	−12.3	5.1
ギリシャ	35.7	37.0	1.2	−12.3	9.8
アイルランド	55.2	30.4	20.3	−8.3	12.8
イタリア	44.3	30.2	4.5	−10.4	20.1
オランダ	23.7	26.5	2.6	−10.0	4.7
ノルウェイ	47.0	30.3	11.9	−9.8	14.7
スペイン	35.6	23.3	5.9	−9.3	15.6
スウェーデン	47.3	31.4	12.5	−15.6	19.0
スイス	62.0	27.5	28.7	−11.7	17.6
英国	51.3	31.1	14.9	−9.8	15.1
EU-27	39.7	31.1	6.4	−10.9	13.1

出所：EU労働力調査。

の国において、新規移民は退職者よりも高い教育を受けている傾向が見られることを示している。しかし、ドイツやフィンランドではこれは妥当せず、それらの国では新規移民は新規退職者よりも学歴水準が低い。また、ルクセンブルク、スイス、及び英国では新規移民は若年新規入職者よりも高い教育を受けている傾向が見られる。

図1に示すように、移民の学歴構成は非常に不均一であり、これは各国における新規移民の出生地による違い、移住の動機、各国の移民政策――多かれ少なかれ選択的――を含む多くの要因と関連している。ほとんどのヨーロッパ諸国では、EU域内からの移民は、EU域外から来た移民よりも中等、及び高等教育を受けた者の割合が大きい。しかしながら、フランスではその差は小さく、スイスや英国では新規移民の方が若年新規参入者よりも高い教育を受けている傾向が見られる。

図2は、各人口集団の学歴構成に加えて、過去10年間にどのように彼/彼女らが労働力人口を形成してきたかを示している。すべてのEU加盟国では、過去10年間で労働力の教育レベルが向上しており、EU全体ではこの上昇率は40%であった。

図2はまた、EUにおける若年新規参入者が労働力人口における中高等教育修了者の増加に最も貢献したこと、そ

図１　選択された欧州諸国における最近のEU、及び非EU加盟国出身者、及び労働力人口の学歴構成

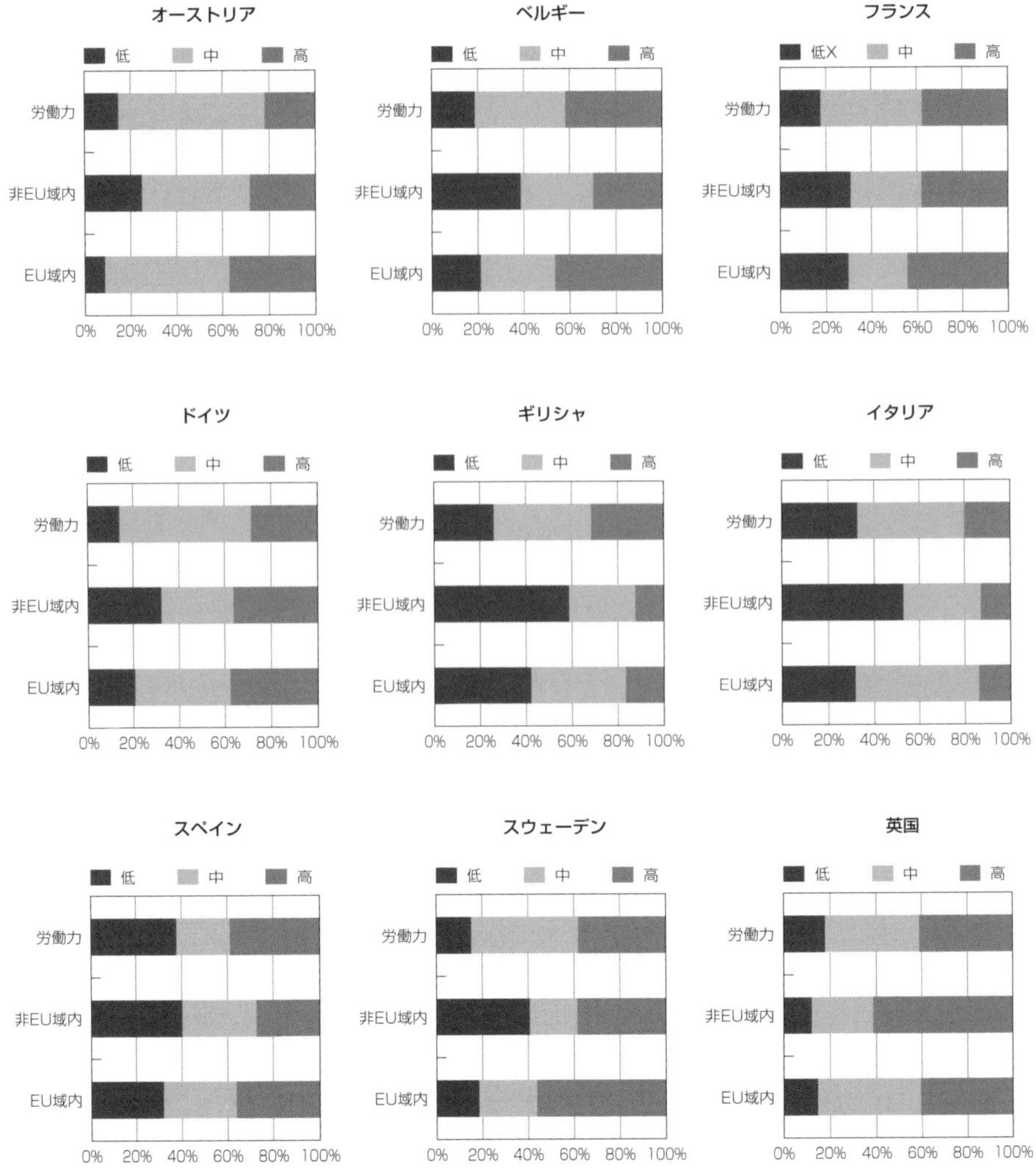

注：低学歴とはISCED（国際標準教育分類）で1－2（おおむね小・中学校に相当）、中とはISCEDで3－4（おおむね高等学校に相当）、高とはISCEDで5－8（おおむね短大以上に相当）である。
出所：EU労働力調査。

図２　選択された欧州諸国における2005-15年における学歴構成ごとの労働力人口の増加及びそれに対する各人口集団ごとの寄与

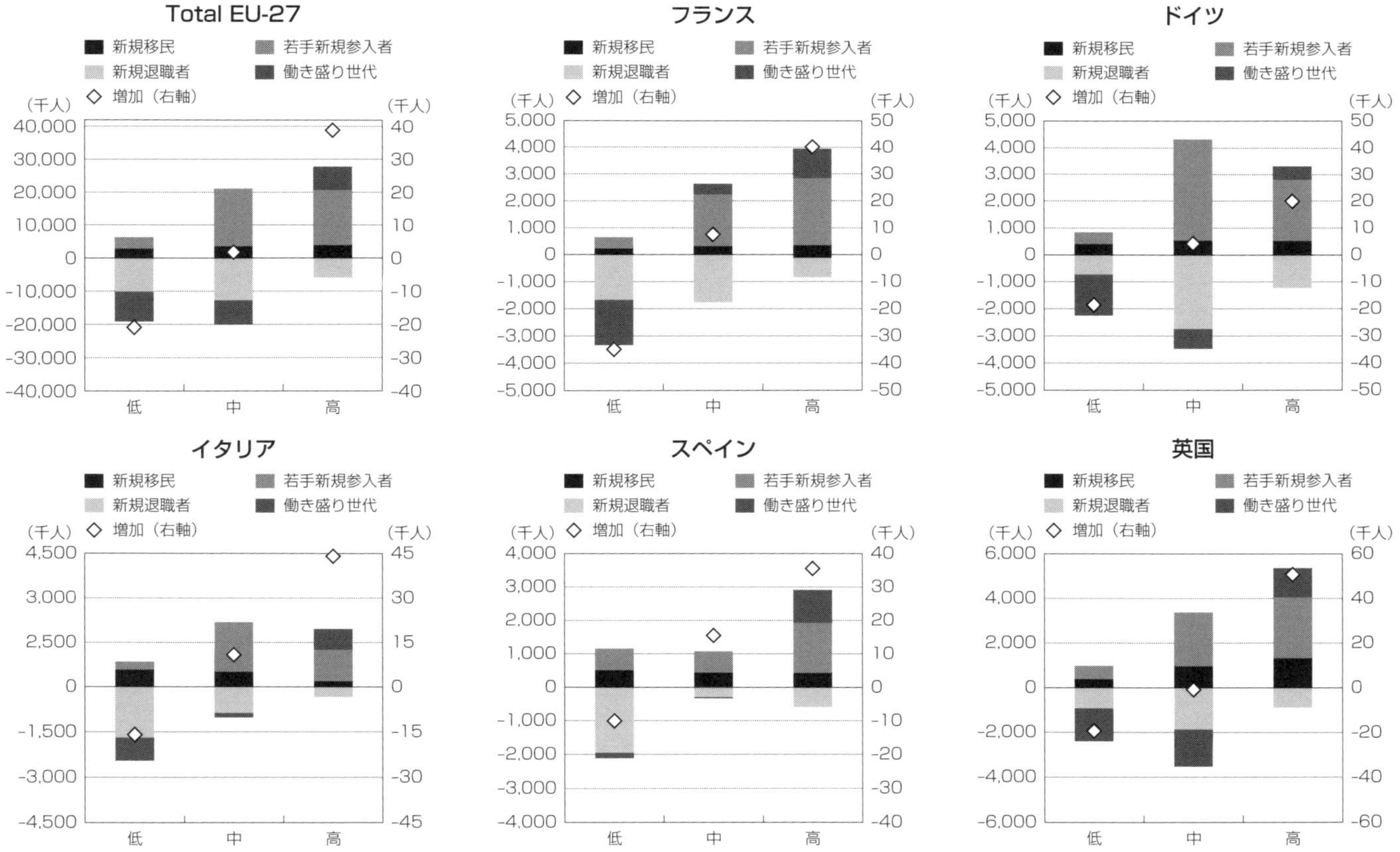

注：低学歴とはISCED（国際標準教育分類）で1－2（おおむね小・中学校に相当）、中とはISCEDで3－4（おおむね高等学校に相当）、高とはISCEDで5－8（おおむね短大以上に相当）である。
出所：EU労働力調査。

して若年新規参入者が新規退職者よりも多いことを示している。たとえば、EU全体では、高等教育を受けている若年新規参入者の数は、高等教育を受けた退職者の数の約3倍である。しかしながら、ヨーロッパ内では、国によって違いも見られる。たとえば、ドイツとイタリアでは、若年新規参入者は高学歴層よりも中学歴層の増加により多く貢献した。

新規移民に関しては、国ごとに見ることで新規移民の労働力人口の学歴構成に対する影響の違いが明らかになる。フランス、及びイギリスでは、新規移民は主に高等教育を受けている一方、スペイン、及びイタリアでは、彼/彼女らは主に低学歴層に集中していた。これはおそらく、過去10年間にこれらの国々で見られた低学歴層に対する労働需要の高まりに応えたものといえよう。

新規退職者に関しては、状況は複雑である。EU全体として見れば、フランスや英国におけるのと同様、退職者は低、及び中学歴層の割合の減少に寄与してきたといえよう。一方、ドイツでは退職者はより中学歴層に集中しており、スペインやイタリアでは低学歴層に集中していた。

この節では、2005年から2015年のあいだの労働力の全体的な増加は、高学歴層が多い若年新規参入者の流入と低学歴を多く含む退職者の退出によって著しく促進されたことを示している。一方、高い学歴をもつ新規移民の貢献は国によって異なるものの、概してより緩やかであった。こうした違いは主に、各国における移民の出生地、移民政策及び特定のスキルレベルに対する需要の違いから説明することが可能である。

2　2030年までの欧州の労働力人口における国際人口移動の役割

(1) 出生地、及び学歴別に見た労働力人口の推計

人口推計は、欧州諸国における将来の人口動態の変化をより深く理解するために不可欠であり、人口の高齢化と不安定な出生率という新たな状況に対応する公共政策の策定に役立つ。経済、特に労働市場に対するこれらの傾向の影響を評価するためには、追加的な側面を含める必要がある。

第1に、生産年齢人口の規模は経済における潜在的労働者数の大まかな指標であるが、労働力参加は年齢、性別、学歴及び移民的背景の有無、さらには居住国によって大きく異なる。生産年齢にあるすべての個人のあいだで労働参加の傾向が同じでないことを認識することは、こうした（労働者間の）異質性を説明することを可能にし、集団ごとの労働市場に与える影響の違いだけではなく、労働力人口

全体の動向といった、より多くの関連した答えを得ることへとつながる。

第2に、雇用へのアクセス、そして特定の職業へのアクセスは、主に適切なスキルによって条件づけられている。正式な教育は必ずしも労働市場に関連するスキルを提供するわけではなく、特定の職業で深い専門的知識をもつ低学歴の労働者への需要が強いこともあるものの、一般的に高い教育達成は高い賃金や雇用されやすさを予測する有力な変数である。これは特に、雇用者にとって、就労経験のない若年参入者、または関連する卒業資格がその人の能力や適応力に関する有用なシグナルとして機能する移民に妥当する。本章の分析に学歴の側面を含めることは、労働供給の将来に関する診断を豊かなものにするといえよう。

第3に、EU圏内の人口移動、及び第三国からの移民のために、近年、ほとんどのヨーロッパ諸国への国際人口移動が活発化している。国際人口移動の将来の動向を予測することは非常に困難であるものの、この傾向が逆転すると仮定する理由もほとんどない。その結果、自然増加が鈍化し、一部の国では人口減少さえ経験するという状況では、人口と労働力人口の推移に対する国際人口移動の役割は、今後数十年でより大きくなる可能性がある。EU諸国では、居住及び労働権の観点から、移動するEU市民は非EU市民よりもはるかに有利な条件の恩恵を受けている。したがって、両者の異なる役割について説明することが不可欠といえる。さらに、自国民の国外移動と帰還移動の動向は、一部の国、特に東ヨーロッパの加盟国で重要な役割を果たしている。

このセクションで提示された推計では、学歴、及び出生地に基づいて人口を3つのカテゴリー、すなわち、自国民、EU諸国からの移民及び非EU諸国からの移民に分け、ヨーロッパの労働力人口の将来を明らかにする。

人口推計は標準的なコーホート要因法を用いて行われる。[5] 出生地ごとに人口推計を行うことは、これらの人口の下位グループ間には重複がないため、特別な困難を要さない。しかし、性別や出生地と異なり、個人の最終学歴は個人のライフサイクルにおいて変化する可能性があるため、学歴別の推計はより困難を抱える。そのため、学歴を含めるために本研究で採用された方法は、まず人口推計を行い、それから学歴に関する情報を付加するというものである。つまり、これは生産年齢人口を推計した後に、EU労働力調査の結果にある学歴別の労働参加率に関する情報を使って労働力人口を得ることを意味する。

これらの3つの重要な変数が労働力人口の推移に影響を与えることとなる。それらは純移動、学歴構成、及び労働

表3　シナリオの詳細

純移動	学歴構成	労働参加率
ベースライン 2016-30年の純移動率は2010－15年の水準で固定される。 封鎖人口 2016-30年の純移動率を0とする。 低位仮定 2016-30年の年齢別純移動率をベースラインシナリオの純移動率の絶対値の30％減となる水準に固定する。 高位仮定 特定の人口区分（国、性別、出身地）について、2016-30年の年齢別純移動率をベースラインシナリオの純移動率の絶対値の30％増となる水準に固定する。	ベースライン 2015年に観察された学歴構成は、2016年から2030年のあいだ、すべてのカテゴリーで一定に保たれるものの、全体の分布は、時間の経過とともに変化する。 低位仮定 30－34歳人口における高等教育修了者の割合は、2015年から2030年のあいだに6％ポイント上昇する。 中位仮定 30－34歳の人々の中等教育者の割合は毎年線形に増加し、2015年から2030年のあいだに9％ポイント増加する。 高位仮定 30－34歳の年齢層における高等教育修了者の割合は、2015年から2030年のあいだに12％ポイント上昇する。	ベースライン 2015年に観察された労働参加率は、5歳階級ごと、性別、学歴、出生地によって細分化されており、2030年まで一定であると仮定されている。 ジェンダー間格差収束 男性と女性のあいだの労働参加率の格差は、後者が前者より低い場合は後者を引上げることを通じて、2030年には両者の格差がゼロになるよう、徐々に減少する。 出生地間格差収束 自国民と移民のあいだの労働参加率の格差は、後者が前者より低い場合は後者を引上げることを通じて、2030年には両者の格差がゼロになるよう、徐々に減少する。 ジェンダー、及び出生地間格差収束 このシナリオでは、2つの仮定を組み合わせ、2030年までに男女間、及び出生地の間の格差をゼロにする。

注：各シナリオの詳細については補遺Bを参照。

参加率である。これらの変数の違いに対するベースラインシナリオの感応度が妥当な範囲に収まっているかを評価するために、いくつかのシナリオが用意されている。これらのシナリオについては**表3**で説明し、補遺Bでさらに詳しく説明する。

(2) 生産年齢人口に関する結果

これらの推計はまず、性別、年齢、学歴、出生地ごとの生産年齢人口の変化を評価するために使用することができる。**図3**と**図4**は、2015年と2030年におけるヨーロッパ諸国の人口の性、年齢別の分布を示しており、それぞれ学歴（**図3**）と出生国別の分布（**図4**）に焦点を当てている。2030年のピラミッドは、純流入者が2015年から30年にかけて2010－15年の水準で固定され、学歴構成については中位仮定に従うと仮定して作成されている（**表3**参照）。

2015年と比較すると、2030年のピラミッドはより長方形の形状を示している。ベビーブーム世代の終わりを示す50歳前後の膨らみは滑らかになる。学歴に関しては、初等教育及び中等教育を受けた人々の数が減少する一方で、高等教育を受けた人

図3　欧州諸国における最終学歴、及び性年齢別に見た生産年齢人口(2015-30年)（推計値）

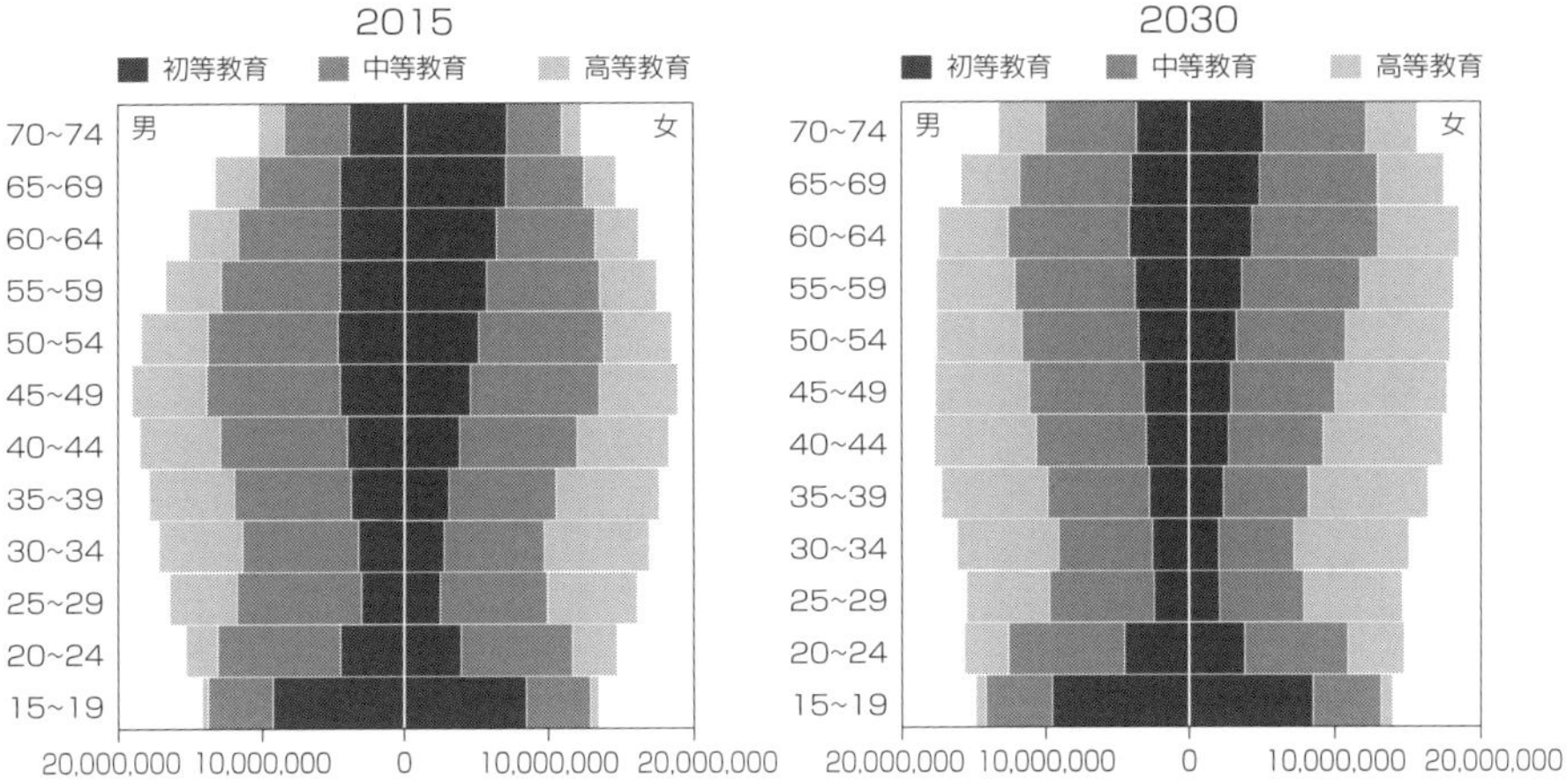

注：ここに示されている2030年の推計値は、生産年齢人口に関するもので、純移動に関してはベースラインシナリオを、教育については中位仮定を想定している。それらの詳細については補遺Bを参照。この分析の対象となる国は次のとおりである。オーストリア、ベルギー、ブルガリア、チェコ、デンマーク、エストニア、フィンランド、フランス、ドイツ、ギリシャ、ハンガリー、アイルランド、イタリア、ラトビア、リトアニア、ルクセンブルク、オランダ、ポーランド、ポルトガル、ルーマニア、スロバキア共和国、スロベニア、スペイン、スウェーデン、イギリス、ノルウェー、スイス。
出所：補遺Bを参照。OECD推定値。

図4　欧州諸国における出生地、及び性年齢別に見た生産年齢人口(2015-30年)（推計値）

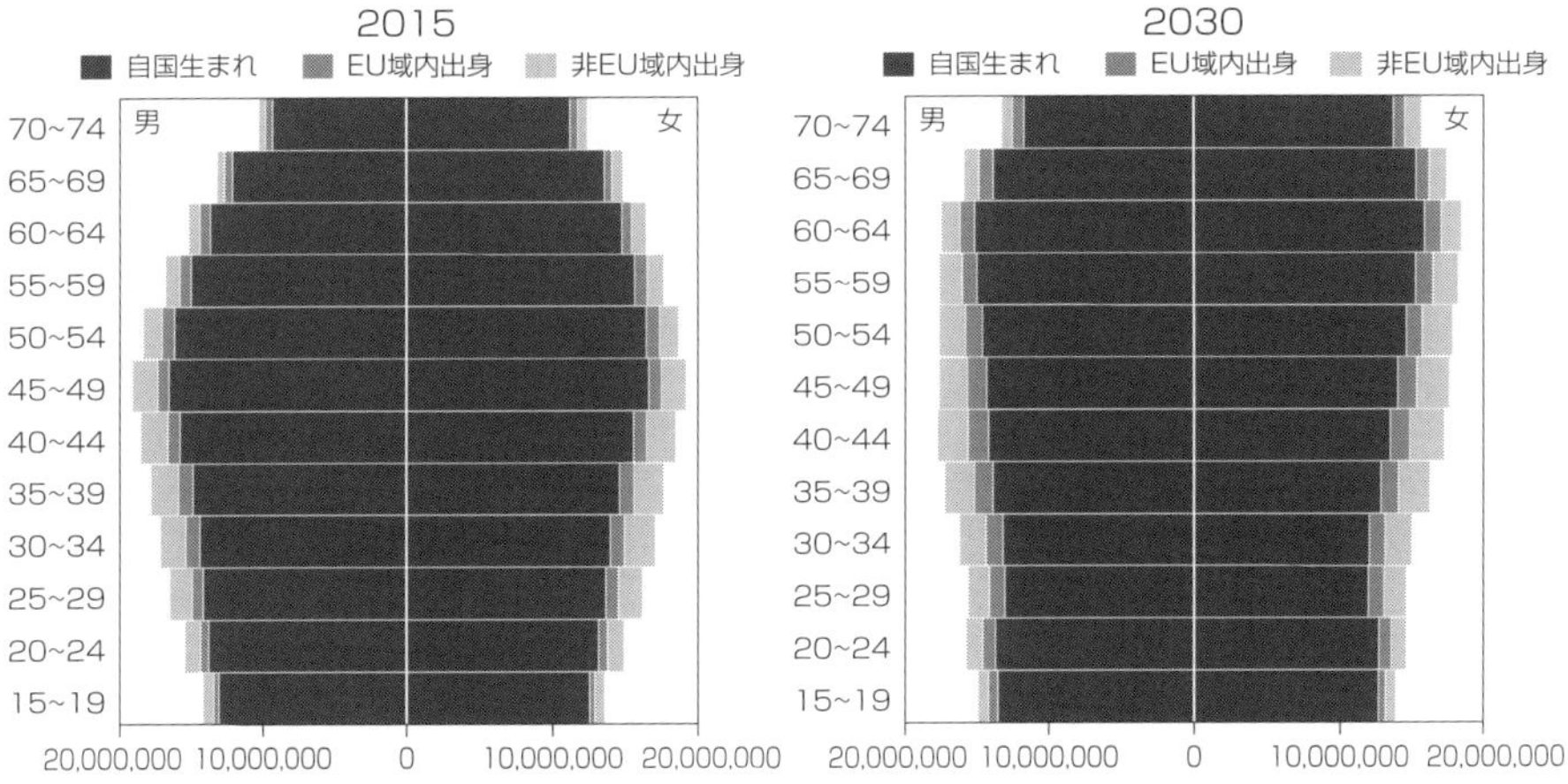

注：ここに示されている2030年の推計値は、生産年齢人口に関するもので、純移動に関してはベースラインシナリオを、教育については中位仮定を想定している。それらの詳細については補遺Bを参照。この分析の対象となる国は次のとおりである。オーストリア、ベルギー、ブルガリア、チェコ、デンマーク、エストニア、フィンランド、フランス、ドイツ、ギリシャ、ハンガリー、アイルランド、イタリア、ラトビア、リトアニア、ルクセンブルク、オランダ、ポーランド、ポルトガル、ルーマニア、スロバキア共和国、スロベニア、スペイン、スウェーデン、イギリス、ノルウェー、スイス。
出所：補遺Bを参照。OECD推定値。

図５　欧州諸国における出生地別に見た生産年齢人口の分布（2015,30年）（推計値）

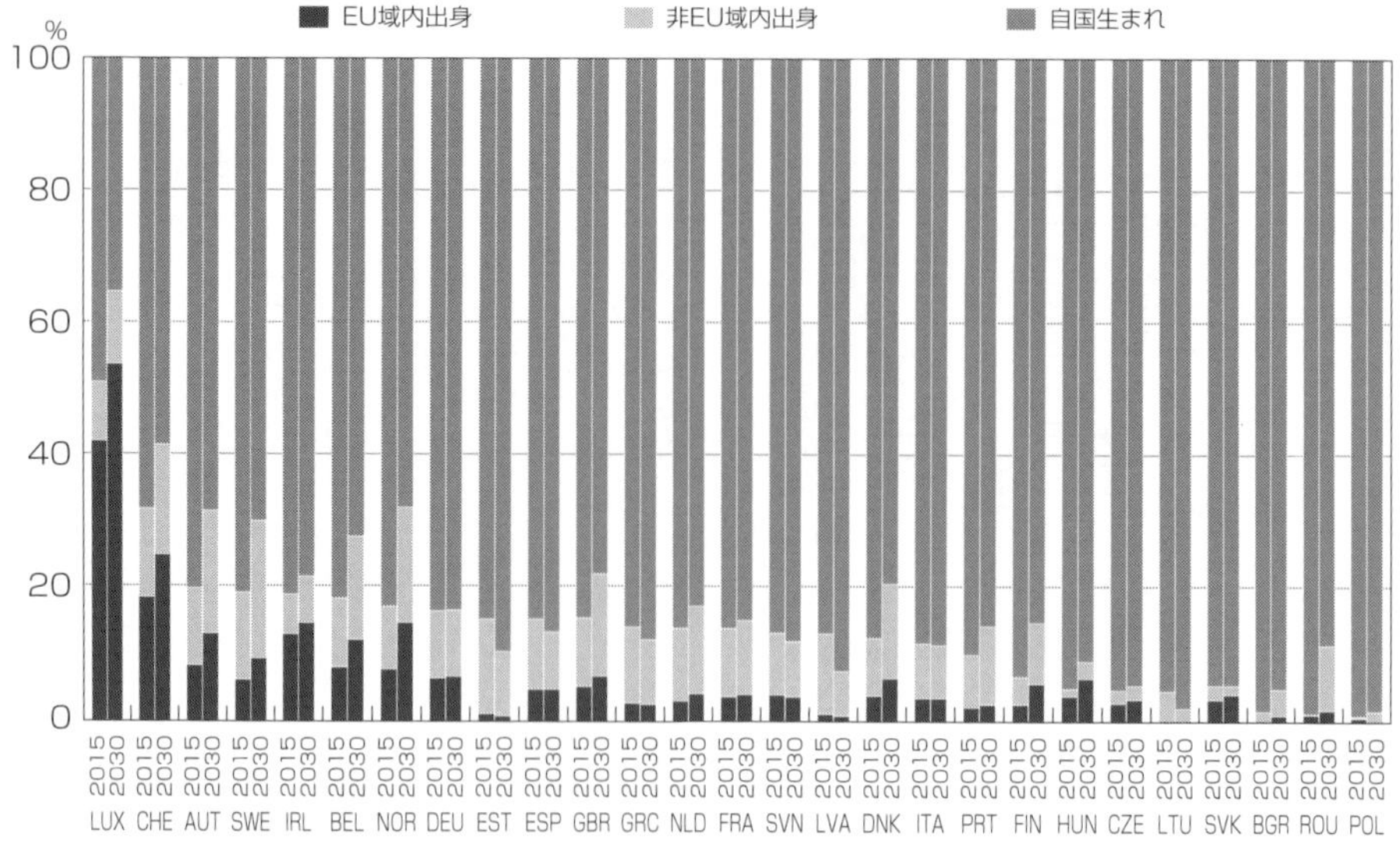

注：2030年の推計人口はベースラインシナリオに基づいたもの。詳細は補遺Ｂを参照。
出所：補遺Ｂを参照。OECD推定値。

口の大幅な増加を観察することができる。高等教育を受けた個人の割合の増加は、30－34歳人口で特に顕著である。これは、このグループが中位の教育仮定に組み込まれた学歴水準の上昇から最大の利益を得るという事実と整合的である。

国単位で見ると、生産年齢人口における移民の割合には大きな違いがある（**図5**）。たとえば、ルクセンブルク（ＬＵＸ）はすべての国の中で最高の移民人口割合を示しており、２０１５年には51％に達している。これに続くのはスイス（ＣＨＥ、32％）であった。一方、ポーランド、ルーマニア、ブルガリアでは、２０１５年の生産年齢の移民はほとんどいなかった（生産年齢人口の約１％）。全体的に見て、３分の２の国が10％から20％のシェアを示している。生産年齢に含まれる外国生まれ人口の内、ＥＵ諸国で生まれた人々の割合について見ると、ルクセンブルクの80％超、ハンガリー、スロバキア、アイルランドの約70％から、リトアニア、ラトビア、エストニアの10％未満まで、大きく異なる。

推計結果によると、２０１６－30年の純流入数が２０１０－15年の水準で固定されると仮定した場合（ベースラインシナリオ）、生産年齢人口における移民の割合はほとんどの国で増加することになる。最大の増加が見込まれる国

図6　シナリオ別に見た2015-30年における欧州諸国における労働力人口の変化

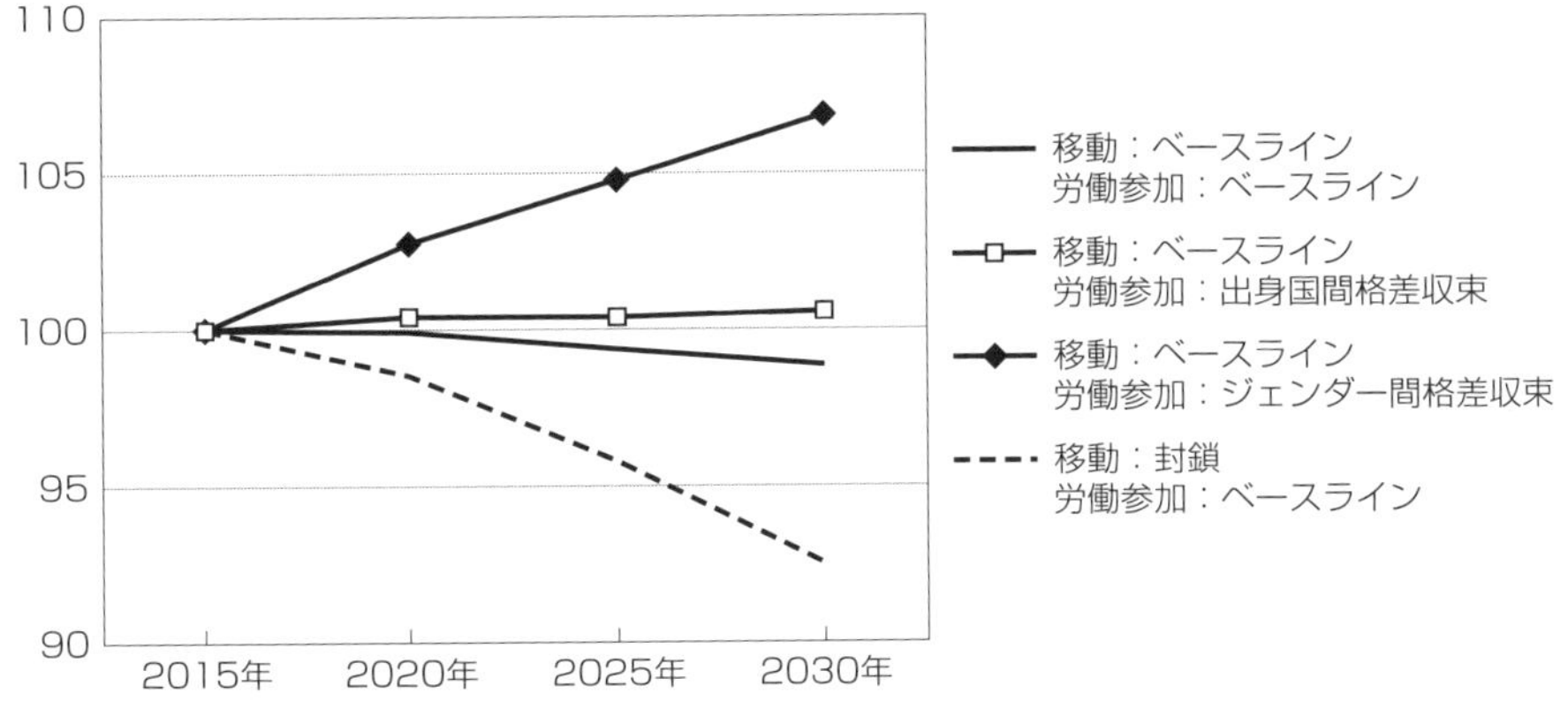

注：詳細な定義については補遺Bを参照。分析対象となった国はオーストリア、ベルギー、ブルガリア、チェコ共和国、デンマーク、エストニア、フィンランド、フランス、ドイツ、ギリシャ、ハンガリー、アイルランド、イタリア、ラトビア、リトアニア、ルクセンブルク、オランダ、ポーランド、ポルトガル、ルーマニア、スロバキア共和国、スロベニア、スペイン、スウェーデン、イギリス、ノルウェー、そしてスイス。
出所：補遺Bを参照。OECD推定値。

は、推計の前提となる直近の国際移民の純流入数が特に高かった国である。とはいえ、このような高い純流入率は、必ずしも長期にわたって持続可能ではないだろう。

(3) 将来の労働力人口の推計

これらの推計の重要な付加価値のひとつは、純粋に人口学的な次元を超えて、労働力人口の将来の規模と構造についての見通しを提供することである。**図6**は、さまざまなシナリオのもとでのヨーロッパ諸国の労働力人口の変化の概要をまとめたものである。純流入量が２０１５年から30年の全期間にわたってベースラインシナリオの水準を維持し、またすべての人口カテゴリー（すなわち年齢、性別、学歴、出身地別）で労働参加率も２０１５年に観察されたレベルにとどまるとすると、ヨーロッパの国々の労働力人口は約０・８％、つまり約２７０万人減少すると予想されている[6]。

ベースラインシナリオの労働参加率を維持しながら、２０１５年以降の純流入量をゼロに設定すると、労働力人口は７・４％減少する（約１８５０万人）と見込まれている。ベースラインと比較した場合、（移民を一切受け入れない）このシナリオでは、２０３０年までに労働力人口がさらに６％減少している。このシナリオは実際には移民の純流入量をゼロにすることが難しいといった点で現実的ではないものの、このシナリオは労働力人口の水準を一定に維持するにあたっての国際人口移動の潜在的な役割を評価するためのベンチマークを提供するといえよう。

その他のシナリオの内、関心が払われるべきは、現時点で労働参加率が平均を下回っている人口グループ、特に女性と移民人口の労働参加率の段階的な上昇を想定したものである。ジェンダー間格差が収束するシナリオでは、2030年に男女間の労働参加率の差が徐々にゼロに近づくと仮定している。これは、すべての年齢層、学歴、そして自国民と移民で見られると仮定している。一般的に、人口の大部分では、女性よりも男性の方が労働参加率は高いため、このシナリオでは労働市場に参加する女性人口が大幅に増加することとなる一方、男性の労働参加人口はベースラインとほぼ同じ水準にとどまる。全体として、このシナリオでは、欧州諸国の労働力人口は、2015年から30年のあいだに6・8％増加し、2030年にはベースラインに従う場合よりも7・9％増加するだろう。

同様に、出生地格差収束シナリオでは、自国出身者と移民のあいだの労働参加率の格差（EU域内、非EU域内出身者の双方）が2030年までにゼロに達すると仮定している。2015－30年にかけて、移民の増加が高齢化による自国民の労働力人口の減少をほとんど相殺しなかったにもかかわらず、この場合、ヨーロッパ諸国の総労働力は0・6％増加すると予想されている。2030年までに性別と出生地の労働参加率の格差がなくなると仮定すると、2015年から30年のあいだに7・5％の労働力が増加することになる。これらのシナリオ間の違いは、女性または移民（あるいは双方）を対象として行う積極的雇用政策が労働力人口に与える潜在的可能性は大きく異なることを強調しているといえよう。

労働参加に関するさまざまなシナリオの結果を**表4**に示す。労働参加率と教育に関するベースラインシナリオでは、欧州諸国の全体的な労働参加率は、2015年から2030年のあいだに64・5％から62・6％まで2％ポイント低下すると予想されている。ヨーロッパ諸国の学歴構成が仮に今後、大幅に上方にシフトした場合（高学歴化がより一層進むシナリオの場合）、これは若干、弱めの推計となっている。当然のことながら、女性と移民の労働参加率が（労働参加が）より活発なグループと同水準に収束するシナリオでは、参加率は上昇あるいはその低下幅が小さくなると見込まれており、これは教育達成がより進むとした場合により顕著である。ジェンダー間格差収束シナリオでは、ヨーロッパ諸国の平均労働参加率は減少するのではなく、

表4　シナリオ別に見た2015－30年における欧州諸国における労働参加率の変化（15－74歳、男女別）

シナリオ 労働参加率	学歴	2015	2030	2015－2030の変化
			総人口	
ベースライン	ベースライン	64.5	62.6	－1.9
ジェンダー間格差収束	ベースライン	64.5	67.8	＋3.3
出生地間格差収束	ベースライン	64.5	63.7	－0.9
ベースライン	高位	64.5	63.0	－1.5
ジェンダー間格差収束	高位	64.5	68.0	＋3.4
出生地間格差収束	高位	64.5	64.1	－0.5
			男性	
ベースライン	ベースライン	70.5	68.1	－2.3
ジェンダー間格差収束	ベースライン	70.5	68.1	－2.3
出生地間格差収束	ベースライン	70.5	68.8	－1.7
ベースライン	高位	70.5	68.3	－2.2
ジェンダー間格差収束	高位	70.5	68.3	－2.2
出生地間格差収束	高位	70.5	69.0	－1.5
			女性	
ベースライン	ベースライン	58.7	57.2	－1.5
ジェンダー間格差収束	ベースライン	58.7	67.5	＋8.7
出生地間格差収束	ベースライン	58.7	58.6	－0.1
ベースライン	高位	58.7	57.7	－1.0
ジェンダー間格差収束	高位	58.7	67.6	＋8.9
出生地間格差収束	高位	58.7	59.2	＋0.5

注：詳細な定義については補遺Bを参照。この分析の対象となる国は次のとおり。オーストリア、ベルギー、ブルガリア、チェコ共和国、デンマーク、エストニア、フィンランド、フランス、ドイツ、ギリシャ、ハンガリー、アイルランド、イタリア、ラトビア、リトアニア、ルクセンブルク、オランダ、ポーランド、ポルトガル、ルーマニア、スロバキア共和国、スロベニア、スペイン、スウェーデン、イギリス、ノルウェー、スイス。
出所：補遺Bを参照。OECD推定値。

むしろ2030年までに3％ポイント以上増加するであろう。出生地格差収束シナリオでは、参加率の低下は1％以下に制限されるだろう。これらの変化は男性と女性では異なった働きをする。つまり、ジェンダー間格差収束シナリオは主に女性に利益をもたらすことを通じて全体の参加率を上昇させる一方、出生地間格差収束シナリオは男性と女性の両方に利益をもたらすものの、後者のシナリオの方が、自国民と移民のあいだの参加率の格差が女性のあいだでより深刻であることから、わずかにより多くの利益をもたらす。

労働力人口の推計の全体的な結果は、人口ピラミッドとして示すことが可能である（**図7**及び**図8**）。**図7**では、2015年と2030年の労働力人口が学

図7　2015、30年の欧州諸国における最終学歴別に見た性年齢別労働力人口（推計値）

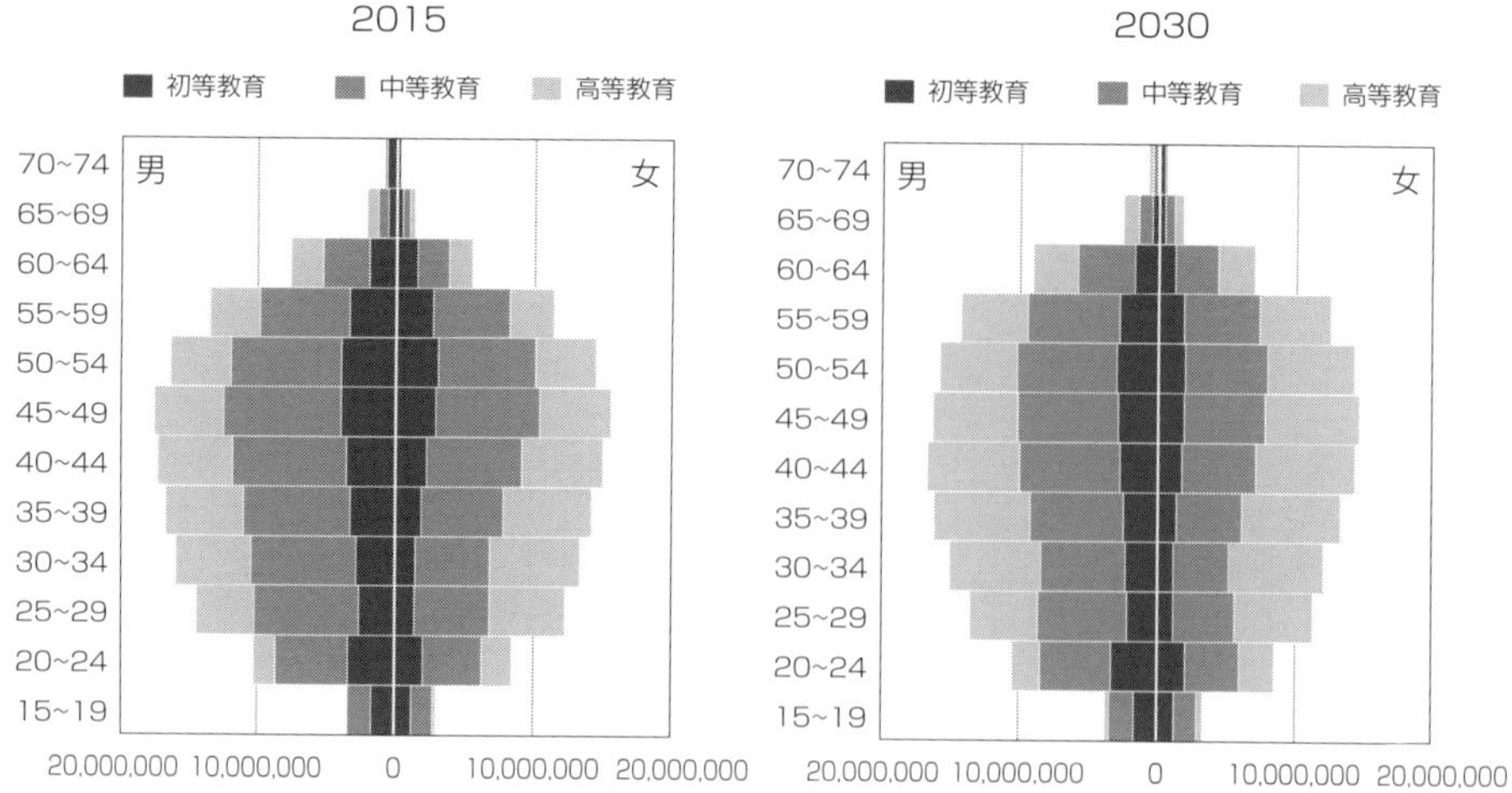

注：ここに示されている2030年の推計値は、生産年齢人口に関するもので、純移動、及び労働参加に関してはベースラインシナリオを教育については中位仮定を想定している。それらの詳細については補遺Bを参照。
出所：補遺Bを参照。OECD推定値。

歴別に示されている。対応する生産年齢ピラミッド（図3）と比較すると、労働力人口ピラミッドは、15－19歳や65歳以上といったもともと労働参加率の低い年齢層では当然はるかに薄くなる。高等教育を受けた人々は参加率が高い傾向があるため、学歴バランスも（生産年齢人口の場合とは）異なる。労働参加という観点から見たジェンダー間格差は、人口ピラミッドにも反映されている。たとえば、２０１５年には、45－49歳の年齢層では、高等教育を受けた女性の人口は男性のそれより6％多かったものの、労働力の面では、その差はごくわずかであった。この差は、学歴の低いグループではさらに大きくなり、２０１５年には45－49歳の初等教育を受けた男性の人口は同水準の教育を受けた女性人口よりたった1％しか上回っていなかったものの、労働力人口にすると男性は女性を20％以上、上回っている。

２０１５年から２０３０年のあいだに労働力人口は著しく高齢化し、55歳以上の割合は17％未満から19・5％に増加し、20－35歳の割合は42％から40・5％に減少すると見込まれている。また学歴構成の上昇も見られるであろう。たとえば、教育に関する中位仮定のもとでは、特に中年層の高学歴化によって、男女ともに高等教育人口の拡大がはっきりと見込まれている。初等または中等教育しか受け

図8　欧州諸国の出生地、性年齢別労働力人口（2015, 2030年）

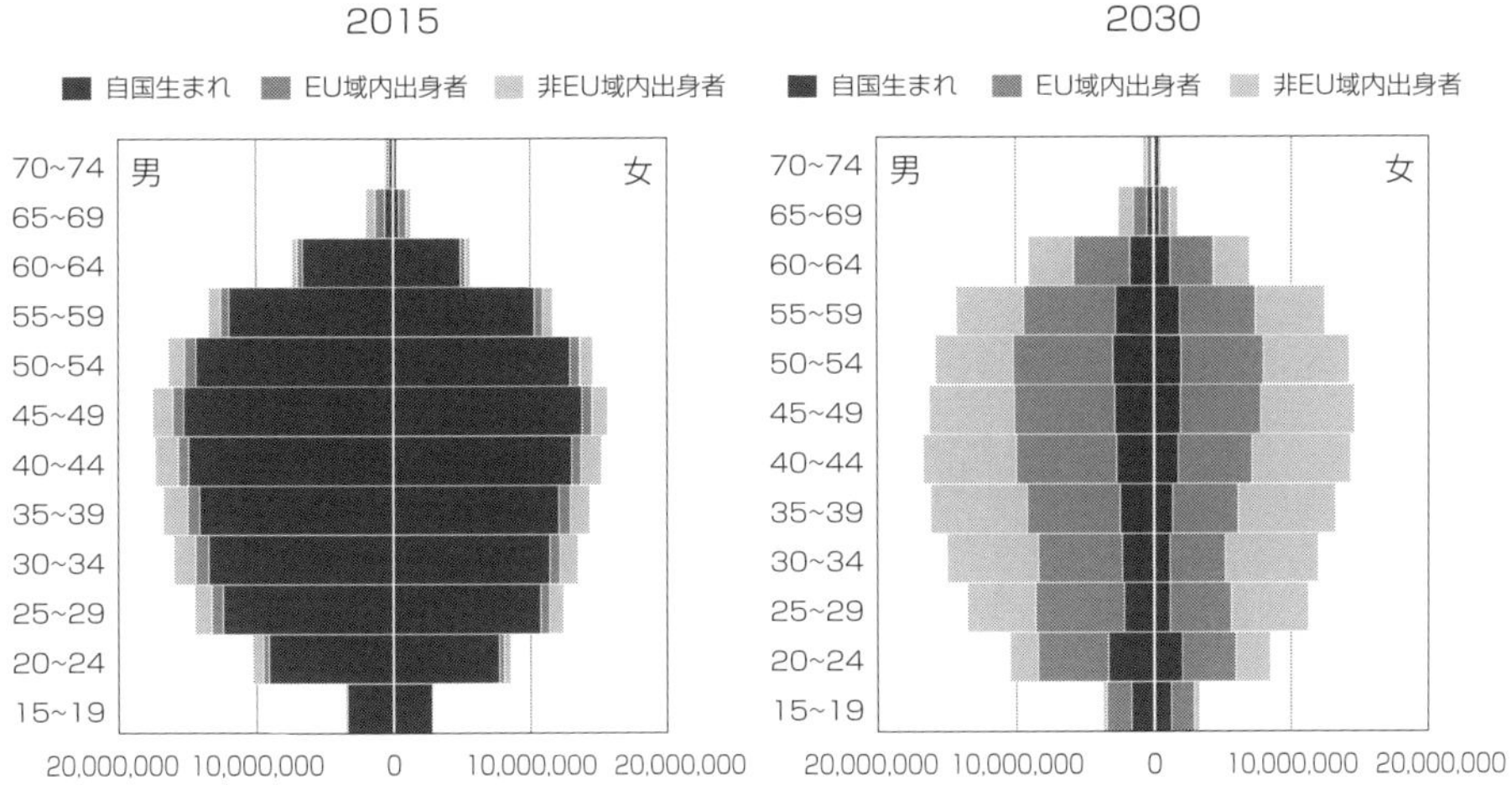

注：ここに示されている2030年の推計値は、生産年齢人口に関するもので、純移動、及び労働参加に関してはベースラインシナリオ、教育については中位仮定を想定している。それらの詳細については補遺Bを参照。
出所：補遺Bを参照。OECD推定値。

ていない労働者は少なくなり、この減少は比較的若年の労働者（25－39歳）にとって特に顕著なものと見込まれ、15年間で20％の減少となるものと見込まれている。この現象は、若いコーホートの多くが高等教育を受けるであろうという仮定によるだけでなく、労働力の高齢化及び学歴による高齢者間の労働参加率の違いによるものでもある。実際には、この高齢化だけで同減少の5分の2が説明される。比較的高い学歴をもつ1960年代生まれの大規模コーホートの高齢化、及び55歳以上でかつ高等教育を受け人々は、より低い学歴をもつ人々よりも高い就学率をもつ傾向があるため、より多くの「高学歴かつ高齢」の労働者が2015年よりも30年に多く労働市場に存在することとなる。

出生地に関して、国際人口移動ベースラインシナリオに基づくならば、自国生まれの労働者数はわずかに減少（−5％）すると見込まれるものの、外国生まれ労働者数は大幅に増加すると見込まれている（＋26％）（**図8**）。しかし、労働力に占める移民の割合が比較的少ないことを考えると、全体的な変化は依然として若干のマイナス（−1％）になるだろう。これらの違いは、年齢層によって異なる。たとえば、40－44歳の自国生まれ人口は2015年から2030年の間に10％減少すると予想され、EU域内出身者及び非EU域内からの移民人口はそれぞれ54％と18％の増加が見

図9　シナリオ別に見た欧州諸国における労働力人口の学歴構成の違い（2030年）（低位、高位）

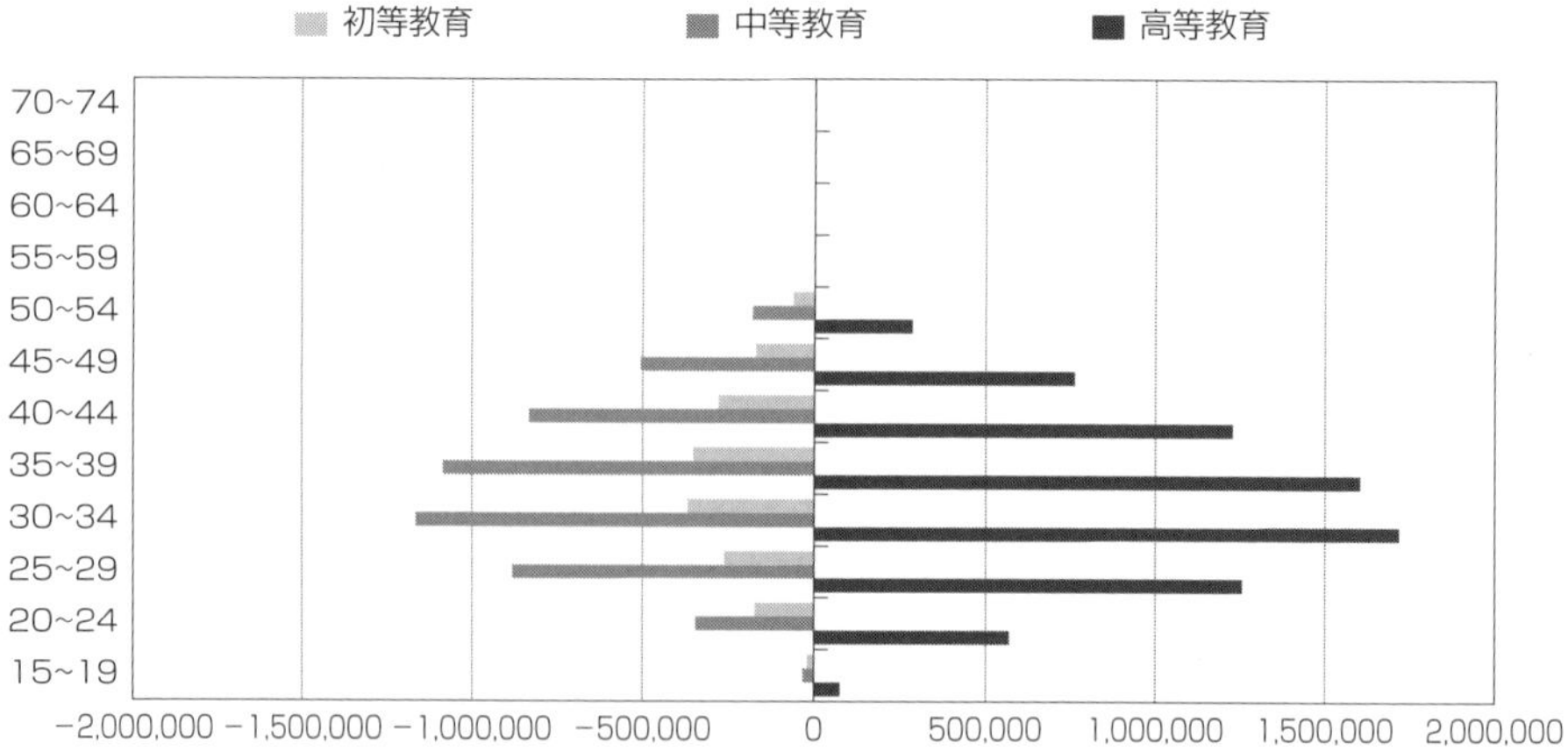

注：ここに示されている2030年の推計値は、生産年齢人口に関するもので、純移動、及び労働参加に関してはベースラインシナリオを、教育については低位、及び高位仮定を想定している。分析対象となった国は、オーストリア、ベルギー、ブルガリア、チェコ共和国、デンマーク、エストニア、フィンランド、フランス、ドイツ、ギリシャ、ハンガリー、アイルランド、イタリア、ラトビア、リトアニア、ルクセンブルク、オランダ、ポーランド、ポルトガル、ルーマニア、スロバキア共和国、スロベニア、スペイン、スウェーデン、イギリス、ノルウェー、そしてスイス。それらの詳細については補遺Bを参照。
出所：補遺Bを参照。OECD推定値。

込まれている。

推計では、異なる仮定間の違いも明らかにすることができる。これは、特定の政策オプションの潜在的な役割をよりよく理解するのに役立つ。たとえば、若いコーホートの学歴の変化は、多かれ少なかれ今後15年間で急速に見られると考えられる。教育に関する低位、及び高位仮定の違いを見ると、これらの違いは労働力人口の学歴構成に重大な影響を及ぼすことが分かる（図9）。高位仮定のもとでは、EUの労働力人口に占める高等教育人口は、低位仮定のもとよりも750万人多くなり、7・5％以上の違いが見られることを意味している。したがって、労働力人口に占める初－中等教育層ははるかに少なくなるといえよう。この違いのほとんどは、生産年齢人口における高学歴者の増加によるものであるものの、低学歴者と比較してこのグループの労働参加率が高いため、さらなる追加の効果が見られることもある。実際、高位仮定と低位仮定の結果の差をとると、2つのシナリオ間の高等教育修了人口の差は6・7％となる。この違いの大部分が比較的若い年齢層に集中しているという事実も、こうした違いが将来の労働力の構成に大きく影響することを意味するだろう。

年齢構成に関しては、一部の国は他の国よりはるかに労働力人口の高齢化に直面するだろう（図10）。労働力の高

図10　教育高位仮定に基づく選択された欧州諸国における性、年齢別労働力人口（2030年）

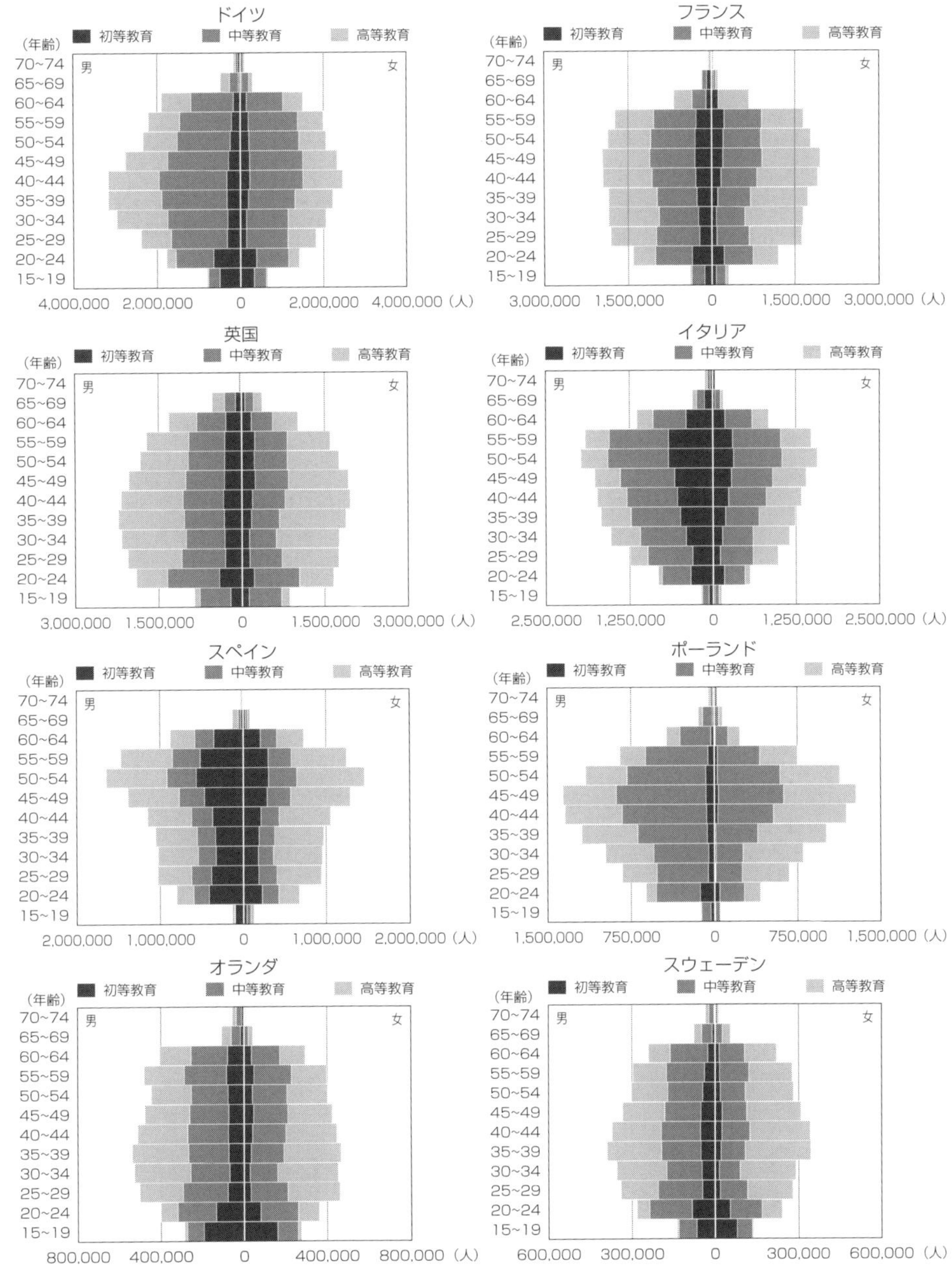

注：ここに示されている2030年の推計値は、生産年齢人口に関するもので、純移動、教育及び労働参加に関してはベースラインシナリオを想定している。初等・中等・高等教育の定義は図1と同じ。
出所：補遺Bを参照。OECD推定値。

齢化は、労働力人口において50－54歳が２０３０年に最大の割合を占めることになるイタリアで特に顕著である。これは、たとえば、同時期に最大の規模をもつ人口グループが35－39歳であるスウェーデンとは対照的である。フランスとオランダはこれらの中間的な立場にあり、年齢構成は非常によく似ている。

いくつかの国では、労働力人口への男性及び女性人口の寄与は比較的バランスがとれているだろう。これはたとえばフランスとスペインの場合がそれに該当する。男性は女性よりも多くなるものの、その差はこれら2つの国でも10％を超えることはないと見込まれる。一方、ドイツとイタリアでは、女性は労働力人口において男性よりも20％以上少ないだろう。労働参加率が２０１５年と同じままであるという仮定のもとでは、これら２０３０年の国間の違いは、これらの国々における男女間の労働参加に見られる現在の格差を大きく反映するものとなる。

予測される学歴構成も国によって大きく異なっている。一部の国では労働力人口に占める高学歴層が非常に多くなることが見込まれているものの、他の国では必ずしもそうではない。拡大ＥＵ圏内で、イタリアはその労働力人口に占める高学歴層の割合が最も小さいと予想され、それは28％にとどまると見込まれている（同20％、２０１５年）。一方、イギリスとスペインではそれぞれ49％、48％が高学歴層によって占められ、続いてフランスとスウェーデン（それぞれ47％）がそれに続いている。

3　結　論

本章の推計値によると、ＥＵ諸国における２０３０年の労働力の規模と構成は、それが比較的近い過去とも現在とも大きく異なることを示している。その際、将来の変化を引き起こす主な要因は、高齢化と高学歴化である。

労働力人口は人口全体よりも高齢化の影響を受けにくいものの、ヨーロッパの多くの国々では出生率が低下しているため、新規の労働市場参入者のコーホートサイズがはるかに小さくなることから、労働力人口の平均年齢が上昇している。このプロセスの強度は、ＥＵ内でも異なり、一部の国では（少なくとも今のところは）人口置換水準に近いレベルの出生率を維持している。しかしながら２０３０年以降、人口の高齢化が持続するという状況において、出生率の推移に関しては多くの不確実性があるといえるだろう。

高等教育を受けた若年労働者の増加は続くと思われるが、そのスピードは将来の労働力に強い影響を与えるだろう。教育高位仮定のもとでは、２０３０年までにＥＵ諸国では教育低位仮定のもとよりも７５０万人多くなる（９８５０万人⇒１億６００万人）。

これに関連して、マクロレベルでの労働力の構成要素としての国際移住の役割は、直近の状況と変わらず、おそらく緩やかなままであろう。ほとんどのヨーロッパ諸国では、国際移民の純流入量が比較的大きく増加しても、予想されるトレンドにあまり影響を与えない。しかし、ＥＵ諸国間の人口学的不均衡を減少させることや、または特定の職業における短期的な労働不足を減らすことによって、移住はむしろミクロレベルではるかに重要な役割を果たすものと考えられる。

補遺

Ａ・２００５年から15年にかけての労働力人口の分解（decomposition）の方法について

Ａ・１　分析対象国とデータソース

この分析はアイスランド、ノルウェー、およびスイス（ＥＦＴＡ諸国）とＥＵ諸国25ヵ国[7]について行われている。データは欧州連合労働力調査（ＥＵ－ＬＦＳ）からのものである。

ＥＵ－ＬＦＳにおける各国間でのデータの欠測率の違いに由来する問題を回避し、より頑健（robust）な方法で推計を行うために、移動状況、滞在期間、現在の教育状況、卒業年、最終学歴、労働市場からの退出年などのいくつかの変数についてデータの代入（imputation）を実施した。代入は限られた数のデータに対して行われ、ほとんどの場合１％未満にとどまった。代入にあたってのモデルは、性別、年齢、教育など観察された個々の特性と、欠けている観察の値を代入するためのそれらの相互連関に基づいている。

なお、ＥＵ域内で生まれた移民とＥＵ域外で生まれた移民とは区別されている。

学歴は以下の３つのレベルに分類されている。具体的には低学歴（ＩＳＣＥＤ（国際教育標準分類）１、及び２に対応する中等教育以下の学歴の者）、中等教育修了者（ＩＳＣＥＤ３及び４に対応する者で、高等教育を受けていない者）、そして高等教育修了者（ＩＳＣＥＤレベル５、６、７、８に相当）である。

Ａ・２　過去の労働力人口の変動に対する国際人口移動の寄与について

国ごとに、経時的な労働力の変化は次の要素に分解することが可能である。各要素の求め方の詳細については以下の通り。

- 労働市場に参入した新規移民
- 労働市場に参入したばかりの若年労働者

・労働市場から退出した最近の退職者
・他の残りの変化、いわゆる「働き盛り世代」における労働力人口。これには、死亡、移動と帰還移動、労働市場からの一時的な退出、及び労働市場への再参入が含まれる。

これら４つの要素は、次の式によって全体的な人口の変化と関連づけられる。

労働力人口の変化＝新規移民＋若年新規労働者－新規退職者＋働き盛り世代の変化（残余の変化）

さらに、この式は高学歴者や特定の職業や分野で働く人々など、労働力人口のあらゆる部分にも応用することが可能である。新規移民とは２００５年から２０１５年のあいだに当該国に入国した人たちを指し、そのさらなる詳細は以下の通りである。

・出生国が受入国と異なる者
・受入国での直近の継続的滞在期間が10年未満である者

労働力人口における新規移民（雇用された、あるいは失業中）のみが含まれる。[8] さらに、この分析では労働力人口の変化について考察しているため、移民のフローのみが関係し、国内に存在する移民のストックは関係しない。受入国に10年以上居住する移住者は、長期的に居住する労働力の一部と見なされる。実際、彼／彼女らは上記の方程式の他の３つのいずれかの要素（新規参入者、新規退職者、あるいはその他の変化）に含まれている者である。

若い参入者は、分析期間中に初めて労働市場に参入した若者である。この分析では、新規参入者は、以下の者として定義されている。

２０１５年時点で
・15歳から34歳のあいだの者
・過去10年間に最終学歴を取得している者
・労働市場に参入している者
・卒業者
・新規移民ではない者

新規退職者は労働市場から退出し、将来的にも戻ってこない高齢者である。彼らは、次のような人々として定義される。

・66歳から74歳のあいだにある者
・既に労働市場から退出している者
・過去10年間、働いてきた者

最後に、最後の要素である働き盛り世代人口の変化である。

これは、上に示した式の残余として計算することが可能である。これは、新規移民、新規参入者、及び新規退職者を定義することで、残りの人口変化が決定されることを意味している。加えて、この残余部分は本来測定されるはずの者に加え、死亡、国際移動、帰還移動、及び仕事と教育及び仕事と退職のあいだの不規則な移行を含むものである。

B・2015年から30年にかけての推計方法

B・1　推計方法

この節では、2015年から30年のあいだの生産年齢人口（15～74歳）とヨーロッパ27ヵ国[9]の労働参加人口の推計方法について示す。通常の性年齢別の分類に加えて、本推計は学歴、出生国によって分類されている。学歴については、低，中、高学歴、出生地については自国生まれ、EU圏内、非EU圏内生まれの3つのカテゴリに分類される。このような人口学的な側面に加えて、カテゴリーごとの労働力参加率によって、カテゴリーごとの将来的な労働参加率を推計することが可能である。

このデータベースは、十分に信頼可能な精度のデータが得られるEUのすべての国、さらにノルウェーとスイスを網羅している。なお、これらのデータは人口や死亡率に関するデータの欠損、もしくは学歴と出生地あるいは労働参加率の同時分布を推定するのに十分なサンプルサイズが得られない場合があるという限界を有する。

推計は標準的なコーホート要因法に従って行われる。2015年から2030年までの生産年齢人口の推計を目的としていることから、15歳以下の労働参加率を0とすれば、同推計に出生を含める必要はない。なぜなら2030年の生産年齢人口に含まれるすべての個人は2015年時点ではすでに出生しているからである。その結果、基本的な推計モデルは以下のように示される。

（1）　$P^{a+1}_{t+1} = P^{a}_{t} - D^{a}_{t,t+1} + M^{a}_{t,t+1}$

この式は、t＋1年のa＋1歳の人口（P^{a+1}_{t+1}）はt年のa歳の人口（P^{a}_{t}）から、その間の死亡数（$D^{a}_{t,t+1}$）と純移動数（$M^{a}_{t,t+1}$）を引いた数に等しいことを意味している。純移動数は、入国及び出国する移民の差分として定義され、プラスまたはマイナスになる。この恒等式は男性と女性のような相互に重複のない人口集団、そして自国民と外国生まれの人を推計するのにも有効である[10]。

t年から始めて、t＋1年及びそれ以降の人口を推計するには、将来の死亡率と純移動率の推移について仮定を立てる必要がある。2010‐2015年の期間はベースラインとなる死亡率と純移動率を推定するために使用され、これらは現状のまま維持されるとすることも、特定の仮定を反映した形で将来推計に応用することも可能である。ＥＵ諸国の場合、性、年齢別死亡数に関する詳細なデータがすぐに入手可能であり、それによって死亡率を推定することができる。出生地別の死亡率に関する追加データ（自国生まれ、ＥＵ域内、及びその他の外国生まれ）は、すべての国の出生地固有の死亡率を計算することを可能にする。純移動率の推定はそれほど簡単ではない。というのは、特定の期間における外国人移民人口については通常、たとえば在留許可に関する行政データ等、政府によって収集されることが常であるものの、外国人移民に関するデータを収集する国はほとんどないからである。さらに、ＥＵ諸国の場合、移動の自由は、ほとんどのＥＵ諸国が、ＥＵ域内出身の移民に関する行政データを収集しなくなったことを意味する。最後に、自国民は通常、自分の国に出入りするための許可を必要としないため、自国民の純移動に関する行政データは通常存在しない。その結果、人口推計にあたっては、純移動は通常式（１）からの残差として求められ、本章でもこうした方法を採用する。また、純移動率は性、年齢別、あるいは出生地ごと（自国生まれ、ＥＵ域内、及びその他の外国生まれ）に推計される[11]。

この方法には2つの主な欠点がある。まず、入移民と出移民を別々に見積もることができない。もしこれが可能なら、より具体的な政策に関するシナリオについて分析するのに役立つはずである。第2に、純移動は残差として求められるため、人口や死亡に関する測定誤差も含むものとなる点である。純移動量が小さければ小さいほど、測定誤差に左右される度合いは大きくなる。実際の純移動量がゼロに近い場合、測定誤差が誤った純移動量の推計につながる可能性がある。

いったん、特定の人口集団について、性、年齢別の死亡率と純移動率が決まれば、以下の式によって、t'+1年まで予測するのは容易である。つまり、式（１）によって、まず人口と死亡率に関する既存のデータ（例・２０１０－15年の実績値）をもとにベースラインとなる純移動率を推定する。そしてその上で、将来の死亡率と純移動率の任意のパターンを仮定して（ベースラインレベルに保たれるか、または後述するようにさまざまなシナリオに従って修正されるか等）、２０１５年以降の人口を予測するのである。

推計モデルに教育的達成を含めると、さらなる困難を抱えることになる。それは性別や出生地とは異なり、個人の最終学歴は、ライフサイクルを通して変化する可能性があるためである。たとえば、15歳前後で初等教育から中等教育へ、18歳前後には前期中等教育から後期中等教育に移行することが頻繁に見られる。高等教育の達成に関しては、より広い年齢層に広がっており、大体20歳（短期学部教育）から35歳あるいはそれ以上（博士課程）まで可能性がある。先述したコーホート要因法ではこうした教育課程のあいだの移行は年齢ごとの遷移率（初等から中等、中等から高等教育）を適切な形で測定することで説明されることになる。ただし、一部の国についてはデータの不足から頑健な遷移率の計算ができず、この情報なしでは、学歴、及び年齢別の純移動率を推定することはできなくなってしまう。

　学歴の側面を含めるために採用した手法は、人口が予測された後で学歴の側面を追加することである。これにはまず、2015年時点の年齢別の学歴構成を、国、性別、出身地ごとに推定する必要がある。そこでは40歳以上のほとんどすべての人は最終学歴に達しており、もはや移行の対象ではないと想定することができる。[12] したがって、t'年における40歳コーホートはt'+1年時点（41歳時点）でも同じ学歴構成を維持すると仮定する。若年コーホートについても、経時的な学歴構成に変化が見られない場合、t'年に観察された学歴構成は、t'+1年でも同様であると仮定することができる。しかしながら、たとえば若い世代では高等教育を修了する可能性が依然として高いと仮定すると、高等教育を受けた個人の割合は、t+1年で41歳未満のコーホートでは上方にシフトすると考えなくてはならないのである。

　このアプローチは、死亡率が学歴間で等しいと想定している。しかしながら、この仮定は事実に反しているといえよう。なぜなら、高学歴者は平均して平均余命が長いからである。しかし、このことはEU諸国の生産年齢人口のように全体的な死亡率が低い場合、それほど問題にはならないといえよう。第二に、特に移動パターンが大きく変化している時には必ずしもそうなるとはいえないものの、純流入者のあいだの学歴構成は、対応する（受入国の――訳者注）人口の学歴構成を反映すると仮定する。ただし、純移住率は年齢層ごとに計算されるため、このアプローチによってもたらされる偏りは制限されるといえよう。

　労働力人口推計の最後の層は参加率であり、これは2015年時点の、国、年齢、性別、出身地、及び学歴ごとに推計され、それぞれが影響を及ぼし合って将来の労働力人口が求められることになる。

B・2　データの出所と手続き

　2010年から16年にかけての年齢、性別及び出生地（自国民と外国人出生）ごとの人口データは欧州統計局（Eurostat）から得たものである。いくつかの国や年では、いくつかの人口集団、特に古いものに関するデータが欠損、あるいは集約されており、代入（imputation）の対象となっている。年齢や性別、出生地別の死亡に関するデータもEurostatからのものである。国、年齢、性別、及び出生地によって定義された各人口区分に関する死亡率は2010年から2015年の期間の平均値を用いている。

いったん2010～2015年の年間純移動率が推定されると、それらはノイズを最小限に抑えるために局所的なノンパラメトリック回帰を使用して長期にわたって平滑化される。さらに、80歳以上の個人の移動率はすべてゼロに設定されている。

学歴分布、すなわち初等、中等、及び高等教育を終えた人の割合は、2010年から2015年までのEU労働力調査から推定された。これらの割合は、性及び5歳の年齢階級ごとに求められる。ただし国や年によってはデータが欠損しているため、代入する必要があった。データのノイズを減らすために、年ごとの学歴構成は、ノンパラメトリックな局所回帰を使用して平滑化される。また、同じデータを使用して、EU出身及び他の外国出身の移民における同割合を求めた。最後に、2015年EU労働力調査を用いて、年齢、性別、出身地、及び学歴別の労働参加率を推定した。

B・3　シナリオ設定について

推計のバリエーション、つまりシナリオは、推計の3つの重要な変数、つまり純移住、教育、及び労働力参加について設定されている。死亡率は推計の全期間にわたって、つまり2010－15年の水準にて一定のままであると仮定される。

純移動率については以下の4つのシナリオが仮定される。

1．ベースラインシナリオ：2016－30年の期間の純移動率は、2010－15年の性、年齢別の純移動率の水準に固定される。
2．封鎖人口シナリオ：2016－2030年の純移動率はすべてゼロに固定する。
3．低位移動仮定：特定の人口区分（国、性別、出身地）について、2016－2030年の年齢別純移動率をベースラインシナリオの純移動率の絶対値の30％減となる水準に固定する。純移動率は年齢ごとに推定され、正またはは負の値をとる可能性があるため、この手順では、各人口区分における純移住者数の増分が、全人口における各年齢層の割合に比例して按分されることを許容する。絶対値を使用することで、総純移動率がマイナスの場合でも、低位移動シナリオにおいて、より少ない純移動が発生するようになる。
4．高位移動仮定：特定の人口区分（国、性別、出身地）について、2016－2030年の年齢別純移動率をベースラインシナリオの純移動率の絶対値の30％増となる水準に固定する。純移動率は年齢ごとに推定され、正または負の値をとる可能性があるため、この手順では、各人口区分における純移住者数の増分が、全人口における各年齢層の割合に比例して按分されることを許容する。絶対値を使用することで、総純移動率がマイナスの場合でも、高位移動シナリオにおいて、より多くの純移動が発生するようになる。

教育に関しては、高等教育を修了した30―34歳の人々の割合に関してシナリオが設定されている。各シナリオは、最近の実績値を参考にして構築されている。２０１４年から２０１５年のあいだにヨーロッパ諸国では、同割合は38％から38・６％に増加した。この傾向を外挿すると、２０１５年から２０３０年のあいだに高等教育を受けた30‐34歳のシェアが９％ポイント増加し、これが中程度の傾向のシナリオの定義となる。

1．ベースラインシナリオ：２０１５年に観察された学歴構成は、２０１６年から２０３０年のあいだ、すべてのカテゴリーで一定に保たれるものの、全体の分布は、先に説明したように時間の経過とともに変化する。

2．中位教育仮定：30‐34歳の人々の中等教育者の割合は毎年線形に増加し、２０１５年から２０３０年のあいだに９％ポイント増加する。推計期間全体にわたって、30‐34歳人口に占める初等、中等教育修了者の減少はそれぞれの当初の構成割合に応じて決定される。[13] 15‐29歳及び35‐44歳の人々における高等教育修了者の割合は、それぞれベースラインレベルと30‐34歳における同割合とのあいだで補完される。２０１５年時点で最終学歴に達すると考えられる40歳になっていることから、２０２０年には45歳以上、２０３０年に55歳以上の個人の教育分布はベースラインレベルに保たれる。

3．低位教育仮定：30‐34歳人口における高等教育修了者の割合は、２０１５年から30年のあいだに６％ポイント上昇する（中位シナリオの３分の１以下）。他の年齢層の調整手順は中位教育シナリオと同じ方法を用いる。

4．高位教育仮定：30‐34歳の年齢層における高等教育修了者の割合は、２０１５年から２０３０年のあいだに12％ポイント上昇する（中位教育シナリオの３分の１以上）。他の年齢層の調整手順は、中位教育シナリオと同じ方法を用いる。

15‐74歳人口の労働参加に関するシナリオは以下の通りである。

1．ベースラインシナリオ：２０１５年に観察された労働参加率は、５歳階級ごと、性別、学歴、出生地によって細分化されており、２０３０年まで一定であると仮定されている。

2．ジェンダー間格差収束シナリオ：男性と女性のあいだの労働参加率の格差は、後者が前者より低い場合は後者を引上げることを通じて、2030年には両者の格差がゼロになるよう、徐々に減少する。

3．出生地間格差収束シナリオ：自国民と移民のあいだの労働参加率の格差は、後者が前者より低い場合は後者を引上げることを通じて、2030年には両者の格差がゼロになるよう、徐々に減少する。

4．ジェンダー、及び出生地間格差収束シナリオ：このシナリオでは、上で概説した2つの仮定を組み合わせているため、2030年までに男女間、及び出生地間の格差をゼロにすることになる。

＊本章は、"Gilles Spielvogel and Michela Meghnagi, "The Contribution of Migration to the Dynamics of the Labour Force in European Countries" を訳出したものである。

注

1 この章は、OECDと欧州委員会が共同で実施したプロジェクト「国際人口移動統計データベース：国際人口移動とその人口動態への影響に関するモニタリングシステム」に基づくものである。この章は、OECDまたはその加盟国の公式見解を表すものではなく、表明された意見と採用された主張は著者によるものである。この文書及びここに含まれる地図はいかなる領土の地位または主権、国際的な国境及び境界の範囲、ならびにいかなる領土、都市または地域の名称をも侵害するものではない。この文書は、EU雇用・社会イノベーションプログラム「EaSI」（2014－2020）の資金援助を受けて作成された。

2 この要因分解の手法は補遺Aに示されている。

3 ここでいう高等教育とは国際教育標準分類（ISCED）5－8に相当する。

4 寄与度は新規移民が労働力人口の増加の全体に占める割合として求められている。

5 詳細な方法論については補遺Bを参照。

6 **図6**に示されている結果は低位教育仮定に基づくものである。特定の教育仮定を選択することは、労働力人口の規模に影響を与える。なぜなら学歴が高いほど、労働参加率が高い傾向が見られるためである。しかしながら、全体としての影響は国際人口移動や労働参加率の仮定を変えた場合と比べると非常に小さい。

7 オーストリア、ベルギー、ブルガリア、チェコ共和国、デンマーク、エストニア、フィンランド、フランス、ドイツ、ギリシャ、ハンガリー、アイルランド、イタリア、ラトビア、リトアニア、ルクセンブルク、オランダ、ポーランド、ポルトガル、ルーマニア、スロバキア共和国、スロベニア、スペイン、スウェーデン、英国。

8 この定義には2005年以前に入国し、その後いったん帰国あるいは第三国へ移動したものの、その後2005年以降に再度、入国した移民も含む。こうした移民は概念的には「新規」移民ではないものの、2005年時点の総人口に比較すれば「新しい」といえる。

9 オーストリア、ベルギー、ブルガリア、チェコ共和国、デンマーク、エストニア、フィンランド、フランス、ドイツ、ギリシャ、ハンガリー、アイルランド、イタリア、ラトビア、リトアニア、ルクセンブルク、オランダ、ポーランド、ポルトガル、ルーマニア、スロバキア共和国、スロベニア、スペイン、スウェーデン、イギリス、ノルウェー、そしてスイス。

10 これは国籍のように時間とともに変化するカテゴリーの場合には妥当しない。

11 これらの推計において、純移動率は所与の人口区分に固有のものである。すなわち分母は特定の人口区分であり、総人口ではない。たとえば、自国民の30歳女性の純移動率を求める場合、分子は同人口区分における純移動者数で、分母は自国民の30歳女性人口である。

12 後述するように、教育動向のシナリオは30－34歳の年齢層に基づいており、そこでは高等教育を受けた個人の割合はほとんどの国で通常最も高くなっているものである。35歳から39歳のあいだの最終学歴の変化はないわけではないものの、それらは一般的にまれであり、同年齢層で高等教育修了者の割合が足元で増加したとしても30－34歳人口よりも少ないと予想される。

13 もし高等教育修了者の割合がs_3からs_3'まで上昇した場合、初等教育修了者の割合はs_1から$s_1'=s_1*(1-s_3')/(s_1+s_2)$へと減少する。一方、中等教育修了者は$s_2'=s_2*(1-s_3')/(s_1+s_2)$へと減少する。

参考文献

Arslan, C. et al.（2015）“A New Profile of Migrants in the Aftermath of the Recent Economic Crisis,” *OECD Social, Employment and Migration Working Papers*, No. 160, OECD Publishing, https://doi.org/10.1787/5jxt2t3nnjr5-en

Autor, D. & D. Dorn（2013）“The growth of low-skill service jobs and the polarization of the US labor market,” *American Economic Review*, Vol. 103/5, pp. 1553-1597, http://dx.doi.org/10.1257/aer.103.5.1553

Bloom, D., D. Canning & G. Fink（2010）“Implications of population ageing for economic growth,” *Oxford Review of Economic Policy*, Vol. 26/4, pp. 583-612, http://dx.doi.org/10.1093/oxrep/grq038

Börsch-Supan, A.（2003）“Labor market effects of population aging,” *Labour*, Vol. 17, pp. 5-44, https://doi.org/10.1111/1467-9914.17.specialissue.2

Busemeyer, M., A. Goerres & S. Weschle（2009）“Attitudes towards redistributive spending in an era of demographic ageing: the rival pressures from age and income in 14 OECD countries,” *Journal of European Social Policy*, Vol. 19/3, pp. 195-212, https://doi.org/10.1177/0958928709104736

Cedefop（2016）“Future skill needs in Europe: Critical labour force trends,” *Cedefop research paper*, Cedefop, No. 5559

Coleman, D.（2008）“The demographic effects of international migration in Europe,” *Oxford Review of Economic Policy*, Vol. 24/3, pp. 452-476, https://doi.org/10.1093/oxrep/grn027

Colombo, F. et al.（2011）*Help Wanted?: Providing and Paying for Long-Term Care*, OECD Publishing, https://doi.org/10.1787/9789264097759-en

European Commission（2017a）*2016 Annual Report on Intra-EU Labour Mobility*, Directorate-General for Employment, Social Affairs and Inclusion

———（2017b）*Employment and Social Developments in Europe 2017*, Directorate-General for Employment, Social Affairs and Inclusion

———（2016a）*Employment and Social Developments in Europe 2015*, Directorate-General for Employment, Social Affairs and Inclusion

———（2016b）*European Economic Forecast: Autumn 2016*, Directorate-General for Economic and Financial Affairs

———（2015a）*The 2015 Ageing Report: Economic and budgetary projections for the 28 EU Member States（2013-2060）*, Directorate-

General for Economic and Financial Affairs

——— (2015b) *The 2015 Pension Adequacy Report: Current and future income adequacy in old age in the EU*, Directorate-General for Employment, Social Affairs and Inclusion

Goos, M., A. Manning & A. Salomons (2009) "Job polarization in Europe," *American Economic Review*, Vol. 99/2, pp. 58-63, http://dx.doi.org/10.1257/aer.99.2.58

Harper, S. (2014) "Economic and social implications of aging societies," *Science*, Vol. 346/6209, pp.587-91, http://dx.doi.org/10.1126/science.1254405

Meghnagi, M. & G. Spielvogel (2018) "The contribution of migration to the dynamics of the labour force in OECD countries: 2005-2015," *OECD Social, Employment and Migration Working Papers*, 203, https://doi.org/10.1787/a301bef8-en

OECD (2016a) *OECD Employment Outlook 2016*, OECD Publishing, https://doi.org/10.1787/empl_outlook-2016-en

——— (2016b) *OECD Pensions Outlook 2016*, OECD Publishing, https://doi.org/10.1787/pens_outlook-2016-en

——— (2006) *Live Longer, Work Longer*, OECD Publishing, https://doi.org/10.1787/9789264035881-en

OECD/EU (2015) *Indicators of Immigrant Integration 2015: Settling In*, OECD Publishing, https://doi.org/10.1787/9789264234024-en

——— (2014) *Matching Economic Migration with Labour Market Needs*, OECD Publishing, https://doi.org/10.1787/ 9789264 216501-en

Spielvogel, G. & M. Meghnagi (2018) "Assessing the role of migration in European labour force growth by 2030," *OECD Social, Employment and Migration Working Papers*, 204, https://doi.org/10.1787/6953a8ba-en

United Nations (2015) *World Population Ageing 2015*, Department of Economic and Social Affairs, Population Division

——— (2000) *Replacement Migration: Is It a Solution to Declining and Ageing Populations?*, Department of Economic and Social Affairs, Population Division

◎第3章

東アジアにおける国際人口移動のパターン*

シャフェイ・グー
エリック・フォング
（訳 是川夕）

はじめに

ここ数十年で、国際人口移動は世界の人口動態において重要な役割を果たしてきた。国連は、「国際移民」を「出生国以外の国に住んでいる人」と定義している。国連（2017a）によると、世界における国際移民のストック人口は、2010年から17年にかけて世界全体で3800万人増加し、2億5800万人に達したと見込んでいる。実際、一部の研究者たちは、私たちは「国際移民の時代（the age of migration）」を迎えているとさえ主張している（Arango 2017; Castles, De Haas & Miller 2013）。

国際人口移動の増加はさまざまな要因によるものであり、そのひとつが国際貿易の拡大である。関税の自由化、貿易障壁の緩和、貿易協定、技術の進歩と相まって、世界のGDP比で見た輸出額は1960年の12％から2015年の30％へとほぼ3倍に伸びた（Ojapinwa & Kolawole 2013; Pettinger 2017）。国際経済関係の強まりは、必然的に移住をもたらす（White 2010）。国際貿易は通常資本と財の流れを含むのであり、移住は資本の流れの一部と見なされる。経済的な機会を求めて、人々は経済的開発の遅れた地域から貿易相手国である、より経済的に発展した地域に移動する（Gorter, Nijkamp & Poot 2018; Schiff & Özden 2007）。

同様に重要なのは輸送と技術の進歩である。移動コストの削減、移動手段の急速な拡大、及びさまざまな電子メディアを介した長距離通信の利便性は、国際人口移動を促進する（Massey et al. 1993; Portes 2000）。潜在的な移住者は、移動先の国の労働市場に関する豊富な情報と社会的環境をよく理解しており、また仮に移動先での成功が覚束なければ、出身国に戻るための費用も非常に少ないとさえいえる（Wahba 2015）。

このセクションでは、国際人口移動に関する2つの質問を取り上げる。まず、アジアにおける移動のパターンはどのようなものであるかについてである。第2に、移動におけるジェンダーごとのパターンはどのようなものかというものである。国連の国際人口移動データベース（United Nations Global Migration Database）によれば、ほとんどの国際人口移動は大陸内及び近隣諸国のあいだで発生していることが明らかにされている。また、女性の移動者数はすべての国で同じではなく、国によって異なっている。次節では、まずアジアにおける国際人口移動の社会的、経済的、そして人口学的背景について明らかにする。

1 アジアにおける社会的文脈

世界の他の地域と同様に、国際人口移動はアジアにおける人口動態の重要な要素といえる。今やアジアは、国際移民にとって最も人気のある目的地となっている。２０１７年には、世界の国際移民の3分の1近く（８０００万人）がアジアに居住していた。実際、アジアに移住する国際移民人口は１９９５年以来増加しており、その結果、アジアは他の地域と比較しても、２００５年から17年にかけて最大の国際移民受入地域となっている（UN 2017a）。アジアの９ヵ国が２０１７年時点で世界の移民受入国の上位20位に入っている。それらはサウジアラビア、アラブ首長国連邦、インド、トルコ、カザフスタン、タイ、パキスタン、ヨルダン、クウェートである（UN 2017a）。

さらに、アジアは最も多くの移民を送り出している地域でもある。２０１７年には、世界に存在する2億５８００万人の国際移民の約40％（1億６００万人）がアジア出身であるとされている（UN 2017a）。世界の他の地域と比較して、アジアは２０００年から17年にかけて、送り出し移民の最大の増加（４０７０万人）を経験している。また、１９９０年から２０１５年にかけて、東アジア、北東アジア、東南アジアからの国際人口移動は増加し続けている（UN 2015b）。２０１７年の世界における国際移民の出身国上位10ヵ国の中で、インドが最も多くの移民を送り出しており（１７００万人）、それに次いで、１０００万人の中国人移民が他の国／地域に移住しているとされる（UN 2017a）。

同一域内の移動は国際人口移動の重要な特徴といえよう。２０１７年には、およそ1億５０００万人の国際移民が同一域内、及び隣接する大陸間を移動しており、その内訳は１億４００万人が同じ域内を、また残りの者は隣接する大陸間を移動している。また、６３００万人近くのアジア人が他のアジア諸国に移住し、これが国際人口移動の最大の流れである。この数は、２０１０年以来、年間平均１７０万人ずつ増加している。欧州域内の移動は、世界の国際人口移動の中で2番目に大きい流れを形成しており、これは年間約４１００万人に達している。3番目に大きい域内移動は、ラテンアメリカ及びカリブ海諸国から北米への移動（２６００万人）である（UN 2017a）。

　地理的な近さに加えて、域内移住のパターンは、域内諸国間の経済関係の深化と貿易の拡大に関連している。その重要な指標は地域的な国際機関の増加である。たとえば、欧州連合（ＥＵ）の発展は、さまざまなヨーロッパの国々を社会的にも経済的にも結びつけるのに役立っている。ＥＵ加盟国の市民はすべて、ビザを申請せずに、仕事、教育、医療、及びその他の許可された目的のために他の加盟国への無制限の移動を許可されている。１９６７年に成立した東南アジア諸国連合（ＡＳＥＡＮ）は東南アジア諸国10ヵ国からなり、それらの国々のあいだの経済成長、地域の平和、そして社会文化的統合に関して多面的な協力関係を促進している。同時にこれは、物質的資源と人的資本の両方の国際的な交流を促進するものである。[1] またＡＳＥＡＮに触発されたアジア太平洋経済協力会議（ＡＰＥＣ）は、主にアジアとオセアニアに位置する21の加盟国／地域によって構成され、「ダイナミックで調和のとれたアジア太平洋コミュニティの構築」の実現や、地域の経済機関となることを目指したものである。[2] 実際、ＡＰＥＣは自由貿易と地域経済統合さえも促進することを目指した一連の政策を実施してきた。地域内での経済的統合と協力関係を促進するこれらの政策はすべて、地域内での国際人口移動の機会を生み出すものといえよう。

　国際人口移動の世界的パターンとしては、ここ数十年のあいだ、国際移民のほぼ半分は女性によって占められており、国際人口移動におけるジェンダー間のバランスは保たれている。たとえば、２０１７年の国際人口移動全体における女性の割合は48・４％で、２０００年の49・３％から低下した（UN 2017b）。しかし、北米、ヨーロッパ、オセアニア、ラテンアメリカ、カリブ海などの一部の目的地では、移民女性の割合は50％を超えていた。アフリカとアジアにおける移民女性の割合は、それぞれ47・１％と42・４％で、いずれも世界平均を下回っている。特にアジアでは、移民女性割合は２０００年から２０１７年にかけて減少した。この減少は、石油産業における男性移民労働者の大きな需要に対応して、西アジア諸国へ多くの男性が移住したことによるものと考えられる（UN 2017b）。しかし、いくつかのアジアの受入国では移民女性、特に家事労働者として働いている移民女性に対する大きな需要が存在している（UN 2017c）。たとえば、移民女性の割合は香港（61％）やシンガポール（56％）で高い（UN 2015a）。香港の政策は政府に大きな責任や費用を負わせずにフィリピンやインドネシアのような東南アジア諸国から家事労働者を雇用することを可能にしている。[3] １９７０年代には、フィリピン政府は自国の経済的問題を軽減するために労働法を改正し、自国民が海外で働くことを奨励した（De Guzman 2003）。また、１９９０年代には、インドネシアとタイの政府はこれにならって、労働力送り出しを促進するために労働法を改正した。香港特別行政区政府によると、当地における外国人家事労働者は増え続けている。２０１７年の終わりまでで、香港の外国人女性家事労働者の総数は３６４０３人であり、その中にはフィリピンからの１９６６１人とインドネシアからの１５９３５人が含まれている。[4]

中国は２０１７年時点で、世界で4番目に大きな国際送金の受入国であったが、２０１６年にはやはり世界で4番目に大きな国際送金の送出国でもあり（Center for China and Globalization 2018）、このことは中国が次第に移民受入国に変化したことを示唆している。こうした進展にもかかわらず、中国における国際移民の人口に占める割合は、その人口規模の大きさゆえに低いままである。

2 データ[5]

本研究に使用されたデータは、国連が公表している年齢、性別及び出身国別の国際移民ストック人口の推定値をカバーする“International Migration Stock: The 2015 revision”である。そこでは国際移民のストック人口の推定値は１９９０年から２０１５年まで5年ごとに示されている。私たちの主な関心は、近年の国際的な人口移動、及びそのジェンダーごとのパターンであるため、本研究では２０１０年、及び２０１５年のデータのみを使用した。また、本研究では国際人口移動のフローデータは目的地と出発地ごとに求めた。“International Migration Stock: The 2015 revision”に含まれるデータは、国連経済社会局国連人口部（ＤＥＳＡ）によって作成された“the United Nations Global Migration Database（UNGMD）”から得られたものであり、これは世界中の２００以上の国や地域におけるさまざまなカテゴリー別の国際移民ストック人口をカバーしている。また、同データは次の情報ソースから得られたものである。それらは（1）国連統計部の刊行している“Demographic Yearbook”、及び（2）国連人口部によって集められた集計データ、ならびに資料センター、図書館そしてインターネットから取得された正式な刊行物である。なお、データセットに記載されている地域／地域の名称はいずれかの主権国家を指すものではなく、あくまで報告された集計単位をひとつのエコノミー（経済圏）として扱うという国連の提案に従ったものである点に留意されたい。

結果について見ると、同統計では国際移民人口の減少が死亡や移動のいずれから生じたのかを識別できなかったため、本研究では２０１０－15年における全世界における国際移民の純変動のみに注目する。また、われわれはそれぞれの目的地について2つの割合（パーセンテージ）を示した。それらは特定の出身地からの移民がその目的地に住むすべての移民に占める割合（表中では合計と表記）、特定の地域からの移民に占める女性の割合（表中では女性と表記）である。

その際、２０１０－15年のあいだに特定の出身国からの移民人口が減少した場合、移民女性も0人とする。また、特定の地域への移民人口が増加したにもかかわらず、ある地域からの移民女性が純減した場合も移民女性の割合は0％として扱い、このエコノミーにおける移民人口の増分に女性が含まれないものとする。同様に特定の地域からの移民男性が純減したにもかかわらず移民人口総数が増加した場合、移民女性割合は１００％とされ、移民女性のみが移民人口の増加に寄与したものとして扱う。いくつかの目的においては、特定の地域からの国際移民は非常に少ないため、求められた値を解釈することが難しい。そのため、特定の地域からの移民の合計（すなわち分母人口に相当）が10人未満の場合、割合を示さない（／と表記する）こととした。また、特定の地域からの移民が10－50人である目的地については値の横にアスタリスク（*）を付記した。

3 分析結果

以下の議論を始めるにあたって、本章では２０１０－15年の世界の国際人口移動のパターンについて報告する。全体として、ほとんどの国際移民が同一大陸内、特にアフリカとアジアの中で移動していたことが分かる。アフリカにおける移民は他のアフリカ諸国からが大部分（75・38％）を占めていた。同様に、東アジアにおける移民の60・87％と東南アジアにおける移民の76・21％がそれぞれの域内で移動していることが分かる。

他のパターンとしては、かなりの数の移民が近隣の地域

表１　世界における国際人口移動のパターン（2010－15年）

目的地 / 出身地域	アフリカ		アジア 東アジア		アジア 東南アジア		アジア その他アジア		欧州		ラテンアメリカ及びカリブ海諸国		北米		オセアニア	
	合計	女性	合計	女性	合計	女性	合計	女性	合計	女性	合計	女性	合計	女性	合計	女性
世界総計	3,809,543	1,725,434	534,879	276,332	1,205,869	584,555	7,426,058	2,960,643	3,771,199	2,174,400	995,194	502,887	3,267,729	1,745,675	975,522	514,346
アフリカ（%）	74.38	47.85	0.00	0.00	0.02	33.08	10.04	44.95	15.73	62.47	1.31	65.93	10.86	53.09	6.89	51.14
アジア（%）																
東アジア	0.32	43.00	60.87	59.37	11.02	52.84	0.04	0.00	2.76	65.44	4.00	49.43	13.59	53.53	12.85	57.72
東南アジア	0.16	40.73	23.15	45.57	76.21	49.27	9.26	40.88	3.29	73.02	0.16	38.84	14.10	64.01	15.70	55.00
その他アジア	6.74	41.54	11.63	28.83	7.53	37.84	79.08	38.95	22.35	51.61	0.98	38.85	23.81	51.14	17.96	53.50
欧州（%）	4.17	51.78	1.15	43.86	0.37	38.14	2.15	37.70	53.60	54.62	15.38	52.83	12.96	48.54	22.11	49.76
ラテンアメリカ及びカリブ海諸国（%）	0.07	52.50	0.00	0.00	0.00	35.29	0.05	37.21	0.00	0.00	59.41	50.37	50.61	46.79	2.18	54.36
北米（%）	0.29	56.22	3.65	100.00	0.48	45.87	0.03	64.64	2.16	56.60	15.09	49.35	1.62	61.85	3.90	51.95
オセアニア（%）	0.08	53.18	0.04	0.00	0.22	40.66	0.00	0.00	0.83	55.92	0.13	46.19	0.72	57.73	16.27	50.17
その他北半球（%）	0.00	0.00	0.98	0.99	1.12	30.06	0.27	100.00	0.61	33.68	0.76	47.58	0.00	0.00	0.05	47.13
その他南半球（%）	13.99	31.10	6.59	29.98	3.03	48.15	0.00	0.00	0.52	35.92	2.77	47.68	0.00	0.00	2.10	54.66

注：「合計」の欄は、特定の目的地への移民の総量のうち、特定の国／地域からの移民の割合を表している。「女性」の欄は、特定の出身国／地域からの全移住者における女性の割合を表している。なお、マイナスの場合０と表記しているため合計は100%とならない場合もあることに注意。

出所：the United Nations, International migrant stock: 2015 revision.

から移動したことが明らかになった。北米では、移民の半数以上がラテンアメリカやカリブ海などの近隣地域から来ている（50・61％）。同様に、移民は主にアジア（46・51％）とヨーロッパ（22・11％）からオセアニアに来ている。全体としてオセアニアにおける移民の64・88％は、２０１０－15年にかけて同一域内または近隣地域から移動してきた。これはおそらく、同じ地域または近隣地域の求人情報に簡単にアクセスできるためであろう（Schwartz 1973）。第2に、移民は主に経済的動機によって移動するため、コストの安い近距離移住がより好まれている可能性がある（Arango 2017）。最後に、近隣地域間の言語、信仰、価値観などの文化の類似性が移民を引き付ける可能性があるだろう（Adserá & Pytliková 2015）。

この期間中の国際人口移動のジェンダー別パターンの概要を知るため、**表1**に移民女性の割合を示した。全体として女性は移民全体の50％を占め、あるいは超えており、いくつかの人の流れにおいて移民の女性化が進んでいることを示している。北米に移動した移民のうち、移民女性が占める割合は50－60％であり、これは他の地域からの移民の場合よりも高いといえる。東アジアへの移動の流れにおいては、移民女性の占める割合は１００％に達してさえいる。ヨーロッパや北米は明らかにより女性に親和的な目的地であることから、移民女性の割合は約50-70％と他の目的地よりも比較的高いといえる。

表2は、２０１０－15年の東アジアへの国際人口移動のパターンに焦点を当てたものである。すべての東アジア経済圏において、移民人口の最大の増加は韓国（40万８０４９人）と中国（12万８１８５人）で見られた。しかしながら同期間において、日本における移民人口の純増は見られなかった。これはおそらく日本の鎖国的政策、つまり厳格な入国管理規則によるものであろう。

この地域の国際移民の出身地を詳しく見ると、東アジアに移住した人々の60％以上がその地域の経済圏出身であることが分かった。このパターンは、東アジア諸国のあいだの文化的類似性と強まっている経済関係を反映しているのかもしれない。具体的には、香港特別行政区の移民の84・49％、及びマカオ特別行政区の移民の88・62％が他の東アジア諸国の出身である。興味深いことに、韓国を除いてこの間、アフリカから東アジアへの移動は見られなかった。これはおそらく、これら2つの地域間の物理的な距離と文化の違いによるものであろう。

女性は東アジアへの全移民の50％を占めた。対照的にマカオ特別行政区に移動した移民女性の割合は約60－80％であった。ほとんどの出身地域からの移動者は女性であると

表2　東アジアへの国際人口移動のパターン(2010－15年)

目的地／出身地域	中国		香港特別行政区		マカオ特別行政区		北朝鮮		日本		モンゴル		大韓民国	
	合計	女性	合計	女性	合計	女性	合計	女性	合計	女性	合計	女性	合計	女性
世界総計	128,185	33,807	58,715	86,297	24,197	14,912	4,448	2,104	−90,274	−49,673	1,559	582	408,049	188,303
アフリカ（%）	0.00	0.00	0.00	0.00	0.00	0.00	0.00	0.00	0.00	0.00	0.00	0.00	0.01	0.00
アジア（%）														
東アジア	49.93	25.02	84.49	100.00	88.62	61.09	70.84	45.73	0.00	0.00	67.74	26.14	64.84	48.89
東南アジア	16.59	29.73	10.84	46.97	3.74	80.09	12.10	57.81	—	0.00	2.25	20.00*	15.06	42.96
その他アジア	2.33	27.39	1.27	100.00	0.00	0.00	1.73	50.65	0.00	0.00	2.89	62.22*	14.54	27.45
欧州（%）	1.23	21.44	0.90	100.00	0.45	44.55	0.92	41.46*	0.00	0.00	17.96	70.00	1.28	42.36
ラテンアメリカ及びカリブ海諸国（%）	8.97	24.52	0.00	0.00	0.00	0.00	6.81	46.86	0.00	0.00	0.00	0.00	0.00	0.00
北米（%）	3.62	22.50	0.98	100.00	0.00	0.00	2.79	42.74	0.00	0.00	4.55	60.56	3.79	100.00
オセアニア（%）	0.53	22.19	0.40	100.00	0.00	0.00	0.43	42.11*	0.00	0.00	1.22	47.37*	0.02	0.00
その他北半球（%）	2.73	20.91	0.16	100.00	5.74	59.65	1.42	42.86	0.00	—	0.13	／	0.05	0.00
その他南半球（%）	14.06	30.89	0.96	100.00	1.45	59.83	2.97	50.00	—	0.00	3.27	43.14	0.41	0.00

注：「合計」の欄は、特定の目的地への移民の総量のうち、特定の国／地域からの移民の割合を表している。「女性」の欄は、特定の出身国／地域からの全移住者における女性の割合を表している。「*」は分母人口が10－50人。「／」は分母人口が10人以下。

出所：the United Nations, International migrant stock: 2015 revision.

表3　東南アジア諸国への国際人口移動のパターン（2010－15年）

目的地／出身地域	ブルネイ・ダルサラーム		カンボジア		インドネシア		ラオス		マレーシア		ミャンマー		フィリピン		シンガポール		タイ		東ティモール		ベトナム	
	合計	女性	合計	女性	合計	女性	合計	女性	合計	女性	合計	女性	合計	女性	合計	女性	合計	女性	合計	女性	合計	女性
世界総計	2,146	688	−8,014	−4,483	23,430	8,494	1,059	490	108,232	15,808	−3,106	−1,709	3,263	1,413	378,844	212,714	689,127	346,391	−149	−91	11,037	4,840
アフリカ（%）	0.00	0.00	0.00	0.00	0.67	35.26	0.00	0.00	0.04	12.20*	0.00	0.00	1.53	38.00	0.00	0.00	0.00	47.37*	0.00	0.00	0	0
アジア（%）																						
東アジア	2.84	32.79	0.00	0.00	36.44	35.87	14.07	42.95	1.20	15.08	0.00	0.00	29.57	43.63	24.21	61.42	4.40	34.33	0.00	0.00	12.98	42.15
東南アジア	81.64	34.02	0.00	0.00	21.84	36.93	66.57	48.37	61.25	13.94	0.00	0.00	0.43	1.00*	48.64	56.57	96.18	51.05	0.00	0.00	50.19	42.91
その他アジア	11.42	17.96	0.00	0.00	10.85	37.33	0.00	0.00	29.06	15.91	0.00	0.00	8.09	40.91	15.82	50.98	0.00	0.00	0.00	0.00	19.29	47.11
欧州（%）	2.28	30.61*	0.00	0.00	11.31	38.63	0.00	0.00	0.39	12.50	0.00	0.00	8.52	41.01	0.00	0.00	0.12	47.29	0.00	0.00	2.06	45.37
ラテンアメリカ及びカリブ海諸国（%）	0.00	0.00	0.00	0.00	0.00	0.00	0.00	0.00	0.00	0.00	0.00	0.00	0.67	45.45*	0.00	0.00	0.00	0.00	0.00	0.00	0.00	0.00
北米（%）	0.14	／	0.00	0.00	4.20	37.06	0.00	0.00	0.00	0.00	0.00	0.00	19.43	43.38	0.98	48.50	0.00	0.00	0.00	0.00	7.14	42.89
オセアニア（%）	0.70	33.33*	0.00	0.00	3.21	35.02	0.00	0.00	0.30	17.50	0.00	0.00	2.05	40.30	0.52	48.15	0.00	0.00	0.00	0.00	0.05	／
その他北半球（%）	0.23	／	0.00	0.00	9.68	32.42	5.19	41.82	3.31	15.09	0.00	0.00	6.62	46.76	1.90	36.28	0.02	33.59	0.00	0.00	2.41	45.11
その他南半球（%）	0.75	31.25*	0.00	0.00	1.81	35.70	14.16	41.33	4.46	14.85	0.00	0.00	22.59	44.91	7.94	54.02	0.03	35.11	0.00	0.00	5.88	44.99

注：「合計」の欄は、特定の目的地への移民の総量のうち、特定の国／地域からの移民の割合を表している。「女性」の欄は、特定の出身国／地域からの全移住者における女性の割合を表している。「*」は分母人口が10－50人。「／」は分母人口が10人以下。

出所：the United Nations, International migrant stock: 2015 revision.

同時に、香港へ流入する移民の大半は女性であるということから、香港特別行政区は他の職業の女性よりも多くの女性の家事労働者を雇用していることが示唆される。しかし、中国に移動する移民女性の割合は低い（20－30％）ことから、中国では移民女性労働者の需要の低いことが示唆されるといえよう。

表3は、2010－15年のあいだの東南アジア諸国への国際人口移動のパターンを示している。すべての東南アジア経済の中で、最大の移民人口の増加はタイで見られた（689127人）。しかし、カンボジア、ミャンマー、東ティモールにおいては、カンボジアとミャンマーの経済は活気がないことと、東ティモールにおける労働需要が減少したことが原因で、移民人口の増加は見られなかった。

東アジアで確立されたパターンと同様に、東南アジア諸国への移動者の大部分は他の東南アジア諸国から移住した人々である。タイへの移民の96・18％、ブルネイ・ダルサラームへの81・64％、ラオスへの66・57％が域内の移動者によって占められていた。東アジアの場合と同様に、アフリカから東南アジアへの国際人口移動は活発ではなかった。

東南アジアにおける移民女性割合は30－50％程度と、移民の女性化の程度は東アジアと比較して低かった。東南アジア経済の中では、シンガポールにおける移民女性割合（50－60％）は比較的高かったが、これはおそらく、シンガポールは香港のように先進国であり、女性の労働参加率が比較的高いことから、より多くの家事労働者を雇用しているためと思われる（Huang and Yeoh 2016）。しかしながら、マレーシアに移住する移民女性の割合はわずか10－15％にすぎなかった。

表4と**表5**は、2010－15年の東アジアと東南アジアでの国際人口移動のパターンを示している。**表4**は東アジアの目的地に焦点を当てており、**表5**は東南アジアの目的地に焦点を当てている。

東アジアのほとんどの目的地では（**表4**）、国際移民は主に中国から来ている。香港特別行政区とマカオ特別行政区の80％以上の移民、そして北朝鮮と韓国における移民の約60％以上が中国からの移民であった。一言で言えば、中国は依然としてアジアへの移民の主要な送出し元といえる。中国については、東アジアからの移民は主に香港特別行政区からのものである（27・63％）。香港からの大規模な移民の流入は、元植民地の中国本土への段階的な統合を反映している可能性があるといえよう。

東アジアへの国際人口移動におけるジェンダー別パターンも**表4**に示されている。インドネシア、フィリピン、タイからの移民女性の割合は比較的高く、これら3ヵ国・が

表4　東アジアと東南アジアでの国際人口移動のパターン(2010－15年)(東アジアの目的地)

目的地／出身地域	中国		香港特別行政区		マカオ特別行政区		北朝鮮		日本		モンゴル		大韓民国	
	合計	女性	合計	女性	合計	女性	合計	女性	合計	女性	合計	女性	合計	女性
東アジア（%）														
中国	0.00	0.00	81.30	100.00	82.17	62.55	59.02	45.64	0.00	0.00	53.11	18.60	63.87	48.28
香港特別行政区	27.63	25.95	0.00	0.00	6.45	42.54	0.34	33.33*	0.00	0.00	0.00	0.00	0.00	0.00
マカオ特別行政区	2.49	29.17	2.51	100.00	0.00	0.00	0.00	0.00	0.00	0.00	0.00	0.00	0.00	0.00
北朝鮮	0.00	0.00	0.00	0.00	0.00	0.00	0.00	0.00	0.00	0.00	3.14	38.78*	0.00	0.00
日本	0.70	21.59	0.50	100.00	0.00	0.00	0.42	42.11*	0.00	0.00	2.12	63.64*	1.43	63.30
モンゴル	0.00	0.00	0.00	0.00	0.00	0.00	0.00	0.00	0.00	0.00	0.00	0.00	0.00	0.00
大韓民国	19.10	23.26	0.17	100.00	0.00	0.00	11.06	46.75	0.00	0.00	9.36	56.16	0.00	0.00
東南アジア（%）														
ブルネイ	0.00	0.00	0.00	0.00	0.00	0.00	0.00	0.00	0.00	0.00	0.00	0.00	0.00	0.00
カンボジア	0.00	0.00	0.00	0.00	0.00	0.00	0.00	0.00	—	—	0.00	0.00	4.86	23.21
インドネシア	4.06	35.62	4.74	100.00	0.00	0.00	2.92	70.00	—	—	0.00	0.00	1.91	5.75
ラオス	0.00	0.00	0.00	0.00	0.00	0.00	0.00	0.00	0.00	0.00	0.00	0.00	0.00	0.00
マレーシア	0.63	23.16	0.54	100.00	0.00	0.00	0.40	44.44*	0.00	0.00	0.00	0.00	0.12	47.97
ミャンマー	0.00	0.00	0.00	0.00	0.00	0.00	0.00	0.00	0.00	0.00	0.00	0.00	1.95	1.72
フィリピン	7.47	30.97	4.15	0.00	3.46	79.33	6.05	57.62	—	—	0.90	35.71*	0.51	100.00
シンガポール	0.00	0.00	0.35	100.00	0.00	0.00	0.00	0.00	0.00	0.00	0.00	0.00	0.00	0.00
タイ	1.55	28.43	0.68	100.00	0.28	89.55	1.17	53.85	—	—	0.00	0.00	0.14	100.00
東ティモール	0.00	0.00	0.00	0.00	0.00	0.00	0.00	0.00	0.00	0.00	0.00	0.00	0.00	0.00
ベトナム	2.87	20.32	0.38	100.00	0.00	0.00	1.55	42.03	—	—	1.35	9.52*	5.55	71.43

注：「合計」の欄は、特定の目的地への移民の総量のうち、特定の国／地域からの移民の割合を表している。「女性」の欄は、特定の出身国／地域からの全移住者における女性の割合を表している。「＊」は分母人口が10－50人。「／」は分母人口が10人以下。

出所：the United Nations, International migrant stock: 2015 revision.

表５　東アジアと東南アジアでの国際人口移動のパターン（2010－15年）（東南アジアの目的地）

出身地域＼目的地	ブルネイ・ダルサラーム		カンボジア		インドネシア		ラオス		マレーシア		ミャンマー		フィリピン		シンガポール		タイ		東ティモール		ベトナム	
	合計	女性	合計	女性	合計	女性	合計	女性	合計	女性	合計	女性	合計	女性	合計	女性	合計	女性	合計	女性	合計	女性
東アジア（%）																						
中国	2.00	32.56*	0.00	0.00	21.39	37.25	14.07	42.95	0.41	17.75	0.00	0.00	16.98	46.03	21.85	61.63	4.57	34.67	0.00	0.00	5.12	42.30
香港特別行政区	0.51	36.36*	0.00	0.00	0.00	0.00	0.00	0.00	0.00	0.00	0.00	0.00	0.12	25.00	1.44	59.52	0.00	0.00	0.00	0.00	0.00	0.00
マカオ特別行政区	0.00	0.00	0.00	0.00	0.00	0.00	0.00	0.00	0.00	0.00	0.00	0.00	0.00	0.00	0.92	59.37	0.00	0.00	0.00	0.00	0.00	0.00
北朝鮮	0.14	33.33	0.00	0.00	0.00	0.00	0.00	0.00	0.00	0.00	0.00	0.00	2.70	45.45	0.00	0.00	0.00	0.00	0.00	0.00	2.33	45.91
日本	0.19	／	0.00	0.00	5.60	29.82	0.00	0.00	0.65	15.25	0.00	0.00	6.50	37.74	0.00	0.00	0.00	0.00	0.00	0.00	2.73	37.87
モンゴル	0.00	0.00	0.00	0.00	0.00	0.00	0.00	0.00	0.00	0.00	0.00	0.00	0.00	0.00	0.00	0.00	0.00	0.00	0.00	0.00	0.00	0.00
大韓民国	0.14	／	0.00	0.00	9.45	36.31	0.00	0.00	0.14	6.12	0.00	0.00	3.28	42.06	0.00	0.00	0.00	0.00	0.00	0.00	2.81	42.90
東南アジア（%）																						
ブルネイ	0.00	0.00	0.00	0.00	0.00	0.00	0.00	0.00	0.24	13.79	0.00	0.00	0.06	／	0.00	0.00	0.00	0.00	0.00	0.00	0.00	0.00
カンボジア	0.00	0.00	0.00	0.00	0.00	0.00	5.48	48.28	0.56	14.47	0.00	0.00	0.03	／	0.00	0.00	28.12	49.68	0.00	0.00	0.00	0.00
インドネシア	6.01	58.91	0.00	0.00	0.00	0.00	0.00	0.00	42.58	14.36	0.00	0.00	1.56	47.06	6.93	66.68	0.01	0.00	0.00	0.00	12.22	42.92
ラオス	0.00	0.00	0.00	0.00	0.00	0.00	0.00	0.00	0.00	0.00	0.00	0.00	0.00	0.00	0.00	0.00	20.32	24.01	0.00	0.00	8.83	21.74
マレーシア	47.02	32.41	0.00	0.00	0.67	35.26	0.00	0.00	0.00	0.00	0.00	0.00	0.37	41.67	40.08	53.65	0.00	0.00	0.00	0.00	0.20	18.18*
ミャンマー	0.00	0.00	0.00	0.00	0.00	0.00	1.04	54.55	10.04	10.47	0.00	0.00	0.18	／	0.00	0.00	47.85	63.38	0.00	0.00	16.59	51.01
フィリピン	13.09	42.35	0.00	0.00	1.19	36.20	0.00	0.00	0.86	15.95	0.00	0.00	0.00	0.00	0.68	85.11	0.00	400.00	0.00	0.00	0.17	42.11
シンガポール	1.49	31.25	0.00	0.00	6.66	37.03	0.00	0.00	3.16	17.64	0.00	0.00	0.40	15.38	0.00	0.00	0.00	0.00	0.00	0.00	2.72	52.67
タイ	14.03	21.26	0.00	0.00	6.66	37.03	7.55	38.75	0.33	21.41	0.00	0.00	0.15	／	0.95	85.24	0.00	0.00	0.00	0.00	17.96	43.90
東ティモール	0.00	0.00	0.00	0.00	6.66	37.03	0.00	0.00	0.00	0.00	0.00	0.00	0.06	／	0.00	0.00	0.00	0.00	0.00	0.00	0.00	0.00
ベトナム	0.00	0.00	0.00	0.00	0.00	0.00	52.50	49.64	3.47	14.11	0.00	0.00	0.21	／	0.00	0.00	0.00	0.00	0.00	0.00	0.00	0.00

注：「合計」の欄は、特定の目的地への移民の総量のうち、特定の国／地域からの移民の割合を表している。「女性」の欄は、特定の出身国／地域からの全移住者における女性の割合を表している。「*」は分母人口が10－50人。「／」は分母人口が10人以下。

出所：the United Nations, International migrant stock: 2015 revision.

他の東アジアへの移民女性の主な送出し元である可能性が高い。香港特別行政区（１００％）、マカオ特別行政区（約60－90％）、及び北朝鮮（30－70％）は、移民女性割合が高い目的地である。

表5は、東南アジアにおける国際移民が主に近隣諸国の出身であることを明らかにしている。これは主に文化的均質性によって同化が容易であることに起因すると考えられる。たとえば、ブルネイとシンガポールにおける国際移民の47％がマレーシア出身で、マレーシアにおける国際移民の42・58％がインドネシア出身であり、その両国とも圧倒的にイスラム教徒の人口が多い国である。同様に、移民は仏教徒が多い国々のあいだでも見られる。ラオスの移民の52・5％はベトナムから、タイの移民の47・85％はミャンマーから来ているといった具合である。

東南アジア、特にインドネシア、ミャンマー、タイからの移住者のあいだでは、移民の女性化の程度は一般的に東アジアのそれよりも高い。これを考慮すると、私たちはインドネシアとタイから多くの移民女性が流出していることを見てきたわけであるが、このことは、これらの２つの国がアジアにおける移民女性の重要な送出し元であることを示唆している。これらの移民女性の50％以上が東南アジア諸国に移住し、そのなかでも特にシンガポールは約60－80％を引きつけている。

4 結 論

私たちの研究は、アジアから世界の他の地域へ、あるいは他の地域からアジアへの移住が、世界の国際移住の大部分を占めていることを明らかにしたといえよう。さらに、アジア域内ではより多くの国際人口移動が見られる。一部のアジア諸国では、移民女性が出移民の半分以上を占めている。私たちは、これらのパターンが、各国間の国際的な経済的関係及びこの国際人口移動の流れを促進する技術の進歩を反映していると考える。

このパターンから私たちは2つの重要な示唆を得ることができるだろう。第1に、アジアへの、またアジアからアジアへの、そしてアジアから他の地域へのかなりの量の移住は、この地域に関するさらなる移民研究が早急に必要とされていることを示唆している。それにもかかわらず、これまでのほとんどの移民研究は、家事労働者など、特定の国または特定のカテゴリーの移住者の事例研究が主であった（Cortes 2015; Gaetano & Yeoh 2010; Johnson 2010; Lai 2011; McKenzie, Theoharides & Yang 2014; Ullah 2010）。アジアのすべての国と経済のあいだでの大規模な国際人口移動の研究はまれである（Collins 2011; Kaur 2010; Lindquist, Xiang & Yeoh 2012）。こうした点に関する体系的かつ大規模な移民研究は、私たちにこれらのパターンの正しい理解を助け、そしてまた私たちが移住の流れを形づくる要因を描写する助けとなるであろう。

第2に、アジアの国々や経済の経済的、文化的、社会的背景は、ヨーロッパや北米の国々とは大きく異なる。国際人口移動に関する理論的枠組みの大部分は、ヨーロッパと北米から得られたデータに基づいて発展してきたものであるため、アジアにおけるその適用範囲は不明のままといえよう。将来の研究では、これらの理論的枠組みをアジアの状況にどれだけ適用できるかを見極める必要があるだろう（Smith & King 2012）。同時に、アジアの国際人口移動パターンを理解するための理論的枠組みを開発するための努力がなされるべきである。

アジアの国際人口移動のパターンが、アジア内の国際関係を理解するうえで主要な人口学的潮流となりつつあることは疑いの余地がない。この地域における国際人口移動の流れの量と現れは、同地域で経済統合と社会的・文化的統合の両方が行われたことを示唆している。アジアの開発発展に関する今後の研究では、このような重要な人口学的パターンにもっと焦点を当てるべきであろう。

＊本章は、Shafei Gu and Eric Fong, "Migration in East Asia" を訳出したものである。

注

1 Association of Southeast Asian Nations. https://asean.org/asean/about-asean/

2 Asia-Pacific Economic Cooperation. https://www.apec.org/About-Us/About-APEC

3 ⑴ Neetu Sakhrani, A Relationship Denied: Foreign Domestic Helpers and Human Rights in Hong Kong (DOC), Civic Exchange, December 2002

⑵ The government of the Hong Kong SAR of the People's Republic of China, Labour Department. https://www.labour.gov.hk/tc/plan/iwFDH.htm

4 The government of the Hong Kong SAR of the People's Republic of China, Census and Statistics Department. Women and men in Hong Kong (2018). https://www.censtatd.gov.hk/hkstat/sub/sp180_tc.jsp?productCode=B1130303

5 International Migration, Population Division, Department of Economic and Social Affairs, United Nations. https://www.un. org/en/development/desa/population/migration/data/empirical2/index.shtml

参考文献

Adserà, Alicià and Mariola Pytliková（2015）"The role of language in shaping international migration," *The Economic Journal*, 125 (586): F49-F81

Arango, Joaquín（2017）"Theories of international migration,"

International migration in the new millennium, Routledge, 25-45

Castles, Stephen, Hein De Haas and Mark J. Miller (2013) *The age of migration: International population movements in the modern world*, Macmillan International Higher Education

Center for China and Globalization (2018) *Annual report on Chinese international migration*, Social Sciences Academic Press

Collins, Francis Leo (2011) "Transnational mobilities and urban spatialities: Notes from the Asia-Pacific," *Progress in Human Geography*, 36 (3): 316-35

Cortes, Patricia (2015) "The feminization of international migration and its effects on the children left behind: Evidence from the Philippines," *World Development*, 65: 62-78

De Guzman, Odine (2003) "Overseas Filipino workers, labor circulation in Southeast Asia, and the (mis) management of overseas migration programs," *Kyoto Review of Southeast Asia*, 4: 27-37

Gaetano, Arianne M. and Brenda S. A. Yeoh (2010) "Introduction to the Special Issue on Women and Migration in Globalizing Asia: Gendered experiences, agency, and activism," *International Migration*, 48 (6): 1-12

Gorter, Cees, Peter Nijkamp and Jacques Poot (2018) *Crossing borders: Regional and urban perspectives on international migration*, Routledge

Huang, Shirlena and Brenda S. A. Yeoh (2016) "Maids and ma'ams in Singapore: Constructing gender and nationality in the transnationalization of paid domestic work," *Geography Research Forum*, 18: 22-48

Johnson, Mark (2010) "Diasporic dreams, middle-class moralities and migrant domestic workers among Muslim Filipinos in Saudi Arabia," *The Asia Pacific Journal of Anthropology*, 11 (3-4): 428-48

Kaur, Amarjit (2010) "Labour migration trends and policy challenges in Southeast Asia," *Policy and Society*, 29 (4): 385-97

Lai, Ming-yan (2011) "The present of forgetting: Diasporic identity and migrant domestic workers in Hong Kong," *Social Identities*, 17 (4): 565-85

Lindquist, Johan, Biao Xiang and Brenda S. A. Yeoh (2012) "Opening the black box of migration: Brokers, the organiza-tion of transnational mobility and the changing political economy in Asia," *Pacific Affairs*, 85 (1): 7-19

Massey, Douglas S., Joaquin Arango, Graeme Hugo, Ali Kouaouci, Adela Pellegrino, J. Edward Taylor (1993) "Theories of international migration: A review and appraisal," *Population and Development Review*, 19 (3): 431-66

McKenzie, David, Caroline Theoharides and Dean Yang (2014) "Distortions in the international migrant labor market: evidence from Filipino migration and wage responses to destination country economic shocks," *American Economic Journal: Applied Economics*, 6 (2): 49-75

Ojapinwa, Taiwo V. and Bashir Kolawole (2013) "Global Trade and Migration: Are Trade and Migration Substitutes or Complements? The Case of Nigeria," *IOSR Journal of Economics and Finance*, 1 (5): 51-57

Pettinger, Tejvan (2017) "The Importance of International Trade," Economicshelp.org

Portes, Alejandro (2000) "Globalization from below: the rise of transnational communities," *The ends of globalization: Bringing society back*, Rowman & Littlefield Publishers, 253-70

Schiff, Maurice and Caglar Özden (2007) *International migration, economic development & policy*, The World Bank

Schwartz, Aba (1973) "Interpreting the effect of distance on migration," *Journal of political economy*, 81 (5): 1153-69

Smith, Darren P., Russell King (2012) "Editorial introduction: re-making

migration theory," *Population, Space and Place*, 18 (2): 127-33
United Nations (2015a) "The International Migration Report 2015"
United Nations, Department of Economic and Social Affairs, Population Division (2017a) "International migration report 2017"
——— (2017b) "International migration report 2017: Highlight"
United Nations, Economic and Social Affairs (2015b) "Trends in international migrant stock: the 2015 revision"
United Nations, Economic and Social Commission for Asia and the Pacific (2017c) "Trends and drivers of international migration in Asia and the Pacific"
Ullah, Akm Ahsan (2010) "Premarital pregnancies among migrant workers: the case of domestic helpers in Hong Kong," *Asian Journal of Women's Studies*, 16 (1): 62-90
Wahba, Jackline (2015) "Who benefits from return migration to developing countries?" IZA World of Labor
White, Roger (2010) *Migration and International Trade: The US Experience Since 1945*, Edward Elgar

第Ⅱ部
移民の階層的地位変動
第一世代に焦点を当てて

日本における移民の地位達成構造*

第一・第二世代移民と日本国籍者との比較分析

石田賢示

1 日本における外国籍人口の増加

本章では、日本で生活する移民の地位達成構造の特徴を、日本国籍者との比較を通して検証する。「移民」という用語の定義は文脈によって異なるが、本章では、日本社会を主な生活の場とする外国籍者を指す用語として用いる。[1] 国勢調査のように大規模、かつ代表性のあるデータを用いて、どのような移民が教育や職業に関して地位達成を遂げているのかを実証的に明らかにしている研究はすでに存在する。[2] こうした研究に比べ、データの質という面では見劣りがするものの、本章では先行研究ではほとんど検証が試みられていない論点に挑む。それは日本における移民の地位達成構造が世代間で異なるのかという問いである。ここでいう「世代」は、ある個人が日本社会における移民として何世代目に当たるかを意味している。以下では、日本以外の国・地域で生まれ育ってから日本に移住した外国籍者を第一世代移民、日本生まれの外国籍者を第二世代移民と呼んで議論を進めたい。

１９９０年の「出入国管理及び難民認定法」（入管法）の改正により在留資格が再編された後、日本に移動する外国籍者数が急激に増加した。日系3世までのブラジル国籍者らを中心に構成される「定住者」や、中国からのニューカマー移民が増加の中心を占めている。**図1**は日本全体の人口規模と外国籍人口の推移を国勢調査の公表値から示したものである。日本全体の人口規模の拡大が停滞し、２０１５年では初めて減少に転じた一方、外国籍人口規模は単調に増加し続けている。２０１５年の国勢調査時点での外

図1　日本全体および外国籍の人口規模の推移

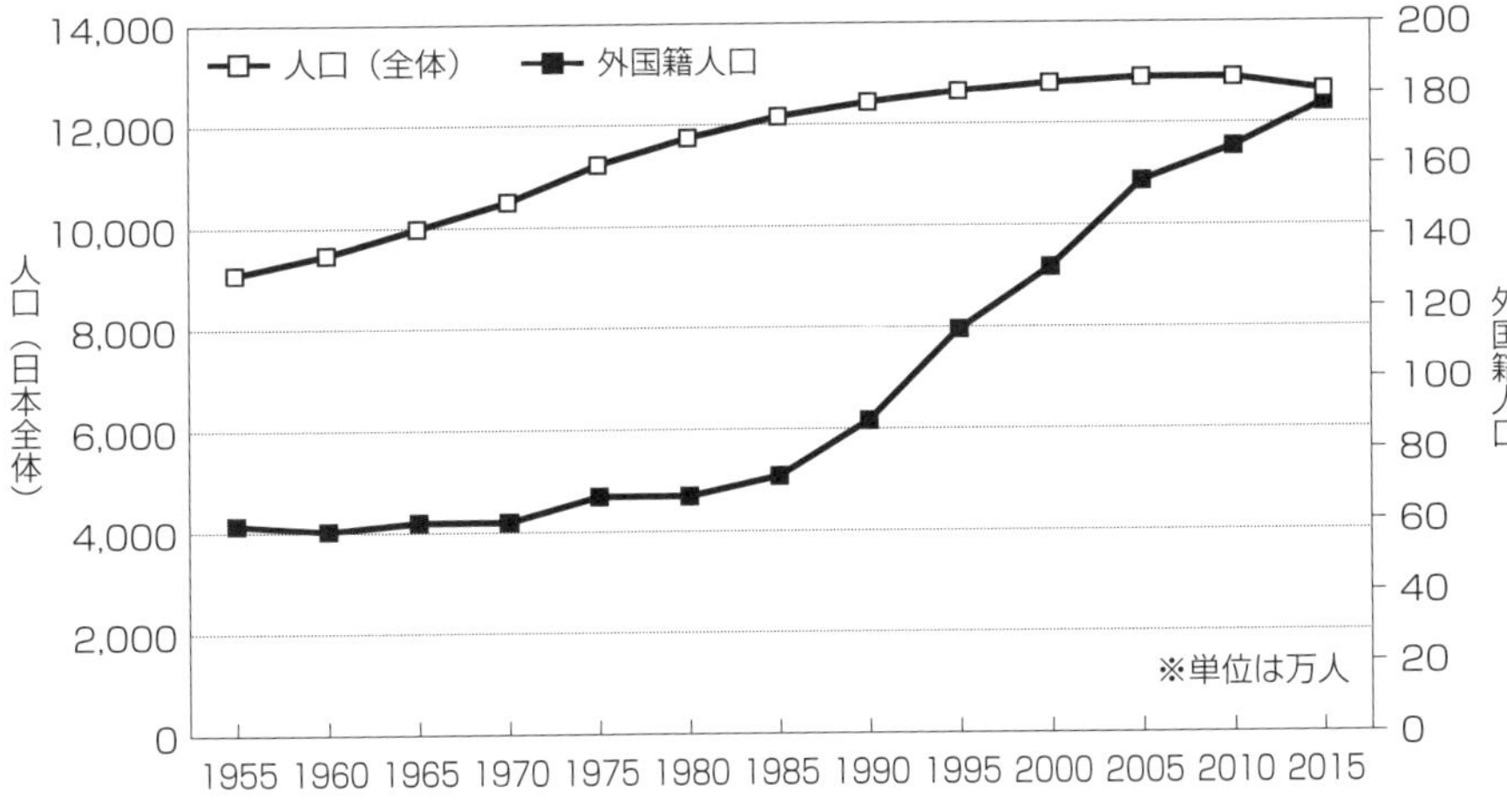

出所：国勢調査の各年公表値より筆者作成。

表1　外国籍者人口の国籍構成の時点間比較

	韓国・朝鮮	中国	フィリピン	アメリカ	その他
1990	63.8%	13.5%	4.8%	3.9%	13.9%
2015	21.5%	29.2%	9.8%	2.4%	37.1%

出所：国勢調査の各年公表値より筆者作成。

国籍人口は１８０万人弱となっており、日本の人口全体の１・４%を占めている。[3] 人口全体に占める移民の割合は欧米諸国などと比較すると小さいが、時系列的には明らかに拡大している。１９９０年時点の移民の割合は０・７%と約四半世紀のあいだに2倍に拡大し、実数値でも2倍以上に増加している。日本全体の人口規模が減少傾向にあるなかで、日本で生活する移民は、少なくとも量的に見てもその存在感を増し続けているといえるだろう。

　移民の人口規模は量的に増大しただけでなく、質的にも多様化している。**表1**は同じく国勢調査の公表値より、外国籍者人口に関して１９９０年、２０１５年の国籍構成を比較したものである。２時点間で比較可能な国籍のみ個別に集計したが、それでも移民人口の多様化を見て取ることはできる。１９９０年時点で外国籍者の大半を占めているのは韓国・朝鮮国籍の人々であったが、２０１５年時点では20%程度の規模となっている。２０１５年には特定の国籍の集中度が下がり、そのなかで中国籍の移民の割合が最も大きくなっている。「その他」の割合が4割弱となっているが、この

図2　移民人口の年齢層分布

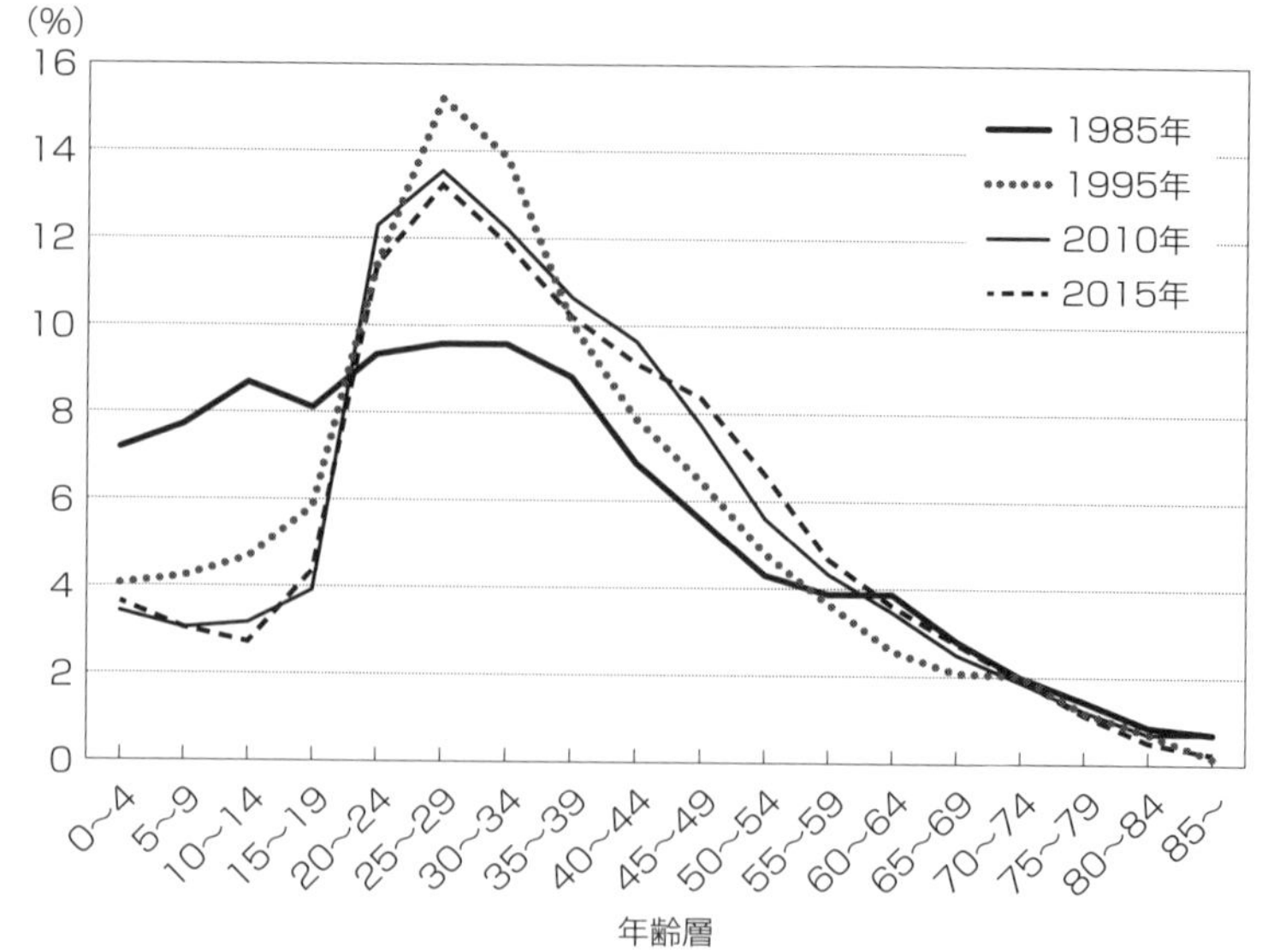

出所：国勢調査の各年公表値より筆者作成。

中心はブラジル国籍者などである。以上の変化は、１９９０年前後の枠組みでは十分に整理できない程度に、さまざまな国籍のルーツをもつ人々が現在日本で生活するにいたっていることを示唆しているといえるだろう。

就業機会という点でも、日本の移民人口の性質が変化しつつある。先述の国勢調査では在留資格の分布が分からないが、法務省による「在留外国人統計」（旧登録外国人統計）ではそれを概観することができる。１９９０年代から現在までの最も大きな変化のひとつは永住者の増加である。たとえば、１９９６年に永住者として日本にいた外国籍者の割合は５％程度であったが、２０１５年までに30％を超えている。永住者数の実数値も約７万人から70万人に増加している。永住者に代表されるような、就労制限のない在留資格をもつ外国籍者数は年々増加しており、そのような人々にとっては日本の労働市場でどのような就業機会を得られるのかという点が重要だといえるだろう。

日本で生活する移民にとって就業が重要であることは、移民人口の年齢分布という面からもうかがい知ることができる。国勢調査の１９８５年、１９９５年、２０１０年、２０１５年の公表値を用いて移民の年齢層の分布を描いたものが**図２**である。各調査年について、全体を１００％としたときの年齢層ごとの割合を折れ線グラフで示している。

いずれの時点でも20~30歳代が最も多いが、その分布の形状は調査時点によって異なる。入管法改正前後の1985年と1995年のあいだで年齢層の分布が大きく変化し、20~30歳代のピークがより鋭くなっている。2000年代以降もこの年齢層がピークであることに変わりはないが、40~50歳代の壮年層も増大しつつある。2000年代以降における壮年層増加の背景のひとつとして、先述の永住者数の増加に代表される移民の定住化の進行も考えられるだろう。これらの若年・壮年層はいわゆる生産年齢人口の中核を占め、2015年時点で移民人口のうち80%超がこの年齢層に該当していることになる。このうち大半の人々にとって、日本の労働市場でよりよい就業機会を得られるか否かが関心事となることは想像に難くない。

就業機会は当人の地位達成に対して重要であるだけではない。日本に移住し、長期にわたり生活するようになる移民は、日本社会のなかで配偶者を見つける、あるいは家族を呼び寄せるということがあり得る。またその後、子どもを日本社会で育ててゆくこともあるだろう。移民の就業機会の有利・不利は、自らの生活水準の高低を規定するだけでなく、次の世代の社会的、経済的な機会の多寡につながってゆくと考えられる。彼らがどのような機会を得られる状況に置かれているのかを明らかにすることは、学術的意義にとどまらず社会的な議論にも貢献できるであろう。本章の分析は、仮にこれまで通りの社会的、制度的環境が続くと仮定した場合に移民が増えるとして、彼らがどのような地位達成構造に埋め込まれるのかを見通すための部分的な知見にもつながり得る。日本を含め、地位達成構造自体に着目した実証研究の蓄積がまだ少ないなかで、本章は議論を前に進めてゆくための出発点を提供できるのではないかと考えられる。

以下では、移民の地位達成構造を実証的にとらえるための分析枠組みを議論し、本章で検証すべき仮説を説明する。それに続き、仮説を検証するために用いたデータ、および分析方法を説明し、実証分析の結果について述べる。最後に、実証分析の結果が現代日本社会における移民の地位達成構造に対してもつ示唆を議論して結語としたい。

2　移民の地位達成を検証する枠組み

(1) 地位達成モデル

本章では、社会学者のP・M・ブラウ（Peter M. Blau）とO・D・ダンカン（Otis D. Duncan）によって提唱された「地位達成モデル」の枠組みに依拠して分析、議論を進める（Blau and Duncan 1967）。この分析枠組みには、大きく2つ

図３　地位達成過程を表すパス図の一例

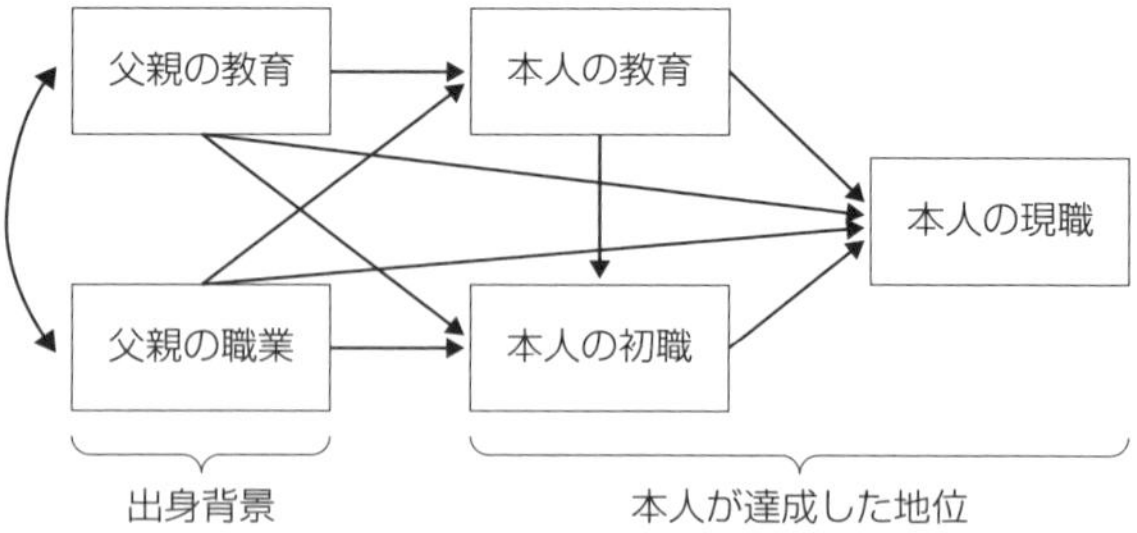

の研究上の目的が設定されているといえる。ひとつは構造の記述であり、個人の社会経済的背景、教育達成、職業的地位達成の過程がどのように結びつき合っているのかを明らかにするという目的である。もうひとつは、それらの要因のなかで本人の地位達成にとってより重要なものが何かを検証しようとする目的である。

図3は、ブラウとダンカンの研究において用いられた地位達成モデルの一例である。地位達成モデルでは、ある個人の地位達成の過程をパス図により表現する。地位達成モデルのパス図では、親の教育水準や職業的地位によって把握される出身背景が初期の地位達成状況である教育水準や初職の地位を、さらにこれらの諸要因が本人の現在の職業的地位を規定してゆくことをモデル化している。パス図それ自体は概念的なものであるが、パス図の各要因に相当する統計的データさえあれば、それぞれの要因がどの程度の強さで関連しあっているのかを数量的に検証することが可能である。また、後述する構造方程式モデリングと呼ばれる方法を用いることで、各要因の関連が条件によって異なるのかを分析することもできる。本章の関心に即すと、第一世代、第二世代移民と日本国籍者のあいだで出身背景と本人が達成した地位の結びつき方が異なるのか否かを統計的に検証できることを意味している。地位達成モデルは、人々が位置づけられている機会の構造を全体的に描出できる方法だといえるのである。

加えて、地位達成モデルでは要因間のそれぞれの関連のうち、どれがより強いのかを検証することも可能である。地位達成モデルの当初の問題意識は、明確な階級制度の存在しない多くの産業社会において出身背景がどの程度の影響力をもちうるのかというものであった。**図3**のパス図に関しては、ある個人の現在の職業的地位を規定するのは、本人が受けた教育なのか、それとも出身背景なのかという論点が検証されてきた。現実にはいずれかのみによって現在の地位が定まるわけではないが、出身背景と本人の達成した地位の影響力のバランスがどのように推移してきたのかに対し、これまで社会階層研究者は多くの関心を払ってきたといえる。

ブラウとダンカンの地位達成モデルは、人々の地位達成構造の分析における基準となる枠組みのひとつであり、現在にいたるまでさまざまな要因を考慮して応用され続けている（De Graaf and Kalmijn 2001; Pfeffer 2011）。日本においても地位達成モデルを用いた研究が蓄積されており、「出身背景→教育達成→初職の地位→現職の地位」という逐次的な構造の存在が明らかにされている（原・盛山 1999; 中尾 2011; 石田 2017）。この知見からは、現在の地位に注目すれば地位達成の機会がより業績主義的であるように見える。しかし、教育達成に対する出身背景の影響は依然として強く、ライフコースを通じて格差が連鎖している状況も無視できない。

本章では、日本における移民の社会経済的地位達成の分析にこの地位達成モデルを応用する。地位達成モデルによる実証分析は移民研究ではあまり見られないが、国境を越えるキャリア移動が生じうる移民にとって、出身背景と現在の地位がどのように関連しあっているのかは重要な論点のひとつであろう。また、日本生まれの移民が果たして日本国籍者と同様の機会構造のなかに位置づけられるのかも、必ずしも明らかではない。こうした研究上の疑問について、本章では可能な範囲で地位達成モデルによる検証を試みる。

(2) 同化仮説

地位達成モデルの観点からは、次のような問いが生じる。すなわち、移民として何世代目であるかによって地位達成構造が異なるのかという問いである。この疑問に対して検証可能な仮説を提示し得るのが、地位達成モデルと組み合わせて本章で用いる同化仮説（Assimilation Hypothesis）である。同化概念をめぐってはさまざまな討論が蓄積されてきたが、エスニシティなど「移民」であるか否かを区別するような要因による、人々の生活状況における不平等生成への影響力が次第に弱まってゆく過程としてとらえられているといえるだろう（Alba and Nee 2003: 12）。

同化仮説についても、地位達成モデルと同様に１９６０～70年代のアメリカ社会を舞台として基本的な枠組みが提唱されてきた。最初期の研究では、社会経済的地位や生活様式がマジョリティの人々と類似するようになるまでの早さや程度が、エスニシティによって異なるということが指摘されてきた（Warner and Srole 1945）。さらに、その後の研究では同化をマジョリティへのキャッチアップとしてとらえる見方が定着し、同化を遂げた移民と受け入れ社会側の人々とのあいだでは、社会的、経済的な葛藤も生じなくなるだろうという命題が提起された（Gordon 1964）。

これらの研究は、同化が世代を通して進んでゆくという見方の定着につながり、後続の研究ではより検証可能性を意識した直線的同化仮説（Straight-line Assimilation Hypothesis）が提案された（Sandberg 1974; Gans 1979）。直線的同化仮説は、受け入れ社会に移住した移民を第一世代、その子どもを第二世代（あるいはそれ以降の世代）と定義し、世代が進行するにつれて移民の社会経済的機会がマジョリティと同等になってゆくという予測である。この仮説は、同化仮説のなかでも古典的なものといってよいだろう。

しかし、直線的同化仮説は主に2つの方向から批判を受けるようになった。ひとつは規範的観点からの批判である。受け入れ社会への定着と世代の進行にともない移民の地位が上昇してゆくという命題に対しては、文脈次第ではマジョリティの生活様式や価値観の押し付けを正当化しかねないという懸念が提示されてきた。もうひとつの批判は実証的な妥当性についてであり、世代の進行が必ずしも地位の上昇に結びつかない場合もあるという指摘である。代表的な対抗仮説にはトランスナショナリズム（Transnationalism）や分節化された同化仮説（Segmented Assimilation Hypothesis）がある。前者は、移民が出身社会とのつながりを維持しながらホスト社会で生活することの利点を主張している（Schiller et al. 1992, 1995）。後者は近年の移民研究で有力な仮説であり、移民がどのようにしてホスト社会に入り込んでいったのかによって、第二世代以降の移民の得られる機会が異なるという命題を提案している（Portes & Rumbaut 2001）。

これらの対抗仮説は、こんにちの移民が多様化し、単純なモデルでは説明が困難であるという問題意識にもとづいている。また、交通・通信環境の変化は出身社会とホスト社会の関係にも影響を及ぼし得るものであり、国境を越える移動の流動性・循環性も高まっている。トランスナショナリズムや分節化された同化仮説が指摘する、ホスト社会への定着だけが地位達成の機会を説明する要因ではないという批判は一理あるといえるだろう。

しかしながら、本章では直線的同化仮説に即した実証分析を行なう。ここでは、直線的同化仮説に向けられた批判へのリプライを通じて、あえて古典的なモデルに依拠して分析を進める理由を説明しておきたい。

第1に直線的同化仮説の規範性については、仮説の論理ではなく意味づけ方の問題である。世代の進行にともない地位達成の機会が拡大するという命題はあくまで実証的なものであり、直線的同化が望ましいか否かとは独立していると考えるべきである。換言すれば、直線的同化仮説が支持される結果から同化現象を肯定的にも否定的にも議論できるのである。移民の地位達成構造がどのようなものであるかという記述の問題と、それがどのようなものであるべきかという評価の問題は、ひとまず区別して議論することが有益であろう。先述のR・アルバ（Richard Alba）とV・ニー（Victor Nee）による概念定義をふまえれば、マジョリティへのキャッチアップか否かにかかわらず、世代の進行にともない移民として何世代目かによって機会構造の差異が小さくなってゆくという命題は、移民の地位達成を研究するうえで最も基本的なものであると考えられる。

第2に、直線的同化仮説は古典的なモデルであるがゆえに、まずその実証的妥当性を検証すべきである。先述のトランスナショナリズムも分節化された同化仮説も、古典的モデルでは説明が難しい事例の蓄積を通じて議論が進んだといえる。日本においては、古典的な同化仮説があてはまるのかどうかでさえ十分な実証分析が蓄積されていない。そのような状況でより複雑な分析枠組みに飛躍することは、いたずらに議論を複雑にする可能性もあり得る。

本章では、直線的同化仮説が即座に何らかの規範をともなうものとは考えず、統計データにもとづく実証研究の蓄積が薄い現在の日本社会においては、古典的なモデルでどの程度移民の地位達成構造の特徴を説明できるのかに注目することがより重要であると想定している。そのうえで、古典的モデルでは説明できない事象に対する代替的な枠組みを提唱してゆくことが、日本における移民研究が発展してゆくためにも必要であろう。

3 関連する先行研究の知見と本章における仮説

本節では、以下の実証分析と関連すると思われる先行研究の知見を整理し、本章における実証分析上の仮説を提示したい。前節で述べた地位達成構造は、世代間、世代内双方のキャリア移動の諸要因の総合により把握される。世代間のキャリア移動については、ＯＥＣＤ（2017）のレポートにも見られるように、日本における研究の蓄積はまだ少ない。本節のレビューは欧米社会を対象とする研究が中心となるが、可能な限り日本社会を対象とする実証研究の成果も整理する。

移民研究における世代間のキャリア移動は、経済学的アプローチによるものが多いといえる。それらの研究ではエスニック・グループを分析単位とし、ある時点の世代を第一世代とし、そこから一定の時間（多くの場合20～30年）が経過した後の同じグループを第二世代として、両者の社会経済的水準の関係を検証するという手続きがとられてきた。第一世代、第二世代のグループの社会経済的地位の関連がポジティブであれば、世代間の継承が生じているということを意味している。先行研究では、世代間での地位の継承が見られるという知見が報告されており、ホスト社会のマジョリティと同様に移民にとっても出身背景の影響が無視できないことが示唆される（Borjas 1993; Hammarstedt & Palme 2012）。加えて、ミクロデータを用いた移民の教育達成の分析では、親の職業的地位と教育水準が本人の達成度に影響することも指摘されている（Bauer & Riphahn 2007）。

日本社会を対象とした研究では、移民の出身背景に着目した実証分析はあまりなされてこなかったといえる[4]。数少ない実証研究のなかで共通する知見は、欧米社会と同様に出身背景が本人の地位達成に影響しているというものである。国勢調査の個票データを用いた実証分析では、高校教育を受ける機会について出身背景による格差のあることが明らかにされている（是川 2012）。また、3年以上日本で生活する移民を対象とするウェブ調査データの分析から、移民の賃金水準と彼らの親の教育水準のあいだにポジティブな関連が見られるという結果が報告されてもいる（Takenaka et al. 2016）。

これらの先行研究に対し、本章では次のような新たな学術的貢献を目指している。最も重要なのは、出身背景とその後の地位達成の関連の仕方が、移民と日本人のあいだで異なるのか否かという点である。これを直接検証したものは、上述の先行研究を含めてほとんどないといえる。社会階層研究の観点からは、移民においても出身背景と地位達成が関連するという知見そのものは目新しいものではない。しかし、関連のパターンや強さが移民と日本人のあいだ、あるいは移民のなかで異なるのかは注目されてこなかったことであり、本章独自の問題意識だといえる。

この問題意識に関連して、出身背景から移民本人の職業的地位達成にいたるまでの一連の過程を同時に分析する試みがなされてこなかった点も、少なくとも日本社会における移民を対象として本章が新たに取り組む課題である。先行研究では教育達成や職業的地位達成を個別に分析しており、そのようなアプローチ自体は特に問題ではないが、全体構造のなかで各要因間の関連をどのように評価できるかは定かではない。出身背景、本人の達成した地位の同時分析を通じて、日本人と移民のキャリア移動の機会の主要経路に差異があるのか否かにわずかながらでも迫ることが可能となる。

地位達成構造の実証分析という点では、Kim（2003）による日本の韓国・朝鮮国籍男性を対象とする全国調査データの分析は先駆的である。パス解析による実証分析によれば、日本社会における韓国・朝鮮国籍の人々のキャリア経験はマジョリティ、すなわち日本人とは異なることが報告されている。父親の職業的地位が本人の教育達成に与えるポジティブな影響は、日本人よりも弱い。また、本人の教育達成や初職の地位が現職の地位に与えるポジティブな影響も、日本人よりも弱いということが明らかにされている。これらの分析結果から、地位達成の機会という点で韓国・朝鮮籍の人々が日本社会において不利な立場に位置づけられていることが指摘されている。

地位達成の機会構造を実証的に示すという点で、上記の知見は重要な貢献をなしている。同時に、本章の関心に照らしてさらなる研究上の疑問も生じる。キムの分析（Kim 2003）では、出生年コーホートごとに地位達成モデルが推定されている。パス解析の推定結果からは、社会経済的地位と初職の現職に対する影響の強さは、若いコーホートほど高まっているようにも見える（Kim 2003: 12)。この傾向は、韓国・朝鮮国籍の第二世代が若年コーホートを中心的に構成しているためかもしれない。そうであるとすれば、第二世代が徐々にメインストリーム化している可能性も示唆されるのである。また同時に、若年コーホートにはニューカマー、すなわちより最近に第一世代として日本に移住した者も含まれているかもしれない。出身背景や初期の地位達成の影響が若年層で強いという傾向が主にニューカマーによって生じているとするならば、（主に）韓国と日本の労働市場における社会経済的地位がある程度互換的である結果として解釈し得る。これらの解釈の実証的妥当性は、直線的同化仮説によってある程度の検証が可能である。また、第1節で言及したように1990年代以降の移民人口は多様化しており、こんにちの状況下で地位達成モデルがどのような実証的知見を導くのかは未知の論点だといえる。

以上の先行研究の知見と、それらに対する本章の問題意識にもとづき、以下の実証分析における仮説を設定する。先行研究からは、移民もホスト社会のマジョリティと同様に、出身背景が本人の教育達成と職業的地位達成に影響することは容易に想定できる。しかし、影響の仕方や強さは、同化の段階に応じて異なる可能性がある。そのため、本章では地位達成モデルにもとづく直線的同化仮説を立て、具体的には以下のような実証的な仮説の是非を検証してゆく。

［仮説1］　社会経済的背景が有利である場合、教育達成と職業的地位達成の水準も高い。

［仮説2－1］　社会経済的背景と地位達成の関係は、移民と日本国籍者のあいだで等しい。

［仮説2－2］　社会経済的背景と地位達成の関係は移民と日本国籍者のあいだで異なる。

［仮説２－３］　社会経済的背景と地位達成の関係は第二世代移民と日本国籍者のあいだでは等しいが、第一世代移民については異なる関係が見られる。

［仮説２－４］　社会経済的背景と地位達成の関係は第一世代、第二世代移民と日本国籍者のあいだでそれぞれ異なる。

［仮説１］は地位達成モデルの基本仮説である。［仮説１］が支持される場合、以降の［仮説２－１］から［仮説２－４］までのいずれがより適切なのかを検証することになる。［仮説２－１］は、移民と日本国籍者のあいだで地位達成構造が等しいことを予測するものである。この仮説が支持されることとは、移民としてのルーツの有無・程度にかかわらず同一の機会構造が日本社会に存在する一方、同化現象も生じていないことを意味している。

［仮説２－２］は、移民であるか否かによって地位達成構造が異なることを予測するものである。先行研究の知見をふまえれば、移民はマジョリティが享受できる上昇移動の機会から排除され、エスニシティが問題であるならば第一世代なのか第二世代以降なのかは大きな違いを生み出さないとも想定できる。４つの仮説のなかで、相対的にはキムの知見（Kim 2003）に近いといえるだろう。

［仮説２－３］は直線的同化仮説に対応している。第一世代移民は出身国や第三国で生まれ育ってからホスト社会へ移動し、彼らの親が帯同しない可能性は十分にあるだろう。そのような場合、有利な出身背景をもつ第一世代移民であったとしても、地位達成のために親の資源を十分に動員することが、第二世代移民やマジョリティに比べて難しいと考えられる。一方、第二世代移民は生まれてから基本的にホスト社会で生活を続けていると想定できる。何らかの社会的、経済的、あるいは文化的なコンフリクトを経験したとしても、第二世代移民はマジョリティと同様の制度環境に埋め込まれてライフコースを歩むことになる。そのため、第一世代移民とは異なり、マジョリティと同様の地位達成構造に位置づけられると予想できるのである。

最後に［仮説２－４］であるが、これは［仮説２－２］や［仮説２－３］が合わさった複雑な構造であると考えてよいだろう。統計分析の言葉を借りれば［仮説２－４］は「飽和モデル」と呼ばれ、第一世代、第二世代移民そして日本国籍者ごとに地位達成モデルの各パラメータが定まることを意味している。本章では、［仮説２－１］が最も単純、［仮説２－４］が最も複雑であり、［仮説２－２］と［仮設２－３］がその中間に位置づけられており、いずれのモデルがより節約的かつ適切にデータを説明できているのかを検証してゆく。

4 分析に用いるデータと方法

(1) 調査とデータの概要

前節の実証的仮説を検証するため、本章では日本で生活する移民と日本国籍者を対象に実施された調査データを用いて分析を行なう。この調査は筆者により２０１７年２月に実施され、ウェブ調査の方法をとっている。標本抽出の手続きについては、調査会社に調査パネルとして登録されている対象者から、いくつかの条件を割り当てて募集を行なった。対象となったのは、調査時点で就業している25－59歳の移民と日本国籍男女それぞれ５００名である。移民については、韓国・朝鮮、中国・台湾、フィリピン、その他東南アジア、その他の国に区分を設け、[5] ２０１０年国勢調査の就業人口に比例させて各区分の人数を割り当てた。[6] 割り当てた人数に達しなかったカテゴリについては、他のカテゴリで按分して人数を募集した。日本国籍者については、年齢、学歴、性別の分布が２０１０年国勢調査の結果に沿うように割り当てを行なっている。

表2は国籍構成を示している。本章では、日本生まれの外国籍者を第二世代移民、日本以外の国・地域で生まれたのちに日本へ移住した者を第一世代移民、そして日本国籍者をネイティブと表記しており、表中のパーセンテージはネイティブ、第一世代、第二世代移民それぞれにおける各グループの割合である。第二世代移民の８割以上を韓国・朝鮮籍の対象者が占めており、第一世代移民の中心は中国籍の対象者である。[7] このような分布となるのは、戦後の韓国・朝鮮籍者の処遇をめぐる歴史的経緯、および１９９０年代以降の中国籍者の移住傾向をふまえれば、それほど不自然ではないと思われる。

この調査の重大な問題のひとつは、調査が日本語で実施されたことである。このような設計となったのは主に予算制約に起因するが、結果として日本語スキルがある程度身についている者でなければ調査に協力できないようになっている。それにより事前に予想されるバイアスとして、移民とネイティブの地位達成傾向が似通ったものになる点があげられるだろう。それゆえ、本調査データの分析結果をもって移民の地位達成構造について結論を下すことには慎重でなければならず、より適切なデータによる実証分析の蓄積を待つべきであることは認めなければならない。

にもかかわらず、日本社会における移民の地位達成構造を明らかにするうえで、本章の分析による一定の貢献は可

表2　本章の分析で用いる調査データ中の対象者の国籍構成

	ネイティブ	第二世代移民	第一世代移民
日本	100%	0%	0%
韓国・朝鮮	0%	83%	10%
中国・台湾	0%	10%	43%
フィリピン	0%	0%	7%
他の東南アジア	0%	1%	11%
南米（ブラジル・ペルー）	0%	1%	4%
その他	0%	4%	24%
基数	500	157	343

出所：筆者実施の調査データより作成。

能だと思われる。まず、国籍と出生地の両方が利用でき、日本国籍者との直接比較が可能な調査データはほとんど存在しないといってよい。国勢調査の個票データはきわめて質が高く、これを用いた優れた実証分析も行なわれている（Chitose 2008; 是川 2012）。しかしながら、同化仮説をより精確に検証するために必要な出生地の情報を直接知るすべは国勢調査にはない。加えて、出身背景の情報は地位達成構造の分析においては不可欠であるが、移民の親の社会経済的地位は国勢調査でも把握が難しい。国勢調査は世帯調査であるため、親と同居していない移民については出身背景の情報が得られないためである。日本語スキルに由来するバイアスの可能性には留意すべきであるが、より信頼できる結果は今後の研究によって得られてゆくものと思われる。

(2) 分析に用いる変数

以降の実証分析では6つの変数を用いる。具体的には、性別、移民として何世代目か、本人の教育年数、現在の職業的地位、そして親の教育年数と職業的地位である。性別と移民としての世代的地位はサンプルを分割するために用い、地位達成モデルは本人と親の教育年数と職業的地位の変数により構成する。**表3**はその要約統計量である。職業的地位は標準国際職業威信スコア（Standardized International Occupational Prestige Score）を用いている[8]。教育年数については異なる教育制度間での差異はあるものの、詳細な年数の差異に注目した分析でない限りは以下のコード化でも大きな問題はないと判断した。具体的には、小学校相当の場合6年、中学校相当の場合9年、高校相当の場合12年、4年制大学未満の高等教育相当の場合14年、4年制大学相当の場合16年、そして大学院相当の場合18年を割り当てている。

表3　使用変数の要約統計量

	ネイティブ			第二世代移民			第一世代移民		
	度数	平均値	標準偏差	度数	平均値	標準偏差	度数	平均値	標準偏差
本人現職の職業的地位（SIOPS）	494	40.0	11.4	152	42.4	13.3	337	45.6	12.6
本人の教育年数	500	13.5	2.2	153	14.2	2.4	335	16.1	1.9
親の職業的地位（SIOPS）	476	40.2	10.0	147	39.5	12.6	327	46.5	13.9
親の教育年数	445	12.2	2.6	136	12.1	3.1	330	13.2	3.1

出所：筆者実施の調査データより作成。

親の地位については、父親または母親のうちより高い方を変数として用いる。本人の初職の情報は地位達成モデルを検証する多くの先行研究で用いられているが、移民の初職の意味は第一世代、第二世代移民のあいだで異なると考えられるため、本章の分析では用いないこととした。

(3) 分析方法

以上の変数を用いて、本章では構造方程式モデリング（SEM）と呼ばれる方法を用いて仮説検証を行なう。[9] 一般的な重回帰分析などと比べ、本章の分析で用いるSEMには2つの利点がある。第1に、回帰分析が1つの従属変数を取り扱うのに対し、複数の従属変数（内生変数）を同時に分析することができる。第2に、SEMは柔軟なパラメータ設定を行なうことができる。前節で述べた諸仮説のうちいずれがより適合的かを検証するためには、地位達成モデルの各パラメータにグループ間での等値制約を置くなどの工夫を施す必要がある（多母集団SEMと呼ばれる）。そのような目的がある場合、SEMは分析者の関心に沿ってパラメータを設定し、その適切さを統計的に評価することができるのである。

推定は男女別に行なう。また、サンプルサイズの小ささや欠損値への対処として、完全情報最尤法による推定を行なう。欠損のメカニズムがランダムであるという仮定を置くことになるが、できるだけ安定した結果を得るためにこの方法を用いる。

前節の仮説に対応するパラメータ設定は次の通りである。ネイティブ、第二世代、第一世代移民のパラメータベクトルをそれぞれ、$\boldsymbol{b}_{Native}$、$\boldsymbol{b}_{2nd\text{-}gen.}$、$\boldsymbol{b}_{1st\text{-}gen.}$ と表記する。本章の分析では、親の教育年数と職業的地位の相関、および内生変数の誤差項については制約を置かずに推定する。

［仮説2－1］ $\boldsymbol{b}_{Native}=\boldsymbol{b}_{2nd\text{-}gen}=\boldsymbol{b}_{1st\text{-}gen.}$

［仮説2－2］ $b_{Native} \neq b_{2nd\text{-}gen} = b_{1st\text{-}gen}$.

［仮説2－3］ $b_{Native} = b_{2nd\text{-}gen} \neq b_{1st\text{-}gen}$.

［仮説2－4］ $b_{Native} \neq b_{2nd\text{-}gen}$, $b_{Native} \neq b_{1st\text{-}gen}$, $b_{2nd\text{-}gen} \neq b_{1st\text{-}gen}$.

5 分析結果

(1) 社会経済的背景と地位達成

まず、［仮説1］に関する構造方程式モデリングの推定結果を確認する。ここでは、移民とネイティブのサンプルをすべて合わせて係数を推定している。**図4**はその推定結果であり、各パラメータの値は標準化係数である。また、男女サンプルそれぞれについて推定した結果を示している。

教育達成については、親の教育年数、職業的地位がともに有意な効果を示しており、男女共通の結果でもある。これは、より有利な出身背景をもつ個人はより高い教育達成を遂げているということを意味している。この結果は、地位達成研究で示される結果と同様である。

本人の職業的地位達成については、男女ともに最も大きな係数を示しているのは自身の教育年数である。この結果は、本人の出身背景以上に、自分自身の達成した教育水準がその後の地位達成にとって重要であることを意味している。また、この結果は地位達成の主要経路が「出身背景→本人の教育達成→本人の職業的地位達成」という逐次的なものであることを示唆しており、日本における先行研究の結果とも整合的である。

男女間で異なる結果となったのは、出身背景が職業的地位達成に及ぼす影響である。親の教育年数の効果は男女ともに5％水準では有意な係数となっていないが、親の職業的地位の係数については、男性については1％水準でポジティブに有意であるのに対し、女性については有意でな

図4　仮説1に関する地位達成モデルの推定結果（パス図中の値は標準化係数）

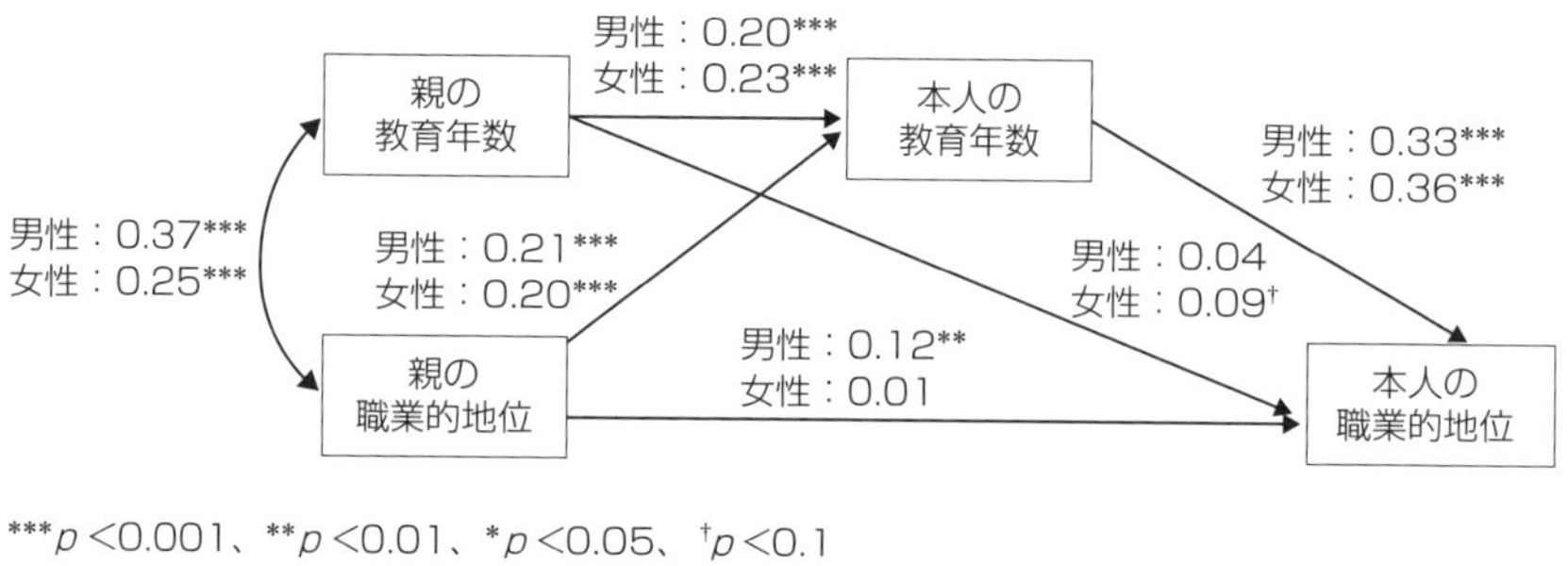

***p <0.001、**p <0.01、*p <0.05、†p <0.1

表4　地位達成構造の差異の有無・パターンに関するモデル比較の結果

		[仮説2－1]	[仮説2－2]	[仮説2－3]	[仮説2－4]
男性	尤度比検定（飽和モデルからの逸脱）				
	カイ二乗値	22.642	11.289	3.57	0
	自由度	10	5	5	0
	p値	0.012	0.046	0.613	—
	RMSEA	0.082	0.081	0.000	0.000
	AIC	13543.133	13541.780	13534.061	13540.491
	BIC	13682.137	13702.503	13694.784	13722.934
	CFI	0.883	0.942	1.000	1.000
	TLI	0.824	0.825	1.040	1.000
女性	尤度比検定（飽和モデルからの逸脱）				
	カイ二乗値	11.431	4.305	3.371	0
	自由度	10	5	5	0
	p値	0.325	0.506	0.643	—
	RMSEA	0.032	0.000	0.000	0.000
	AIC	10022.937	10025.811	10024.877	10031.506
	BIC	10152.978	10176.171	10175.237	10202.185
	CFI	0.984	1.000	1.000	1.000
	TLI	0.975	1.024	1.056	1.000

注：下線は他のモデルと比較して優位性があると判断される結果を意味している。

かった。本人の教育達成を経由しない親の職業的地位の直接の継承効果は、男性についてのみ確認されたといえるだろう。このようなジェンダー差はあるものの、全体として［仮説1］は支持されていると見なしてよいと思われる。

(2) 地位達成構造の世代間差異

地位達成モデルの基本仮説がおおむね支持される結果を確認したうえで、地位達成構造が第一世代、第二世代移民およびネイティブのあいだで異なるのか否かを検証した結果を検討しよう。**表4**は［仮説2－1］から［仮説2－4］までのモデル適合度指標を列挙したものである。

結果を先に述べると、男性においては［仮説2－3］、女性においては［仮説2－1］が最も適合的であるということとなった。モデルの適合性を評価するため、本章では尤度比検定、RMSEA、AIC、BIC、CFI、およびTLIの諸指標を求め、モデル間で比較している。

尤度比検定とは、すべてのパラメータをユニークに推定した飽和モデルに対し、等値制約を置くより節約的なモデルがどの程度逸脱しているかを検証するための方法である。統計的に有意である場合、パラメータ推定の節約によりモデルのあてはまりが悪くなっていることを意味している。男性については、［仮説2－3］は有意でないが［仮説2

図5　男性・女性サンプルで採択されたモデルの推定結果（パス図中の値は標準化係数）

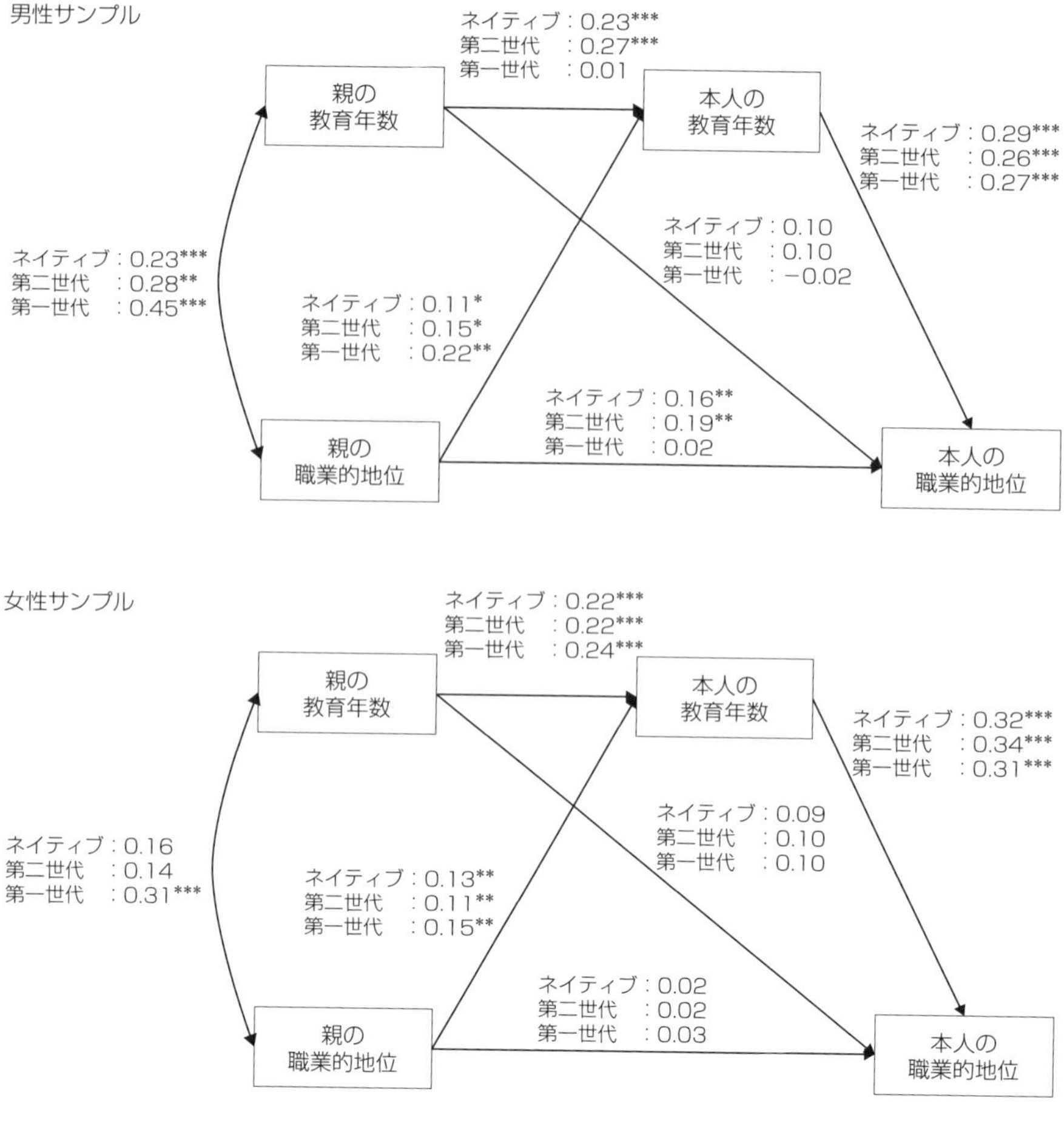

***$p<0.001$、**$p<0.01$、*$p<0.05$、†$p<0.1$

－1」と「仮説2－2」は5％水準で有意であり、女性については最も単純な「仮説2－1」でさえ「仮説2－4」からの乖離が統計的に有意ではないという結果となった。

ＲＭＳＥＡ（Root Mean Squared Error of Approximation）は0から1までの値をとり、0・05以下である場合にモデルの適合度としては望ましいとされている。男性サンプルでは、尤度比検定と同様に基準を満たしているのは「仮説2－3」のみである。女性サンプルではいずれのモデルも基準を満たしているといえる。

ＡＩＣ（Akaike Information Criteria）とＢＩＣ（Bayesian Information Criteria）はモデ

ル間で適合度を相対的に評価するための指標で、小さな値の方が望ましい。男性については、AICは［仮説2－3］、BICは［仮説2－1］を支持する結果となった。女性については、AIC、BICともに［仮説2－1］を支持する結果である。

CFI（Comparative Fit Index）とTLI（Tucker-Lewis Index）も0から1までの値をとるが、RMSEAとは異なり1に近い方があてはまりはよいといえる。[10] いずれの指標も0・95以上であれば、より適合的なモデルだと見なすことができる。男性においては［仮説2－3］のモデルのみ、女性についてはすべてのモデルで基準を満たしている。

以上の結果を総合すると、男性については［仮説2－3］、すなわち直線的同化仮説が支持され、女性については［仮説2－1］が支持される。これらのモデルの推定結果の内訳を**図5**に示した。

男性についてはネイティブと第二世代のパラメータが等しく、第一世代のみ異なるという結果となった。具体的には、本人の教育年数に対する親の教育年数の影響と、本人の職業的地位に対する親の職業的地位の影響に関して、第一世代移民の状況が異なるようである。ネイティブと第二世代移民については、いずれも出身背景の影響が統計的に有意に見られるのに対し、第一世代移民については有意ではなかった。

女性サンプルの分析結果は、ネイティブか否かにかかわらずパラメータが等しいというものであった。すなわち**図4**に見られるように教育達成には出身背景が影響し、職業的地位達成には自身の教育達成状況が影響するという構造が、いずれのグループにも共通して見られることを意味している。

6 まとめ

本章では、日本国籍者との比較を通じて、日本社会で生活する移民の地位達成構造の検証を試みてきた。多母集団SEMの分析結果からは、男性については直線的同化仮説が支持されるという結論を得た。ただし女性については、日本国籍者と移民とのあいだで地位達成構造には差異がないという結果となった。

日本の移民男性については、第二世代移民の地位達成構造は第一世代よりも日本国籍者の状況に近いという結果となった。この点は、教育達成や職業的地位達成の鍵となる諸資源が、日本国籍者と第二世代移民では類似した形で動員されている可能性を示唆している。第二世代移民は日本社会で生まれ育ち、日本国籍者と同じ制度環境のなかでライフコースを歩むため、資源動員のあり方も類似するのだと思われる。しかし、第一世代移民のライフコースには国際移動という出来事がともなう。異なる制度環境のあいだでは、親のもつ情報や知識、あるいは社会ネットワークなどが資源として機能しづらくなる状況が生じる。そのため、第一世代移民は自ら獲得した地位に依拠しながらその後のキャリアを歩んでゆかなければならないのであろう。一方、本人の教育達成に対する親の職業的地位の影響力は第一世代移民において最も強いことが、**図5**のパス係数から示唆される。この結果は上述の解釈と矛盾しているように見える。しかし、移民の流入に対してこれまできわめて限定的であった日本の制度的環境をふまえれば、親の地位の影響は第一世代移民の日本への移動に際しての選抜性の高さを物語っているとも考えられる。親の教育水準は第一世代移民において有意ではなかったが、これは留学生として日本に移ってきた移民においては、必ずしも出身背景に由来する有利さを必要としていない可能性が考えられる。

では、第二世代移民の男性は第一世代よりも有利な機会を得られているといえるのだろうか。同化が生じていることをもって、第二世代がメインストリーム化を果たしていると評価するのは早計であろう。地位達成構造が日本国籍者と類似しているということは、見方を変えれば日本国籍者と同じような社会経済的資源を保有しなければ、第二世代の被る不利が大きくなる可能性も考えられるためである。第一世代は出身背景に由来する資源を動員しにくいという面があるのに対し、第二世代には地位達成構造が類似することによるキャリア上の課題が生じることに留意すべきである。これらの点は、日本ですでに生活する移民が不当な不利を被らないための政策的支援が、どのような経緯により現在日本で生活しているのかによって異なることも示唆している。実証的知見にもとづく政策の議論を進めるためには、過程を重視した検証、分析が求められるといえるだろう。

他方、移民女性については地位達成構造がネイティブ女性と類似しているという結果となった。しかし、男性の結果と同様、移民がネイティブと同等の機会を得られていると結論づけることには慎重であるべきであろう。日本国籍の女性の機会が限定的であることにより、差異が見えにくくなっている可能性も考えられるためである。日本企業では、男性の働き方を前提とした雇用慣行が根強く残ってきた（Gottfried & Hayashi-Kato 1998; 平田 2011）。そのような社会状況のもとでは、性別役割分業規範などにより女性のキャリアの継続がそもそも抑制されやすく、親のサポートも妻や母親としての役割を遂行するために動員されることはあっても、就業のためには活用が難しいのかもしれない。

結果として、出身階層からの資源を動員しにくい第一世代移民の女性と、日本の社会規範のなかに埋め込まれた第二世代移民、ネイティブの女性が、一見すると同じような地位達成構造に置かれることになるのだと思われる。

以上の議論を進めるうえで、同化仮説にもとづく実証研究が依然として有効なのではないかと思われる。日本社会における移民の機会構造をより精確にとらえてゆくためには、移民がどのようにホスト社会に統合されてゆくべきかという規範的問題と、彼らがどのような機会を得ているのかという経験的問題を区別して検討を重ねるべきであろう。より大規模かつ代表性のあるデータを用いることで、本章の知見の妥当性の再検証も含め、移民のキャリア移動の軌跡に対する理解をより深めてゆくことができるだろう。

＊本研究はＪＳＰＳ科研費（JP15K17180, JP18H00931）、日本生産性研究本部、日本経済研究センターの支援を受けて実施されたものである。また本章は、Ishida（2018）の内容に加筆・修正を行なったものである。

注

1　国籍や出生地のルーツという観点からは、現在日本国籍者として生活している者も「移民」の第一世代、第二世代、あるいはそれ以降の世代に含まれ得る。その定義をめぐっては慎重な姿勢が必要なことは認めつつも、本章における定義によって現在日本で生活する移民のうち、かなりの部分がカバーされていると想定している。

2　たとえば、是川（2012）による詳細な実証研究などがあげられよう。

3　なお、法務省による「在留外国人統計」（旧登録外国人統計）から外国籍者数を知ることも可能である。両者の外国籍者数の公表値は異なるが、それは主に定義の違いによるものであり、外国籍者数の一貫した増加傾向は共通している。

4　移民の地位達成に焦点を当てている優れた実証研究は着実に増えており、出身国と日本社会のあいだでの階層移動構造を検証した分析（竹ノ下 2005）や、日本企業で働く移民の人的資本形成と経済的地位達成に日本的雇用慣行がどのような影響を及ぼすのかを検証したものなどがある（Holbrow & Nagayoshi 2016）。

5　区分の仕方は、調査会社との折衝を通じて実現可能な方法を検討した結果である。

6　調査実施時点ですでに２０１５年の国勢調査は実施されていたが、企画段階では十分な情報が利用できなかったため、２０１０年の情報を用いた。

7　割り当て段階で台湾籍の対象者もこの区分に含まれているが、このうちのほとんどが中国籍者である。

8　詳細はGanzeboom & Treiman（1996）を参照。また、社会経済的指標（International Socio-Economic Index）を用いた分析も試みたが、基本的な結果は同じである。その結果は本章のもととなったIshida（2018）に示しているので、関心のある読者は参照されたい。

9　詳細な方法論については、Kaplan（2009）やWang and Wang（2012）を参照。

10　ＴＬＩの定義上、オーバーフィットしている場合には1を超えた値になり得る。

参考文献

石田浩（2017）「格差の連鎖・蓄積と若者」石田浩編『教育とキャリア』勁草書房、35－62頁

是川夕（2012）「日本における外国人の定住化についての社会階層論による分析――職業達成と世代間移動に焦点をあてて」ESRI Discussion Paper Series No.283

竹ノ下弘久（2005）「国境を越える移動に伴う階層移動――出身国の職業と現職に関する移動表分析」『ソシオロジ』50（2）: 53-68

中尾啓子（2011）「地位達成モデルの東アジア国際比較」石田浩・近藤博之・中尾啓子編『現代の階層社会［2］――階層と移動の構造』東京大学出版会、289－300頁

原純輔・盛山和夫（1999）『社会階層――豊かさの中の不平等』東京大学出版会

平田周一（2011）「女性のライフコースと就業」石田浩・近藤博之・中尾啓子編『現代の階層社会［2］――階層と移動の構造』東京大学出版会、223－237頁

Alba, Richard and Victor Nee（2003）*Remaking the American Mainstream: Assimilation and Contemporary Immigration*, Harvard University Press

Bauer, Philipp and Regina T. Riphahn（2007）“Heterogeneity in the Intergenerational Transmission of Educational Attainment: Evidence from Switzerland on Natives and Second-generation Immigrants,” *Journal of Population Economics*, 20(1): 121-48

Blau, Peter M. and Otis Dudley Duncan（1967）*The American Occupational Structure*, The Free Press

Borjas, George J.（1993）“The Intergenerational Mobility of Immigrants,” *Journal of Labor Economics*, 11(1): 113-35

Chitose, Yoshimi（2008）“Compulsory Schooling of Immigrant Children in Japan: A Comparison Across Children's Nationalities,” *Asian and Pacific Migration Journal*, 17(2): 157-87

De Graaf, Paul M. and Matthijs Kalmijn（2001）“Trends in the Intergenerational Transmission of Cultural and Economic Status,” *Acta Sociologica*, 44(1): 51-66

Gans, Herbert J.（1979）“Symbolic Ethnicity: The Future of Ethnic Groups and Cultures in America,” *Ethnic and Racial Studies*, 2(1): 1-20

Ganzeboom, Harry B. G. and Donald J. Treiman（1996）“Internationally Comparable Measures of Occupational Status for the 1988 International Standard Classification of Occupations,” *Social Science Research*, 25(3): 201-39

Gordon, Milton M.（1964）*Assimilation in American Life: The Role of Race, Religion, and National Origins*, Oxford University Press

Gottfried, Heidi and Nagisa Hayashi-Kato（1998）“Gendering Work: Deconstructing the Narrative of the Japanese Economic Miracle,” *Work, Employment and Society*, 12(1): 25-46

Hammarstedt, Mats and Mårten Palme（2012）“Human Capital Transmission and the Earnings of Second-generation Immigrants in Sweden,” IZA Discussion Paper No.1943, p.33

Holbrow, Hilary J. and Kikuko Nagayoshi（2016）“Economic Integration of Skilled Migrants in Japan: The Role of Employment Practices,” *International Migration Review*（10.1111/imre.12295）

Ishida, Kenji（2018）“The Status Attainment Structure for Immigrants in Japan: An Empirical Analysis Comparing Native Japanese with First-and Second-Generation Immigrants,” ISS Discussion Paper Series F-189

Kaplan, David（2009）*Structural Equation Modeling: foundations and extensions*, Sage

Kim, Myungsoo（2003）“Ethnic Stratification and Inter-Generational Differences in Japan: A Comparative Study of Korean and Japanese Status Attainment,” *International Journal of Japanese Sociology*, 12

(1): 6-16

OECD (2017) *Catching Up? Intergenerational Mobility and Children of Immigrants*, OECD

Pfeffer, Fabian T. (2011) "Status Attainment and Wealth in the United States and Germany," in Timothy M. Smeeding, Robert Erikson and Markus Jäntti eds., *Persistence, Privilege, and Parenting: The Comparative Study of Intergenerational Mobility*, Sage, 109-37

Portes, Alejandro and Rubén G. Rumbaut (2001) *Legacies: The Story of the Immigrant Second Generation*, University of California Press

Sandberg, Neil C. (1974) *Ethnic Identity and Assimilation: The Polish-American Community*, Praeger Publishers

Schiller, Nina Glick, Linda Basch and Christina Blanc-Szanton (1992) "Transnational: A New Analytic Framework for Understanding Migration," *Annals of the New York Academy of Sciences*, 645(1): 1-45

——— (1995) "From Immigrant to Transmigrant: Theorizing Transnational Migration," *Anthropological Quarterly*, 68(1): 48-63

Takenaka, Ayumi, Makiko Nakamuro and Kenji Ishida (2016) "Negative Assimilation: How Immigrants Experience Economic Mobility in Japan," *International Migration Review*, 50(2): 506-33

Wang, Jichuan and Xiaoqian Wang (2012) *Structural Equation Modeling: Applications Using Mplus*, John Wiley & Sons

Warner, W. Lloyd and Leo Srole (1945) *The Social Systems of American Ethnic Groups*, Yale University Press

◎第5章

日本における外国籍者の階層的地位*

外国籍者を対象とした全国調査をもとにして

永吉希久子

1 移民の地位達成をめぐる問い

移民は受け入れ社会においてどのような社会経済的地位に置かれるのか。その地位は、滞在の長期化によって向上するのか。向上できないとしたら、何が障壁となっているのか。このような移民の階層的地位達成をめぐる問いは、移民受け入れの長い歴史をもつ国々において長年論じられてきた。

移民の階層的地位達成過程に影響を与える第1の要素は、職業にかかわるスキルや言語能力（人的資本）である。移民の場合は特に、母国で習得したスキルや言語能力を受け入れ国社会に移転することが可能なのかが重要となる（Chiswick 1978）。母国で高い学歴を得ていたとしても、必ずしも日本で得た学歴と同様には評価されない。雇い主がそれぞれの国の教育制度について十分に知識をもたない場合、正当に評価することができないからだ。

第2の要素として、ネットワーク（社会関係資本）の有無があげられる。ネットワークを通じてよりよい仕事の情報を得ることが、地位達成には役に立つ。しかしこの場合も、誰とネットワークをもつのかによって影響の仕方は異なる。階層的地位達成という面からいえば、同胞ネットワークよりも受け入れ国住民とネットワークをもつことが重要であると考えられる（Lancee 2012; Portes 1998）。もちろん、日系ブラジル人のネットワークのなかでより時給の高い働き口の情報が行き来していることから分かるように（伊原 2018）、同胞ネットワークもより条件のよい仕事への移動につながる可能性がある。しかし、移民が社会経済的に弱い立場にいる場合には、安定的な雇用につながる勤め先の情報は受け入れ国住民とのネットワークを通じて得られることが多い[1]。

さらに、移民の雇用環境は移民制度によって制約を受ける。たとえば技能実習制度では、実習先を原則として変更することができない。この場合、実習先で得られる賃金に不満があっても離職することができないため、賃金は低いままに据え置かれる（上林 2015）。一方、定住者として在留する日系人は就労に制限がなく、自由に職を選ぶことができるため、よりよい賃金を得ることが可能である。また、在留資格の更新に就労が必要であったり、社会保障制度から排除されている場合、移民は多少条件が悪い職であっても続けざるを得ない（Kogan 2007）。したがって、人的資本や社会関係資本がどの程度階層的地位の向上に貢献し得るかは、制度による制約を受けていると考えられる。

日本における移民の地位達成に関する研究では、このような制度による制約の影響が示唆されてきた。たとえば、在日韓国人男性の地位達成に関する研究では、教育の職業達成にもたらす影響が日本人と比べて弱く、同胞ネットワークを通じた自営への移動が地位達成の重要な経路となっていることが示されている。この結果から、在日韓国人に対する就職差別が教育の地位達成への影響を弱め、代わりにネットワークを通じた自営資源の継承によって地位達成が行われていることが示唆される（金 1997; 稲月 2002）。また、ニューカマー外国人の地位達成における研究でも、人的資本や日本人との社会関係資本の蓄積が地位達成に貢献することが指摘される一方で、その効果の国籍による違いも明らかにされてきた（Holbrow & Nagayoshi 2018; 是川 2012, 2015, 2018; Takenaka, Nakamuro & Ishida 2016; Takenoshita 2006）。たとえば、ブラジル人男性の所得や職業に対する人的資本の効果は中国人男性に比べて弱いことが指摘されている（是川 2015; Takenoshita 2006）。

しかし、これらの研究の多くは、特定地域で行われた調査をもとにしている。そのため、対象となる移民の国籍や職業が限定的になり、日本全国を見渡した場合の、移民の階層的地位の全体像がつかみにくい。国勢調査を用いた分析ではこうした問題は解消できるものの、国勢調査には収入や日本語能力、在留資格などの情報が含まれていない。したがって、階層的地位達成に影響を与える要因が十分に検証できない。

このような限界を考慮すれば、日本全国に居住する外国籍者を対象とした無作為抽出による社会調査が求められる。しかし、そうした調査はほとんど行われてこなかった。なぜなら、無作為抽出を実施するためには対象者を抽出するもとになる名簿が必要である。住民の情報をもつ自治体による調査を除き、社会調査を実施する際には、住民基本台帳か選挙人名簿が用いられるのが一般的である。しかし、選挙人名簿に記載されているのは選挙権をもつ人、すなわち日本国籍をもつ人である。住民基本台帳も長年日本国籍者のみの記載であったため、外国籍者を無作為抽出することはきわめて困難であった。

　この状況が変わったのは、２０１２年に施行された「住民基本台帳法の一部を改正する法律」によってである。これにより外国籍者も住民基本台帳に掲載されることとなったために、無作為抽出による調査が可能となったのだ。

　そこで筆者は研究チームのメンバー[2]とともに、２０１８年に日本全国に暮らす外国籍者を対象とした社会調査（くらしと仕事に関する外国籍市民調査）を実施した。本章では、この調査をどのように実施したのか、その概要を示しつつ、日本における外国籍者の階層的地位の状況と、その分岐をもたらす要因を探りたい。

2 日本における外国籍者の階層的地位をどう調べるか

２０１２年の法改正は外国籍者を対象とした社会調査の扉を開いた。しかし、実際の調査を行うには、さまざまな問題があった。本節ではまず簡単に調査概要を述べたうえで、対象者の抽出方法と調査言語の問題の2点について、筆者らがどのように問題に対処したか（あるいは問題に気づけず対処できなかったか）を見ていく[3]。

(1) 調査の概要

本調査は２０１８年1月から2月にかけて郵送調査により実施した。調査対象者は多段無作為抽出により日本全国の60地点から抽出された、20歳から69歳までの外国籍者５０００人である。調査票はふりがな付きの日本語、英語、中国語、ポルトガル語で作成し、４つの調査票を１つの封筒に封入して送付した。1月末に1度、未回答者に対し督促ハガキを送付した。謝礼は回答をしてくれた人に対してのみ、１０００円のクオカードをお返しするという形で行った。

　最終的な有効回収数は１１２１人、転居により不着の場合や病気等で回答できないケースを除いた有効回収率は23・8％であった。

(2) どのように対象者を抽出するか

調査を実施するにあたり最大の問題となったのは、どのようにして対象者の抽出を行うのかという点である。一般的なやり方に従えば、人口比に応じた確率比例抽出によって一定の数の地点を抽出し（最初に市区町村を、次に町丁目を抽出する）、そのうえで最初の対象者を乱数で決め、そこから等間隔に対象者を抽出することになる。しかし、総人口における外国籍者の割合は2％程度（2018年現在）であり、単純に見れば100人に2人しか外国籍者は存在しない。名簿の1ページに20人の情報が記載されているとすれば、外国籍者が出てくるのは2・5ページに1人である。各ページに1人掲載されているとしても、抽出する外国籍者の間隔をあけすぎてしまうと、閲覧するページ数は膨大になる。住民基本台帳の閲覧には料金がかかるため、時間や費用のことを考えると一般的な抽出方法には限界がある。

さらに、住民基本台帳に外国籍者が記載されている形式は1つではなく、自治体によって異なる。[4] 具体的には、外国籍者を日本国籍者と別の冊子にまとめている自治体（以下、分冊方式）、外国籍者と日本国籍者を同じ冊子にまとめてはいるものの、日本国籍／外国籍が区別可能である自治体（以下、混合方式）、そして、完全に区別が不可能な自治体（以下、同一方式）の3つがある。このうち、同一方式の自治体については外国籍者を調査対象として抽出することは不可能であるため、調査対象地点から除外せざるを得ない（しかし実際には1地点含まれてしまった。この詳細は後述する）。また、抽出の方法は分冊方式か混合方式かによって異なるため、事前にどの形式で住民基本台帳への記載が行われているのかを確認しなければならない。そこで、本調査では以下の手順で対象者の抽出を行った。

①市区町村の抽出

第1のステップとして、調査対象となる60の市区町村を外国籍人口に応じた確率比例抽出により抽出した。この際、地域に暮らす外国籍者が全員（あるいはほとんど）調査対象となることを避けるため、外国籍者の少ない地点を除外した。具体的には、外国籍者数の多い地点から順に並べて全体の90％の人口をカバーできる範囲の570の市区町村を対象とした。したがって、本調査の母集団は外国籍人口の90％をカバーする範囲の市区町村に居住する20歳〜69歳の外国籍者となる。

②住民基本台帳の形式の確認

次に、抽出された各自治体に問い合わせを行い、住民基本台帳の形式を確認した。この時点で同一形式であることが判明した地点については地点の入れ替えを行った。調査対象となる地点も含め、問い合わせを行った120の自治体のうち、分冊方式の自治体は10、106の自治体は混合方式、4つの自治体は同一方式であった[5]。最終的な調査対象地は分冊方式の自治体が6、混合方式の自治体が53、1つの自治体は同一方式であった。この同一方式の自治体は問い合わせ時点では外国籍者のみからの抽出が可能とのことだったが、調査の申請をした後で同一方式であるとの回答になった。すでに調査地点の変更が難しい時期だったため、この地点も含めて調査を実施した。抽出方法は混合形式と同様の方法を採用し、外国籍かどうかの判断は名前をもとに行った。これは適切な方法とはいえず、事前の自治体との意思疎通が十分でなかったためにこのような事態が生じたことは反省点となる。

③町丁目の抽出

町丁目の抽出は、住民基本台帳の形式に合わせ2種類の方法を用いた。分冊形式地点については、外国籍者のみの名簿を作ることができるため、通常のサンプリング方法が適用可能である。そこで、各地点から10の町丁目を無作為に抽出し、それぞれの地点から2015年の国勢調査における町丁目別外国籍人口に比例するように、抽出する人数を決定した。

混合形式地点については、外国籍者の少ない（したがって、名簿の各ページに外国籍者の出現する確率がきわめて低い）地点が抽出された場合、抽出のコストが増大する。そこで、町丁目別の外国籍者人口に応じて確率比例抽出を行い、合計の外国籍者数が300人になるまで地点を抽出した。そのうえで、外国籍者人数がきわめて少ない地点は、他の地点と入れ替えを行った。また、300人では抽出が可能か不安であるとの調査会社からの指摘を受け、多くの地点で合計の外国籍者数が400～700人程度になるまで町丁目を抽出し、閲覧申請を行った。

④対象者の抽出

対象者の抽出についても、住民基本台帳の形式に合わせ2種類の方法を用いた。分冊形式地点については、通常の社会調査の場合と同様に、対象となった町丁目全体の外国籍者人口を合計抽出人数（83人または84人）で除し、抽出間隔を算出した。そのうえで、町丁目別に乱数を発生させて抽出のスタート番号を決定し、スタート番号から先ほど算出した抽出間隔ごとに対象者を抽出した。調査対象となるのは20歳から69歳までの人であるので、これに当たらない場合はその前後の人を選んだ。

混合形式の地点については、抽出コストを考慮し、最初の町丁目について乱数を発生させスタート番号を決定したうえで、そのスタート番号以降最初に現れた外国籍者を抽出、その後外国籍者3人おきに抽出を実施した。ただし、すでに選ばれた対象者と同一世帯に含まれると考えられる人が抽出対象となった場合には、その次に現れた人を抽出した。これを繰り返し、83人（84人）に達した時点で抽出を終了した。

この抽出方法は、外国籍者が集住している地域に該当した場合、そこから多数の対象者が選ばれてしまうデメリットがある。実際、今回の調査には同一の寮で暮らしていると思われる技能実習生や大学院生が対象者として選ばれていた。この点は改善の余地がある部分ではあるが、調査予算を考慮した場合最良の方法であったと考える。

(3) 調査言語の選択

前述したように、調査票は、ふりがなを付けた日本語、英語、中国語、ポルトガル語の4ヵ国語で作成し、各調査票の冒頭には最も回答しやすい言語で回答してほしい旨を記載した。当然回答可能な言語が増えるほど回収率は上がると予想されるため、何言語分の調査票を用意するかは重要な検討事項であった。人口割合から考えれば、タガログ語やベトナム語なども候補となったが、調査者自身が判読できない調査票を作成することには問題もある。翻訳は専門業者に依頼することで実施可能だが、職業の詳細についての質問など、学術的なコンテクストを踏まえた訳が必要な個所もあるため、自分たちで判断できない言語を用いると質問文の等価性が保たれない可能性があるからだ。また、言語数を増やせばそれだけ封筒に入れる調査票の数も増える。あまりにも多量の調査票を送ることは、回答意欲をそぐ可能性もあった。これらのことを考慮し、上記の4言語に限定した。

郵送調査実施期間には、筆者の所属研究室の大学院生に電話での問い合わせ対応に入ってもらい、英語、日本語、中国語での応対が可能な体制を用意した。この際、月曜日は英語、火曜日は中国語というように曜日別に対応言語を決め、調査票に記載した。しかし実際には各曜日の対応言語以外での問い合わせも多かった。また、ポルトガル語での応対の体制を用意できなかったのも反省点となる。調査票とあわせて、ホームページも4言語で作成したがアクセス数は非常に少なかった。言語ごとの回収数は日本語（475、42・4％）、英語（267、23・8％）、中国語（251、22・4％）、ポルトガル語（128、11・4％）であった。

言語の面での反省点として、費用の面と一目で内容が伝わることを重視して督促状をハガキ一枚で作成したことがあげられる。紙面が限られたため、日本語と英語のみで文章を作成した。しかし当然のことながら対象者のなかには日本語や英語を理解しない人もおられる。すでに調査に協力いただいた方のなかには、謝礼の受け取りについての説明が書いてあると思った方がおられ、問い合わせの電話が数件あった。何について書いてあるのか分からない手紙が届くことがもたらす不安への配慮を欠いていたと言わざるを得ない。この問題については、圧着式のハガキを用いることで、開封の手間を減らしつつ、4言語で文面を作成することも可能であったと考えられる。

3 外国籍者の階層的地位の比較

(1) 政府統計との分布の比較

前節で述べたように、本調査の回収率は一般的な郵送調査と比べると低い。しかし、外国籍者を対象とした他の調査と比較すれば、今回の調査が特に低いとはいえない。[6]

より重要なのは、本調査に回答してくれた人に母集団からの目立った偏りがあるのかどうかである。これを確認するため、2017年の『在留外国人統計』と国籍及び在留資格の分布を比較した（**図1**、**図2**）。国籍については本調査の回答者で中国籍者が5ポイントほど高く、ベトナム籍者が6ポイントほど低いことを除けば、それほど大きな分布の隔たりはない。在留資格の分布についても、技能実習の割合が本調査では8ポイント低く、技術・人文知識・国際業務の割合が5ポイント高いものの、大きく異なってはいない。技能実習割合が低くなった原因として、調査票言語としてベトナム語などを用意しなかったことや、調査対象地から外国籍者人口の少ない地域を除外し、人口に応じた確率比例抽出を行った結果、都市規模の大きい地点が選ばれやすかったことが考えられる。しかし少なくとも国籍と在留資格に関しては、本調査のサンプルの代表性は低くない。

(2) 国籍別の職業と雇用形態の違い

では、本調査データから外国籍者の社会経済的地位達成についてどのようなことがいえるだろうか。以下では、有職者に限定したうえで、植民地時代および戦後の混乱期から日本に暮らすオールドタイマー[7]と比較しつつ、ニューカマー外国籍者の地位達成の状況を見ていく。オールドタイマーはすでに移住第三、第四世代となっており、日本における移民の地位達成のひとつのベンチマークといえるからだ。

まず職業の分布（**表1**）を見ると、オールドタイマーは

図１　本調査と「在留外国人統計」の国籍の分布の違い

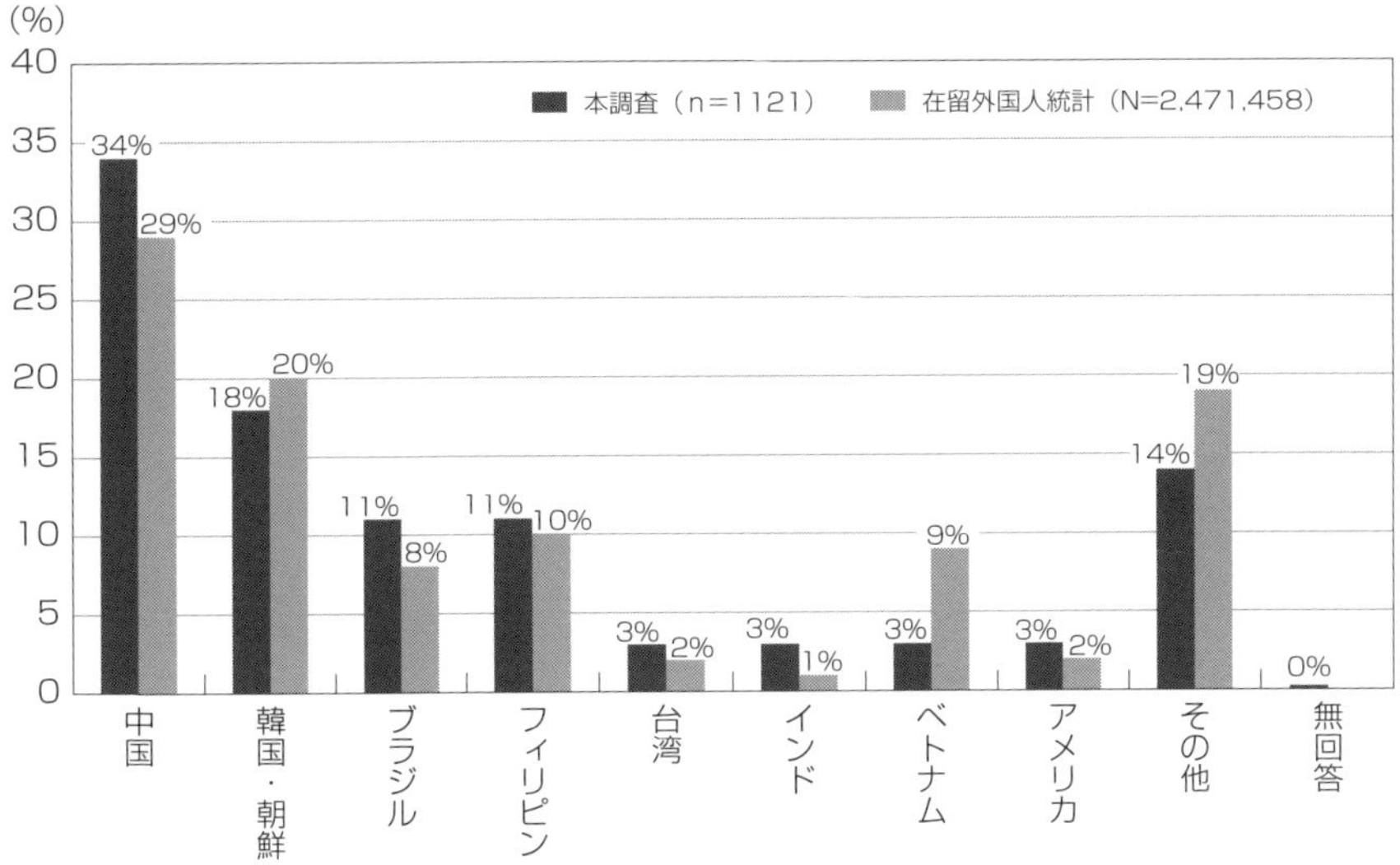

出所：法務省（2017）『在留外国人統計』（6月末）。

図２　本調査と「在留外国人統計」の在留資格の分布の違い

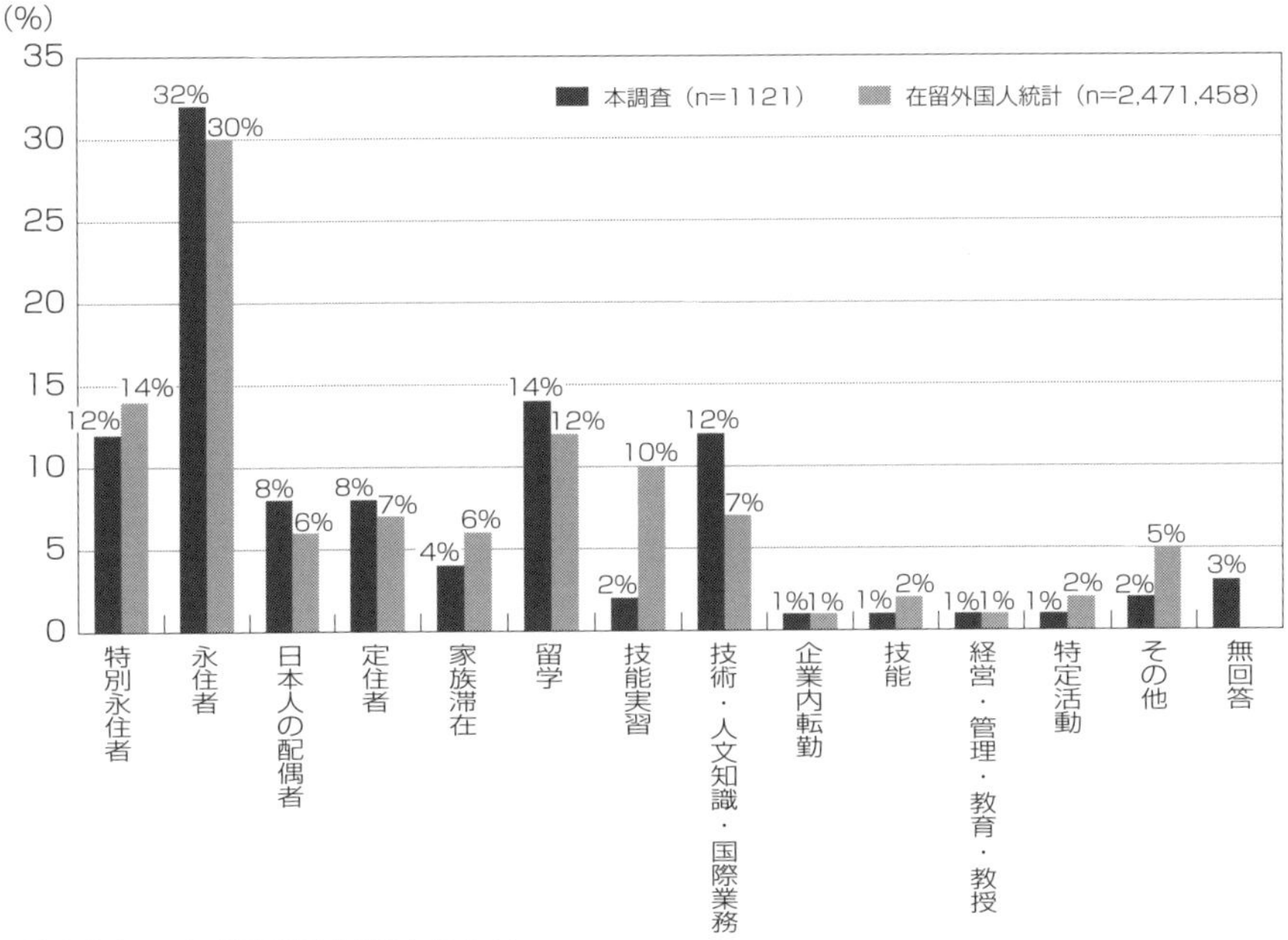

出所：法務省（2017）『在留外国人統計』（6月末）。

表1　移住時期・国籍別職業の分布

		専門	管理	事務	販売	マニュアル	n
オールドタイマー		20.4	11.2	15.3	17.4	35.7	98
ニューカマー	中国	27.5	2.4	25.1	17.1	28.0	211
	韓国	36.7	6.1	18.4	16.3	22.5	49
	フィリピン	6.9	1.2	3.5	11.5	77.0	87
	ブラジル・ペルー	1.5	0.0	5.3	4.5	88.7	133
	欧米	67.9	8.9	10.7	3.6	8.9	56
	その他	50.0	0.0	4.2	16.7	29.2	24
	その他アジア	33.0	7.8	13.6	7.8	37.9	103
合計		24.7	4.3	14.2	12.0	44.8	761

$X^2 = 293.94$, $p < 0.0$, Cramer's V = 0.31

表2　移住時期・国籍別雇用形態の分布

		経営・自営	正規	非正規		n
				パート・アルバイト 契約・嘱託	派遣	
オールドタイマー		25.3	38.4	32.3	4.0	99
ニューカマー	中国	9.4	43.0	39.3	8.4	214
	韓国	18.0	42.0	30.0	10.0	50
	フィリピン	4.4	17.8	62.2	15.6	90
	ブラジル・ペルー	1.5	21.1	42.1	35.3	133
	欧米	16.1	30.4	50.0	3.6	56
	その他	16.7	33.3	37.5	12.5	24
	その他アジア	11.4	37.1	46.7	4.8	105
合計		11.0	33.6	42.7	12.7	771

$X^2 = 144.83$, $p < 0.01$, Cramer's V = 0.25

全体的に偏りなく分布しているが、ニューカマーと比べると管理職割合が高い。一方、ニューカマーについて見ると、欧米国籍[8]では専門職が60%を超えているのに対し、フィリピン国籍やブラジル国籍・ペルー国籍ではマニュアル職者の割合の高いことが分かる。

さらに、雇用形態の分布（**表2**）を調べたところ、[9]オールドタイマーでは経営・自営の割合が25・3％と高い。本調査でも、オールドタイマーが自営業を通じて地位達成を遂げている傾向が確認された。これに対し、ニューカマーのなかでもフィリピン国籍、ブラジル国籍・ペルー国籍では経営者・自営業の割合が低く、非正規雇用者の割合が高い。特に、派遣雇用の割合が他の国籍の人と比べ高くなっている。また、中国籍者、韓国籍者では4割以上が正規雇用である一方、欧米国籍の人の正規雇用割合は3割にとどまり、50％をパート・アルバイト・契約・嘱託などの雇用形態の人が占めている。欧米国籍者は専門職者の割合が高いが、必ずしも安定的な雇用を獲得しているわけではない。

(3) 何が外国籍者の地位達成を分岐させるのか？

専門職・管理職に就くことや、経営者・自営業や正規雇用になることを地位達成とすれば、ニューカマーのなかでもブラジル国籍・ペルー国籍の人や、フィリピン国籍の人は相対的に地位達成が困難になっている。では、このような地位達成の分岐はどこにあるのだろうか。人的資本論が妥当であるならば、人的資本の蓄積、それも日本で獲得した人的資本の蓄積が地位達成にとって重要といえよう。そこでニューカマー内部での滞日年数や日本語能力の国籍による差、及びオールドタイマーも含めた学歴の分布の差を調べた。ただし学歴については外国生まれの人に限り、高等教育を受けた場所を日本と日本以外に分け、日本で高等教育を受けた人、日本以外で高等教育を受けた人、両方で高等教育を受けた人の3つのグループに分類した[10]。

ニューカマー外国籍者について、国籍別に滞日年数の平均値（**図3**）を見ると、韓国籍やブラジル国籍・ペルー国籍者では20年近くになっており、他の国籍の人に比べて滞

図3　ニューカマー外国籍者の国籍別滞日年数の平均値

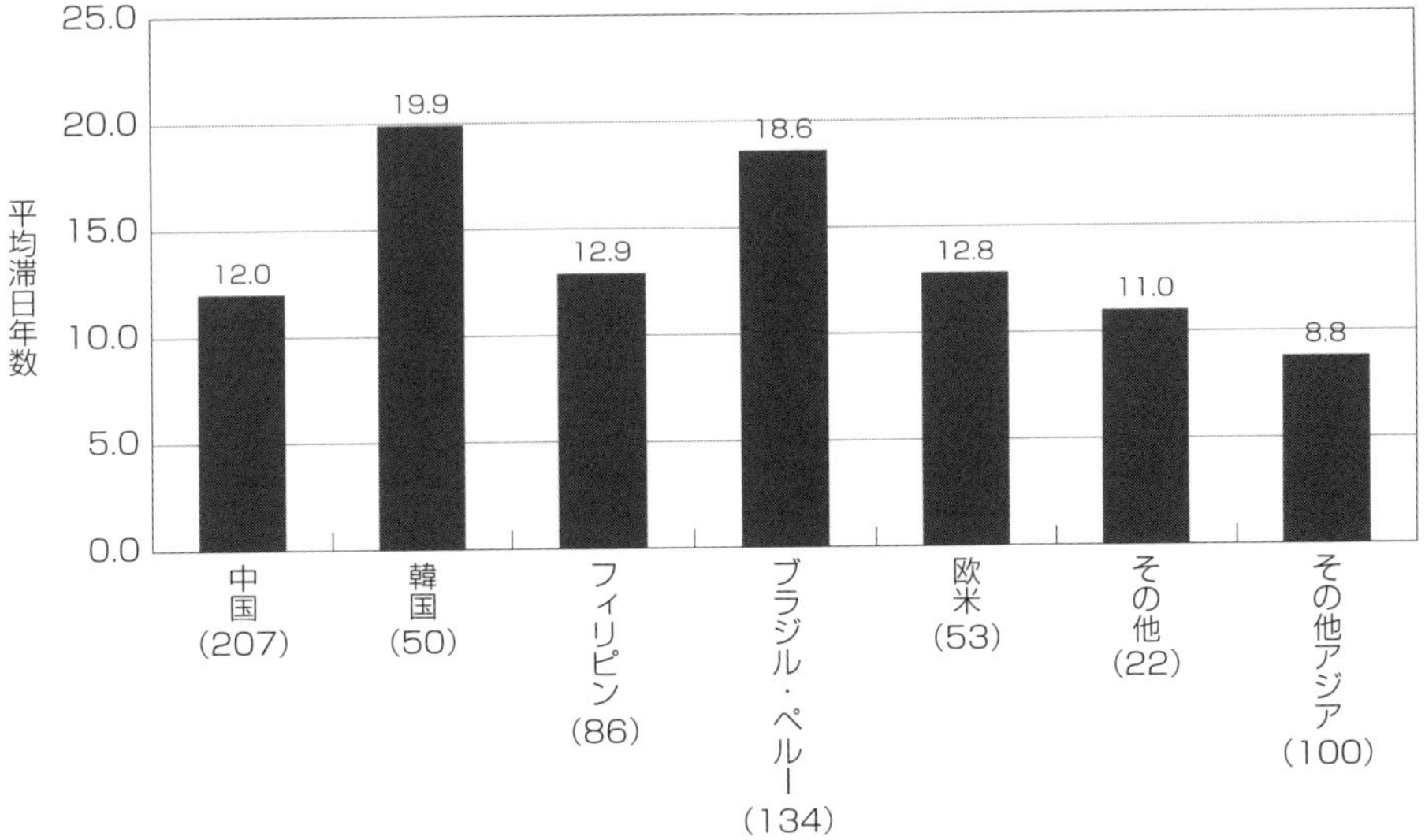

n = 652, F = 15.14, p < 0.01, カッコ内は度数

表3　国籍別学歴の分布

		日本生まれ		外国生まれ				
		高等学歴	初等・中等学歴	高等学歴（日本）	高等学歴（日本以外）	高等学歴（日本内外両方）	初等・中等学歴	n
オールドタイマー		42.2	57.8	0.0	0.0	0.0	0.0	116
ニューカマー	中国	2.4	0.3	8.9	29.5	35.3	23.6	292
	韓国	5.1	10.2	15.3	28.8	18.6	22.0	59
	フィリピン	0.0	0.0	0.0	56.5	7.6	35.9	92
	ブラジル・ペルー	1.5	3.1	1.5	42.3	0.0	51.5	130
	欧米	0.0	3.5	1.7	75.9	15.5	3.5	58
	その他	0.0	0.0	5.1	61.5	20.5	12.8	39
	その他アジア	0.7	0.0	7.3	52.2	18.1	21.7	138
合計		6.7	8.7	5.4	37.9	17.6	23.7	924

$X^2 = 946.04$, $p < 0.01$, Cramer's V = 0.46

図4　ニューカマー外国籍者の国籍別日本語能力の平均値

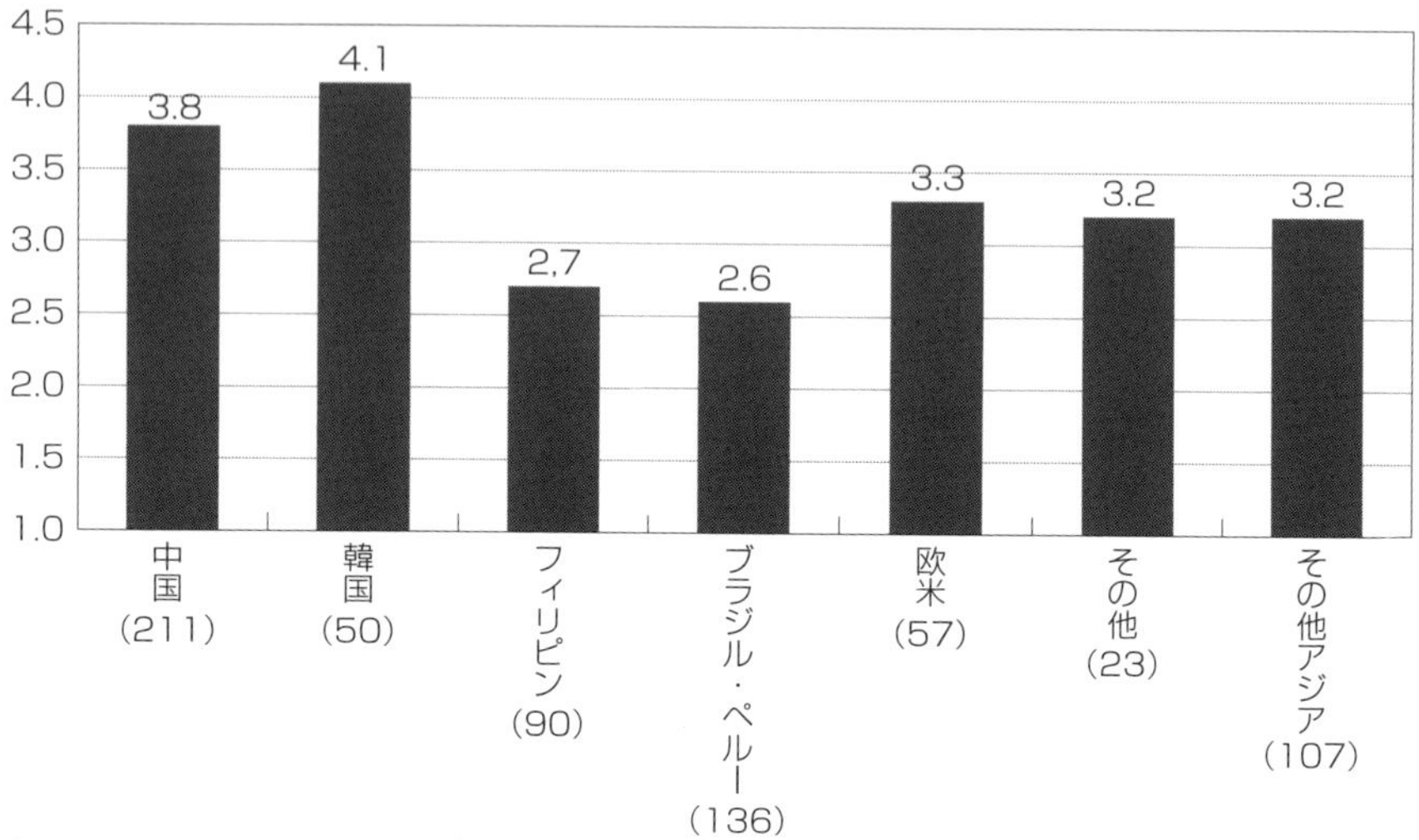

n = 674, F = 24.37, $p < 0.01$、カッコ内は度数

日年数の長いことが分かる。本調査のブラジル国籍・ペルー国籍の少なからぬ割合の人が、1990年代から日本で暮らしている。中国籍、フィリピン国籍、欧米諸国の国籍、その他の国籍の人たちについては、平均して12年程度日本で暮らしている。その他アジア諸国の国籍の人については、平均滞日年数がやや短くなっている。

学歴の分布を見ると（**表3**）、日本生まれの人を除けば、日本でのみ高等教育を受けた人の割合は国籍によらず少ない。フィリピン国籍、欧米国籍、その他

表4　国籍別婚姻状態の分布

		配偶者 日本国籍	配偶者 外国籍	未婚 離死別	n
オールドタイマー		24.7	38.1	37.1	97
ニューカマー	中国	19.0	56.4	24.6	211
	韓国	26.5	34.7	38.8	49
	フィリピン	30.6	41.2	28.2	85
	ブラジル・ペルー	10.7	55.4	33.9	121
	欧米	42.6	7.4	50.0	54
	その他	50.0	20.8	29.2	24
	その他アジア	38.2	13.2	48.5	68
合計		25.0	41.3	33.7	709

$X^2 = 95.55, p < 0.01$, Cramer's $V = 0.26$

アジア国籍、その他の国籍の人の半数以上が日本以外でのみ高等教育を受けている。中国籍の人については、日本以外でのみ高等教育を受けた人の割合は29・5％にとどまり、35・3％が日本と海外の両方で高等教育を受けている。これは、母国で大学を卒業したのちに日本に留学する人の多さを示している。また、ブラジル国籍・ペルー国籍の人の42・3％が日本以外で高等教育を受けている一方、初等・中等学歴の人の割合も高い。これは今回の調査対象者についての結果であるため、それぞれの国籍の人全体にまで一般化できるものではないが、国籍による学歴の分布の違いが示唆される。

日本語能力についてもニューカマー外国籍者内部で国籍による差が見られ（**図4**）、中国籍者や韓国籍者と比べ、フィリピン国籍やブラジル・ペルー国籍の場合には低くなっている。

日本人との社会関係資本のひとつの指標として、国籍別の婚姻状態の分布を見ると（**表4**）、ブラジル・ペルー国籍の人では日本人と結婚している人の割合が低く、日本人以外の国籍の配偶者をもつ人が55・4％と高くなっている。またやや程度は弱いものの、中国籍者にも同様の傾向が見られる。これに対し、欧米国籍の人では42・6％が、その他アジア国籍の人では38・2％が、その他の国の国籍の人では50・0％が、フィリピン国籍の人では30・6％が日本人の配偶者をもっている。

ここまで見てきたように、ブラジル国籍・ペルー国籍の人は、日本での滞在年数は長いものの、言語や学歴、日本人との社会関係資本の面で不利な立場に置かれる傾向にあった。フィリピン国籍者は日本人との社会関係資本は比

表5　専門職・管理職へのなりやすさについての二項ロジスティック回帰分析

	全員			ニューカマーのみ		
	B		S.E.	B		S.E.
切片	−2.15	+	1.19	−5.19	**	1.26
年齢	−0.01		0.02	0.01		0.02
男性	0.90	**	0.25	1.29	**	0.29
女性						
オールドタイマー						
中国	−1.51	**	0.56			
韓国	−0.48		0.52	0.92	*	0.43
フィリピン	−3.57	**	0.96	−2.07	*	0.80
ブラジル・ペルー	−5.17	**	1.35	−3.79	**	1.25
欧米	0.34		0.67	2.01	**	0.52
その他	−0.70		0.79	0.83		0.70
その他アジア	−2.05	**	0.75	−0.46		0.50
滞日年数	−0.00		0.02	−0.02		0.03
高等教育経験（日本）	1.43	**	0.53	2.49	**	0.91
高等教育経験（海外）	2.57	**	0.48	2.96	**	0.77
* 高等教育経験（日本）	−1.11		0.69	−2.08	*	0.98
日本語能力	−0.03		0.14	−0.01		0.16
配偶者日本国籍						
配偶者外国籍	0.92	**	0.31	1.15	**	0.40
未婚・離死別	1.06	**	0.33	1.14	**	0.41
McFadden R2	0.35			0.42		
n	534			447		

** $p < 0.01$, * $p < 0.05$, $^{+}p < 0.1$, 標準誤差は地点ごとにクラスター化している

較的もっているが、言語面で不利な立場に置かれやすかった。では、これらの要因が地位達成における不利につながっているのだろうか。これを検証するため、専門職・管理職へのなりやすさと、正規雇用、経営者・自営業へのなりやすさについて、規定要因を分析した。

表5は専門職・管理職へのなりやすさについての分析の結果を示したものである。この際、オールドタイマー・ニューカマー両方を含むモデルと、ニューカマーに限定したモデルの2つの結果を示している。[11] 両方を含めたモデルを見ると、日本での滞在年数や日本語能力は効果をもっておらず、滞在が長くなることや日本語能力が高くなることによって専門職や管理職への上昇移動が起こっているとはいえない。[12] これに対し、高等教育経験は日本で受けた者でも、海外で受けた者でも、専門職や管理職に就く可能性を高めてい

る。日本人の配偶者をもつことは専門職や管理職へのなりやすさを高めず、むしろ外国籍の配偶者がいる場合や配偶者がいない場合に比べ、専門職や管理職になりにくい傾向が確認された。

さらに、これらの要因の効果を統制してなお、専門職・管理職へのなりやすさにはオールドタイマーとニューカマー、さらに国籍による差が見られる。オールドタイマーに比べ、中国籍、フィリピン国籍、ブラジル国籍・ペルー国籍、その他アジア国籍では専門職・管理職へのなりやすさが低くなっている。また、統計的に有意ではないものの、韓国籍とその他国籍にも負の傾向が確認された。一方、欧米諸国の国籍をもっている場合にはオールドタイマーと比べ、専門職や管理職になりにくい傾向は見られない。

ニューカマー外国籍者に限定した分析でも、専門職や管理職に就く可能性に滞日年数や日本語能力による効果は見られない。また、高等教育経験は日本で受けたものでも、海外で受けたものでも、専門職や管理職に就く可能性を高めている。ただし、両者の交互作用効果が負であったことから、海外で高等教育を受けている人にとっては、日本で追加的に高等教育を受けるメリットは小さい（逆も同じである）ことが分かる。さらに、ニューカマーに限定した場合でも、日本人の配偶者がいる場合には、外国籍の配偶者がいる場合や配偶者がいない場合よりも、専門職や管理職になりにくい傾向が確認された。そして、これらの要素を統制したうえでも国籍による差が見られ、韓国籍者や欧米国籍者は中国籍者に比べ専門職・管理職に就きやすく、フィリピン国籍やブラジル国籍、ペルー国籍の人は就きにくくなることが示された。

経営者や自営業、正規雇用へのなりやすさについて分析をした結果（**表6**）を見ると、滞日年数は正規雇用に正の効果をもっていた。また、日本語能力が高いほど正規雇用になりやすい傾向が確認された。つまり、日本語能力の獲得はより安定的な雇用につながる可能性がある。また、国外で高等教育を受けた経験は自営業や正規雇用へのなりやすさには影響しない。さらに日本人の配偶者をもっている場合には、正規雇用よりもむしろ非正規雇用になりやすい傾向が見られた[13]。

これらの要因を統制したうえでも、経営者や自営業へのなりやすさや正規雇用へのなりやすさには国籍による差が見られた。オールドタイマーはブラジル国籍・ペルー国籍者と比べ経営者や自営業になりやすい。その他の国籍との比較では統計的に有意な差は見られないものの、ニューカマーの外国籍者と比べれば、正規雇用や自営業になりやすい傾向が見られた。また、ニューカマーに限定した場合、

表6　雇用形態についての多項ロジスティック回帰分析

	全員				ニューカマーのみ			
	経営・自営／非正規		正規／非正規		経営・自営／非正規		正規／非正規	
	B	S.E.	B	S.E.	B	S.E.	B	S.E.
切片	−2.97 *	1.19	−1.26	0.84	−3.75 **	1.36	−2.11 **	0.78
年齢	0.01	0.02	−0.04 **	0.01	0.01	0.03	−0.02	0.02
男性	1.03 **	0.30	1.14 **	0.19	1.03 **	0.38	1.09 **	0.22
女性								
オールドタイマー								
中国	−0.92	0.58	−0.24	0.46				
韓国	−0.51	0.64	−0.07	0.47	0.24	0.77	0.03	0.42
フィリピン	−1.50	1.00	−1.01	0.69	−0.7	0.72	−0.69	0.47
ブラジル・ペルー	−17.06 **	0.71	−1.23 *	0.59	−16.68 **	0.47	−0.87 *	0.44
欧米	−0.14	0.76	−0.31	0.64	0.35	0.69	0.06	0.44
その他	0.64	1.06	−0.17	0.75	−0.14	0.91	0.15	0.57
その他アジア	−1.27 +	0.71	−0.56	0.52	−0.63	0.65	−0.25	0.40
滞日年数	0.04	0.03	0.05 *	0.02	0.03 +	0.04	0.03	0.02
高等教育経験（日本）	0.63	0.41	0.41	0.29	0.39	0.47	0.54 +	0.32
高等教育経験（海外）	0.06	0.43	0.12	0.29	0.24	0.45	−0.06	0.30
日本語能力	0.13	0.16	0.34 **	0.13	0.13	0.17	0.39 **	0.14
配偶者日本国籍								
配偶者外国籍	0.08	0.39	0.46 +	0.28	−0.45	0.44	0.47	0.31
未婚・離死別	−0.23	0.43	0.49 *	0.24	−0.30	0.53	0.47 +	0.26
McFadden R2	0.15				0.15			
n	538				452			

** $p < 0.01$, * $p < 0.05$, + $p < 0.1$, 標準誤差は地点ごとにクラスター化している

中国籍者と比べ、ブラジル国籍やペルー国籍である場合に、経営者・自営業や正規雇用よりも非正規雇用になりやすい傾向が確認された。

(4) なぜブラジル国籍・ペルー国籍者の地位達成は困難なのか

ここまでの分析結果からは、人的資本や社会関係資本が同じであっても、ブラジル国籍・ペルー国籍である場合やフィリピン国籍である場合に、地位達成の困難があることが示されている。この理由を探るため、彼ら・彼女らが日本で最初にどのような仕事に就き、そこからどのような移動をしたのか／しなかったのかを、他の国籍と比較して検証した。

日本で最初に就いた職業（**表7**）の分布を国籍別に見ると、ブラジル国籍・ペルー国籍では91・0％、フィリピン国籍では69・2％がマニュアル職であり、他の国籍に比べて高い。これ

表7　日本での初職の職業の分布

		専門	管理	事務	販売	マニュアル	n
オールドタイマー		15.5	4.6	24.6	21.8	33.6	110
ニューカマー	中国	20.2	2.2	17.1	26.3	34.2	228
	韓国	28.8	1.7	18.6	15.3	35.6	59
	フィリピン	8.8	1.1	0.0	20.9	69.2	91
	ブラジル・ペルー	0.8	0.0	4.5	3.7	91.0	134
	欧米	60.7	3.6	8.9	8.9	17.9	56
	その他	44.0	0.0	8.0	12.0	36.0	25
	その他アジア	33.7	5.9	7.9	9.9	42.6	101
合計	Total	20.9	2.5	12.2	16.8	47.6	804

$X^2 = 267.11$, $p < 0.01$, Cramer's V = 0.29

表8　日本での初職の雇用形態の分布

		経営・自営	正規雇用	非正規雇用	n
オールドタイマー		12.4	69.0	18.6	113
ニューカマー	中国	6.8	45.6	47.6	250
	韓国	12.1	50.0	37.9	58
	フィリピン	2.0	24.8	73.3	101
	ブラジル・ペルー	2.1	15.8	82.2	146
	欧米	3.6	46.4	50.0	56
	その他	6.9	34.5	58.6	29
	その他アジア	10.3	50.5	40.2	107
合計	合計	6.7	41.7	51.5	860

$X^2 = 139.96$, $p < 0.01$, Cramer's V = 0.29

に対し、欧米国籍では60・7%が初職から専門職であり、日本でのキャリアのスタート時点から両者は大きく異なっている。

雇用形態（**表8**）についても同様であり、ブラジル国籍・ペルー国籍では82・2%、フィリピン国籍では73・3%が、非正規雇用から日本でのキャリアをスタートしているのに対し、欧米籍、中国籍ではその割合が半数にとどまる。[14]

では、その後のキャリアの歩みは異なるのだろうか。一定の人数のいる中国籍、フィリピン籍、ブラジル・ペルー籍に限定して、初職がマニュアル職であった人、また非正規雇用であった人の現在の職業や雇用形態を調べた。**表9**は初職がマニュアル職であった人の現在の職業の分布を見たものである。国籍によらず、初職がマニュアル職であった人の半数以上が現在もマニュアル職に就いている。しかし、マニュアル職以外の職に移動している人の割合は中国籍では26・6%であるのに対し、フィリピン国籍では10%、ブラジル国籍・ペルー国

表9　日本での初職がマニュアル職の人の現職の職業分布

	専門	管理	事務	販売	マニュアル		n
					同じ勤め先	違う勤め先	
中国	8.3 (5)	1.7 (1)	8.3 (5)	8.3 (5)	33.3 (20)	40.0 (24)	60
フィリピン	0.0 (0)	0.0 (0)	4.0 (2)	6.0 (3)	26.0 (13)	64.0 (32)	50
ブラジル・ペルー	1.8 (2)	0.0 (0)	2.7 (3)	1.8 (2)	17.1 (19)	76.6 (85)	111

注：カッコ内の数値は度数。

表10　初職非正規雇用の人の現職の雇用形態の分布

	経営・自営	正規	非正規		n
			同じ勤め先	違う勤め先	
中国	8.9 (8)	24.4 (22)	30.0 (27)	36.7 (33)	90
フィリピン	1.6 (1)	16.1 (10)	24.2 (15)	58.1 (36)	62
ブラジル・ペルー	0.9 (1)	19.8 (22)	14.4 (16)	64.9 (72)	111

注：カッコ内の数値は度数。

籍では6・3％にとどまる。**図3**で見たように、中国籍者やフィリピン国籍者と比べ、ブラジル国籍・ペルー国籍者は滞在日年数が比較的長かった。また、中国籍では同じ勤め先で働き続けていることでマニュアル職にとどまっている人の割合が高いのに対し、フィリピン国籍やブラジル国籍・ペルー国籍では勤め先を変わってもマニュアル職の人の割合が高い。これらを考慮すれば、フィリピン国籍やブラジル国籍・ペルー国籍では滞日年数が伸びたとしてもマニュアル職からの移動が困難になっていることが分かる。

雇用形態についても同様である（**表10**）。国籍によらず初職が非正規の人の半数以上が非正規雇用であるが、フィリピン国籍やブラジル国籍・ペルー国籍では勤め先が変わった場合でも非正規で働き続ける傾向が見られる。ただし、これらの結果は限られた対象者に基づくものである点は留意してほしい。

4　外国人労働者の地位達成を分岐させるもの

本章では外国籍者を対象にした全国調査の結果から、外国人労働者の経済的地位達成の状況を示すとともに、その分岐に影響を与える要因を検討してきた。分析の結果、以下の3点が明らかになった。

第1に、外国籍者の経済的地位達成の程度は国籍によって異なる。すでに数世代を経ているオールドタイマーはニューカマーと比べ、専門職・管理職や経営者・自営業に就く割合が高い。この意味で、オールドタイマーは世代を経るなかで一定の地位達成を遂げてきたといえるだろう。ただし、オールドタイマーが正規雇用になりやすいという傾向の少なくない部分は、人的資本や社会関係資本の差によって説明される。一方、ニューカマーの内部でも階層的地位の多様性があり、ブラジル国籍・ペルー国籍、フィリピン国籍の人たちはマニュアル職、非正規雇用の割合が他の国籍の人たちと比べて高かった。ニューカマーの人たちは全体として不安定な雇用で働く傾向があるが、そのなかでもこれら3つの国籍の人たちは不安定な地位に置かれている。

第2に、外国籍者の経済的地位達成を考えるうえで、職業についての地位達成の分岐が早期――日本の労働市場に入る時点――に生じている可能性が示唆された。専門職や管理職へのなりやすさに影響を与えているのは滞日年数ではなく、日本内外で高等教育を受けたかどうかであった。その他の日本での人的資本の蓄積は、高技能職への移行を促すものではない。

第3に、正規雇用への移行には日本の労働市場に出た後で獲得した要素が効果をもっていた。一方、国外での高等教育はこうしたより安定的な地位の獲得にはつながらない。日本的人的資本と、高等学歴で表わされる、より一般的な人的資本は異なる機能をもっている。

第4に、ブラジル国籍やペルー国籍、フィリピン国籍であることの不利は、日本語能力や学歴などと関連するものの、これらの要素によってのみでは説明されない。これらの国籍をもつ人は、初期の階層的地位が低いだけでなく、そこからの移動が困難であった。今回のデータでは、ブラジル国籍やペルー国籍、フィリピン国籍をもつ人のほとんどは、定住者や日本人の配偶者など、就労に制限のない在留資格をもっている。[15] したがって、どのような職業にでも就くことができる、自由な移動が可能な労働者だといえる。しかし、実際にはその「自由な移動」は同じマニュアル職、非正規雇用のなかでの移動であり、上昇移動にはつながりにくい。なぜこれらの国籍をもつ人においてより一層移動が困難なのかについては、今後、保有するネットワークや入職経路、職務の継続性などに着目しつつ、検証していく必要がある。

本章では外国籍者を対象とした全国調査データの分析を通じて、日本に暮らす外国籍者の階層的地位を検討してきた。しかし、サンプルサイズは十分とはいえず、結果の一般化には注意が必要である。今後外国籍者の階層的地位に関するより質の高いデータの収集と、それに基づく多くの研究が行われ、外国籍者の地位達成の状況について研究が進められることを期待する。

＊本研究はＪＳＰＳ科研費１６Ｈ０５９５４の助成を受けたものである。

注

1 ただし、日本における外国人住民の起業についての研究では、日本人とのネットワーク以上に同胞ネットワークや日本で暮らす他の外国人のネットワークが貢献しているとの指摘もある（樋口編 2012：梶田・丹野・樋口 2005）。

2 研究チームは筆者の他に、五十嵐彰、石田賢示、きょう順、木原盾、竹ノ下弘久、田辺俊介、長松奈美江、前田忠彦からなる。

3 詳しい調査の概要と実施における問題点については、２０１９年度末刊行予定の調査報告書をご覧いただきたい。

4 ここに記載した情報は調査時点のものであり、住民基本台帳への掲載形式など、変更される可能性もある。

5 一度サンプリングフレームを変更し、対象となる自治体が変わったため、問い合わせをした自治体は合計１２０になる。

6 たとえば２０１７年に法務省の委託を受けて人権教育啓発センターが実施した外国人住民調査の有効回収率は23・0％である。

7 本章では、在留資格が特別永住者の人を「オールドタイマー」と見なした。そのうち96・9％が韓国・朝鮮籍、３・１％が中国国籍（または台湾）である。

8 欧米籍には、アメリカ、カナダ、イギリスをはじめ、オーストラリア、フランス、ドイツ、スペイン国籍の人などが含まれる。

9 ここでは本人が「正社員」と回答していた場合でも、有期雇用であれば「パート・アルバイト・契約・嘱託」のカテゴリに含めている。

10 日本生まれの人のなかにも6名、日本以外で高等教育を受けた経験のある人がいる。しかし、人数が少ないため、日本生まれの人については高等教育を受けた場所による分類は行っていない。また、高等教育には短大や高専、大学、大学院が含まれる。日本語学校や専門学校については除外している。

11 オールドタイマーについては滞日年数に平均値を代入している。

12 日本生まれの人を除いて分析した場合でも、滞日年数と日本語能力には統計的に有意な傾向は確認されなかった。また、この際、滞日年数の効果はむしろ係数が負になっていた。

13 男女別で見た場合にも、婚姻状態の効果に差はなかった。

14 ここでは有期雇用であるか否かは非正規雇用の定義に含めていない。具体的には、「パート・アルバイト」、「派遣社員」、「契約社員、委託」が含まれる。

15 ともに有職者の8割以上が身分に基づく在留資格をもっていた。この割合は中国籍者では56・7％、ニューカマー韓国籍では60・0％、欧米国籍では63・2％であった。

参考文献

伊原亮司（2018）「自動車産業の労働現場――外国人労働者の増加と『メイド・イン・ジャパン』の限界」『移民・ディアスポラ研究7 産業構造の変化と外国人労働者』明石書店、１９０-２０５頁
稲月正（2002）「在日韓国・朝鮮人の社会移動」谷富夫編『民族関係における結合と分離』ミネルヴァ書房、５５９-５９５頁
梶田孝道・丹野清人・樋口直人（2005）『顔の見えない定住化――日系ブラジル人と国家・市場・移民ネットワーク』名古屋大学出版会

上林千恵子（2015）『外国人労働者受け入れと日本社会――技能実習制度の展開とジレンマ』東京大学出版会
金明秀（1997）「社会的地位達成」『在日韓国人の社会成層と社会意識全国調査報告書』在日韓国青年商工人連合会、18－30頁
是川夕（2012）「日本における外国人の定住化についての社会階層論による分析――職業達成と世代間移動に焦点を当てて」ESRI Discussion Paper Series No. 283
――――（2015）「外国人労働者の流入による日本の労働市場の変容――外国人労働者の経済的達成の特徴、及びその決定要因の観点から」『人口問題研究』71（2）: 122－140
――――（2018）「移民男性の労働市場への統合状況とその要因――Immigrant Assimilation Model（IAM）に基づく分析」Working Paper Series（J）No. 18
樋口直人編（2012）『日本のエスニック・ビジネス』世界思想社
Chiswick, B. R.（1978）"The Effect of Americanization on the Earnings of Foreign-born Men," *Journal of Political Economy*, 86（5）: 897－921
Holbrow, H. J. and K. Nagayoshi（2018）"Economic Integration of Skilled Migrants in Japan: The Role of Employment Practice," *International Migration Review*, 52（2）: 458－486
Kogan, I.（2007）*Working through Barriers: Host Country Institutions and Immigrant Labour Market Performance in Europe*, Springer
Lancee, B.（2012）"The economic returns of bonding and bridging social capital for immigrant men in Germany," *Ethnic and Racial Studies*, 35（4）: 664-683
Portes, A.（1998）"Social Capital: Its Origins and Applications in Modern Sociology," *Annual Review of Sociology*, 24: 1-24
Takenaka, A., M. Nakamuro and K. Ishida（2016）"Negative Assimilation: How Immigrants Experience Economic Mobility in Japan," *International Migration Review*, 50（2）: 506-533
Takenoshita, H.（2006）"The Differential Incorporation into Japanese Labor Market: A Comparative Study of Japanese Brazilians and Professional Chinese Migrants," *The Japanese Journal of Population*, 4（1）: 56-77

◎第*6*章

高度人材移民の移住過程

来日する中国人留学生の事例を通じて

馬　文甜

はじめに

今日、先進国をはじめ、世界各国において人材獲得競争が激化している。米国やヨーロッパなどの先進国では、高学歴者や高度な技術と専門性を有する外国人を積極的に受け入れている。日本は、小渕政権から「高度外国人材」の導入が政策目標としてあげられるようになり、２００８年に日本政府は高度人材の受け入れ拡大の方針を固めた。２０１２年から、日本は諸先進国にならって、「高度人材ポイント制による出入国管理上の優遇制度」を導入している。２０１４年には、研究者やＩＴ技術者、経営者などを対象にした「高度専門職」という在留資格を新設した。さらに２０１７年４月から、研究者や企業経営者など高い資質と能力をもつ外国人が1年で永住資格を取得できる世界最速級の「日本版高度外国人材グリーンカード」が始まったのである。

日本においては、世界各国との頭脳獲得競争の戦略のひとつとして、高等教育の段階から、外国人を呼び寄せている。日本における留学生受け入れは、中曾根康弘首相（当時）の時代、いわゆる「10万人計画」が策定されてから本格化する。[1] ２００７年頃から、再び留学生の受け入れ拡大に関する議論が始まった。２００８年７月には、文部科学省ほか関係省庁が、「留学生30万人計画」（以下「30万人計画」と称す）の骨子を策定している。[2] 30万人計画は、日本を世界により開かれた国とし、世界におけるヒト・モノ・カネ、情報の流れを拡大する「グローバル戦略」を展開する一環として、２０２０年を目途に30万人の留学生受け入れを目指すものである（文部科学省 2008）。今日、安倍政権が提唱する「日本再興戦略」（２０１６年）においても、外国人高度人材のさらなる受け入れや外国人留学生の就職支援の強化があげられている。さらに、２０１８年6月、知日派人材を育成するため、新興国の行政官らを留学生として受け入れる事業が２０１８年内に始まると、安倍首相が発表している。[3]

　日本を含む世界主要国において、高度人材に占めるプレゼンスが大きいのは、中国人である。２０１８年6月時点、日本における外国人の受け入れ数において、中国人は依然として1位である。「留学」や「技術・人文知識・国際業務」、「高度専門職」などの在留資格を含む中長期在留者のなか、中国出身者の数は約74万人であり、総数の２３１万人の約3分の1を占めている。[4] そのため、中国出身者を理解することが、日本における外国人への理解を深めることに繋がると考えられる。[5]

　その一方で、世界最大の人材送出国とも見なされる中国においても、人材への注目度が一段と高まっている。中国政府は、「人口大国から人材強国へ」という戦略を本格化させ、海外で活躍する中国人高度人材を呼び戻すための政策を積極的に展開している。戴（2012）は、帰国した高度人材が、中国における科学技術の革新を担う欠かせない存在であると指摘している。21世紀に入り、中国から海外へ留学する学生は増加しているが、同時に、中国経済の発展が留学生の帰国を促進しているのである。王ら（2013）は、近年の帰国留学生数の推移から、２０１９年までに、帰国留学生が、中国から出国する留学生の数を上回ると予測している。[6]

　本章は、来日する中国人留学生の事例を通じて、越境する高度人材の移住過程を検討しようとするものである。彼（女）らの日本に留学に来る動機、経緯はいかなるものか。そして、卒業・修了後、日本での滞在あるいは母国への帰国について、いかなる選択がなされるのか。さらに、実際に日本に残った中国人高度人材が日本で暮らしていくうえでの、キャリア形成・家族形成はいかなるものか。中国人高度人材の国際移動・移住の決断に影響を及ぼす要因は何か。本章は、上記の問いに答えようとするものである。[7]

1 調査概要

　本章における議論は、中国人留学生（元留学生を含む）を対象に実施したアンケート調査および中国人高度人材を対象に実施したインタビュー調査の結果に基づいている。[8]アンケート調査は２０１４年9月に実施され、総計３５０

表１　アンケート調査対象者の属性

性別	男性27.7%（97名）、女性72.3%（253名）
年齢	20～32歳
地域	北海道1.1%（4名）、東北2.0%（7名）、関東53.4%（187名）、中部6.6%（23名）、近畿16.0%（56名）、中国1.1%（4名）、四国1.1%（4名）、九州10.3%（36名）、不明8.3%（29名）
種別	国費（中国政府・日本文部科学省の両方含む）6.0%（21名）、私費94.0%（329名）
学種[注1]	大学学部18.6%（65名）、修士・博士前期課程53.1%（186名）、博士・博士後期課程6.3%（22名）、そのほか8.0%（28名）、不明14.0%（49名）
在籍状況	在学者67.7%（237名）、卒業・修了者18.0%（63名）、不明14.3%（50名）
出身地[注2]	東部52.0%（182名）、中部14.0%（49名）、西部10.3%（36名）、東北23.1%（81名）、不明0.6%（2名）
配偶者・恋人	有40.0%（140名）、無59.7%（209名）、不明0.3%（1名）
一人っ子	一人っ子80.0%（280名）、非一人っ子18.6%（65名）、不明1.4%（5名）

注1：「学種」における「そのほか」には、日本語学校、研究生、高等専門学校、短期大学が含まれている。
注2：『中国統計年鑑』の地域区分を基準にしている。東部：北京、天津、河北、上海、江蘇、浙江、福建、山東、広東、海南。中部：山西、安徽、江西、河南、湖北、湖南。西部：内モンゴル、広西、重慶、四川、貴州、雲南、チベット、陝西、甘粛、青海、寧夏、新疆。東北：遼寧、吉林、黒竜江省。本研究で実施したアンケート調査のデータは、海南、チベット、寧夏、新疆の4省を除き、以上に記したすべての地域が含まれている。
出所：調査結果に基づき筆者作成。

人分のデータを集めたものである。インタビュー調査は、日本在住の中国人高度人材を対象とし、２０１６年９月～２０１７年３月にかけて実施した。インタビュー調査対象者のなかには留学を経ずに来日した者もいたが、本章では分析の対象外とする。**表1**と**表2**は、アンケート調査、インタビュー調査の対象者の基本情報をまとめたものである。

2　来日する中国人留学生の移動動機と将来設計

(1) 中国から日本への移動の動機

ここでは、インタビュー調査の語りに基づき、中国人留学生の日本へ移動する動機について述べたい。20名のうち、日本が唯一の希望であるか否かを基準に、「日本希望型」、「海外希望型」の2つに分けた。

「日本希望型」とは、日本へ行くことは自らの希望であり、そのほかの国は考慮しなかったタイプである。この種の調査対象者は、個人の専攻上の理由で日本を留学先として選ぶにいたったケースが多い。日本語の上達や、日本の最先端技術の習得という動機があげられている。「日本希望型」においては、来日していることは偶然ではなく、動機に沿った必然的な結果である。たとえば以下の発言である。

表2　インタビュー調査対象者リスト

記号	性別	年齢	在留資格	婚姻状況	最終学位	専攻	滞在年数	雇用形態	職業
AA	女	31	高度専門職	既婚	博士	物質化学	6年	正社員	研究者
AB	男	32	永住者	既婚	博士	物質材料工学	7年	正社員	研究者
BA	女	27	技術・人文知識・国際業務	既婚	修士	経営学	6年	正社員	企画
BB	男	27	技術・人文知識・国際業務	既婚	修士	経営学	4年	正社員	システムエンジニア
CA	女	27	技術・人文知識・国際業務	未婚	修士	経営学	5年5ヶ月	正社員	営業
DA	男	29	高度専門職	既婚	博士	物質材料工学	6年	ポスドク	研究者
DB	女	30	家族滞在	既婚	修士	環境科学	6年5ヶ月	／注	／
FA	女	26	家族滞在	既婚	修士	芸術学	5年	／	／
GA	女	30	技術・人文知識・国際業務	未婚	博士	生物農業工学	5年	正社員	研究者
HA	女	30	高度専門職	既婚	博士	総合化学	4年	ポスドク	ポスドク研究員
IA	女	35	日本人配偶者など（永住申請中）	既婚	博士	法学	16年	正社員	大学教員
JA	女	32	特定活動	既婚	博士	化学	7年	ポスドク	ポスドク研究員
KA	男	30	技術・人文知識・国際業務	未婚	修士	国際学	5年2ヶ月	正社員	営業
LA	男	33	高度専門職	既婚	博士	情報工学	7年4ヶ月	ポスドク	ポスドク研究員
MA	男	32	高度専門職	既婚	博士	材料工学	8年6ヶ月	ポスドク	ポスドク研究員
NA	男	29	研究	既婚	博士	材料学	6年5ヶ月	ポスドク	ポスドク研究員
NB	女	29	家族滞在	既婚	修士	国際言語文化	6年5ヶ月	パート	翻訳・営業
OA	女	34	文化活動	既婚	博士	社会情報学	11年6ヶ月	ポスドク	ポスドク研究員
PA	男	28	高度専門職	既婚	博士	数理物質科学	5年8ヶ月	ポスドク	ポスドク研究員
PB	女	27	高度専門職	既婚	博士	生命環境科学	7年	ポスドク	ポスドク研究員

注：「／」は、働いていないことを意味する。
出所：インタビュー調査によって、筆者作成。

「大学の専攻は日本語だから、日本に行ってみたかった。日本で修士号を取って、就職することを目指して大学3年の時、協定大学へ留学した。」（ＢＡ氏、２０１６年9月19日、東京都のカフェにて）

「大学の専攻は日本語だから、卒業したら日本へ留学すると、大学3年生の時に決めた。」（ＯＡ氏、２０１７年3月8日、東京都のカフェにて）

「大学では工業デザイン専攻だった。この分野は、世界ではドイツと日本がトップレベルだ。ドイツは遠いから、日本だと近いし、ドイツより費用が抑えられるし、いろいろと考えて日本にした。日本へ留学すると決めてから、中国で日本語を勉強し始めた。」（ＦＡ氏、２０１6年12月20日、茨城県つくば市ＦＡ氏の自宅にて）

「大学の専攻は農業工学である。具体的に言うと、汚染物の処理だ。日本は、汚染物の処理やリサイクルなどの技術は世界一なので、日本に行って学びたかった。修士修了後、中国で試験を受けて、日本の大学の博士課程に進学した。」（ＧＡ氏、２０１６年12月23日、茨城県つくば市筆者の研究室にて）

ＢＡ氏の語りのように、「勉強」が主な来日する目的であるが、中国における「就職難」という背景、修了後の日本での就職に抵抗のない様子から考えると、越境する時点でキャリアの要因が考慮されているといえよう。

一方、「海外希望型」とは、とにかく海外に行きたいという希望によるもので、国は限定されていないケースである。この種の対象者は、当時、複数の国の大学や研究所へ留学または就職の応募をしたが、日本からのオファーが最初にあったため来日したというケースが多い。つまり、「海外希望型」においては、現在日本に滞在していることは偶然的な出来事といえよう。たとえば以下の発言である。

「中国で大学を卒業したら、海外へ留学したかった。日本は一つの大学しか申請しなかったが、日本の大学からのオファーが最初にきたから、日本に来た。もともと、アメリカに行きたかった。[9]」（ＤＡ氏、２０１６年9月19日、茨城県つくば市ＤＡ氏の自宅にて）

「大学三年の時からＴＯＥＦＬの試験を受けるなど、留学の準備をし始めた。妻（当時は彼女）はすでに日本に留学に来ている。僕はいくつかの国の大学へ申請していた。日本の大学の申請時期が一番早く、オファーも一番早かった。それに、学部時代の専攻との一致性が高く、妻もいるため、日本に来ることにした。」(PA氏、2017年3月19日、茨城県つくば市筆者の自宅にて)

前述した「日本希望型」であれ、「海外希望型」であれ、言葉の上達や先端技術の勉強、キャリア構築など、個人の専門や将来のキャリアのためといった点で共通している。

(2) 中国人留学生の将来設計に関する意識のタイプ

前項では、中国人留学生が日本へ移動する際の動機を分析した。来日している彼(女)らは、どのような将来を設計しようとするのだろうか。とりわけ、その将来設計において早期に判断を迫られる選択、すなわち日本での滞在あるいは母国への帰国について、いかなる選択がなされるのか。本項では、アンケート調査の結果から、中国人留学生の将来設計に関する全体的な傾向をまとめておこう。

図1は、中国人留学生の将来設計の意識に関するパターンを整理したものである。以下では、それに沿って説明を加える。有効回答数350のうち、日本に残ると答えた者は全体の半分を超えた(182名)。一方、帰国と答えた者の割合は41%(145名)である。日本と中国以外の第三国に行くと選択した人は、全体の7%(23名)にとどまる。

図1　中国人留学生の将来設計に関する意識のタイプ

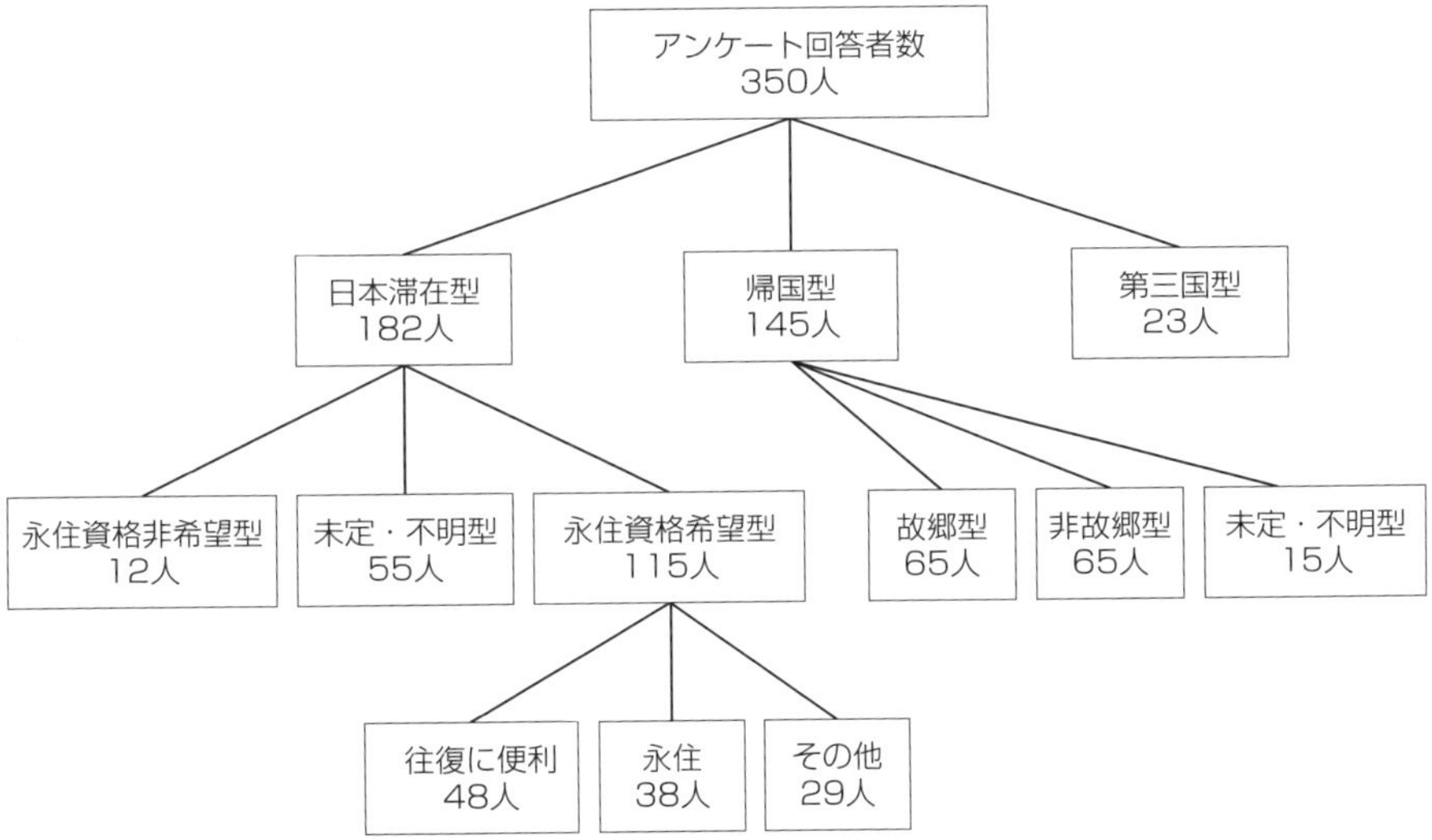

出所：筆者作成。

上記をそれぞれ「日本滞在型」、「帰国型」、「第三国型」と称することにする。ここでは、主に日本で学業を修めた後、日本に残るか母国に帰るかという選択に注目したいため、第三国型については議論の対象外としたい。

上に述べた日本滞在型については、さらに3つのタイプに分けることができる。永住資格を取得する意思がないタイプ、回答時には考えていないタイプ、取得意思があるタイプである。上記をそれぞれ、「永住資格非希望型（以下、非希望型）」、「未定・不明型」、「永住資格希望型（以下、希望型）」と称することにする。182人のうち、希望型は115名で、その比率は63％に達している。それに対し、日本に滞在する期間を3年以内としている非希望型は12人、未定・不明型は55人である。

上の結果から、日本滞在志向がある中国人留学生の大半にとって、永住資格は魅力的なものであると考えられていることが分かる。ただしここで留意したいのは、永住資格を希望する者すべてが実際の永住を希望しているとは限らない。こうした傾向は先行研究にも見られている（坪谷 2008）[10]。本調査によれば、永住資格を欲する者の41・7％は、それが日中間の移動に便利であるためと回答している。移動に便利であると答えた者は、旅行・観光の際にビザを申請しなくてもいい、貿易・ビジネスを展開しやすい、長期滞在が可能となる、といった回答をしている。

帰国型の内訳を見ると、故郷に帰るという回答の割合は44・8％（65名）である。故郷以外の都市で就職する割合は同じく44・8％（65名）となっている。しかしそのなかで、故郷に近い都市に就職するという回答者は35名いる[11]。たとえば河北省の出身者は北京へ、江蘇省の出身者は上海へ、湖南省の出身者は広州、深圳へといった傾向がある。この現象の背景には、大都市を中心とする経済圏の形成があると思われる。故郷または故郷の近くに就職する人を合わせると、帰国を選択する留学生の69・0％を占めている。それ以外で、複数の都市を記述した人は「未定・不明型」と分類した。

アンケート調査によれば、男女別にパターンの違いがある。男性の36・7％が帰国型であるのに対し、女性のそれは47・3％である。帰国型と対照的な日本滞在型の下位カテゴリーである希望型の男女別内訳に注目すると、男性の47・8％に対し、女性の場合の割合は31・6％にとどまっている。性別と将来設計パターンにおける「帰国型」・「希望型」を変数とし、カイ二乗独立性検定を行ったところ、有意であることが分かった（X^2=3.899、df=1、有意確率 .048）。

以上の議論を踏まえ、日本で学業を修めた留学生の日本での滞在もしくは母国への帰国を中軸にした将来設計のパターン（以下、将来設計パターン）を4つに分けてみたい。第1に、日本で学業を修めた後、すぐに帰国するグループである（**図1**の「帰国型」145名）。故郷かそうではないか、という違いはあるが、日本を離れるという意思をもっている点で、一括りにできる。第2に、卒業・修了後、一定期間は日本にいるが、勤務経験を積んで帰国し、永住資格も望まないグループである（「非希望型」12名）。日本での滞在は3年以内であるが、最終的には母国に戻るという点で、「帰国型」と後述する「永住型」のあいだにあるともいえる。サンプル数で見れば、ごく一部である。第3に、日本に引き続き残るが、滞在予定年数や永住資格の希望については明確なビジョンをもっていないグループである（「未定・不明型」55名）。第4に、永住資格を求め日本に滞在するグループである（「希望型」115名）。このなかで実際の永住を希望する回答者は3分の1程度であり、日中間の行き来に便利であるといった理由をあげる回答者のほうが多い。とはいえ彼（女）らは、卒業・修了後にも日本社会との関係を積極的にもち続ける意図をもつグループ、ということで共通している。

(3) 日本に残る理由と中国に帰る理由

日本に残る理由については、**図2**にまとめている。「日本の環境がきれいだから」が、最も高い比率を占めている。近年、中国で空気汚染などの環境問題が深刻化していくなか、日本の環境は中国人にとっていっそう魅力的になっているようである。注目したい点は、「日本の賃金水準は高いから」（34・1％）が4位にとどまっているという結果である。つまり中国人にとって、日本の賃金水準は、最も重要なプル要因とはいえなくなっている。中国の高度経済成長が都市部の賃金を向上させているという事情もあるだろう。

帰国する理由については、**図3**で示している。故郷ないし故郷の近くで就職できること、就職する都市に親戚・友人がいること、親孝行、精神的な満足度に、高い回答率が出ている。つまり、将来設計において、家族との関係や精神的な満足度が重要視されていることが分かる。

3 定住化する中国人高度人材のキャリアと家族

前節では、中国人留学生の日本への移動、在籍中（卒業生・修了生を含む）の将来設計に関する意識を述べた。中国人高度人材の移住過程を理解するために、さらに本節では、インタビュー調査の語りを通じて、日本で就職することに成功した中国人高度人材の事例を取り上げたい。彼

図2　日本に滞在する理由

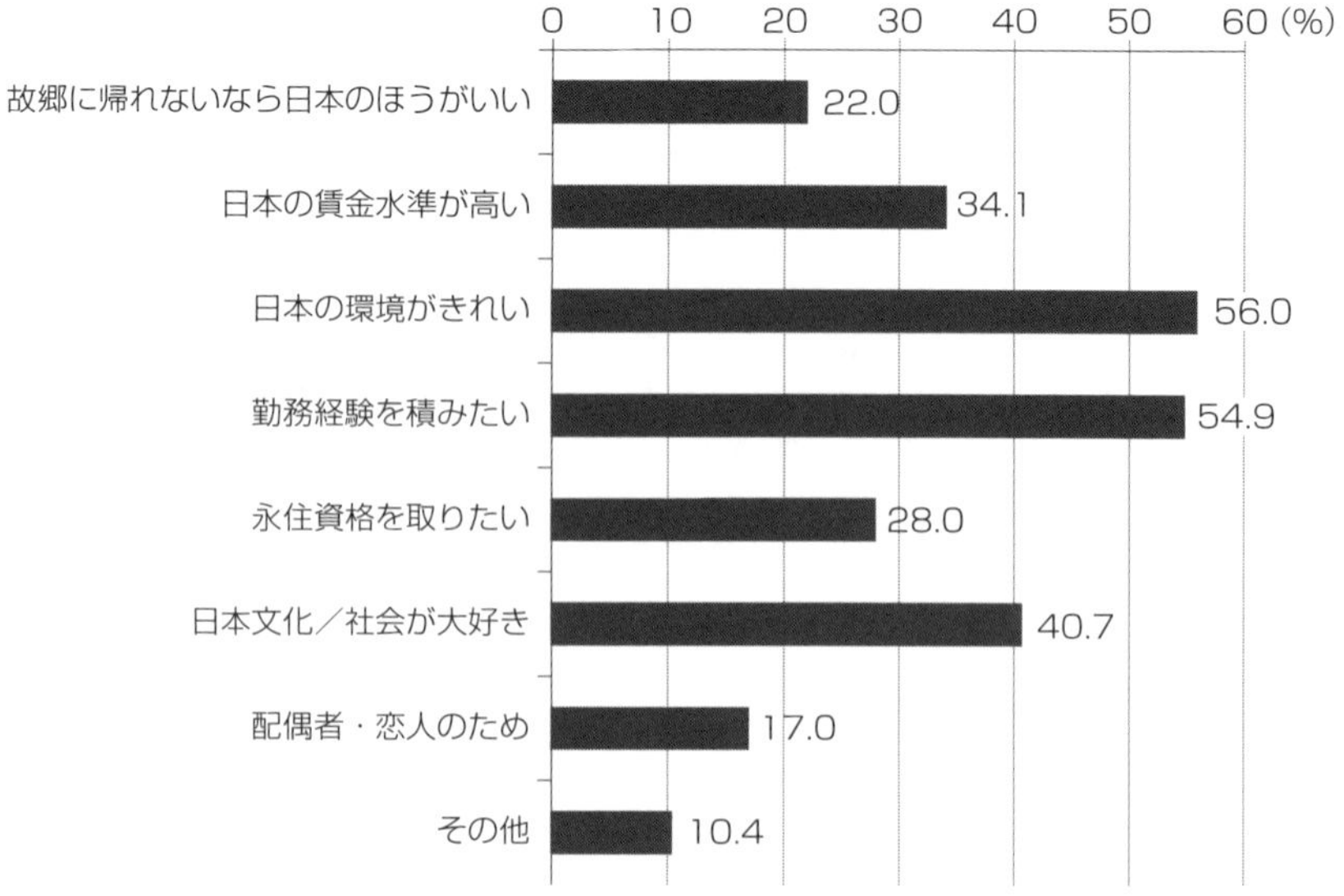

出所；筆者作成。

図3　帰国する理由

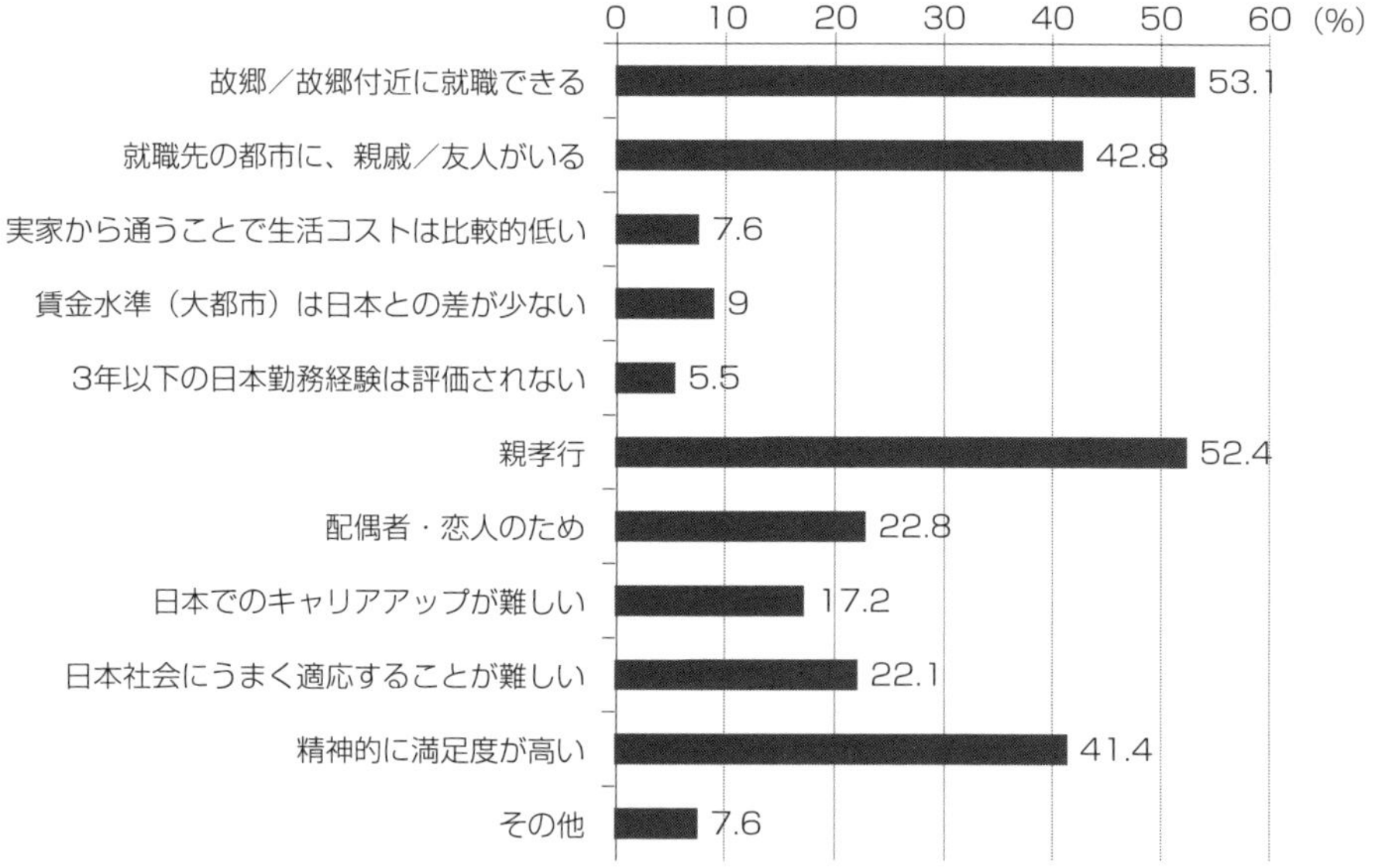

出所；筆者作成。

（女）らのキャリア形成・家族形成を分析したうえで、今後の国際移動の決定要因を考察したい。

（1）キャリアに関する諸意識

20名のインタビュー調査対象者のなかで、調査時に勤務している者は18名である。そのうち、任期付きで働いている者は10名、正規雇用で働いている者は8名である。修了後の職歴を見ると、修了直後に、終身のポストに就職したのは7名であり、いずれも企業に就職した者である。修了後に2〜3年の任期付きポストを経て、調査を受けた時点で終身ポストとして働いている者は1名であり、それは大学に就職したケースである。そのほかは調査を受けた時点でポスドク研究員として働いている者が9名おり、パート形態で働く者が1名いる。

インタビューで現職に就くことを決めた要因を尋ねたところ、共通して「待遇」、「チャンスのある場所」というキーワードが出た。たとえば、以下の発言である。

「私の状況（専門と博士学位）から考えると、中国に帰ったら基本的に大学か研究所に就職する。しかし、中国の研究職の収入が低い。「千人計画」のような奨励を受けている人は別だが。日本にいれば、研究をして、自分の力で良い生活ができる。将来の子どもの教育や老後の生活なども、日本のほうが安心できる。これが現実的な問題だ。」（ＧＡ氏、２０１６年12月23日、茨城県つくば市筆者の研究室にて）

「まずは待遇だね。日本の待遇は想像以上だったし、修了したばかりの私にとって、同じレベルの就職先は中国では絶対にみつからない。そして、大手企業だから、キャリアアップのチャンスがあるし、今後のためにも良い経歴になると思う。」（ＢＡ氏、２０１６年9月19日、東京都のカフェにて）

「待遇」、「キャリアアップのチャンス」以外に、「研究の環境」、「産学研の連携」に魅力を感じる発言もあった。たとえば以下のＭＡ、ＧＡ氏の発言である。

「今の勤め先は、研究の環境がとても良い。設備は世界においてもトップレベルだし、研究費も充実しているし、成果をよくあげている研究者もたくさんいる。」（ＭＡ氏、２０１7年2月25日、茨城県つくば市ＭＡ氏の自宅にて）

「日本に来てから、日本の産学研の連携に感心した。企業は、私のような工学を勉強してきた学生に興味を示してくれた。もし将来中国に戻るのであれば、中国の産学研の連携に力を入れたい。もちろん１人では無理だけど、大学での基礎研究、応用的研究と企業との連携に何かできることがあれば力を尽くしたい。」（ＧＡ氏、２０１６年12月23日、茨城県つくば市筆者の研究室にて）

これらの発言から、就職を決めた要因としては、待遇、キャリアアップのチャンス、産学研の連携体制が整っていることがあげられる。高度な経済成長を成し遂げ、人材の呼び戻しにも動き出している中国は、従来言われてきたように、日本との「賃金の差」がいまだに存在している。中国における研究者の賃金は近年増加する傾向にあるが、それでもなお、収入や社会地位に不満をもつ研究者が多いといわれている。[12] ただし、調査対象者の語りからは、日本で働くことの理由は、決して「待遇」が唯一ではないということが分かる。魅力的な待遇のほか、キャリア上のチャンス、研究環境の充実性なども重要な点である。

男女別のキャリアを見ると、9名の男性のうち、正規雇用で働いている者は3名、非正規雇用で働く者は5名である。12名の女性は、正規雇用で働いている者は5名、非正規雇用で働く者は5名いた。一見したところ男女の違いはないが、ここで注目したいのは、女性のなかで、パートとして働く者や専業主婦をしている者が合わせて3名いることである。

そこで、中国人女性の強い勤務意思について触れたい。インタビュー調査では、現在働いている女性に対し、今後結婚や子育てなどの事情を踏まえたうえで、ずっと働くつもりなのか否かを尋ねた。調査対象者の全員が、今後も今と同様に働きたいという気持ちを示した。たとえば以下の発言である。

「息子がまだ幼くて、私が産休を取って、息子の世話をしている。これから息子が大きくなって、保育園、幼稚園に行かせるべきだと思っている。そのときになって、私が働いていなければ、毎日家で何をしたらいいのかがわからない。せっかく博士まで行ったから、社会のなかで自分の価値を見出すのも重要だ。働くことで、人と接したり、社会の最新の動きを知ったり、日々新しい期待があるわけだ。働かなければ、つまらない限りだ。」（ＡＡ氏、２０１６年9月16日、茨城県つくば市ＡＡ氏の自宅にて）

「面接のとき、ある会社のＨＲに聞かれた。個人の生活と仕事についてどう考えているのかと。将来、結婚して、１人の子どもをもとうが、10人の子どもをもとうが、キャリアを諦めることは絶対にないとはっきり答えた。逆に、家庭をもつことによって、精神的に強くなって、仕事にプラスの効果があるのではないかと個人的に期待している。」（ＧＡ氏、２０１６年12月23日、茨城県つくば市筆者の研究室にて）

「働かないで、ずっと家庭のなかで生きることは、私には無理だ。逆に、働くばっかりで、子どもと一緒の時間がもてないのも嫌だ。育児の余裕があるような仕事につきたい。」（ＰＢ氏、２０１７年3月19日、茨城県つくば市筆者の自宅にて）

中国人女性にとって、共働きは当たり前のことである。特に、本章で取り上げる中国人女性は、高度な教育を受けてきたことから、自らのキャリアに対する希望と期待を普通以上にもっているのである。[13]

(2) 家族形成およびワーク・ライフ・バランスの問題

本調査の20名のうち、既婚者は17名（12世帯）、未婚者は3名である。**表3**は、既婚者世帯の家族形成などに関する基本状況である。

既婚の12世帯のうち、中国にいたときに出会った世帯は5世帯である。ここで注目したいのが、結婚時に、夫婦がそれぞれ日本と中国に分かれて居住するケースである。一人の来日により、交際時から遠距離恋愛が続き、結婚後もしばらく別居の状態が続いていた世帯は2世帯である。一方、来日して、異国である日本で出会い、家族を形成した世帯は7世帯である。いずれも大学や地域コミュニティで出会ったケースである。家族を形成した時期は２００９～２０１６年となっている。つまり、調査時、調査対象者が結婚して1～8年の時期に当てはまるということである。1人あるいは夫婦2人とも大学院に在籍中に家族を形成した世帯がほとんどであり、10世帯である。夫婦2人とも大学院を修了し、社会人になってから家庭を築いたのは2世帯であった。

今回の調査対象者のなかには、調査時に就職していない専業主婦が2名いる。2名とも修士学位取得者である。ＤＢ氏は日本で修了した後、非常勤の実験補助員として働いていた。妊娠を望んだため、化学薬品に触れる実験補助員の仕事を辞め、専業主婦になったという。一方、ＦＡ氏は修士修了後出産をしたため、勤務経験をもっていない。2

表3　既婚者世帯の基本状況

既婚者世帯	出会った国	子ども	就労状況
AA氏、AB氏	日本	長男	2人とも正規雇用（調査時AB氏が育児休業中）
BA氏、BB氏	中国	無	2人とも正規雇用
DA氏、DB氏	日本	長女	DA氏非正規雇用、DB氏専業主婦
FA氏	日本	長男	専業主婦
HA氏	中国	無	非正規雇用
IA氏	日本	無	正規雇用
JA氏	中国	無	非正規雇用
LA氏	中国	長男 長女	非正規雇用
MA氏	中国	長女	非正規雇用
NA氏、NB氏	日本	長女	2人とも非正規雇用
OA氏	日本	長男	非正規雇用
PA氏、PB氏	日本	長女	2人とも非正規雇用

出所：筆者作成。

人の女性は、家庭のために自分のキャリアをいったん中断せざるを得ず、彼女らは、ワークの部分が欠けている生活のなかで、トンネルを出たくても出られないような気持ちで、働くチャンスを探っている。

一方、現在働いている女性にも、残業や仕事のストレス、共働きにともなう別居問題など、深刻なワーク・ライフ・バランスの問題がうかがえる。たとえば以下の発言である。

「毎日22時退社。終電に乗ることはもう珍しくない。仕事は生活の80％以上占めている。この状態だと絶対に長く続けられない。変えなければならないといつも思っている。」（ＢＡ氏、２０１６年9月19日、東京都のカフェにて）

「ワーク・ライフ・バランスといわれても、ワークは完全にライフに入り込んでいるため、ワークとライフを切り離すのは難しい。家に帰っても、今日の仕事で出た問題やトラブル、明日の仕事の準備とかいろいろと考えてしまう。」（ＣＡ氏、２０１６年9月19日、東京都のカフェにて）

「ワーク・ライフ・バランスは難しい問題だね。私もまだ答えが見つかっていない。同じ研究者である夫は、今、東北のある大学で正規雇用で働いている。私は東京にいる。私たちにとっては、任期無しのポストであれば、どこでもいくから、場所を選ぶ余裕がない。だから、私たちは、２００９年から遠距離を継続している。今は、1ヶ月に1回あるかないかという程度でしか会えない。これは、私たちの親が最も心配している問題だ。でも仕方がない。現状では解決される見込みもない。もうひとつは、いつ子どもをもつかという問題だ。私はもう30代半ばだから、子どもの問題は真剣に考えなければならない時期である。もう後回しは難しいのが現状だ。しかし現状では、もし子どもを産んだら、私は働くシングルマザーと同じぐらい大変になりそうだから、相当な心の準備が必要。これは今最も悩ましい問題だ。」（ＩＡ氏、２０１６年12月24日、東京都のある大学ＩＡ氏の研究室にて）

次のＰＢ氏の発言から、出産によって、自らのキャリアデザインに関する考え方が変わったことが分かる。

「子どもをもつ前は、自分のキャリアが最優先で、研究の仕事を続けたいと思っていた。今は、きちんと子どもが育てられることが条件で仕事を探している。以前は大学と研究所を目指していたが、今は、企業の研究職も理想的だと思う。決まった時間に退社ができ、就労時間の8時間以外で仕事のことは考えなくても良いから。」（ＰＢ氏、２０１７年3月19日、茨城県つくば市ＰＢ氏の自宅にて）

このように、高学歴の教育背景をもつ中国人女性は、母国の社会や文化と異なる日本で卒業、就職、結婚、出産といったライフイベントを経験している。そのなかでも、30代前後である彼女らを通して、「就職と子育て」、「キャリアと家庭」をめぐって、母国と異なる矛盾や問題に直面しながら道を探っていく姿が見てとれる。

一方、男性の調査対象者にとってのワーク・ライフ・バランスの悩みは、女性ほど深刻ではなかった。残業や仕事のための勉強で自分の時間が削られているといっている男性対象者は1人しかいなかった。男性の調査対象者は研究者として働く者が多く、勤務時間は比較的自由であることが、その理由として考えられる。しかし、女性と違い、既婚者や子どものいる男性対象者は家事や子育てに協力的な姿勢であるが、悩みとしてあげる者はいなかった。中国人の男性は、女性ほどにはキャリアと家族生活の矛盾を感じないようである。

(3) 中国人高度人材の国際移動の決定要因

インタビュー調査では日本に滞在し続ける中国人高度人材に、今後の国際移動を考える際に重要な要因とは何かを尋ねた。その結果として、明確に「キャリア」と答えた調査対象者は6名いる。6名のうち、男性が3名、女性は3名である。そのほか、配偶者や家族次第と答えた者は5名であり、全員が女性である。ただし、そのうち、夫の国際移動の決定要因は「キャリア」と答えた人は4名いる。つまり、「キャリア」は重要な要因であるといえよう。

家族要因について、本研究で言及される家族は主に配偶者、子ども、両親のことを指す。そのため、家族要因と分類した内容は、主にこの3種類である。たとえば、今後の越境は配偶者である夫次第と考えるBA氏、FA氏、両親のためと答える未婚者CA氏である。また、調査対象者の語りには、「生活の質」という興味深いキーワードがある。「生活の質」と発言した2組は、いずれも子どもをもつ世帯である。子どもをもつ中国人高度人材は、子どもの成長や教育の環境、家族全員の生活の質といった要因を優先的に考慮することから、「家族要因」に分類される。**表4**に、それぞれの代表的な発言を整理する。

また、一部の対象者には、帰国か否かに関する具体的な考えに変化が見られる。たとえばAA氏とLA氏の発言である。

「最初は帰国したかった。しかし、帰国したらすべてをゼロから始めなければならない。中国で仕事も探してみたが、給料が低い。北京とかの大都市の不動産の価格も高騰でとても買えない。夫とよくその将来の帰国について話し合っているが、2人でそのうち、帰国するより、日本に残ったほうが良いという認識で一致した。」（AA氏、２０１６年９月１６日、茨城県つくば市AA氏の自宅にて）

「ポスドクの4年目に考えが変わった。日本で任期無しの仕事が見つかったら、日本に定住したいと思えた。中国の研究の環境、不動産の価格、食品の問題などが心配だし、子どもも生まれてからずっと日本で、完全に日本の生活に慣れているから今後も住み続けたい。」（LA氏、２０１７年2月22日、茨城県つくば市LA氏の自宅にて）

このように越境に関する戦略や意識が流動的であり、常に変化し得ることに気を留める必要があるであろう。

表4　国際移動の決定要因

キャリア要因	・「留学前に、日本で就職することを決めた。将来、中国に帰るか日本に定住するかは、キャリア次第だ。もし中国で良い仕事を見つけたら帰るし、なかなか良いチャンスがなければ、日本に定住すると思う。良い仕事というのは、まず報酬がいいこと。それから仕事の内容やキャリアアップの機会など、総合的に判断する。」（BB氏、2016年9月19日、東京都のカフェにて） ・「中国人だから中国に帰ろうとは思わない。良いキャリアのチャンスがあるところに行くものだ。」（GA氏、2016年12月23日、茨城県つくば市筆者の研究室にて）
家族要因	・「夫に影響されることになると思う。」（BA氏、2016年9月19日、東京都のカフェにて） ・「これから夫がどこに就職するのかによる。」（FA氏、2016年12月20日、茨城県つくば市FA氏の自宅にて）
	・「今の独身の状態は、ものすごく両親に心配をかけている。この状態が今後1年以上続くようなら、両親の意見を尊重し、帰国しようと思う。」（CA氏、2017年9月19日、東京都のカフェにて）
	・「修了前から、いろいろと探していた。中国もアメリカも。僕の場合、博士修了時点で、中国ではなかなか条件の良い仕事に就けない。アメリカもなかなか良いチャンスはなかった。そのとき考えていたのが、日本でしばらく働いて、その後中国やアメリカの企業や大学に転職すればいいのではないかと思っていた。しかし、長男が生まれてから、考え方が変わった。中国でもアメリカでも、良い教育をさせるなら、ものすごくお金がかかる。総合的に考えて、日本にとどまったほうが、比較的楽に、良い生活が送れる。」（AB氏、2016年9月16日、茨城県つくば市AB氏の自宅にて） ・「最も重要な要因は、生活水準だ。私と夫は共働きだから、それなりの収入がある。不動産や車のローン、光熱費など、毎月の固定費を除いて、世帯収入の8割は残っている。中国でもアメリカでもこの水準を維持することが不可能だ、現時点では。」（AA氏、2016年9月16日、茨城県つくば市AA氏の自宅にて）

出所：筆者作成。

まとめ

以上、本章は中国人留学生の日本への移住プロセスを、3つのステップに分けて描いた。国際的な越境の一形態である海外留学には、越境する者の人生設計が表れている。留学の動機には、先行研究でよく言及される、「専門知識の勉強」や「視野を広げるため」だけではない。本章の対象者に多い修士、博士課程修了者にとっては、より高い学歴を求め、就職力を向上させるうえでも、海外への留学という選択肢が現れる。学歴が重視される社会である中国では、大学進学率の上昇につれ、大学卒業という履歴だけでは就職時に優劣の差がつきにくい現状がある。「どの大学を出たか」、「留学の有無」、「留学先大学のランキング」などで差別化が図られるのである。

留学の動機が同一ではないように、中国人高度人材にとっては、海外での引き続きの滞在も母国への帰国をする動機も二元論的な決断ではなく、また、その動機は実にバリエーションに富んでいる。すなわち、高度外国人材は一枚岩の存在ではなく、出身国の文化や価値観、社会環境、個人の属性など、きわめて多様な側面をもつ集団である。留学生の受け入れ拡大を通じた高度人材の獲得を目指す日本にとって、日本に残るか残らないかで迷う留学生たちの複雑な心情を理解することは重要である。

本章の対象者が集中する20～30代は、留学を一手段としたキャリア追求や家族形成と重なる年齢でもある。留学によりその後のキャリアが確定され、あるいは、留学先で将来のパートナーに出会い、結婚にいたるケースも少なくない。また、中国人高度人材が語った移住過程には、キャリアと家族は無視できない要素である。つまり、キャリアの追求や家族の形成に少なからず影響を受け、同時に影響を及ぼすのが、国境を越える移動であり移住である。

注

1　10万人計画のもとで、留学生数が急増した時期は2つあった。いずれも中国人留学生の増加が著しく、2004年の10万人の目標達成に欠かせない役割を果たした。1つ目の急増期は1983年から1992年にかけてである。この期間には、留学生受け入れ数が約1万人から約4・9万人に増加し、目覚しい伸びを見せた。そのなかでも、中国人留学生数は、約2000人から約2万人へと10倍の伸び率であった。2000年以降にも、留学生受け入れ数は再び急速に増加している。2000年に約6・4万人であった留学生総数は、4年ほどのあいだに約11万人に達した。中国人の留学生は、1993年の約2・2万人から2003年の約7・1万人へと急増した。

2　文部科学省「『留学生30万人計画』骨子の策定について」、http://www.mext.go.jp/b_menu/houdou/20/07/08080109.htm（最終閲覧日：2019年4月18日）。

3　「アジアにインフラ支援5・5兆円　首相、新興国から留学生受け入れ」共同通信社、2018年6月11日、https://this.kiji.is/378863692147672161?c=113147194022725109（最終閲覧日：2018年11月13日）。

4　「平成30年6月末現在における在留外国人数について（速報値）」法務省ホームページ、http://www.moj.go.jp/nyuukokukanri/kouhou/nyuukokukanri04_00076.htm（最終閲覧日：2018年11月16日）。

5　日本だけでなく、世界で中国人高度人材、中国人留学生の存在感が増している。アメリカ、イギリス、オーストラリアなどの主要国において、中国人留学生はいずれも1位を占め、2位の国と差をつけているのである。

6　日本からの帰国留学生についていえば、大半の中国人留学生は、日本で3～5年働いた後に帰国するという報告がある。「在日中国人留学生の第1選択肢、『就職後に帰国』」人民網日本語版、http://j.people.com.cn/n/2015/0119/c94473-8837592.html（最終閲覧日：2018年11月20日）。

7　馬（2016）では、在日中国人留学生の将来設計、それに作用する留学生の出身地、配偶者・恋人の有無、一人っ子といった諸要因を分析している。本章では、在日中国人留学生の将来設計に関する意識のタイプを踏まえたうえで、新たに入手したインタビュー調査のデータに基づき、元留学生を含む在日中国人高度人材の国際移動の決定要因を分析している。

8　本章の中国人留学生（元中国人留学生を含む）は、正規課程在学者のほか、日本語学校や専門学校の学生も含まれている。ただし、実際に、大学学部生、修士課程、博士課程が全体の78・1%に及んでいる。

9　DA氏は調査に協力後の9月末に、家族とアメリカに渡った。2

０１９年４月現在も、アメリカで勤務している。

10 坪谷（2008）は、自ら実施したアンケート調査の結果から、「将来的に中国に帰国すると考える者が、日本に永住する予定の者よりも倍近くおり、さきの永住者資格の高い取得率（48・2％——筆者注）との間にギャップがみられる」と指摘する。

11 何を基準に「近い」と判断するかは難しいが、ここでは回答者本人が帰国する理由に「故郷付近に就職できる」を選択したかどうかによって判断する。

12 中国科学技術協会（2014）『第三次全国科技工作者状況調査報告』によると、２０１２年、研究者の平均賃金は７４１３７元であり、２００７年の４１１５９元に比べ、約80・0％の増加率で大幅に上昇している。ただし、収入に不満を感じる研究者の割合は30・5％であり、地域における社会的地位は中間あるいは中間以下だと思う研究者の割合は54・4％である。４頁。

13 キャリア志向について、三輪（2010）は、働くうえでの個人の多様な意思、方向性を表すものとしてとらえ、「自己概念に基づいて認識されたキャリアの方向性、長期的に取り組みたい事柄と仕事の領域、働くうえでの主要な目的意識」と定義する。

参考文献

明石純一（2010a）『入国管理政策——「１９９０年体制」の成立と展開』ナカニシヤ出版

——（2010b）「外国人『高度人材』の誘致をめぐる期待と現実——日本の事例分析」五十嵐泰正編『労働再審②越境する労働と〈移民〉』大月書店

——（2015）「国境を越える人材——その誘致をめぐる葛藤」五十嵐泰正・明石純一編著『「グローバル人材」をめぐる政策と現実』明石書店

五十嵐泰正（2013）「『高度外国人材』とは誰か」『ＰＯＳＳＥ』第20号、ＮＰＯ法人ＰＯＳＳＥ

——（2015）「グローバル化の最前線が問いかける射程」五十嵐泰正・明石純一編著『「グローバル人材」をめぐる政策と現実』明石書店

井口泰・曙光（2003）「高度人材の国際移動の決定要因——日中間の留学生移動を中心に」『経済学論究』第57巻第3号、関西学院大学

太田浩・白石勝己（2008）「留学生30万人計画　達成の条件は？　太田浩・一橋大学国際戦略本部准教授に聞く」『アジアの友』第４６４号

佐藤由利子（2010）『日本の留学生政策の評価——人材養成、友好促進、経済効果の視点から』東信堂

——（2013）「日本留学の利点とコスト——日米豪の私費留学生の学費、生活費、支援金等の経済的要因の比較から」『留学生教育』第18号

戴二彪（2004）「『中国新移民』の移出地構造の変動——経済発展の国際人口移動への影響」『経済地理学年報』第50巻

——（2012）「中国人の国際移動の新段階——頭脳流出から頭脳循環へ」『新移民と中国の経済発展』（ＩＣＳＥＡＤ研究叢書第９巻）多賀出版

坪谷美欧子（2008）『「永続的ソジョナー」中国人のアイデンティティ——中国からの日本留学にみる国際移民システム』有信堂高文社

駒井洋（2015）「ＢＲＩＣｓ諸国からの高学歴移民の空間的可動性」五十嵐泰正・明石純一編著『「グローバル人材」をめぐる政策と現実』明石書店

奈倉京子（2009）「トランスナショナリズムとの対話——日中間を生きる家族の事例から」『日中社会学研究』第17号、日中社会学会

馬文甜（2016）「現代日本における中国出身留学生の将来設計に関する一考察」『移民政策研究』第8号、移民政策学会

松下奈美子（2017）「日中を移動する中国人若年高度人材の国際労働移動に関する考察——元留学生と非留学生の入職と離職」『移民政

策学会２０１７年次大会抄録集』移民政策学会

村上由紀子（2015）『人材の国際移動とイノベーション』ＮＴＴ出版

Liu-Farrer, G.（2009）"I am the Only Woman in Suits: Chinese Immigrants and Gendered Careers in Corporate Japan," *Journal of Asia-Pacific Studies*, 13, Waseda University.

――（2011）*Labour Migration from China to Japan: International Students, Transnational Migrants*, Routledge

Schein,E.H.（1978）*Career Dynamics: Matching Individual and Organizational Needs*, Addison-Wesley（二村敏子・三善勝代訳『キャリア・ダイナミクス――キャリアとは、生涯を通しての人間の生き方・表現である。』白桃書房、１９９１年）

柳学智（2013）「中国海归人才发展趋势研究」『中国海归发展报告（2013）No.2』社会科学文献出版社

王辉耀（2013）『中国海归发展报告（2013）No.2』社会科学文献出版社

王辉耀・郑金连・董庆前・郑莹（2013）「总报告」『中国海归发展报告（2013）No.2』社会科学文献出版社

中国科学技术协会（2014）『第三次全国科技工作者状况调查报告』中国科学技术出版社

◎第7章

教育達成を通じた移住過程としての日本語学校*

「日本における中長期在留外国人の移動過程に関する縦断調査（PSIJ）」を用いた分析

是川　夕

はじめに

日本に居住する外国籍人口は1989年の入管法改正以来、ほぼ一貫して増加し続けている。一方、この間の移住過程の変遷を見ると、1990年代から2000年代前半にかけて、日系人や日本人の配偶者など、主に家族的／親族的つながりに由来する移動が多かった。しかし、その後、2000年代から現在にかけてこうした要因はむしろ下押し要因となり、代わって留学や就労といった要因が外国籍人口の増加を牽引しているとされている（是川 2019a）。

このように、来日移民の移住過程が非親族的な要因に移っていくにつれて、重要性を増しているのが日本語学校[1]であるといえよう。現在、日本語学校に在籍する留学生は90079人であり、日本で学ぶ留学生全体の28・9%を占めている[2]。最新の調査結果によると、日本語学校を卒業した留学生の内、75・6%が大学や専門学校などへ進学しているとされ（日振協 2018）、さらに、日本の教育機関で学ぶ留学生の約70%は、現在通っている学校の入学前に日本語学校で学んでいたことが明らかにされている（JASSO 2016）。また、近年では「留学」から就労を目的とする在留資格への資格変更の許可人員が増加しており、2017年には年間22419人（毎年卒業する留学生の約36%）に達している。（文部科学省 2018）。つまり、日本語学校はその後の進学や就職といった来日移民の移住過程の第一歩として重要な役割を果たしていると考えられるのである[3]。

しかしながら、日本語学校のこのような役割に注目した研究はこれまでほとんど行われてこなかった。大学などの高等教育機関で学ぶ留学生についてであれば、馬（2016）、賓・佐藤（2017）、眞住（2019）といった研究が、卒業後の進路決定のメカニズムや実際の過程について明らかにしている。また、日本語学校に焦点を当てた研究としては、日本語学校における教育内容の多様性を明らかにした文（2018）等をあげることができるものの、日本語学校で学ぶ留学生個人に焦点を当てたものではない。わずかに柳（2017）、佐藤（2012）がネパール人留学生の実態に関する研究を行っており、留学生個人に焦点を当てているものの、これも地域や対象とする国籍を絞ったものであるという限界を有する。

その結果、留学生、とりわけ日本語学校で学ぶ留学生については常に毀誉褒貶がつきまとっていたといえるだろう[4]。その評価は日本と海外の「架け橋」、「親善大使」から「偽装留学」、「出稼ぎ留学」「犯罪予備群」といった一方的なラベリングのあいだを揺れ動いてきた（栖原 2010）。特に近年、日本で働く外国人労働者が増加するにつれ、日本の移民政策のゆがみの結果としての留学生の就労（アルバイト）という視点はむしろ強くなっているといえる（出井 2019；西日本新聞社 2017；芹澤 2018；朝日新聞 2019；望月 2019）。こうした認識の振れ幅の大きさは、移住過程の一プロセスとしての日本語学校という論点について十分な検証が行われてこなかったことに起因するものといえよう。

こうした状況を受け、本研究では日本語学校に在籍する留学生個人の移住過程に注目した分析を行う。具体的には「日本語学校で学ぶことは単なる出稼ぎの一形態である」という認識に対して、日本語学校が教育達成を通じた移住過程の一部であるということを多角的に検証することを目指す。これは単に日本語学校で学ぶ留学生の実態を明らかにするのみならず、今後、日本における移民の移住過程についてより深く明らかにしていくうえで、必要不可欠な作業といえる。

1 先行研究

海外のものも含め、そもそも移民研究（Migration Studies）において留学生を扱うことはあまりなかったといってよいだろう（Liu-Farrer 2011；志甫 2015）。こうした背景には、留学生とは永住を目的とした移民ではなく、あくまで移動先の学校で学び、いずれは出身国へ戻るものであるといった想定が強かったためと思われる。実際、ＯＥＣＤをはじめ国際的な移民統計においては、留学生は一時的な移民（temporal migrants）とされ、永住を目的としたpermanent migrantsとは区別されてきたし（Lemaitre et al. 2007）、またそのような出身国への帰還移動が起きないことは、頭脳流出（brain drain）といった言葉に象徴されるように、むしろ本来あるべき状態からの逸脱として捉えられてきた。

しかしながら、近年、先進各国において低出生力状態が持続し、若年人口が減少するにつれ、高等教育の持続可能性や労働力や高度人材の不足といった観点から、移民政策としての留学生の受け入れが注目されるようになってきている。とりわけ留学生は高い人的資本を身につけていると同時に、受け入れ先の文化や社会への適応度も高く、受け入れに当たって問題を引き起こしにくいとされており、先進各国においては積極的な受け入れ対象となっている（OECD 2018）。日本も例外ではなく、１９８３年の留学生10万人計画に始まり、２００８年の30万人計画にいたるまで国際的な留学生獲得の競争に積極的に乗り出しているといえよう。

そうしたなか、日本において留学を永住にいたる移住過程に位置づけた研究としては、中国人留学生に注目したLiu-Farrer（2011）、馬（2016）、賽・佐藤（2017）、ネパール人留学生に注目した柳（2017）、佐藤（2012）、高等教育機関を卒業した留学生に注目した眞住（2019）、ならびに日本語学校の教育課程に注目した文（2018）等をあげることができる。

ファーラー（Liu-Farrer）は従来の移民研究が留学生をほとんど扱ってこなかったことを問題視し、特に表立って移民を受け入れてこなかった日本においては留学から就労、そして永住といった移住過程は労働力移動の重要なパス（educationally channeled international labor migration）としての役割を果たしてきたことを指摘している。

馬（2016）は主に大学学部以上の教育課程に在籍する中国人留学生（元留学生を含む）を対象に、主に今後の進路に関する意向を調査し、全体の約半数が日本に引き続き滞在し続けたいと答えていることを明らかにしている。また、その意向の決定に当たっては、出身地や配偶者、恋人の有無、あるいは一人っ子であるかどうかといった要因との関連が検証され、あいまいさは残るものの、いずれも通説に反する結果が得られている。

賽・佐藤（2017）においては、中国人留学生の内、卒業後もそのまま日本に残り就労している者と、中国に帰国した者とを比較し、彼／彼女らの定着、移動に影響を与える要因を明らかにしている。その結果、日本勤務者のあいだでは、昇進に対する不満が強く、定着への阻害要因となっていることや、日本勤務者の3割近くは、将来帰国し就職・起業する予定であり、その主な理由は親の世話、中国での仕事の将来性、日本で学んだ専門性の活用、子どもの教育といったものであると指摘している。

柳（2017）は福岡市で学ぶ留学生を対象に調査を行い、その約半数が大学卒業以上の学歴をネパールで取得しているものの、日本では最初に日本語学校に在籍した後、専門学校に進学するケースが多く、大学に進学する者はまれであることを明らかにした。これはネパール人が非漢字圏の出身であるため日本語能力があまり高くならないことや、高い授業料に対する負担を賄いきれないといった理由があげられている。ネパール人留学生のあいだで大学進学者が少ないことについては佐藤（2012）も同様の指摘を行っている。

眞住（2019）は近年、増加が著しい日本の高等教育機関[5]で学ぶ南・東南アジア人留学生の学校卒業後の進路状況について、「平成29年度外国人留学生進路状況・学位授与状況調査」（JASSO 2018）を用いて分析を行っている。その結果、南・東南アジア人留学生の多くが大学ではなく、専門学校で学んでおり、卒業後も再び別の学校に進学するケースが多く、就職割合は中国人留学生と比較して低いことや、その一方で近年、日本の労働市場の変化を反映して就職割合も増加しつつあることを明らかにしている。また、中国人留学生と比較した就職割合の低さは卒業した教育機関の種類によるところが多く、国籍による違いは少ないとの結果を示している。

これらの研究は来日外国人の移住過程において留学を重要な一部と位置づけており、非常に参考となるものの、日本語学校で学ぶ留学生個人の置かれた状況を移住過程の観点から明らかにするという点では不十分なものにとどまる。つまり、移住過程における留学、とりわけ日本において重要な意味をもつ日本語学校で学ぶ留学生個人を扱った研究はほとんどなく、その点、本研究の重要性は大きいといえるだろう。

2 命題、及び探求課題

本研究では、日本語学校が教育達成を通じた移住過程の一部であるという命題を検証すべく、以下の探求課題について明らかにしていく。まず、上記命題を立証するためには、最低限以下の条件が満たされなくてはならないだろう。

① 滞在期間に応じて、学力（日本語）の上昇が見られる。

② 出身国への過剰な仕送り等、経済活動に特化した生活を送っていない。

③ 就職、進学など中期的な日本滞在の意図をもっている。

これは「日本語学校で学ぶことは単なる出稼ぎの一形態である」という対立命題を意識したものである。つまり、この対立命題に基づくならば、日本語学校で学ぶ留学生の多くは、勉強をほとんどしないため、滞在期間にかかわらず学力（日本語能力）はおしなべて低いままであり、また日本で就職、進学するといったような中長期的な展望をもたず、また多額のお金を出身国に送金するとともに、そのためのアルバイトを長時間行うなど、経済活動に特化した生活を送っていると考えられる。

以上の探求課題を明らかにすることを通じて、上記命題について検討していきたい。

3 方法、及びデータ

本研究では筆者が独自に行った日本語学校に在籍する留学生を対象とした「日本における中長期在留外国人の移動過程に関する縦断調査（ＰＳＩＪ）」[6]の結果を用いて分析を進める。調査の概要は以下の通りである。調査実施時期は２０１８年2月、及び11-12月であり、調査対象者は日本語学校で学ぶ留学生個人である。調査方法は、それぞれの在籍する日本語学校を通じてオンライン調査票のアドレスの記載された調査案内を配布してもらい、生徒本人にオンラインで回答してもらった。配布に当たっては、第1回目ではランダムに抽出された全国２００校の日本語学校に、第2回目はすべての日本語学校[7]に協力を要請した。また、回答した個人には第1回目には５００円、第2回目には1０００円の謝礼をアマゾンギフトで支払った。回収数は1回目が３６９人、2回目が５３３人であった（**表1**）。

同様に、日本で学ぶ留学生を対象とした大規模調査としては、日本学生支援機構（ＪＡＳＳＯ）が平成17年より2

表１　本研究で使用したデータの特徴

調査実施時期	第１回　2018年2月 第2回　同11－12月
調査対象者	日本語学校で学ぶ留学生
調査方法	在籍する日本語学校を通じてオンライン調査票のアドレスの記載された調査案内を配布
回答方法	質問紙調査（オンライン）
配布数	第１回　全国200校の日本語学校に調査案内の配布を要請（郵送） 第2回　全国にあるすべての日本語学校に調査案内の配布を要請（郵送）
使用言語	第１回　日本語及び中国語（簡体字、繁体字）、ハングル、ベトナム語、ネパール語、英語の併記 第2回　日本語及び英語併記
回収数	第１回　369人 第2回　533人

年おきに実施している「私費外国人留学生生活実態調査」（JASSO 2016）をあげることができる。しかしながら同調査の調査項目は主に、留学生の現在の生活状況について聞くものが多く、留学前の状況など移住過程を知ることができる項目は必ずしも多くない。その点、ＰＳＩＪは留学生の来日前の最終学歴や父親の学歴も聞くなど、移住過程を明らかにするための調査項目がそろっている点に利点があるといえる。

4 分 析

(1) 基本的属性

基本属性について見ていきたい。出身国について見ると（**図1**）、中国が全体の37・6％、ベトナムが24・2％、そしてネパールが10・9％と続いている。また、台湾が5・1％、韓国が3・3％と続くほか、地域としてはその他の東南アジアが8・4％、その他の南アジアが6・0％とアジア地域で全体の97・2％を占めている。これはより規模の大きい他の調査結果（日振協 2018）とほぼ一致する結果であり[8]、本調査の代表性の高いことがうかがわれる。

次に性・年齢別の分布を見ると（**図2**の左）、性比が1・26で男性の方が若干多い[9]。年齢分布を見ると男女とも19–23歳にかけて多い傾向が見られ、30歳以上になると男女ともに少ないのは共通した特徴である。現在の居住地域を見ると（**図2**の右）、関東が51・3％と最も多く、なかでも東京が占める割合は32・9％ポイントと非常に高い。

図1　留学生の出身国の構成

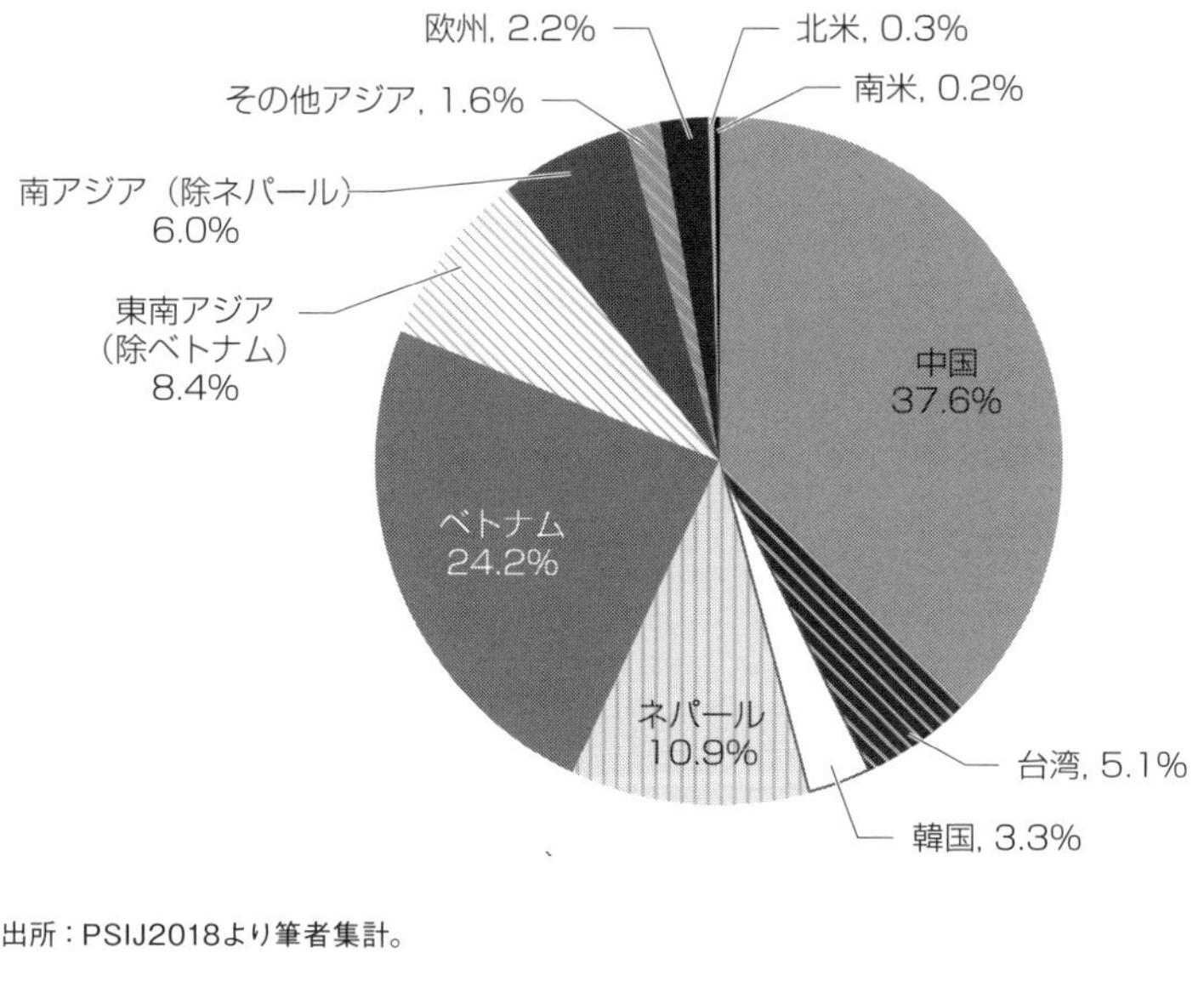

出所：PSIJ2018より筆者集計。

図2　性、年齢、居住地域

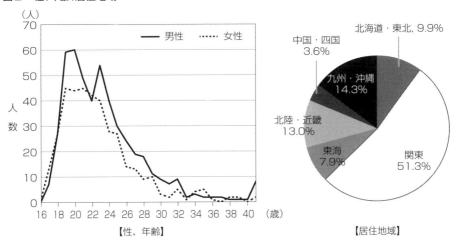

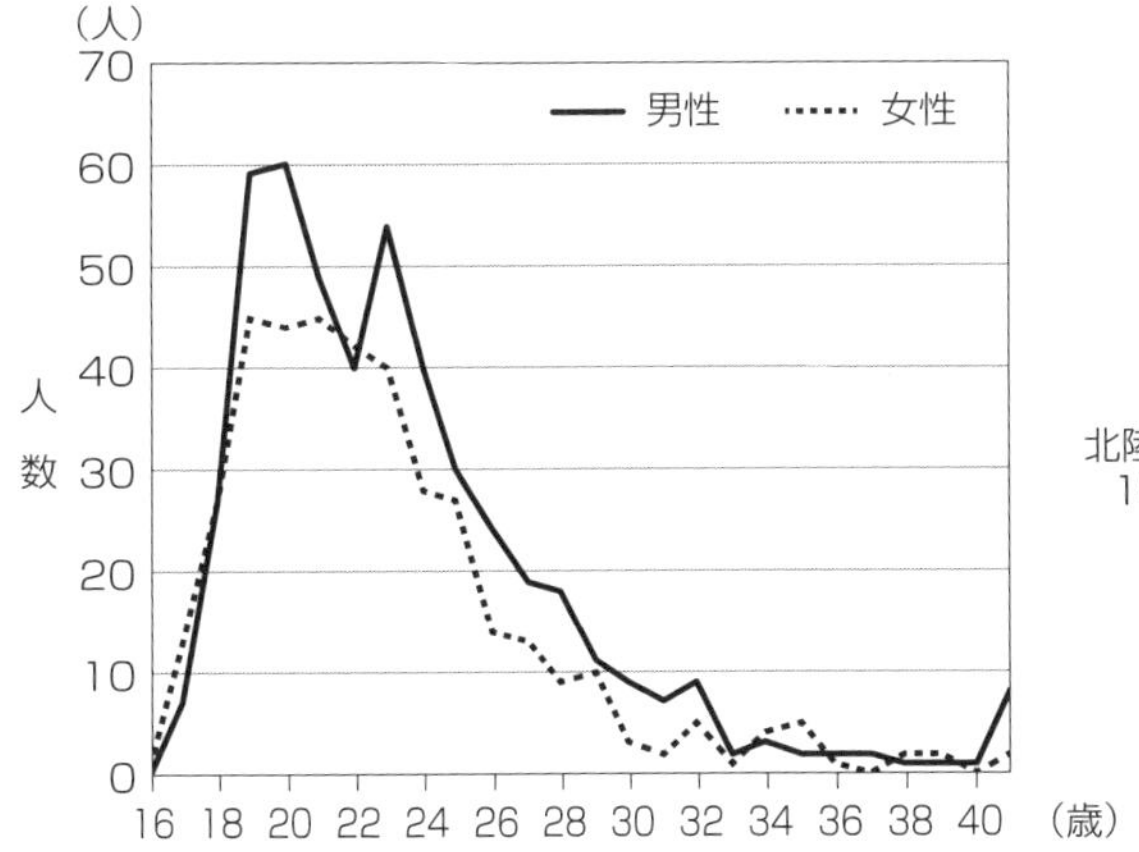

【性、年齢】　【居住地域】

出所：PSIJ2018より筆者集計。

次いで多いのが九州・沖縄の14・3%、北陸・近畿の13・0%となっている。[10]

来日前の学歴を見ると（**図3**）、外国人全体では41・6%が大卒[11]、次いで39・0%が高卒の学歴を有していることがわかる。男女間の違いで見ると、大卒以上の学歴をもつのは、女性51・9%、男性39・0%と女性の方が多い。出身国別に見ると、台湾、韓国で大卒以上の高学歴者が非常に多いほか、中国がそれに次いで高い。一方、ネパールやベトナム出身者も全体の3割以上が短大卒以上の学歴を有している。地域別では東南アジアや南アジアの場合、大学卒業以上の学歴を有する者はそれぞれ74・6%、50・0%と非常に高い。また、留学生自身の出身階層を見るうえで父親の学歴を聞いたところ（**図4**）、全体では29・7%が高卒の父親を、24・9%が大卒以上の学歴を有している。こうした値はいずれも出身国の学歴構成と比較すると高いといえるだろう。[12]

また、出身地が都市か農村であるかを聞いたところ（**表2**）、都市と答えたのは中国71・2%、台湾86・4%、韓国89・7%、ネパール36・6%、ベトナム43・6%となっている。これはあくまで本人の主観的な捉え方であるものの、国連が公表する各国別の都市人口割合[13]と比較すると、いずれも都市部出身者が多いことを示している。

図3　来日前の学歴（本人）

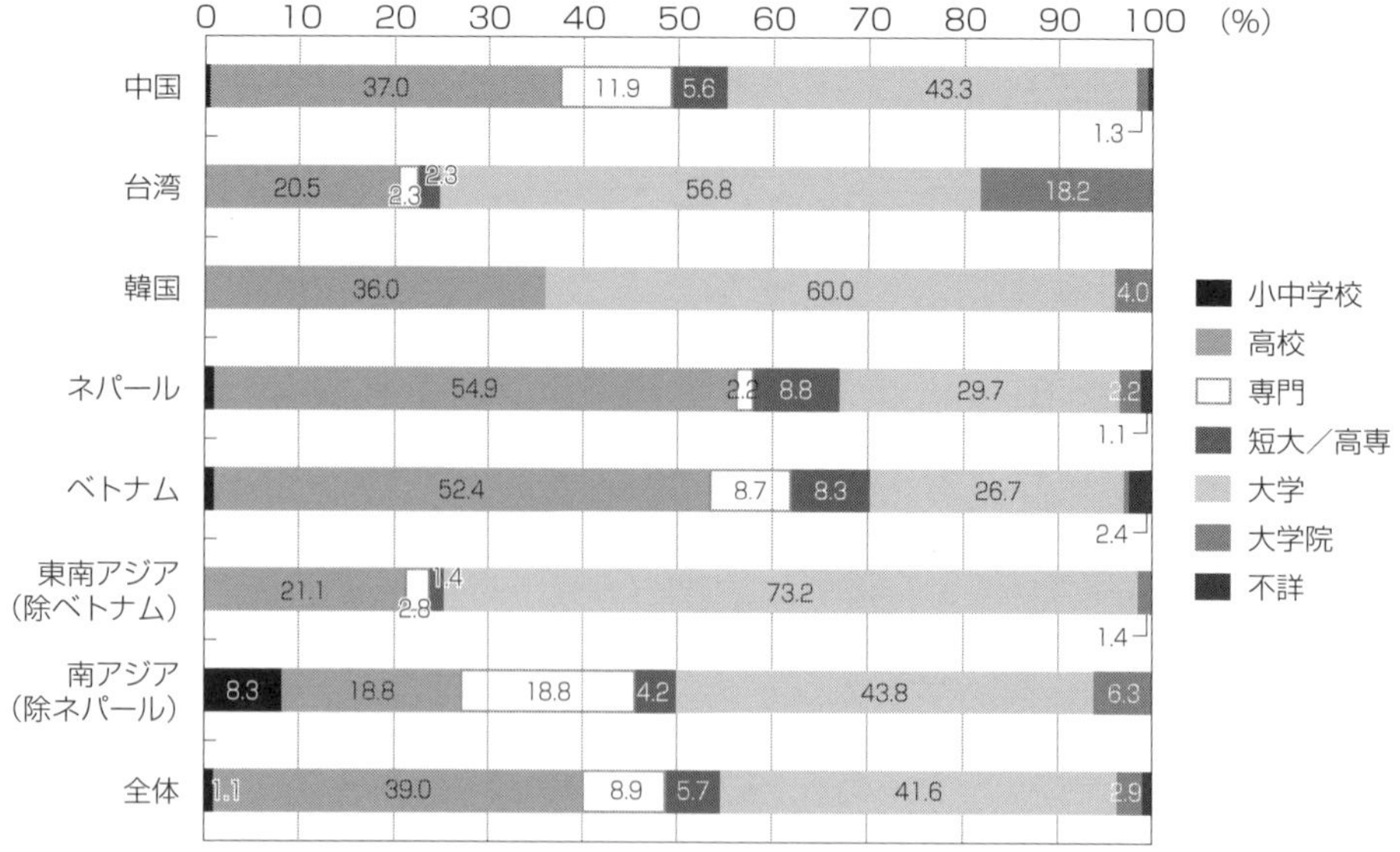

注：大学には在学中、及び中退を含む。全体には表章された国・地域以外の出身者を含む。
出所：PSIJ2018より筆者集計。

図4　父親の学歴

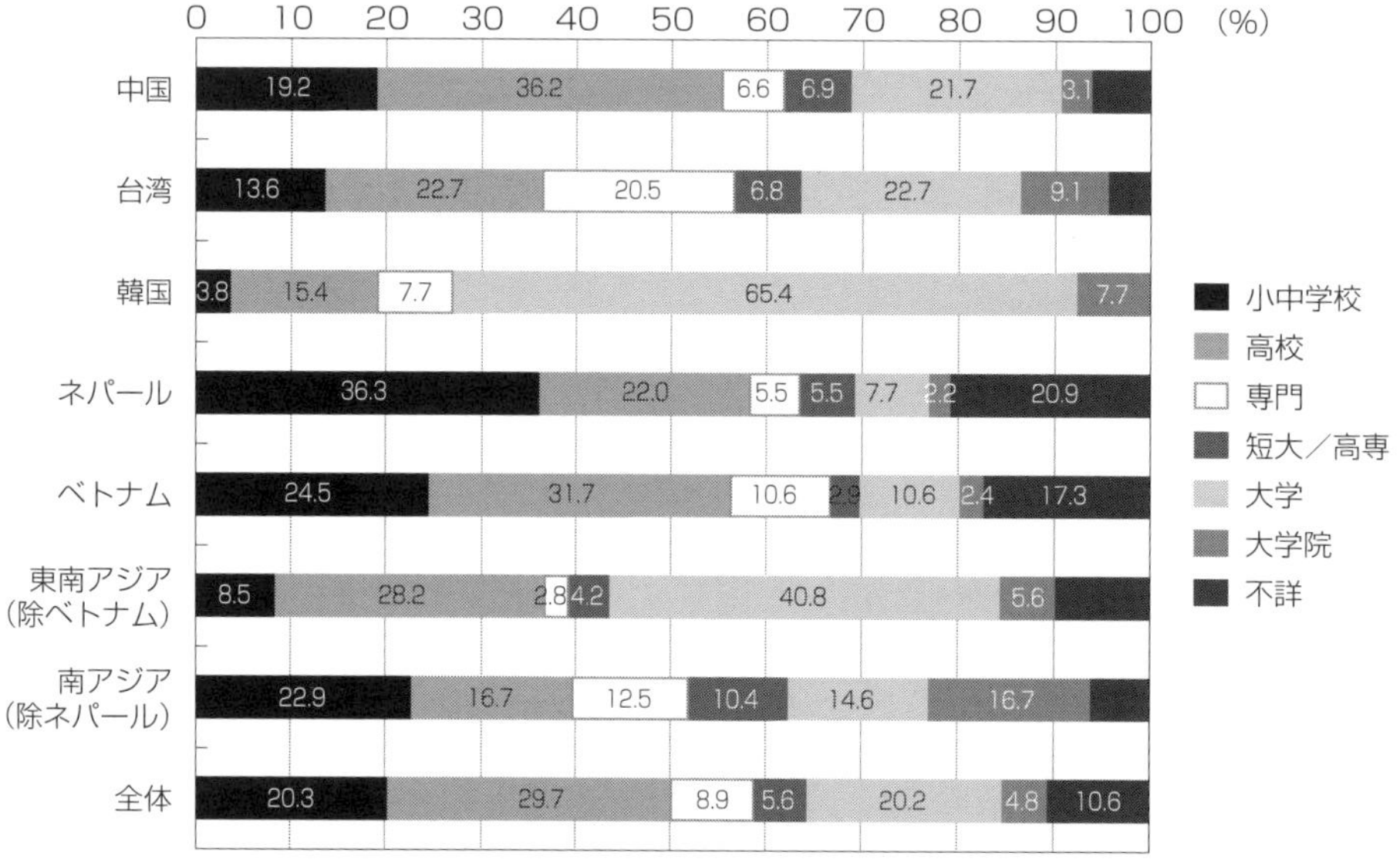

注：全体には表章された国・地域以外の出身者を含む。
出所：PSIJ2018より筆者集計。

表2　出身地の別（都市、農村、どちらでもない）

	中国	台湾	韓国	ネパール	ベトナム	東南アジア	南アジア
都市	71.2%	86.4%	89.7%	36.6%	43.6%	64.4%	58.3%
農村	24.2%	11.4%	3.4%	50.5%	40.7%	23.3%	35.4%
どちらでもない	4.6%	2.3%	6.9%	12.9%	15.7%	12.3%	6.3%

注：東南アジア、南アジアからはそれぞれベトナム、ネパールを除く。
出所：PSIJ2018より筆者集計。

表3　移動先の国の候補

	出身国／地域							
	中国	台湾	韓国	ネパール	ベトナム	東南アジア	南アジア	全体
検討した	25.9%	27.6%	26.7%	20.9%	27.5%	55.2%	25.9%	30.2%
検討した国（「検討した」と答えた者の内数、複数回答）								
米国	36.4%	50.0%	50.0%	42.9%	46.4%	25.0%	28.6%	36.9%
英国	25.0%	12.5%	25.0%	7.1%	14.3%	21.9%	28.6%	19.5%
カナダ	25.0%	0.0%	25.0%	7.1%	21.4%	31.3%	28.6%	22.1%
豪州	31.8%	12.5%	25.0%	64.3%	35.7%	37.5%	42.9%	34.9%
NZ	0.0%	0.0%	0.0%	0.0%	0.0%	9.4%	0.0%	2.0%
フランス	2.3%	0.0%	0.0%	0.0%	3.6%	12.5%	0.0%	5.4%
ドイツ	18.2%	0.0%	25.0%	7.1%	3.6%	12.5%	0.0%	11.4%
スイス	0.0%	0.0%	0.0%	0.0%	0.0%	0.0%	0.0%	0.0%
韓国	13.6%	25.0%	0.0%	0.0%	17.9%	12.5%	14.3%	13.4%
シンガポール	2.3%	0.0%	0.0%	0.0%	0.0%	15.6%	0.0%	4.0%
中国	—	0.0%	25.0%	0.0%	0.0%	6.3%	0.0%	2.7%
湾岸諸国	0.0%	0.0%	0.0%	0.0%	0.0%	0.0%	14.3%	0.7%

注：東南アジア、南アジアはそれぞれベトナム、及びネパールを除いたもの。全体には表章された国・地域以外の出身者を含む。
出所：PSIJ2018より筆者集計。

移動先の国の候補について見ると（**表3**）、日本以外の国を移動先の候補として検討したことがある者の割合は、留学生全体の30・2％にとどまることが示された。また、出身国別の違いを見ると、その他の東南アジア出身者のあいだで55・2％と高い値を示すほかは、いずれも20‐30％程度と大きな差はなく、大半の留学生は日本だけを選択肢としていたことがわかる。さらに具体的に検討した国について聞くと、日本以外の国を検討したことがある者の内、36・9％が米国を、34・9％がオーストラリアを、22・1％がカナダを、19・5％が英国を、そして13・4％が韓国を検討したとしている。一方、シンガポールやニュージーランドはそれぞれ4・0％、2・0％と少ない。

来日の理由について聞くと（**図5**）、留学生全体では37・7％が「日本での留学」を選び、次いで33・3％が「日本で（いずれ）働く」ことを目的とし

図5　来日の理由（最も当てはまるものを１つ選択）

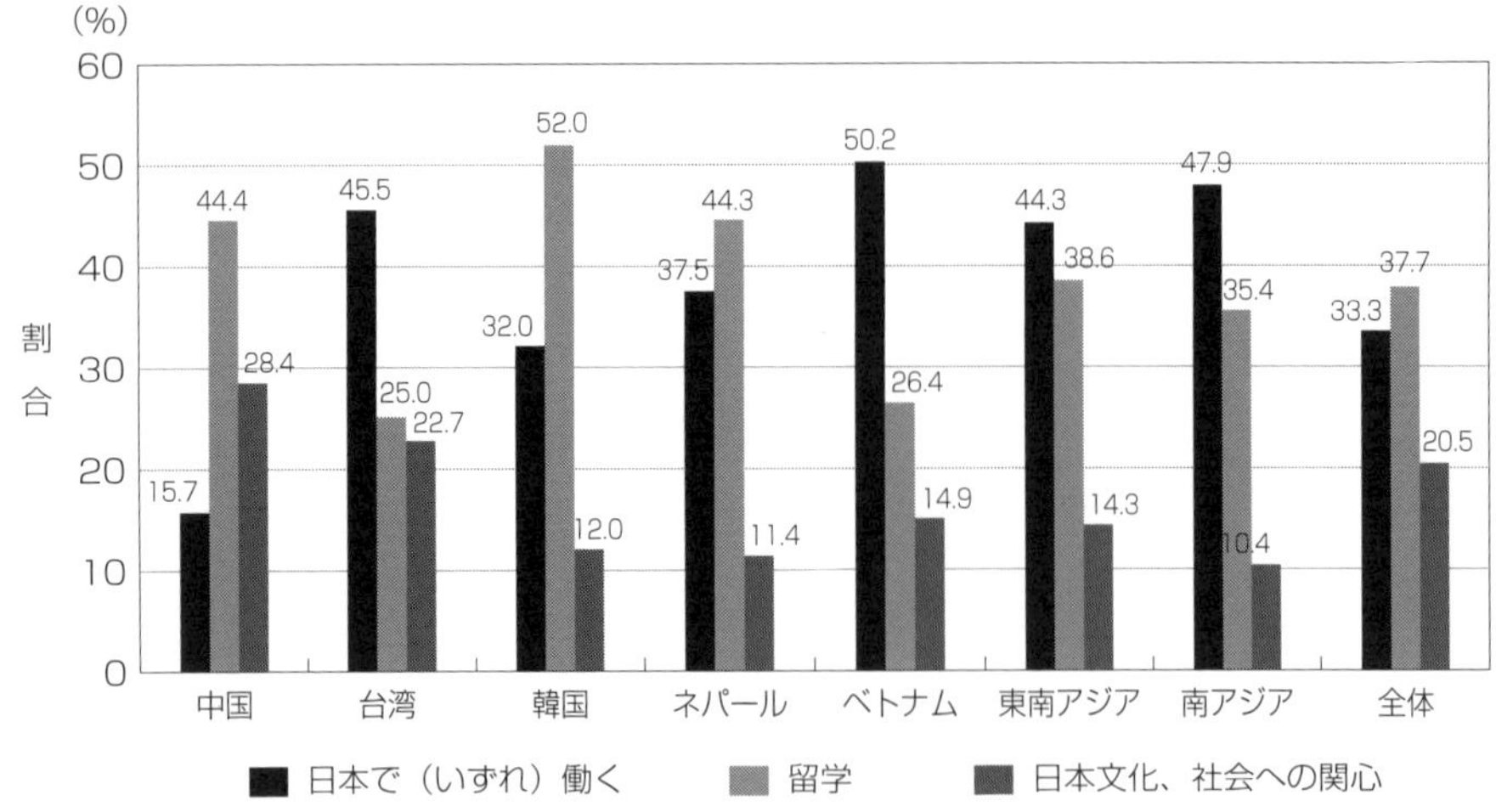

注：東南アジア、南アジアはそれぞれベトナム、ネパールを除いたもの。全体には表章された国・地域以外の出身者を含む。
出所：PSIJ2018より筆者集計。

表４　家族や親せきの海外での留学、就労経験の有無

	出身国／地域							
	中国	台湾	韓国	ネパール	ベトナム	東南アジア	南アジア	全体
日本	18.1%	31.0%	40.0%	23.5%	27.2%	29.3%	44.4%	24.5%
外国	42.3%	33.3%	50.0%	20.0%	51.0%	58.3%	66.7%	45.1%

注：東南アジア、南アジアからはそれぞれベトナム、ネパールを除く。外国には日本を含む。なお「日本での留学、就労」については第2回調査、「日本を含む外国での留学、就労」については第1回調査で聞いた。
出所：PSIJ2018より筆者集計。

て選んでいる。また、「日本文化、社会への関心」を理由にあげた者は20・5%であった。これを出身国別に見ると、中国以外で「日本で（いずれ）働く」とあげる者が多いが、一方で留学をあげる者との大小関係を見ると、台湾、ベトナムを除けばいずれも「留学」を理由にあげる者の方が多い。また、「日本文化、社会への関心」を理由にあげる者は、中国、台湾ではそれぞれ28・4%、22・7%を示す一方、それ以外の国では10%台前半とさほど多くないことがわかる。

最後に家族や親せきの海外渡航の状況について聞くと（**表4**）、留学生全体の24・5%が来日時にすでに、日本で留学したり就労したりしたことのある家族、親せきがいたと答えている。また、これを日本も含む外国に拡大すると、全体の45・1%がそういった家族や親せきがいたと答えている。また、こうした傾向は国によらず安定的に確

図6　日本語能力の分布、及び滞在年数別の平均

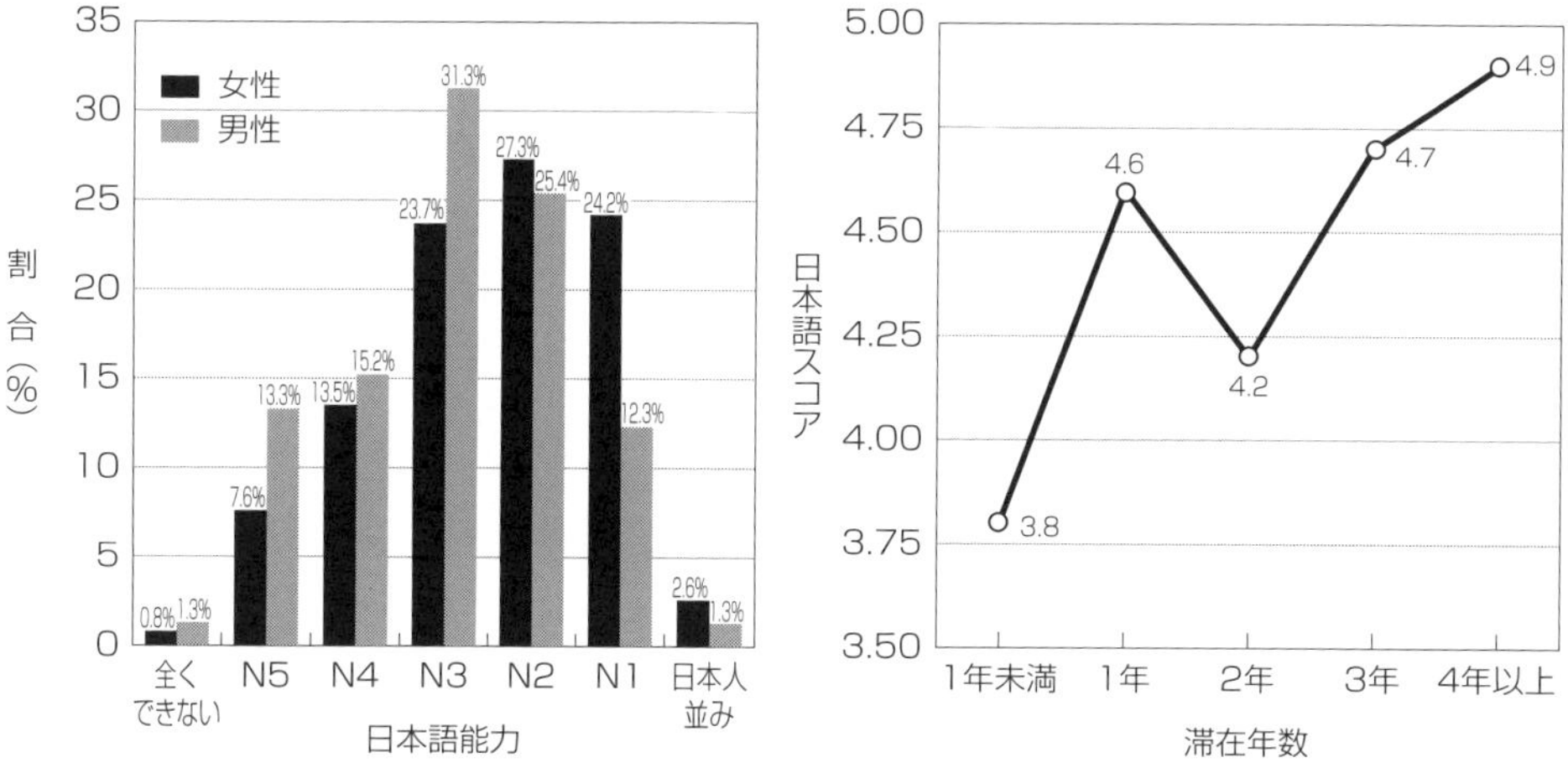

注：日本語スコアは日本語能力を「全くできない」から「日本人並み」までそれぞれ1—7のスコアを割り振り、その平均を求めたもの。
出所：PSIJ2018より筆者集計。

認された。

以上のことから見えてくるのは、日本語学校で学ぶ生徒の多くは相対的に学歴が高く、また都市部出身で、父親の学歴が高い傾向が見られるということである。さらに日本以外の候補国があると答えた者は30・2％と比較的少数であり、また来日時に日本、あるいは日本も含む外国で留学、就労したことのある家族や親せきがいると答えた者はそれぞれ留学生全体の24・5％、45・1％であることから、日本に何らかのつながりを有する者が最初から日本を目指してやってきたといった可能性が見て取れる。最後に来日の理由について聞くと、留学、就労、そして文化や社会への関心といった順に多いことが示された。つまり、こうした結果から、出身国で比較的余裕のある階層出身の若者が日本に来ることを最初から希望してくるというパターンを見て取ることができる。

(2) 学力、経済状況及び今後の展望

次に本研究の命題の検証とより密接な関わりをもつ、日本語能力、経済状況、及び今後の展望について見ていきたい。

日本語能力について見ると（**図6**）、女性の場合N2が27・3％、男性の場合N3が31・3％と最も多いほか、N

図7　主な収入源

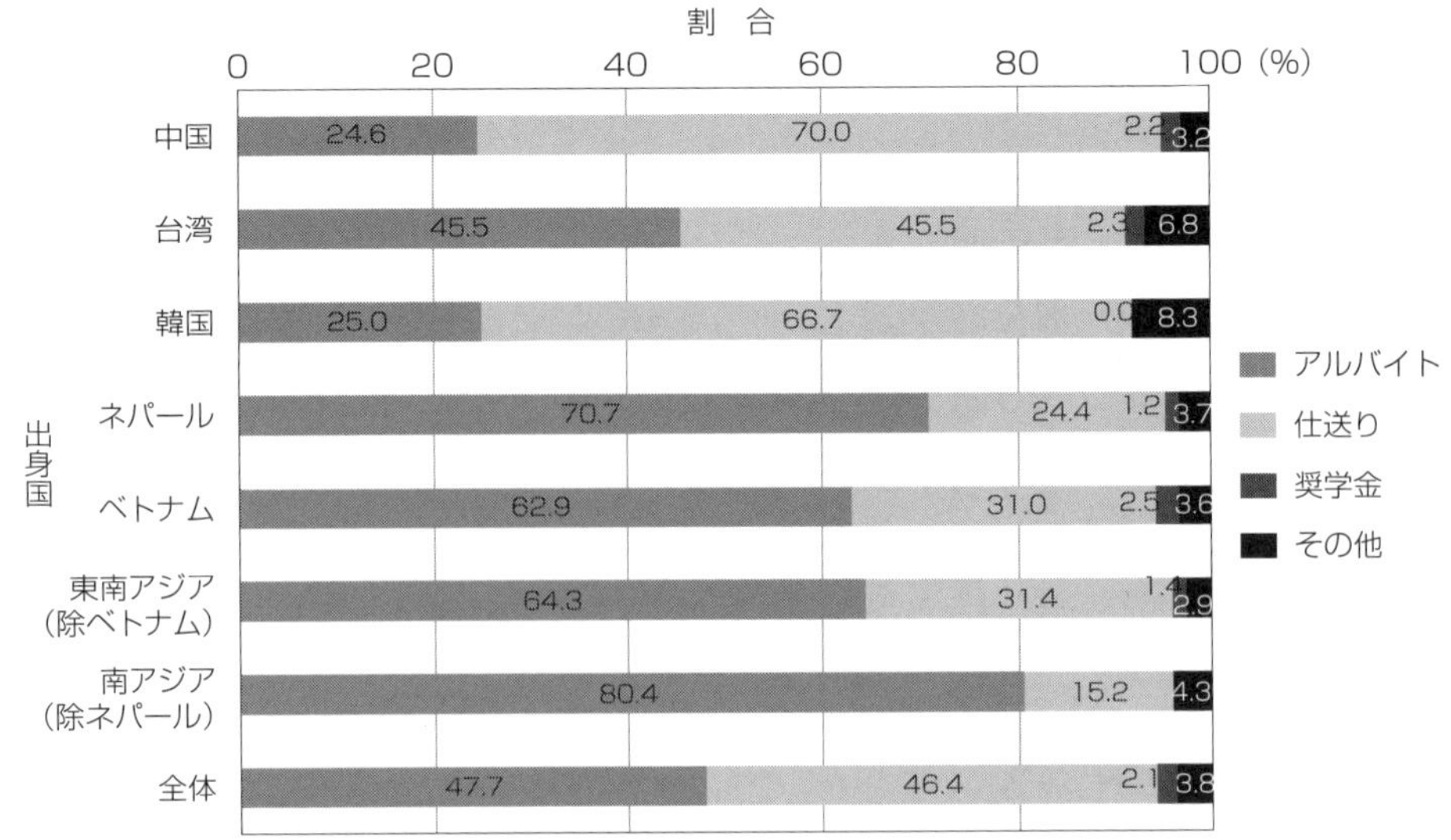

出所：PSIJ2018より筆者集計。

表5　経済状況に関する主要指標

	出身国／地域							
	中国	台湾	韓国	ネパール	ベトナム	東南アジア	南アジア	全体
前月の収入（平均）	8.5	8.3	13.2	9.8	9.3	6.7	10.0	9.0
送金あり	27.9%	23.8%	8.3%	37.8%	19.3%	18.6%	15.2%	23.9%
送金額（平均）	6.1	5.7	7.5	3.3	3.7	2.1	2.9	4.7

注：金額の単位はいずれも万円（平均値）。送金額は「送金あり」のなかの平均値。
出所：PSIJ2018より筆者集計。

1、及びN5レベルの者も10–20%程度いるなどばらつきが見られる。[14]また、これを日本での滞在期間別の平均から見ると、滞在1年未満の場合には3・9とN3に若干届かない程度であるものの、1年以上となるとほぼN2–N1レベルに上昇し、その後もおおむね上昇傾向にあることから、日本での滞在期間に応じて、日本語能力の上昇が見られる可能性の高いことがわかる。

　経済状況について主な収入源を聞いたところ（**図7**）、アルバイトと答えた者の割合は留学生全体では47・7%と過半数を下回っている。[15]また出身国別にこれを見た場合、中国24・6%、台湾45・5%、韓国25・0%、ネパール70・7%、及びベトナム62・9%となっており、出身国別の違いが大きく、特にネパールやベトナムで高いことがわかる。

　また、前月の収入を聞いたところ

（表5）、その平均は留学生全体では9・0万円、国別に見ると中国8・5万円、台湾8・3万円、韓国13・2万円、ネパール9・8万円、ベトナム9・3万円であった。ネパールやベトナムが中国、台湾出身者よりも高いというのは意外な印象も受けるが、アルバイトにより積極的に従事した結果と考えれば整合的である。[16]

さらにこの内、出身国の家族に送金をしている者の割合を調べると、留学生全体では23・9%が送金していることがわかった。また、その金額を見ると、送金している者にとっては、月の収入の約52%に相当する4・7万円を送金していることが示された。さらに、こうした傾向を出身国別に見ると、送金をしている者の割合は、中国27・9%、台湾23・8%、韓国8・3%、ネパール37・8%、ベトナム19・3%となっており、ネパール人のあいだでやや高いことがわかった。

一方、経済状態に対する評価を「1．苦しい」から「5．ゆとりがある」までの5段階で聞くと（図8）、全体では「3．普通」と答える者が最も多かった。また、国籍ごとの違いを見ると、中国2・8、台湾2・9、韓国3・1、ネパール2・8、ベトナム3・0を示しており、平均月収の多い方が経済的評価の高い傾向が見られる。また、送金者の割合が多いネパール人学生の経済状況に対する評価はむしろ良好であることから、送金によって経済的に困窮しているという見方は必ずしも妥当しないといえよう。

最後に卒業後の進路希望について見てみると（図9）、留学生全体では70・6%が卒業後に日本の専門学校や大学・大学院へ進学したいと答えている。また、全体の20・0%が日本での就職を希望している。[17] 出身国別に見ると、中国では80・7%が進学を希望しているほか、ネパール、ベトナムといった国でもそれぞれ74・1%、75・6%が進学を希望している。一方、進学といってもその内訳は多様であり、中国では進学希望者の内、69・1%ポイントは大学・大学院への進学を希望する者であるのに対して、ネパール、ベトナムではそれぞれ32・1%ポイント、36・8%ポイントと、専門学校への進学を希望する者の割合が大きいことがわかる。[18]

また、日本で就職を希望する者が多いのは台湾や韓国、ベトナム及びその他の東南アジアであり、それぞれ44・2%、25・0%、20・2%、44・3%が卒業後、すぐに日本で働くことを希望している。出身国での進学や就職を希望する者は台湾で14・0%と高いほかは、他の国ではほとんど存在しない。また、日本以外の外国で進学、就職を希望する者も国籍を問わずほとんどいない。

さらに、来日前の学歴ごとの進路希望を見ると（図10）、

図8　経済状況に関する評価

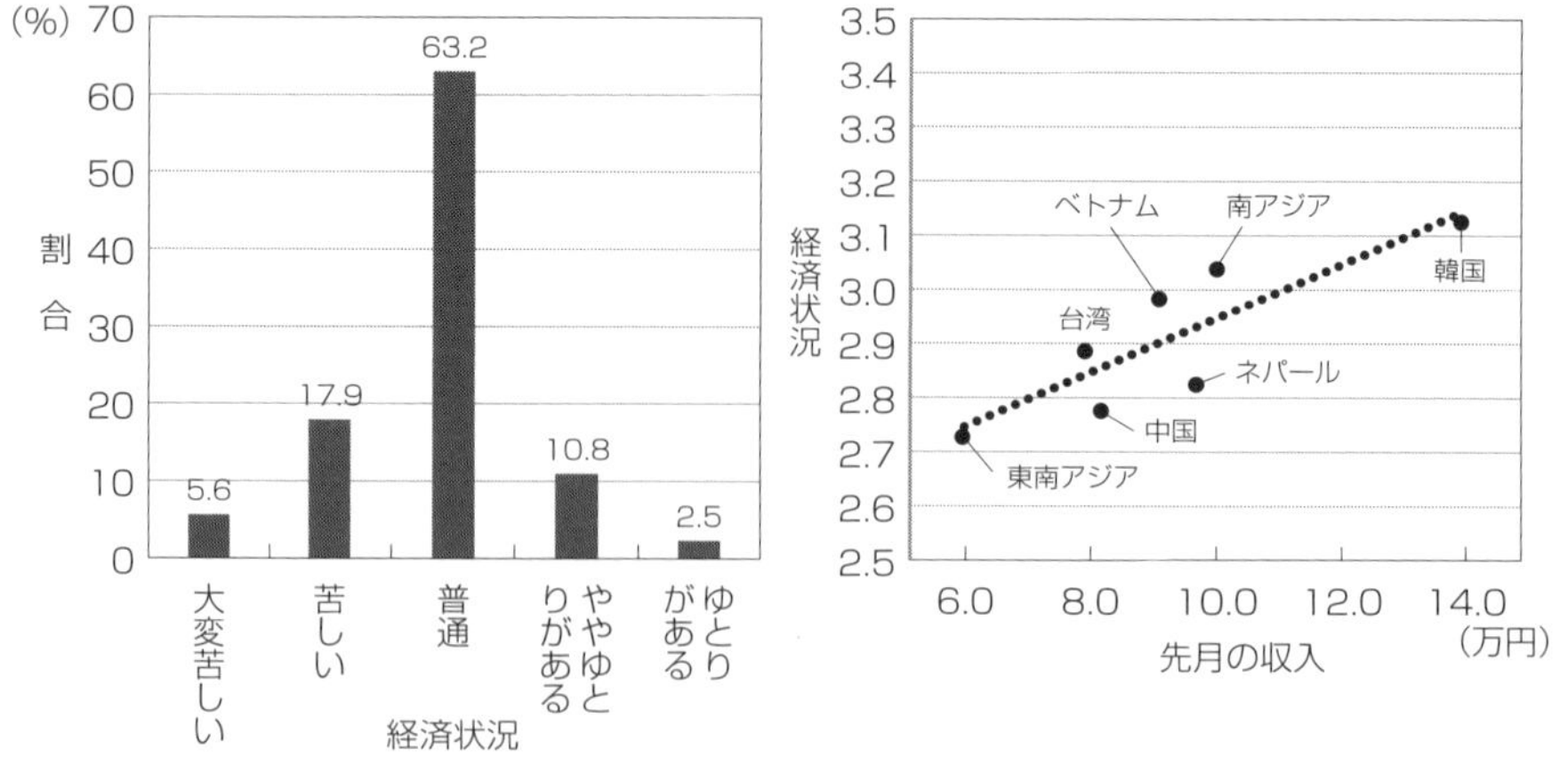

注：東南アジア、南アジアからはそれぞれベトナム、ネパールを除く。
出所：PSIJ2018より筆者集計。

図9　出身国／地域別に見た日本語学校卒業後の進路希望

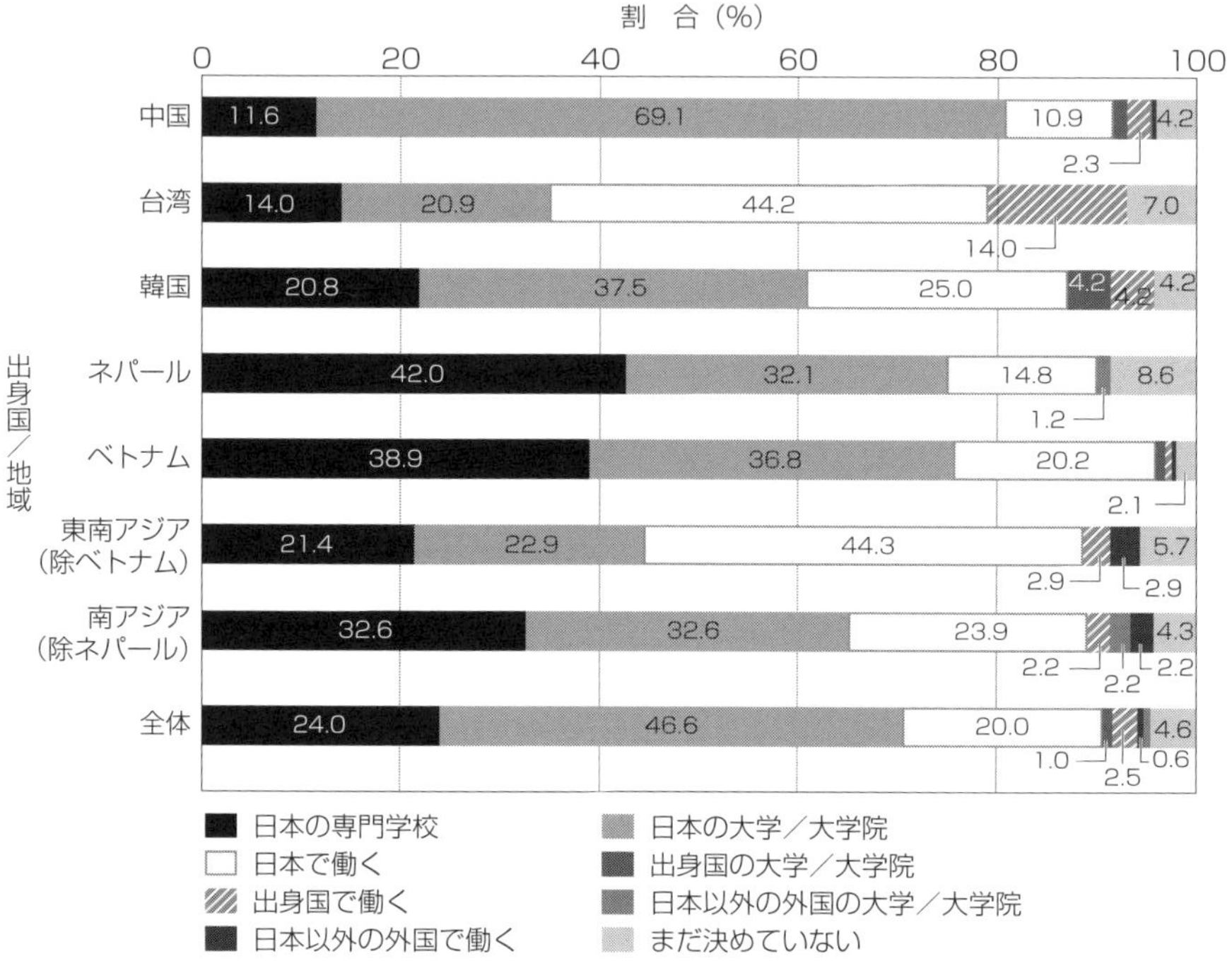

出所：PSIJ2018より筆者集計。

図10　来日前の学歴ごとに見た日本語学校卒業後の進路希望

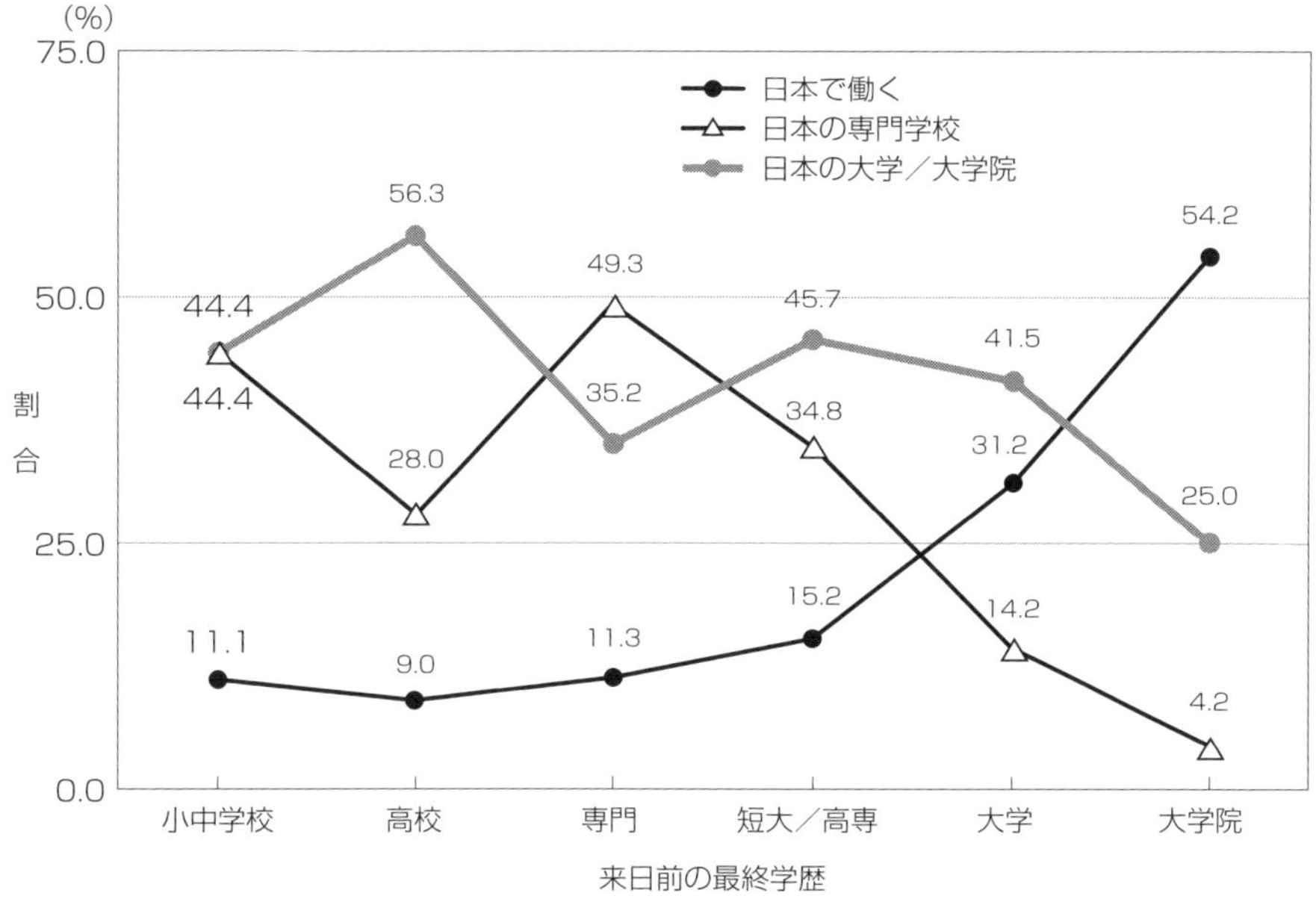

注：大学には在学中、中退を含む。
出所：PSIJ2018より筆者集計。

図11　来日の理由別に見た日本語学校卒業後の進路希望

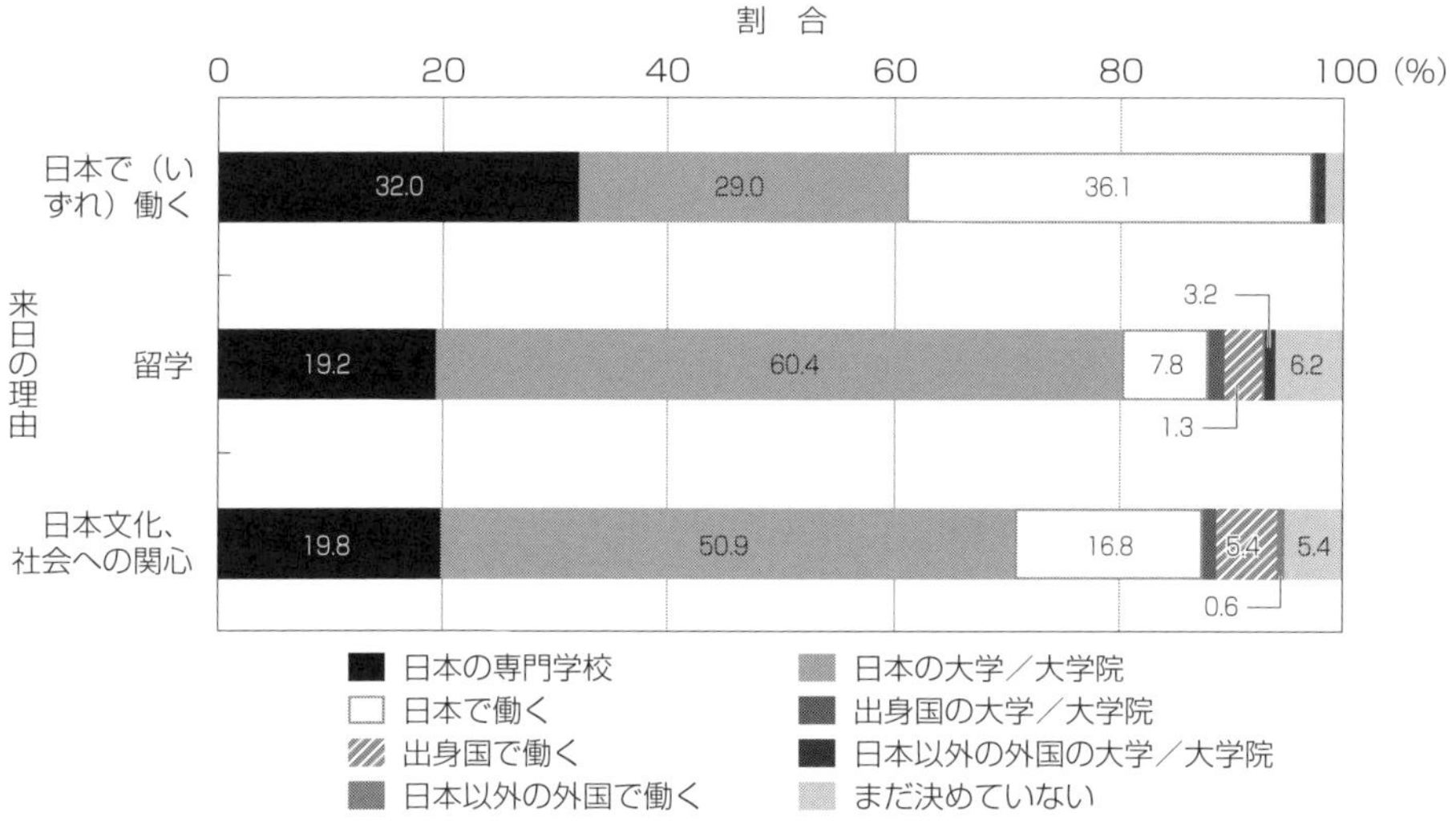

出所：PSIJ2018より筆者集計。

学歴が高いほど、卒業後すぐに日本での就職を希望する者が多いこと、大学、大学院への進学希望者は高卒、短大・高専、大学卒業者のあいだで高く、一方、専門学校は小中学校卒や専門学校卒の者のあいだで高く、高学歴者になるほど低くなることがわかる。

最後に来日理由と今後の進路の関係を見ると（図11）、興味深いことに「日本で（いずれ）働く」ことを来日の目的として選んだ場合でも、その内、日本語学校を卒業後にすぐに就労を希望する者は36・1％にとどまり、それをはるかに上回る61・0％の人が何らかの形での進学を希望している。また、来日の理由として「留学」、及び「日本の文化、社会への関心」をあげた者の内、卒業後すぐの就労を希望する者はそれぞれ7・8％、16・8％にとどまり、それぞれ79・5％、70・7％の者が進学を希望している。つまり日本語学校で学ぶ留学生の多くは、その来日の目的如何を問わず日本での進学を希望する者が圧倒的に多いということがわかる。

以下ではこうした特徴を踏まえ、多変量解析を用いて、本研究の探求課題の検証を行う。

(3) 多変量解析

①日本語能力

日本語能力は滞在期間の長期化に伴って上昇すると考えられるものの、出身国、性別、来日前の学歴、そして来日目的からも同時に影響を受けると考えられる。その際の符号条件は以下のように整理される。

まず、出身国が漢字圏であるかによって日本語習得には差が生じると考えられる。そのため、東アジアの国はそれ以外の国よりも、さらにアジアの国は非アジア圏の国よりも日本語習得が容易であると考えられる。記述統計による分析では、女性の方がより日本語学習に積極的であると想定される。来日前の学歴が高いほど、日本語習得能力も高いと考えられる。来日目的による違いに注目した場合、就労を目的としているほど、日本語の習得の意欲が低く、留学や文化、社会への興味によって来日した方がより積極的に日本語を習得するものと考えられる。

推定結果（ＯＬＳ）によると（表6）、日本での滞在期間が長いほど日本語能力が有意に高いこと、そしてその効果は滞在期間の長期化に伴って逓減することが示された。また、出身国による違いを見ると、平均的に見た場合、中国、韓国、台湾が最も高く、ベトナム、ネパール、東南アジア、南アジア出身者のあいだでは有意に低くなることが示され

表6　日本語能力に関する推定結果（OLS）

従属変数：日本語スコア	係数	
滞在年数	0.28	**
滞在年数^2	−0.01	**
出身国／地域（参照＝中国）		
韓国	0.02	
台湾	0.35	
ベトナム	−1.61	**
ネパール	−1.24	**
東南アジア	−1.37	**
南アジア	−1.55	**
性別・男性	−0.30	**
来日前の学歴（参照＝高卒）		
中卒	−0.20	
専門学校	−0.27	†
短大	−0.58	**
大学	−0.01	
大学院	0.21	
来日の目的（参照＝文化社会への関心）		
就労	−0.13	
留学	0.06	
家族随伴	−1.03	**
調整済みR	0.34	***
N	819	

（表右上段へ続く）

（表続き）

注：大学には在学中、中退を含む。**$p<.01$, *$p<.05$, †$p<.1$。日本語スコアは日本語能力を「全くできない」から「日本人並み」までそれぞれ1-7のスコアを割り振り、その平均を求めたもの。
出所：筆者推定値。

た。男女間では記述統計による分析結果と同様、男性が有意に低い日本語能力を示している。来日前の学歴は高校を参照基準とした場合、これが専門、短大卒の場合、有意に低く、それ以外では有意な差は見られなかった。来日理由との関係では、家族の都合で来日した者が有意に低く、それ以外の理由のあいだでは有意な差は見られなかった。

　こうしたことから、日本語能力の決定に当たっては滞在期間が重要である一方、それは出身国や性別によって有意に異なることも示された。また、来日前の学歴については、これが高いほど日本語習得に当たって有利ということはなかった。来日の理由についても家族の事情で来た人以外のあいだでは有意な差は見られなかった。つまり、日本語学校で学ぶ留学生の日本語能力は属性による差異はありつつも、滞在期間が長くなるにつれ平均的に高くなる傾向にあることが確認されたといえよう。

②経済状況

　経済的状況については特に送金額について以下のモデルを推定する[19]（**表7**）。これは従属変数を月あたりの送金額とし、説明変数として月収、出身国、性別、日本語能力、来日前の学歴、そして来日の理由を想定するものである。[20]留学生の生活は経済活動に特化したものではなく、あくま

表7　送金額に関する推定結果（Tobit）

従属変数：送金額	係数	
前月の収入	−0.45	*
前月の収入^2	0.02	**
出身国／地域（参照＝中国）		
韓国	−0.55	
台湾	−5.05	†
ベトナム	0.35	
ネパール	−2.08	*
東南アジア	−3.40	*
南アジア	−3.92	*
性別・男性	1.85	**
日本語能力（参照=N2）		
全くできない	5.38	*
N5	−0.15	
N4	0.33	
N2	0.63	

（表右上段へ続く）

（表続き）

	係数	
N1	−0.86	
日本人と同等	−4.26	
来日前の学歴（参照＝高卒）		
中卒	4.47	†
専門学校	−0.16	
短大	1.54	
大学	−0.02	
大学院	−1.22	
来日の目的（参照＝日本への関心）		
就労	−1.64	†
留学	−1.54	†
家族随伴	0.60	
N	776	

注：大学には在学中、中退を含む。$^{**}p<.01$, $^{*}p<.05$, $^{\dagger}p<.1$。
出所：筆者推定値。

で留学を目的としたものであるとする本研究の探求課題に従うならば、これらの変数はいずれも送金額に対して有意な影響をもたらさないはずである。[21]

その結果、送金額は月収が多いほど少ないことが示された。これは送金が過度のアルバイトによって支えられているというより、限られた収入のなかで支出を切り詰める形で行われている可能性が高いことを示すものといえよう。出身国のあいだの差異を見ると、台湾、ネパール、東南アジア、及び南アジア出身者のあいだで有意に少ない傾向が見られ、最近、アルバイト目的の留学を疑われることの多いベトナムやネパール出身者についてプラスの有意な結果を得ることはできなかった。また、男女間では男性の方が送金額の多い傾向が見られる。これは男性の出稼ぎ志向が強いことを示すものといえよう。日本語能力との関係を見ると、「日本語をほとんど話せない」という層で有意にかつ非常に送金額が多い傾向が見られる。また、来日前の学歴では中卒で送金額が多い傾向が見られる。一方、来日目的との関係では、その目的が「日本での就労」や「留学」である方が「日本文化、社会への関心」を目的とした場合よりもさらに有意に少ないことが示された。

こうした結果から見えてくることは、送金額が多いのは学歴や日本語能力が低い男性に多く、またその場合の収入は決して多くないということである。また、国籍間の違いは小さく、特に近年、出稼ぎ目的の留学を疑われることの多いベトナムやネパールについてはむしろ有意なマイナスの値を得た。また、来日理由との関係では「日本での就労」や「留学」を目的とした場合により送金額は少なく、就労を目的としても、それは留学中のアルバイトによって達せられるとは考えていない様子がうかがわれる。

③今後の展望

最後に今後の展望について見ていきたい。本調査では日本語学校を卒業後の進路希望の形で調査しており、本研究ではこれらを「日本で就職」、「日本の専門学校に進学」、「日本の大学・大学院に進学」、「帰国／第三国へ移動及びその他」、の4択に整理し[22]、「帰国／第三国へ移動及びその他」をベースラインとしてそれぞれの選択肢について多項ロジット分析を行った[23]（**表8**）。

仮説によれば、経済発展の進んだ国から来た者ほど、帰国より就労、就労より進学、また同じ進学でも専門学校より大学を選ぶと考えられる。これは日本との経済格差が小さいほど、日本に中期的に滞在してスキルアップすることでしか利益が得られないと予想されるためである。性別による違いについては、男性の出稼ぎ志向がより強いと考えられることから、男性の方がより就労を選ぶ傾向が強かったり、同じ進学でも専門学校を選んだりする傾向が強いと考えられる。また、日本語能力の高い方が、より上級の学校に進学を希望することが多いと考えられる。来日前の学歴については、高卒の場合に最も進学意欲が強く、大学以上の高学歴者やあるいは中卒では就職を希望する者が多いと考えられる。来日の理由については、来日理由と今後の展望とのあいだに直接的な一致が見られるものと考えられる。こうした見方は、留学生の今後の展望が個人の属性に応じて決定されるとするものであり、日本語学校で学ぶ留学生の大半が（その属性にかかわらず）「偽装留学生」であるとする仮説と対置されるものといえよう[24]。

推定結果を見ると、ネパールや東南アジア出身者がやや強い就職意向を示すほか、ベトナム、ネパール出身者が専門学校への進学をより強く希望する傾向が見られる[25]。また、韓国や東南アジアのあいだで大学・大学院への進学を希望する者が少ない。男女間の違いでは男性の方が専門学校への進学を多く希望する傾向が見られる。日本語能力との関係を見ると、日本語能力がN1、N2の場合により大学・大学院への進学を希望する傾向が強く見られる[26]。来日前の学歴について見ると、専門学校を出た者のあいだで専門学校を希望する者が多く、大学卒業者のあいだで専門学校へ

表8　日本語学校卒業後の進路選択に関する推定結果(多項ロジット)

基準＝帰国他	就労		専門		大学・大学院	
出身国／地域（参照＝中国）						
韓国	−0.04		−0.17		−1.84	**
台湾	0.18		0.69		−1.21	
ベトナム	0.42		1.32	*	−0.71	
ネパール	1.29	*	1.81	**	0.15	
東南アジア	1.23	*	0.95		−1.29	*
南アジア	0.56		0.76		−0.42	
性別・男性	0.44		0.68	*	0.34	
日本語能力（参照＝N2）						
全くできない	−16.10		−0.56		−1.88	
N5	−0.61		−0.76		−0.08	
N4	0.14		0.04		0.28	
N2	0.09		−0.03		0.80	†
N1	0.46		−0.12		0.91	†
日本人と同等	16.21		14.17		16.23	
来日前の学歴（参照＝高卒）						
中卒	15.20		16.94		15.77	
専門学校	1.08		2.11	*	1.14	
短大	0.70		0.73		0.91	
大学	0.51		−0.87	*	−0.08	
大学院	1.36		−1.15		1.08	
来日の目的（参照＝文化社会への関心）						
就労	2.02	**	1.44	**	0.91	†
留学	−0.77	†	−0.34		−0.15	
家族随伴	1.67		−0.63		−2.90	†
定数項	−5.36	†	−1.86		10.24	**
統制変数			省略			
N			793			

注：大学には在学中、中退を含む。**p<.01, *p<.05, †p<.1。
出所：筆者推定値。

の進学を希望する者が有意に少ないことが示された。

　最後に来日目的との関係ではいずれの選択肢も「就労」を選択した者のあいだで他の目的の場合よりもより多く選ばれる傾向が見られた。また「留学」を目的として選んだ場合には卒業後の就職を希望する者が少ない。特に進学を希望する場合でも、最も強い進学意向をもつ者は日本での就労を目的として来日した者に多いことは興味深いといえよう。

　以上の結果から見えてくるのは、いずれは日本での就労を希望する場合でも卒業直後の就労だけではなく、進学によるスキルアップも視野に入れたうえで展望されているということである。確かにネパールや東南アジア出身者のあいだで他の国/地域の出身者よりも就労を希望する傾向が見られたものの、その場合でも、ネパール出身者のあいだでは、就職を希望する者よりは大学・大学院への進学を希望する者が多かったことは[27]、就労志向が強い留学生のあいだでも進学を経た後の就労というパスが主流であることを示すものといえよう[28]。

5 考察──教育達成を通じた移住過程としての日本語学校の役割

　日本における外国人の移住過程において親族的要因の役割が後退していくなかで、そのプレゼンスを増しているのが日本語学校を通した移住過程であるといえるものの、その実態について明らかにした研究はまれであった。またそもそも移民研究においても留学を永住にいたる重要な移住過程と位置づける視点は弱く、そういった研究の蓄積は遅れているといえよう。

　そうしたなか、本研究では筆者が独自に行った調査の結果をもとに、日本語学校で学ぶ留学生の生活実態、及び移住過程における位置づけを明らかにした。具体的には、近年増加する日本語学校で学ぶ留学生を一時的な出稼ぎ労働者として捉える視点に注目し、特にその学力（日本語能力）、出身国への送金、及び中期的な日本滞在の意図に沿って検証を行うことで、日本語学校が教育達成を通じた移住過程の一部であるという命題を検証した。

　その結果、以下のことが明らかになった。まず、先行する類似の調査結果を参照した結果、本調査の結果は日本語学校で学ぶ留学生の特徴を十分に代表する信頼性の高いものであることが確認された。そのうえで基本的属性について分析したところ、日本語学校で学ぶ生徒の多くは相対的に学歴が高く、また都市部出身で、父親の学歴も高い傾向にあることが示された。また、移動先の選択に当たって、日本以外の国を検討した者は全体の30・2％にとどまると同時に、全体の24・5％がすでに日本に留学や就労をしたことのある家族や親戚をもっていることが明らかになった。また、来日の理由を聞くと、日本での留学を希望する者が最も多く、次に就労や日本の文化や社会に興味があるという順に多いことがわかった。つまり、出身国で比較的余裕があり、すでに日本に家族や親戚が来たことのある若者が、留学や就労、そして日本の文化や社会への関心から来日するという傾向を見て取れるだろう。

次に学力、送金状況、及び今後の展望について見ていくと、その日本語能力は滞在期間に応じて上昇する傾向が見られると同時に、送金は来日前の学歴や日本語能力が非常に低い層で、少ない収入のなかで支出を切り詰める形で行われている可能性の高いことが示された。また、今後の展望について見ると、日本での就労を目的として来日した人たちのあいだで就労、進学の希望が最も強い傾向が見られるなど、中期的な教育達成のなかで日本での就労が展望されている可能性が示された。

以上のことから、よく言われるように日本語学校で学ぶ留学生の多くが短期的な経済的利得を目的とした出稼ぎ労働者であるという見方は、学歴や日本語能力が低い一部の層に限って妥当し、全体を代表するとはいえないことが示されたといえよう。つまり、日本語学校は教育達成を通じた移住過程の一部であると考えられる。

こうした見方は本研究の冒頭でも言及したように、マクロデータから見た全体の動向との関係でも整合的であるといえよう。また、本研究によってこれまで具体的に明らかにされることがなかった、移住過程の失われた環（missing link）の一部が明らかにされたことの意義は大きいといえよう。

今後の課題は、本調査の本来の目的である留学生の移住過程のパネルデータ化によって、こうした変化をより直接的な因果関係として分析することである。

＊本研究は科研費（JSPS17H04785）の研究成果に基づくものである。また、本章は是川（2019c）をもとに若干の加筆・修正を行ったものである。

注

1 本章で扱う日本語学校とは「日本語教育機関の告示基準」（平成30

年7月26日一部改訂）及び「日本語教育機関の告示基準解釈指針」（平成30年7月31日一部改訂）（法務省）に基づいて設置されるものであり、主に高校卒業程度の学歴を有する留学生に対して、日本語教育を行う教育機関を指す。

2 ２０１８年5月1日時点。

3 こうした変化の背景には政府の留学生政策の位置づけの変化もあることについては、たとえば佐藤（2018）に詳しい。

4 たとえば、留学生政策やその実態に深い造詣を有する佐藤（2018）の論考においても、近年「働きながら学ぶ」留学生の増加として、ベトナム、ネパールなど非漢字圏からの留学生が急増した結果、長時間のアルバイトに従事し、その結果、日本語能力も低いまま、希望の進学／就職ができない者が見られ始めているとの指摘があることは、こうした認識がいかに広く共有されているかを示すものといえよう。

5 高等教育機関とは大学、大学院、短期大学、高等専門学校、専修学校（専門課程）、日本の大学に入学するための準備教育課程を設置する教育施設とされる（眞住 2019）。

6 本調査は国立社会保障・人口問題研究所の是川夕を研究代表とした科研費プロジェクトにより実施されたものであり（若手研究A：課題番号JSPS17H04785）、２０１７年度から4ヵ年かけて日本語学校に在籍する留学生を対象に、その移住過程に関するパネル調査を実施することを目的としたものである。

7 「出入国管理及び難民認定法第七条第一項第二号の基準を定める省令の留学の在留資格に係る基準の規定に基づき日本語教育機関等を定める件（平成二年法務省告示第百四十五号）」（最近改正平成三十年九月十一日法務省告示第二百八十九号）にある７１１校。

8 「平成29年度日本語教育機関実態調査」（日振協 2018）によると日本語学校に在籍する留学生の出身国の構成は中国39・6％、ベトナム29・0％、ネパール6・6％、台湾3・8％、韓国3・3％となっている。

9 日振協（2018）によると男女比は1・35であり、やはり男性の方が多い。

10 ＪＡＳＳＯ（2019）によると北海道・東北1・6％、関東68・0％、東海5・7％、北陸・近畿15・5％、中国・四国1・0％、九州・沖縄8・1％である。本調査（ＰＳＩＪ）と比較すると関東が少なく、その分、他の地域が多くなっている。

11 在学中、及び中退者も含む。

12 出身国の大卒者割合（中退、在学中も含む）を見ると中国では15–19歳3・4％、20–24歳11・6％、25–29歳9・5％、ベトナムでは15–19歳0・2％、20–24歳5・4％、25–29歳10・4％、ネパールでは15–19歳1・4％、20–24歳2・8％、25–29歳2・0％となっている（World Bank 2019）。

13 ＵＮ（2018）によれば各国の都市人口割合は中国59・2％、台湾78・2％、韓国81・5％、ベトナム35・9％、ネパール19・7％、東南アジア48・9％、南アジア35・8％である（いずれも２０１8年推計値）。

14 ＪＡＳＳＯ（2016）では現在の日本語能力Ｎ１、Ｎ２が大半を占め、本調査に比較して日本語能力が高い層に偏っていることがわかる。これは同調査の集計結果が大学在籍者を含んだものであることを考慮しても上位層に偏っているといえるだろう。

15 国勢調査の結果を用いた是川（2019b）によると、留学生のアルバイト従事率が日本人学生と比較してむしろ低いことが明らかにされている。

16 また、これはＪＡＳＳＯ（2016）の調査結果の14・3万円と比較するとだいぶ低いといえよう。こうした違いは調査時点の違いによる可能性や、本調査における収入の聞き方が多肢選択式で上限値が決まっている（トップコーディング）ためといったことが考えられる。

17 これは日振協（2018）の卒業の進路実績に関する結果の進学者の割合（75・6％）と近い。また、ＪＡＳＳＯ（2016）では本調査と同様に現在在籍中の学校を卒業後の進路について調査しているが、それによると日本語学校で学ぶ留学生の60・4%が卒業後、日本で進学することを希望している。また、就職希望は同調査によると20・0%であり、本調査の結果と一致する。

18 こうした結果は柳（2017）の結果と整合的である。

19 送金は0以下の値をとることがなく、また全体の約20%がしているのみであり、その大半について観察できない。こうした場合、通常のOLSでは適切な推定量が得られないことが知られていることから、本研究ではTobitモデルを用いている。

20 これらの他に年齢、及び年齢の二乗を統制変数として投入している。

21 一方、留学生の多くが就労目的で来日しているとすれば、それぞれの変数の符号条件は、月収（＋）、男性（＋）、出身国の所得水準（－）、日本語能力（＋）、来日目的が就労（＋）となると考えられる。これはCastles et al.（2014）に見られるような典型的な単身男性の出稼ぎ移民労働者を念頭に置いたものである。

22 実際の調査項目は以下の9択。「1．日本の専門学校に進学したい、2．日本の大学／大学院に進学したい、3．出身国の大学／大学院に進学したい、4．日本以外の外国の大学／大学院に進学したい、5．日本で働きたい、6．出身国で働きたい、7．日本以外の外国で働きたい、8．まだ決めていない、9．その他」これらを「日本で就職」（5）、「日本の専門学校に進学」（1）、「日本の大学・大学院に進学」（2）、「帰国／第三国へ移動及びその他」(3, 4, 6, 7, 8, 9）に再分類した。

23 説明変数は、出身地域、性別、日本語能力、来日前の学歴、及び日本に来た理由である。この他に統制変数として年齢、及び年齢の二乗を投入している。

24 このように属性との関連を見ることで、回答結果の単純集計とは異なり、回答者の回答バイアスを除去した「真の」意図を見ることができる。

25 その一方、ベトナム、及びネパール出身者が大学・大学院進学を選択する確率は、中国と比較して有意に低いわけではない点にも注意されたい。

26 送金額が多い特徴が見られた日本語能力が低い層について有意な結果は得られていないものの、ここからわかることはそういった人たちがいかなる形であれ、日本で引き続き滞在することを希望していないということである。

27 定数項＋出身国（ネパール）の係数の和を従属変数が就労及び大学・大学院の場合で比較すると、後者の方が有意に高い（$p<.01$）。

28 上級の学校への進学も学業ではなく就労を目的としたものであるとした場合、この結果は必ずしも文字通り進学を希望したものと受け止めることはできない。この点については、日本語能力や送金額といった別の指標とも関連して評価する必要がある。

参考文献

朝日新聞（2019）「留学生バイト漬け、学級崩壊も放置　日本語学校でみた闇」『朝日新聞』（2019年3月18日付朝刊）

出井康博（2019）『移民クライシス――偽装留学生、奴隷労働の最前線』角川書店

竇碩華・佐藤由利子（2017）「中国人元日本留学生の進路選択の影響要因と職場環境・生活環境に関する研究――理工系と文系の比較、主な職場別の分析から」『移民政策研究』9: 89–105

是川夕（2019a）「現代日本における移民受け入れの歴史――国際移動転換の観点から」小﨑敏男・佐藤龍三郎編著『移民・外国人と日本社会』原書房、17–31.

――（2019b）「やさしい経済学――外国人労働者と社会的統合(8)留学生、就労目的多いと言えず」『日本経済新聞』（2019年3月1日付朝刊）

———（2019c）「教育達成を通じた移住過程としての日本語学校——『日本の中長期在留外国人の移動過程に関する縦断調査（PSIJ）』を用いた分析」IPSS Working Paper Series（J）. 20: 1-28

佐藤由利子（2012）「ネパール人日本留学生の特徴と増加要因の分析——送出し圧力が高い国に対する留学生政策についての示唆」『留学生教育』17: 19–28

———（2018）「移民・難民政策と留学生政策——留学生政策の多義性の利点と課題（特集　移民政策のグランドデザイン）」『移民政策研究』10: 29–43

志甫啓（2015）「外国人留学生の受入れとアルバイトに関する近年の傾向について（特集　外国人労働の現状と課題）」『日本労働研究雑誌』57(9): 98–115

栖原暁（2010）「「留学生30万人計画」の意味と課題（特集　日本の留学生政策の再構築）」『移民政策研究』2: 7–19

芹澤健介（2018）『コンビニ外国人』新潮社

西日本新聞社（2017）『新　移民時代——外国人労働者と共に生きる社会へ』明石書店

日本学生支援機構（JASSO）（2016）『平成27年度私費外国人留学生生活実態調査概要』、https://www.jasso.go.jp/about/statistics/ryuj_chosa/h27.html（最終アクセス日：２０１９年３月18日）

———（2018）『外国人留学生進路状況調査』、https://www.jasso.go.jp/about/statistics/intl_student_d/__icsFiles/afieldfile/2018/02/26/degrees16.pdf（最終アクセス日：２０１９年３月18日）

———（2019）『平成30年度外国人留学生在籍状況調査』、https://www.jasso.go.jp/about/statistics/intl_student_e/2018/__icsFiles/afieldfile/2019/01/16/datah30z1.pdf（最終アクセス日：２０１９年３月18日）

日本語教育振興協会（2018）『平成29年度日本語教育機関実態調査結果報告』一般財団法人日本語教育振興協会

文朱姫（2018）「高度外国人材育成を支える日本語学校に関する事例研究——多様化する留学生に対応した進学予備教育及び指導の在り方に着目して」『移民政策研究』10: 111–28

馬文甜（2016）「現代日本における中国出身留学生の将来設計に関する一考察」『移民政策研究』8: 71–88

眞住優助（2019）「日本における南・東南アジア人留学生の進路——日本学生支援機構による調査の国別集計結果をもとに」『現代思想』47（5）: 34–46

望月優大（2019）『ふたつの日本——「移民国家」の建前と現実』講談社

文部科学省（2018）『外国人留学生の就職促進について（外国人留学生の主食委関する課題等）』、https://www.jasso.go.jp/ryugaku/study_j/job/__icsFiles/afieldfile/2018/12/05/01_ryuugakusei_monkasyou.pdf（最終アクセス日：２０１９年３月18日）

柳基憲（2017）「ネパール人留学生の実態に関する研究——福岡で学ぶ留学生を対象として」『都市政策研究』18: 113–25

Castles, S., H. D. Haas and M. J. Miller（2014）*The Age of Migration: International Population Movements in the Modern World*, Palgrave Macmillan

Lemaitre, G., T. Liebig, C. Thoreau and P. Fron（2007）"Standardised Statistics on Immigrant Inflows: Results, Sources and Methods," a paper produced by the Directorate for Employment, Labour and Social Affairs, OECD, www. OECD. org/dataoecd/39/29/ 38832099. pdf

Liu-Farrer, G.（2011）*Lsabour Migration from China to Japan: International Students, Transnational Migrants*, Routledge

OECD（2018）*International Migration Outlook 2018*, OECD

United Nations, Department of Economic and Social Affairs, Population Division（2018）*World Urbanization Prospects: The 2018 Revision*, custom data acquired via website

World Bank（2019）*Data Bank, Education Statistics- All Indicators*,

https://databank.worldbank.org/data/source/education-statistics-%
5e-all-indicators#（最終アクセス日：２０１９年3月19日）

第Ⅲ部
世代を超えた移民の階層的地位変動

◎第8章

リーマンショック後の南米系住民の動向と第二世代をめぐる状況*

松宮 朝

はじめに

経済不況により南米系住民[1]の失業が多く発生したリーマンショックから10年が経過した。大量の失業とともに、日本で暮らすブラジル人を中心とした南米系住民の大量帰国、ブラジル学校の解散やエスニック・コミュニティの弱体化など深刻な問題が生じたわけだが、その時点と比べると、10年後の２０１８年には全く対照的な光景を目にすることになった。２０１８年7月には日系四世受け入れに向けた新制度が創設され、秋には外国人労働者拡大を目的とした出入国管理法改正案をめぐる国会での議論が活発化している。南米系住民の帰国を促した状況から一変し、外国人労働者受け入れにシフトしつつあるのだ。

ここで２０１８年秋の、愛知県内にある南米系住民の集住地域の状況から見てみよう。自動車産業が集積するこの地域では１９９０年代から急激な人口増加が見られたが、特に公営住宅での集住が進み、県内1位の外国籍住民比率となった団地も存在している。こうした集住地域を基盤に日本語教室、ポルトガル語教室などを中心とするエスニック・コミュニティの活動、食材から理容に至るエスニックビジネスの活発な展開が見られた。リーマンショック後急激な人口減少により活動は一旦縮小したものの、徐々に再興が進み、10月のブラジル大統領選挙在外投票では投票所に長蛇の行列ができ、あらためてその存在感が浮き彫りになった。この間地域生活の面では、集住団地にブラジル人、ペルー人の自治会長も生まれ、ペルー人住民をリーダーとした地域の防災訓練が実施されるなど、地域への参画が進展している。その一方で、間接雇用中心の労働をめぐる問題、子どもの教育問題は継続しており、団地自治会を中心に子どもの教育、不就学対策に関する市長への提言・要望が毎年行われている。また、近年の傾向として、市のブラジル人通訳への相談に大学受験、不動産取得、帰化申請の問題が多く寄せられるようになっており、これまでとは異なる形で南米系住民の第二世代をめぐる課題が議論されるようになってきた。このように、この10年は南米系住民をめぐる構造的問題が継続すると同時に、その生活に変化が見られた時期と言えるだろう。こうした南米系住民をめぐる問題の持続と変容について、これまでの研究成果と筆者が行ってきた調査[2]から検討してみたい。

1 リーマンショック直後の南米系住民をめぐる動向

まずは南米系住民の上位を占めるブラジル人、ペルー人人口の推移について確認しておこう（図1、図2）。

1990年に改定施行された「出入国管理及び難民認定法」によって、「日系」というルーツによる選別のもと、就労制限のない「定住者」という在留資格が創設され、「日本人の配偶者等」の資格で就労が可能となっていた日系二世だけでなく、日系三世が就労可能となった。ここから一気に南米系住民が増加し、2007年末にブラジル人316967人、2008年末にペルー人59723人と最多を記録する。こうした流れを大きく変えたのが、2008年秋からの経済不況である。南米系住民の雇用の特色としては、労働者派遣・請負事業を行っている事業所の雇用者となる間接雇用が多く、就労面で不安定であることが指摘されてきた。リーマンショックによる景気悪化は、不安定な就労が多数を占めていた南米系住民を直撃し、圧倒的に高い失業率をもたらした（丹野 2013）。この結果、永住者が多く相対的に帰国者が少なかったペルー人と比べて、ブラジル人はその後の5年間に10万人以上が帰国している。このうち約2万人は、2009年度に実施された厚生労働省の「日系人離職者に対する帰国支援事業」による帰国支援金（本人1人あたり30万円、扶養家族1人あたり20万円、条件として、3年間をめどに同様の身分に基づく在留資格による再入国を認めない）を受けて帰国を決断した人々である。こうした帰国者が必ずしも政策的意図に沿う形で帰国したわけではない（イシ 2018）が、失業や将来の日本での生活の見通しが立たないことを理由に、10万人以上の帰国者を生み出した事実に目を向ける必要があるだろう。

このように著しい数の帰国者が生み出されたわけだが、

図1　ブラジル人人口の推移

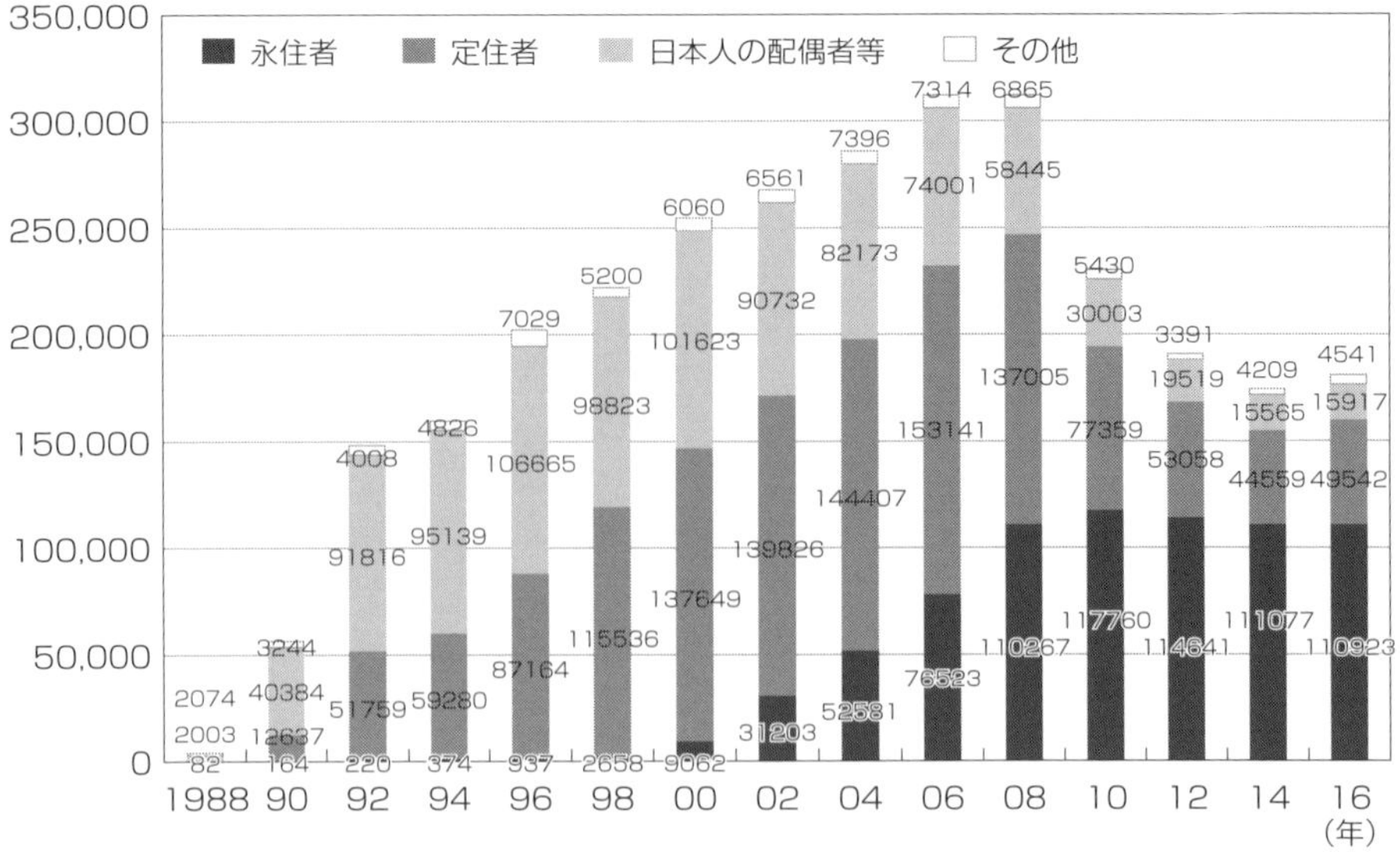

出所：『在留外国人統計』各年度版より作成。

図2　ペルー人人口の推移

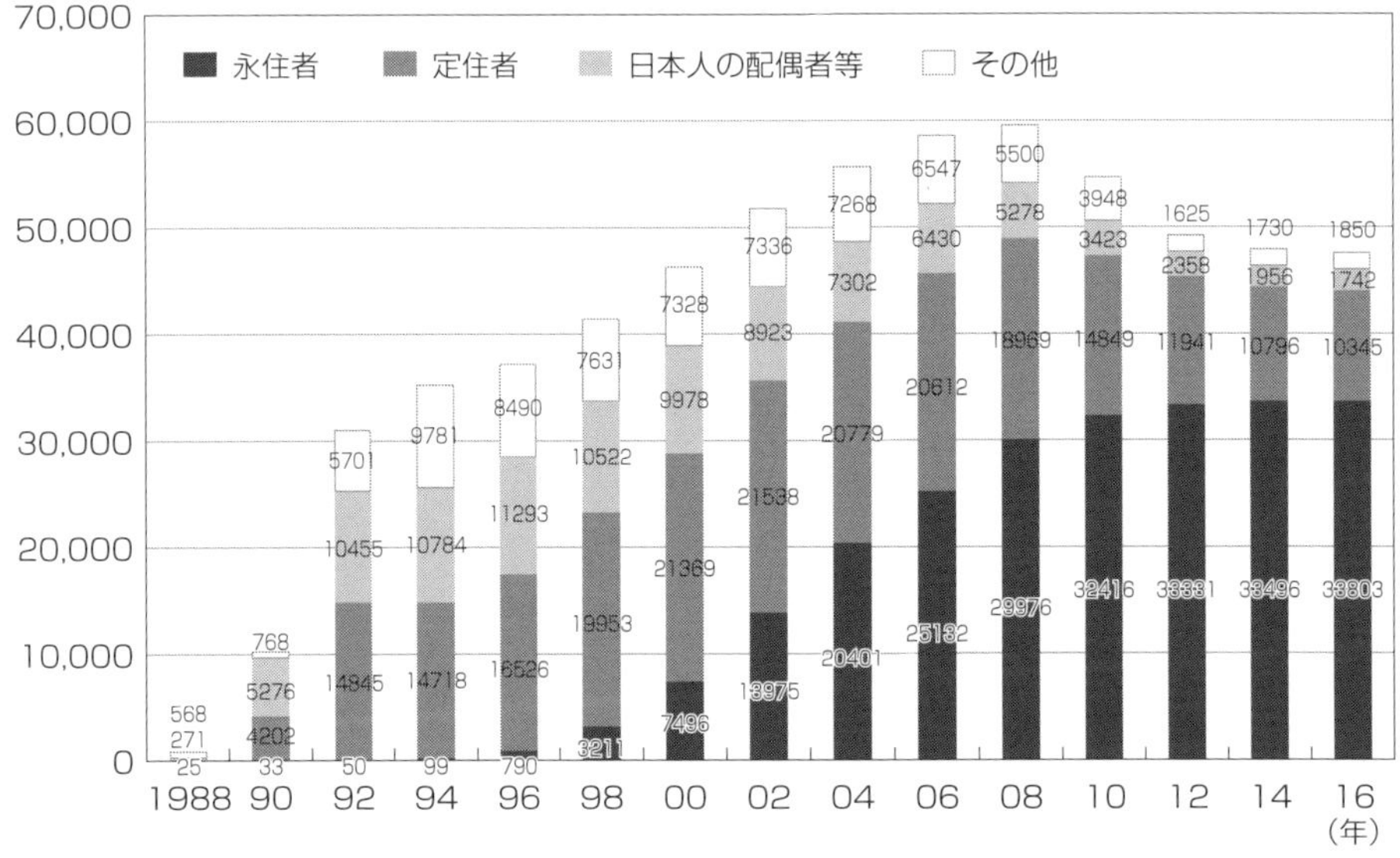

出所：『在留外国人統計』各年度版より作成。

どのような層が日本で暮らすことを選択したのだろうか。

この点について、リーマンショック直後の2010年に、愛知県の人材派遣会社A社と契約しているブラジル人労働者全数（有効回収数 489）、および滋賀県長浜市の集住地域に居住するブラジル人住民（有効回収数 301）を対象として実施した2つの調査から見ていきたい（松宮 2012）。この調査は、不況時にも雇用を継続した企業で働く労働者層と、集住地域で居住を続けた層の実態把握と両者の比較により、日本に残ることを選択した層の特色を明らかにすることを目的としたものである。

リーマンショックによる南米系住民の雇用をめぐっては、年齢、日本語能力などによる選別が働いたとされる。A社に雇用されていたブラジル人労働者では、男性が73・2％、女性が25・2％と男性が多く、年齢については20代が25・6％、30代が36・4％と合わせて6割以上にのぼり、40代23・9％、50代7・7％と年齢が上がるにつれて少なくなっていた。A社は生産性が高い製造業を中心に派遣しており、「半導体関係では40代半ば、自動車関係でも50代半ばくらいまでの人しか仕事はない」とされていたが、実際に年齢が雇用の選別条件となっていたことを示すデータである。日本語能力について見ると、「話す・聞く」に関して、A社調査では「日常生活に困らない程度にできる」「母語とする人と同程度」が合わせて約45％であり、半数近くが日常的に困らない程度の日本語能力を有していた。それに対して長浜調査では、「ほとんどできない」が3割前後を占めていたことから、A社と契約しているブラジル人労働者が相対的に高い日本語能力を有しており、就労における日本語能力が選別基準となっていた点も確認された。

生活実態について見ると、平均月収はA社調査では20万円と30万円の2つの山があり、20万円～35万円のあいだに集中していた。その一方で、長浜調査の場合、「失業中」が相当数存在しており、職がある層の平均月収も20万円前後に集中し、A社調査では最も多かった30万円前後の収入を得ている層は極端に少なかった。労働力需要は20代後半から30代前半に集中しているものの、失業した状態においても一定程度、日本に残ることを選択した層が存在することも見えてきたのである。

日本で生活することを選択した理由に関わる項目について見ると、母国への仕送りについては、「していない」がA社調査で32・3％、長浜調査では63・5％であり、ブラジルで不動産を「持っていない」という回答がA社調査で57・7％、長浜調査で64・1％と多くなっていた。自身の生活の面倒を見てくれる家族が「ブラジルにいない」という回答がA社調査で55・4％と半数以上、長浜調査では

74・1％と4分の3近く存在する一方、「ブラジルで働き口を紹介してくれる家族・親族」が「いる」という回答がA社調査で約3分の1、長浜調査で約4分の1にとどまっていた。ブラジルへの帰国を希望する層が大半であったものの、ブラジルでの生活に関する保障という点ではきわめて厳しい条件となっていたのである。トランスナショナルな移住として帰国がいつでも可能であることを前提とする議論もあるが、現実には日本での居住を選択せざるを得ないという、労働・生活面での制約があるのだ。この点はブラジルでの調査においても帰国後の生活の困難が指摘されており（朝倉 2017）、日本とブラジルの往来を自由にできる層は限られていることに注意が必要である。

また、「日本での子ども居住」が日本での居住志向を高めることが浮かび上がってきた（松宮 2012）。同じデータを用いた山口博史（2014）の分析でも、「永住」資格をもつこと、子どもとの同居があることなどが滞日化傾向を高める点を明らかにしている。以上の結果から、リーマンショック直後の状況において、製造業での派遣においては年齢や日本語能力などにより選別を受けていること、定住については子どもが日本に居住していることが重要な要素となっていることが見えてくる。また、雇用の確保により居住を維持できた層とともに、日本で子どもが暮らしている、あるいはブラジルには不動産がなく、生活、就労面で頼りにできる家族が存在しないため就労条件が整わない、という理由で日本での居住を選択した層も一定数存在したのである。

2 リーマンショック後10年間の動向

リーマンショック後、ブラジル人人口は２０１５年末まで減少を続けたが、２０１６年以降はゆるやかな増加傾向にある。また、在留期間が無制限となる「永住者」が増加し、「定住者」を大幅に上回るようになっている（**図1**、**図2**）。これは、日本の労働力不足やブラジルの景気悪化などの要因によるものである。リーマンショック後にブラジル人の人口が急減した際にも、ブラジル人の労働力人口は減少しておらず（丹野 2018b:9）、一定の労働力需要が継続したと考えられる。こうした動きと連動するかのように、２０１８年7月1日に法務省は「日系四世の更なる受入れ制度のための特定活動告示の一部改正等について」を告示した。犯罪歴、日本語能力、生計維持・帰国旅費の確保、健康、医療保険加入、家族を帯同しないなどの要件を満たす18歳以上30歳以下の日系四世を対象とする制度で、従来の受け入れ範囲を一歩超えるものである。２０１８年11月

表1　ブラジル人・ペルー人雇用者と派遣・請負比率

年	2010	2011	2012	2013	2014	2015	2016	2017
ブラジル人総雇用者	116,363	116,839	101,891	95,505	94,171	96,672	106,597	117,299
うち派遣・請負	70,034	68,854	57,035	52,939	51,763	52,671	57,942	64,622
派遣・請負比率（%）	60.2	58.9	56.0	55.4	55.0	54.5	54.4	55.1
ペルー人総雇用者	23,360	25,036	23,267	23,189	23,331	24,422	26,072	27,695
うち派遣・請負	11,848	12,430	11,163	10,997	10,758	11,032	11,651	12,468
派遣・請負比率（%）	50.7	49.6	48.0	47.4	46.1	45.2	44.7	45.0

出所：『外国人雇用状況の届出状況』各年度版より作成。

表2　ブラジル人・ペルー人製造業従事者

年		2009	2010	2011	2012	2013	2014	2015	2016	2017
ブラジル人	人数	56,450	65,778	66,218	58,347	53,959	51,080	50,798	52,886	55,528
	構成比（%）	54.1	56.5	56.7	57.3	56.5	54.2	52.5	49.6	47.3
ペルー人	人数	9,731	12,565	13,163	12,251	11,921	11,636	11,795	12,037	12,234
	構成比（%）	52.5	53.8	52.6	52.7	51.4	49.9	48.3	46.2	44.2

出所：『外国人雇用状況の届出状況』各年度版より作成。

現在で申請数は数件にとどまり、その条件の厳しさゆえに全く伸びていないものの、帰国を促した10年前の状況とは対極的な、南米系住民をめぐる新たな段階と見ることができるだろう。

では、このような動きをもって、リーマンショック以前の状況への回帰ととらえるべきなのだろうか。この点について、南米系住民の雇用状況をめぐるデータから確認しておこう（表1、表2）[3]。

表1、**表2**から明らかなように、ブラジル人、ペルー人ともに、2010年から2017年にかけて派遣・請負の比率、製造業の比率がどちらも5ポイント以上低下している。しかし、依然として高水準であり、製造業の間接雇用が主となる構造自体は変わっていない。南米系住民が最も多く居住する愛知県で2016年に実施された外国人住民調査では、非正規雇用はブラジル人で70・2%、ペルー人で56・0%、正社員はブラジル人で20・8%、ペルー人で40・7%である。経済的な困窮も目立ち、世帯月収が200万円未満の層はブラジル人で15・7%、ペルー人で35・8%となっている（愛知県県民生活部社会活動推進課多文化共生推進室編 2017）。

ここで確認しておくべきことは、南米系住民の単純な増加ではなく、家族としての滞在者が減少する傾向にあることだ（丹野 2018b）。これは家族滞在がない「技能実習生」に近い形態とも言えるが、そもそもリーマンショック以前にも、労働者派遣法の雇用継続もからむ形で、研修生・技能実習生への置き換えが徐々に進んでいた（丹野 2013）。愛知県では契約を打ち切られた南米系住民が社員寮を追われた後、研修生・技能実習生の寮として使われるようになった事例も見られ、それまで南米系住民が圧倒的に多かった東海地方の自治体でも、技能実習生を主とするアジア系の外国人が最多となる現象が見られるようになった（高畑 2018）。南米系住民と技能実習生の在留資格は全く異なるが、労働市場では同一カテゴリー内での選択の対象となっているとされ、南米系住民から技能実習生へのシフトが、安定した雇用が実現しない要因のひとつとなっている（丹野 2018a）。近年の技能実習生の対象職種拡大・期限延長の動きは、こうした傾向を強める可能性が高い[4]。

　また、雇用面での選別としての機能と、日本で暮らすうえでの重要なスキルである日本語能力についても、「できる」「ややできる」を合わせた比率は２０１６年の段階でもブラジル人で35・6％、ペルー人で28・6％にとどまっている（愛知県県民生活部社会活動推進課多文化共生推進室編 2017）。継続的な調査を実施している愛知県豊田市の調査結果から見ても大きな進展は認められない（豊田市企画部国際課編 2017）（**表3**）。依然として非正規雇用が圧倒的多数を占める不安定な就労の問題や、日本語能力をめぐる問題は解消されておらず、大きな変化があるわけではないのだ。

　もっとも、リーマンショック後には、電機、自動車などの加工組立型産業から、パチンコ産業などの部門に市場を拡大する動きもあり（小谷 2014: 345）、後述するように、大学進学の増加など学歴の高まりにともない、製造業以外での就労が一定数増加している。特に南米系住民の第二世代において、派遣会社での通訳としての正規雇用や、自動車販売、不動産業などの部門で、南米系住民の顧客拡大を目的とする正社員としての雇用の動きも認められる。こうした動きは、それまでの製造業中心の就業構造からの転換と見ることもできるかもしれない。しかし、先に見たよう

表３　日本語能力（話す）（ブラジル人）　　(%)

年	2009	2011	2016
全く話せない	2.9	4.3	5.9
簡単な自己紹介ができる	35.3	21.4	26.7
日常会話ができる	37.6	43.6	41.6
仕事や学校で打合せができる	14.7	17.9	15.8
日本人と同じぐらいできる	8.2	12.8	8.9
回答なし	1.2	0.0	1.0

出所：『豊田市外国人住民意識調査アンケート結果報告書』各年度版より作成。

に量的には大きく拡大しているわけではなく、さらに言えば日本語能力や学歴などによる一層の選別が見られることに注意しなければならない。

また、日本での定住が進むなかで、社会保険、国民健康保険未加入の問題は重い課題である。これまでも南米系住民の雇用において、健康保険、年金の使用者側の不払いの問題が指摘されていた（丹野 2013: 221-2）が、2012年に実施された岐阜県の外国人住民調査でも、年金未加入者が半数を超え、世帯収入200万円未満の層での医療保険の未加入が目立つことが明らかにされている（朝倉 2017: 105）。これに対して2014年の浜松市調査の分析では、健康保険、年金加入が進んでいることも指摘され（渡戸 2017: 125）、愛知県調査でも、2009年から2016年にかけて職場の健康保険加入、厚生年金加入が倍近く増加している（愛知県県民生活部社会活動推進課多文化共生推進室編 2017）（**表4**）。しかし、それでもなお、無保険、無年金の割合が半数近く存在する実態には変わりがない。

表4　健康保険、年金加入（ブラジル人）　(%)

年	2009	2016
職場の健康保険	28.1	56.1
市町村の国民健康保険	42.9	21.3
職場の厚生年金	27.0	45.5
市町村の国民年金	5.1	8.4

出所：『愛知県外国人アンケート調査報告書』各年度版より作成。

では、こうした南米系住民をめぐる問題の構造は、第一世代から第二世代にどのような形で引き継がれているのか、あるいは転換が認められるのだろうか。国勢調査の分析では、2005年から2010年にかけて、両親ブラジル籍の子どもは26％減少する一方、両親ペルー籍の子どもは5％の減少にとどまることが明らかにされている（髙谷・大曲・樋口・鍛治・稲葉 2015: 42）。このように国籍ごとに差は認められるものの、南米系住民の年齢別データ[5]から見ると、ブラジル人、ペルー人とも30～40代の労働力人口となる層が多数を占め、子ども世代も減少していないことが分かる。そして、母国語別要日本語指導児童生徒は、最多となった2008年度の11386人から2016年度879人と減少しているものの、言語別ではポルトガル語が第1位のままである。[6]

このような第二世代をめぐる問題に対して鈴木江理子（2018）は、限られた職業の選択、社会保険、雇用保険加入、残業割り増し、有給休暇の障壁など、実現されない「平等」の問題を指摘する。一方、山本直子（2017）は、親と子の役割逆転、集住地域の支援と強い同化圧力のもとでのポジティブなアイデンティティ探究に目を向ける。一見すると対極的な議論に見えるが、第二世代を取り巻く家族、教育をめぐる問題自体が継続していることの認識という点では共通し、そのなかでも教育が重要な問題として焦点化されている。

日本で暮らす外国人の子どもたち全般に関する教育課題としては、日本語能力、学校への適応、不就学、アイデンティティ、生活文化の違いなどをめぐる問題があるが（新藤 2018）、この点に加えて高校進学率の低さという、ブラジル籍、ペルー籍の子どもたち特有というべき問題が見られる点に注意する必要がある。国勢調査データの分析からは、日本で5年以上生活している17歳のブラジル国籍青少年の高校在学率は、２０００年の30％から２０１０年の50％に上昇しているとはいえ、日本国籍だけでなく、他の国籍の青少年と比較してもその低さが目立っている（髙谷・大曲・樋口・鍛治・稲葉 2015）。19～21歳の国籍別進学状況を見ると、ブラジル籍で「中学卒」33・7％、「高校卒」42・1％、「高校在学」4・0％、「短大・高専在・卒」7・1％、「大学在学」11・8％、ペルー籍では「中学卒」26・3％、「高校卒」43・8％、「高校在学」5・0％、「短大・高専在・卒」11・3％、「大学在学」11・3％であり、「中学卒」の多さが目立つと言える。さらに重要と思われるのは、親の世代に当たる40代の大卒比率と比較すると、ブラジル籍で同程度、ペルー籍で下降が見られ、進学率の絶対的・相対的な低下が認められることだ（樋口・稲葉 2018: 572–4）。こうしたデータを見る限り、南米系住民第一世代から第二世代への世代間階層移動の可能性が低いという問題が突きつけられることになる。

もっとも、以上の知見は２０１０年の段階での分析結果であり、その後進学率の上昇が予測されてはいる。しかし、高校や高等教育機関への進学率もかつてと比べて高くなっているとはいえ、相対的に低い状態であることには変わりがない。こうした問題の背景として、南米系住民において「日本では一般にエスニックな社会関係が乏しく、それゆえ第二世代が全体として不利な状況にある」点が重要だろう（樋口・稲葉 2018: 569）。ここで考えるべきは、本人の義務教育を受けた期間ではなく、親の学歴と生活の安定が大学進学率に有意に関係している点である（樋口・稲葉 2018: 575）[7]。この点を踏まえるならば、南米系住民第二世代の問題を考える上では、親世代の雇用の安定を含む「生活の安定」に関連する、社会関係の不利を乗り越える資源としてのエスニック・コミュニティ、支援組織に目を向けることが不可欠となる。次に生活場面の変容からこの問題にアプローチしたい。

3　集住地域での生活の変容

日本で暮らすペルー人は関東圏に多く居住し、集住地域を形成することが少ない（田巻・スエヨシ編 2015:17）のに対して、ブラジル人は約8割が東海地方、北関東などの製造業の集積地に集中し、社宅・寮、公団住宅、公営住宅に集中的に居住することにより集住地域を形成してきた。集住地域では、ゴミ投棄のルール違反、違法駐車、騒音、子どもの不就学、住民間の摩擦が問題となったが、こうした南米系住民をめぐる問題の根本にアプローチしたのが「顔の見えない定住化」の議論である。これは、外国人労働者を必要とする雇用システム・産業構造の問題と、国レベルの統合政策の欠如という日本社会が抱える構造的問題が、結果として外国人が集住する地域に押しつけられるという構図を明快に説明するものだった。南米系住民の集住地域においては集住が進むものの、人的資本、社会的資本双方を欠く「解体コミュニティ」となり、社会生活を欠くために地域社会から認知されない「顔の見えない定住化」が進み、市場が生み出す外部不経済を地域社会が支払うというメカニズムが描き出されたのである（梶田・丹野・樋口 2005）。

では、こうした構造的問題がどのような形で第二世代に引き継がれているのだろうか。この点については、ポルテスらの「編入モード」による理論枠組みを援用した議論が活発に展開されている（是川 2018）が、主に①送り出し国からの離脱条件、②移民の人的資本のタイプ、③受入国政府、雇用主とネイティブの反応、エスニック・コミュニティの有無という3点から説明が試みられている（渡戸ほか 2017）。このなかでも第二世代をめぐっては、前節でも指摘したように親からの人的資本との関係が重要となる（是川 2018）が、ここでは、第二世代の階層移動に影響を与える要因として注目されつつある③に関する内容、特にエスニック・コミュニティを中心とした社会関係から考えてみたい。

竹ノ下弘久は、2006年の浜松市、2007年の静岡県の調査データの分析から、「家族・親族や同国人との結束型社会関係資本は、ブラジル人労働者の日本での職業的な上昇移動に何ら貢献しなかった」とし（竹ノ下 2016: 18）、「ブラジル人が上昇移動に必要な資源は、エスニック・コミュニティ外部に求められなければならず、橋渡し型の日本人とのつながりが、ブラジル人の非正規から正規への移動に重要な役割を果たしていた」とする（竹ノ下 2018: 164）。つまり、南米系住民のエスニック・コミュニティに対して十分

表5　住宅の形態（ブラジル人）

(%)

地域	愛知県		豊田市		
年	2009	2016	2009	2011	2016
県営・市営住宅	45.9	25.8	37.6	41.0	36.6
UR		15.3	21.8	17.9	20.8
民間の賃貸住宅	29.6	29.1	17.6	18.8	15.8
学生寮、会社の社宅・社員寮	10.2	9.2	6.5	8.5	8.9
持ち家（一戸建て住宅＋マンション）	10.8	17.9	11.8	13.7	15.8
その他	2.6	1.9	2.9	0.0	1.0
回答なし	1.0	0.7	1.8	0.0	1.0

出所：『愛知県外国人アンケート調査報告書』、『豊田市外国人住民意識調査アンケート結果報告書』各年度版より作成。

に期待ができないため日本人との関係形成が重要となる点を示唆するのである。では、こうした関係形成はどのように実現するのだろうか。浜松市の調査からはホスト社会住民との接触機会の増大（片岡 2014）、豊田市保見団地の近年の調査からは、地域への参画、日本人との関係形成の展望が語られている(Hayashi 2017)。地域の参加についても、愛知県豊田市の調査では、ブラジル人が自治会・地域活動に「よく参加する」「ときどき参加している」という回答の合計が、２０１１年の45・3%から２０１６年の53・5%と増加しているように（豊田市編 2017）、関係形成が進んでいると見ることができるかもしれない。

こうした社会関係形成を考えるうえで注意が必要なことは、特定の地域への集住が依然として顕著な点だ。２０１６年に実施された愛知県の調査では、公的賃貸住宅への入居は17・9%となっているが、南米系住民に限れば、ブラジル人25・8%、ペルー人37・7%と高い比率を占めている（愛知県県民生活部社会活動推進課多文化共生推進室編 2017）。また、愛知県豊田市の調査を見ると、ブラジル人の「県営住宅、市営住宅」の入居者は36・6%と、２００９年と比較しても高い比率を維持している（豊田市編 2017）（**表5**）。このように、民間賃貸住宅と比べて入居時の差別などの障壁がない公営住宅への入居率は高く、愛知県の県営住宅では、２０１８年４月現在で、入居戸数４８０９９戸に対して、外国人世帯は６８１９戸と14・2%を占め、その半数以上がブラジル籍の世帯である。[8] 外国籍世帯の入居比率が半分を超える団地も珍しくなく、なかには6割を超える住宅もある。ゴミや生活習慣の違いによる生活上の問題の集中や、外国籍児童の比率が7割を超える小学校も現れているように、教育面でも特定の問題が集中する集住地域特有の現象が継続していることをうかがい知ることができる。もっとも、集住は問題として現れるだけでなく、集住することによってエスニック・コミュニティ形成の場につながるという強みもあるわけだが、ここでは、愛知県西尾市の状況から見ていこう。ここには、2000年代に愛知県内で最も外国籍住民の入居比率の高かった県営住宅があり、2007年からペルー人の自治会長が誕生するなど、地域ベースの「共生」の実践が一定の成果を挙げた地域であるためだ（松宮 2017）。

西尾市では1990年代から県営住宅を中心に南米系住民の集住が進んだが、ここでの大きな特徴は、南米系住民が自治会活動に参加し、自治会長をはじめとして、駐車係、電気・防犯係、子ども会役員に就いていることである。これは、住宅、ゴミ出しのルールや各種お知らせなどのポルトガル語翻訳を実施する翻訳係という自治会の役を新たに設けることによって実現したものである。自治会役員の構成についても工夫され、副会長、駐車場係、各棟班長などの役員に必ず1名以上外国籍住民が就く体制づくりが整えられた。こうした基盤の上に、団地内の日本語教室に通うグループ、同じく団地内のポルトガル語教室に子どもを通わせていた親たちのつながり、教会に通うグループ、主にブラジル学校に通う若い世代によるカポエイラや空手のサークル活動など、団地住民をベースにした多様なネットワークが形成されたのである。ブラジル人のコミュニティでは、ブラジル料理やピザ、ケーキなどの販売・宅配、出張理容など多様なエスニックビジネスも展開され、平日の7時30分から食事付きで子どもを預かる託児所があり、子どもたちへのポルトガル語教室、日本語教室など、南米系住民主体の取り組みが見られた。団地を基盤とした南米系住民のコミュニティが地域社会に多様なチャンネルをもち、さまざまな生活上の問題に対応したのである。

しかし、リーマンショックによって状況が大きく変わることとなった。2009年4月に実施した調査では、ある団地で居住していた39世帯の外国籍世帯のうち、実に25世帯に失業者が認められた。また、失業には至らなくても勤務時間の大幅な短縮により経済的に困窮する南米系住民も増加し、ブラジル食材店の撤退や、ブラジル籍住民主導の活動が縮小するなど、コミュニティの弱体化も進み、団地集会所で開催されていた日本語教室、ポルトガル語教室も閉鎖された。こうした深刻な状況に対して、ブラジル人コミュニティと団地の自治会、そして自治会を基盤にした外国籍住民の支援組織が連携を強化して取り組みを進め、保育園でのプレスクールと団地自治会との連携や、不就学の外国籍の子どもたちへの支援につなげていく。経済不況下の困難な状況において、南米系住民のコミュニティと居住地域の関係形成の基盤が機能したことによって、南米系住民のコミュニティの弱体化をカバーするだけでなく、西尾市の行政としての教育支援施策を中心とした取り組みにも発展した点は、重要な意味をもつと思われる（松宮 2017）。

ただし、ここで注意しておくべきは、南米系のコミュニティの弱体化がもたらした問題である。団地の集会所で開かれていた学習支援教室は、緊急雇用対策の事業費を用いて集住地域内にある人材派遣会社の空き室を利用して継続することができたが、3年の予算期限にともない市の単独事業として運営されるようになったのを機に、集住地域からは離れ、南米系住民のコミュニティとのつながりが弱まることになった[9]。学習支援機能が集住地域のコミュニティから離れたことや、「タバコ、酒、薬などに手を出さないように」という目的で団地に住む若いブラジル人たちが町内会の施設で開催していたカポエイラ、空手のサークル活動が休止し、南米系住民の子どもたちが集う場所がなくなり、団地前の公園に深夜まで集まる少年たちや、不就学の子どもたちが目につくようになっている。

このように、南米系住民の第二世代の家族や教育をめぐる課題に対する機能が弱まるなかで、どのような展望を描くことができるのだろうか。次に、集住地域から離れ住宅購入をした南米系住民の生活をめぐる動きから考えてみよう。

4 住宅購入と生活の安定

第二世代の教育問題をめぐって注目される知見として、両親ブラジル籍、両親ペルー籍の子どもの持ち家居住率の上昇と高校通学率が正の相関関係にあることが、2010年の国勢調査の分析によって明らかにされている（髙谷・大曲・樋口・鍛治・稲葉 2015:43–4）。持ち家が生活の安定をもたらし、間接雇用による就労の不安定さ、移動の多さという南米系住民をめぐる構造的な問題を乗り越える糸口を示唆する知見である。実際、集住地域で居住する南米系住民のあいだで多く語られるのは、戸建て、マンションなど持ち家購入という夢であるが、こうした住宅購入に込められた意味と生活の変容について見ていこう。

南米系住民の居住について式王美子（2014）は、2000年の国勢調査をもとに、1995年からの5年間に来日した「新来外国人」と、5年以上居住している「定住外国人」の分析を行い、「定住外国人」の持ち家率が31・5％であるのに対して、「新来外国人」では1・0％ときわめて低いことを指摘した。この「新来外国人」の大半は南米系住民であり、社宅、公営住宅に居住する比率の高さが明らかにされたのである。それ以降の動向について小内純子

(2009)は、群馬県大泉町での不動産会社とブラジル人戸建て持ち家層の調査から、2000年頃から住宅購入が増加していることに注意を促している。この背景として、ブラジル人の定住志向が明確になったこと、比較的容易に住宅ローンを組むことが可能であったことの2つの要因を指摘する。住宅ローン契約の条件は、①永住権をもつ、②税金の未払いがない、③総経費の3割の頭金をもっていることであったが、③については、長期間(概ね5年間)同じ職場に勤めていることという形で緩和されることによって、土地込み価格2000~2500万円、月々の返済額8~10万円で購入することが可能となった。しかし2007年からの景気悪化、金利上昇にともない、住宅購入のピークは過ぎたという(小内 2009)。

では、リーマンショック後に持ち家層は減少したのだろうか。愛知県豊田市の調査結果から見ると、ブラジル人の「持ち家(戸建て住宅+分譲マンション)」の比率は2009年の11・8%から2016年の15・8%へとそれほど増えていないことが分かる。もっとも、これは県営とURの大規模団地である保見団地の存在が大きいためであり(豊田市編 2017)、愛知県のデータでは、ブラジル人の持ち家層が2016年に17・9%と、2009年の10・8%から増加を見せている(愛知県県民生活部社会活動推進課多文化共生推進室編 2017)(**表5**)。また、静岡県浜松市の2014年調査でも、「持ち家(マンション含む)」が25・0%と、2010年調査の16・1%から大きく増加しており(浜松市企画調整部国際課編 2014: 28–9)、リーマンショック後、南米系住民の持ち家比率が一定程度増加していることを見てとることができるだろう。[10]

こうした住宅購入の実態を把握するために、2016年に愛知県、岐阜県の集住地域に持ち家を購入した南米系住民10世帯(ブラジル籍9世帯、ペルー籍1世帯)の調査を実施した(松宮・山本 2017)。日本での定住を決めて戸建て住宅の購入をした理由として10ケースすべてで挙げられたのが、「日本では景気が悪くなったとはいえ、仕事はある」という日本での仕事、収入の確保という理由である。もう1点重要なのが子どもの教育であり、すべてのケースで、「子どもが日本語しかできない」、「ブラジルでの生活ができない」という理由があげられていた。また、住宅のもつ意味としては、年金や社会保障に不安があるなかで、老後や子どもたちの生活を保障する最大のリスクマネジメントとして認識されていることも重要である。共働きで世帯収入を維持することができなくなった後の生活基盤確保と、子ども世代の安定的な生活、そのための期待が住宅購入に込められているのである。この点に関連して、帰国してもブラジルで仕事が見つかる保障がないという問題や、「ブラジルで家を買うつもりだったが、当時小6の長女が帰りたくないと言ったことが決め手となった」というように、ブラジルでの生活に不安があることも語られていた。ブラジルに帰国した場合の就労・生活の問題も、日本での定住を導く大きな要素となっているのだ。

では、こうした住宅購入はどのように実現されたのだろうか。経済的な面から見ると、8ケースの世帯主が製造業関係に従事し、そのうち5名は正社員であり、相対的に安定した層である。その一方で、3ケースは非正規雇用、2ケースが自営業という、正社員ではない場合でも住宅購入が可能となっていた。小内（2009）の指摘とも重なるが、2000年代の前半までは、正社員しかローンを認めていない業者が大半であったのに対して、2000年代半ば以降、次第に派遣会社で働く層にも範囲を広げていることを示すものである。

住宅購入にあたっては、ポルトガル語、スペイン語通訳を配置している不動産業者の利用が大半である。これらの業者は、集住地域にあるブラジル食材店、ブラジル料理店などに置かれている無料の月刊ミニコミ誌に、見開き1頁で住宅に関する広告を掲載している。ポルトガル語、スペイン語、英語対応可能であることが紹介され、愛知県の場合、新築で2000万円前後、中古で1000～2000万円の物件が紹介されている。紙媒体以外では、FACEBOOKにおいても、ポルトガル語による住宅の宣伝を行う業者があり、3ケースが活用していた。このサイトでは、ローンの問題から住宅の紹介まで広範な情報提供が行われ、定期的にポルトガル語による住宅購入の無料講座も開催されている。ここでは「すべての方が家を持つことができます！」と謳われ、仕事や収入に不安がある層にも積極的な住宅購入を呼びかけるものとなっている。実際の住宅購入金額は2000万円台～2500万円前後が多く、中古を購入した1ケースを除いてすべて35年ローンであり、それまでの家賃の支払額を基準に返済額を設定していた。ここで注意しておくべきことは、40歳以上でもローンを組むケースもあり、「10年後は息子がローンを返済することを期待している」というように、次の代でのローン返済を前提としていることもあることだ。

住宅購入による子どもの教育面への影響については、通学している学校に近い場所で住宅を購入したのが9ケースで、なかには高校卒業後の通学の利便性を考えて、公共交通機関の利用しやすい場所に購入したケースもあった。さらに住宅購入により、子どもの友人関係や地域での関係においてホスト社会とのつながりが増加し、進路などの情報収集などにおいて有利に働くという声も多く聞かれた。また、ブラジルから1年前に移住した義弟と同居をしているケースや、ブラジルから来日したばかりの義妹夫婦と半年同居していたケースのように、多様な家族・親族構成員との柔軟な同居が可能となり、家族・親族が来日して、仕事を決め、生活基盤の準備をする一時滞在の場として住宅が機能していることも明らかになった。このように住宅購入は、第二世代の生活や教育環境整備、家族・親族を中心としたネットワークの維持など、生活の安定には大きく寄与していると言えよう。しかし、愛知県内のあるブラジル人の相談員が述べるように、「ボーナスなど収入が違うのだから、車や家の消費が一緒なわけにはいかないはず」であり、過大なローン設定や、次の世代でのローン支払い負担などのリスクもつきまとう[11]。

5 外国人労働者受け入れ拡大における課題

以上、リーマンショック後の南米系住民の人口動態、雇用の状況、そして第二世代をめぐる問題について、これまでの研究における知見を踏まえ、既存の統計データと筆者による調査をもとに検討してきた。まず、南米系住民の第二世代の問題を考えるうえで強調しておくべきことは、労働市場において技能実習生への置き換えが進むことにより南米系住民のウェイトが相対的に下がり、その「技能実習生化」とも呼ぶべき事態が進んでいることである。そのため、リーマンショック以前の労働をめぐる構造的問題が改善されることはなく、第二世代の教育や就労にも大きな影響を及ぼしている。また、定住が進んでいるにもかかわらず、社会保障・年金未加入が一定数存在している点も確認された。こうした点は、南米系住民の今後の生活において大きなリスク要因となっている。こうしたなかで、南米系住民の一部にセーフティネットとして持ち家を購入するという自助的な手段により解決を目指す動きも認められるものの、集住地域でのエスニック・コミュニティの機能の弱体化も並行して進んでおり、南米系住民の生活基盤の不安定性があらためて確認されたと言える。

もちろん、南米系住民の経験の蓄積には重要な意味があり、たとえば大学に進学した第二世代をロールモデルとした進学相談会や、生活支援、教育支援の地域的取り組みによる社会的資源も形成されてきている。しかし、第二世代の生活条件における不利を克服する家族の資源や、学習支援などの地域資源につながる層は限定され、二極化とも言うべき事態が進行している。近年注目される大学への進学などの課題に対しては、就労や住宅、社会保障などにも精通するブラジル人の相談員も、「ブラジル人の進路の情報はようやく高校進学まで。そこでとまっていて、大学までは分からない」としているように[12]、十分な対応策が整備されていないのが現状である。

こうした状況においても、集住地域を中心としたローカルな実践による対応が、教育支援を中心とした地方自治体レベルの施策につながりつつあることも事実であり（松宮 2017）、南米系住民の多い自治体を中心に結成された外国人集住都市会議により、国レベルの政策にも一定の影響を与えてきた。２００６年３月に総務省より打ち出された「地域における多文化共生推進プランについて」では、地域の受け入れ体制の整備や、外国人の人権保障など自治体が取り組むべき施策が体系的に示され、多くの集住自治体において多文化共生推進プランの策定が進んでいる。２０１０年８月には「日系定住外国人施策に関する基本指針」がまとめられ、２０１１年３月の「日系定住外国人施策に関する行動計画」では、この課題に対して政府全体で取り組む点が確認され、日本語、教育、就労、社会保障、コミュニティの５分野の支援が提示された。さらに、２０１４年３月の「日系定住外国人施策の推進について」では、南米系住民の永住化傾向と東日本大震災後の状況も加味され、日本語教室、防災、地域社会への参画支援など新たな施策が盛り込まれている。

問題は、ここまで見てきた南米系住民の労働・生活や、第二世代の課題に対して、施策の効果が見られるかどうかである。ここには、１９９０年の南米系住民の受け入れから一貫して続く移民政策の不在、すなわち、就労に制限がない在留資格である「定住者」ではあるが、実質的には労働者、移民であるという実態を隠蔽した「サイドドア」による受け入れであったため、国レベルの移民政策が十分にとられることはなかったことに起因する問題がある。結果として、南米系住民にとって必要とされる社会的サービスは公的セクターではなく民間セクターが供給し（丹野 2013）、南米系住民の集住する地域でのローカルな「共生」の実践にゆだねられ、南米系住民をめぐる課題にこたえられない要因となっているのだ。外国人労働者受け入れ拡大に向けて大きく舵が切られようとしている現在、南米系住民をめぐる制度・政策、および地域で蓄積された社会的資源が他のエスニック集団に対する取り組みにも影響することは確実である。その意味でも、あらためて南米系住民の労働・生活面での経験と問題を確認し今後のあり方を検証することが、決定的に重要な課題となるはずだ。

＊本章は、ＪＳＰＳ科研費１６Ｋ０４０８４、及びＪＳＰ

Ｓ科研費１８Ｋ０２０６６の助成を受けたものである。

注

1　１９９０年の入管法改定施行により日系三世まで認められた「定住者」、「日本人の配偶者等」、および「永住者」の在留資格をもつ南米出身者を指す場合、「日系南米人」などの呼称が一般的である。本章で「南米系住民」という呼称を用いるのは、一世、および南米にルーツがあり帰化によって日本国籍を取得した者を含めることと、日本での住民としての生活実態を重視するためである。

2　筆者は２００１年より愛知県西三河の集住地域におけるコミュニティ活動に参加しつつ調査を続けており、本章での議論も、生活場面を中心とした調査に基づくものであることを断っておきたい（松宮 2017）。

3　厚生労働省ホームページ、https://www.mhlw.go.jp/stf/houdou/0000192073.html（２０１８年11月30日閲覧）。

4　愛知県は国の制度改変前の２０１５年に、国家戦略特区として技能実習制度の5年間への期間延長を提案している。

5　法務省ホームページ、http://www.moj.go.jp/content/001212973.pdf（２０１８年11月30日閲覧）。

6　文部科学省ホームページ、http://www.mext.go.jp/b_menu/houdou/29/06/1386753.htm（２０１８年11月30日閲覧）。

7　なお、この点について是川（2018）は、同じ２０１０年の国勢調査データの分析から、国籍別の親の学歴と第二世代の教育達成の関連の弱さを指摘している。

8　愛知県建設部建築局公営住宅課県営住宅管理室資料。

9　ただし、ペルー人住民主導で実施していたスペイン語教室や母国文化を継承する活動は２００９年度に一旦休止したが、２０１２年度から復活している。

10　２０１４年に栃木県内の１４１名のペルー人を対象としたアンケート調査では、「民間賃貸」50・４％、「持ち家」26・２％となっている（田巻／スエヨシ 2015: 178）。

11　調査時には、リーマンショック後に失業や労働時間の減少を経験し、複数のアルバイト収入で埋め合わせるなどの困難が語られていたように、収入の状況からしてきわめて厳しいぎりぎりのローン設定である。また、ローンを払うことができず住宅を手放した多くの南米系住民の存在も語られており、ここでの10ケースは住宅を維持できた一部であることに注意が必要である（松宮・山本 2017）。

12　２０１８年10月の聞き取り。

参考文献

愛知県県民生活部社会活動推進課多文化共生推進室編（2017）『平成28年度愛知県外国人県民アンケート調査報告書』
朝倉美江（2017）『多文化共生地域福祉への展望——多文化共生コミュニティと日系ブラジル人』高菅出版
イシ、アンジェロ（2018）「在日ブラジル人／デカセギ移民」日本移民学会編『日本人と海外移住』明石書店
小内純子（2009）「戸建て層の出現とその動向」小内透編著『日系ブラジル人のトランスナショナルな移動と定住』北海道大学大学院教育学研究院教育社会学研究室
梶田孝道・丹野清人・樋口直人（2005）『顔の見えない定住化』名古屋大学出版会
片岡博美（2014）「ブラジル人は『顔の見えない』存在なのか？」『地理学評論』87（5）: 367–385
小谷真千代（2014）「業務請負業者の事業戦略と日系ブラジル人労働市場」『人文地理』66（4）: 24–45
是川夕（2018）「移民第二世代の教育達成に見る階層的地位の世代間変動」『人口学研究』54: 19–42
式王美子（2014）「新来外国人の住宅選択」『日本都市学会年報』47:

239–248
新藤慶（2018）「外国籍児童生徒の学びを支える『家庭と学校との関係』構築に向けて」『群馬大学教育学部紀要　人文・社会科学編』67: 231–244
鈴木江理子（2018）「国境を越えて働く外国人労働者の現場から」津崎克彦編著『移民・ディアスポラ研究7　産業構造の変化と外国人労働者』明石書店
高畑幸（2018）「東海地方における移住労働者のエスニシティ構成の『逆転現象』」『日本都市社会学会年報』36: 147–163
高谷幸・大曲由起子・樋口直人・鍛治致・稲葉奈々子（2015）「２０１０年国勢調査にみる外国人の教育」『岡山大学大学院社会文化科学研究科紀要』39: 37–56
竹ノ下弘久（2016）「労働市場の流動化と日系ブラジル人をめぐる編入様式」『法学研究』89（2）: 1–23
――（2018）「移民受け入れの制度的文脈と人間関係」佐藤嘉倫編著『ソーシャル・キャピタルと社会』ミネルヴァ書房
田巻松雄／スエヨシ・アナ編（2015）『越境するペルー人』下野新聞社
丹野清人（2013）『国籍の境界を考える』吉田書店
――（2018a）『「外国人の人権」の社会学』吉田書店
――（2018b）「日本における外国人労働者政策の現状・課題と今後の展望」『都市問題』109（9）: 4–10
豊田市編（2017）『平成28年度豊田市外国人住民意識調査アンケート結果報告書』
浜松市企画調整部国際課編（2014）『浜松市における日本人市民及び外国人市民の意識実態調査報告書』
Hayashi, B. N.（2017）「保見ヶ丘地区におけるネットワーク形成の論理」『東海社会学会年報』9: 120–137
樋口直人・稲葉奈々子（2018）「間隙を縫う――ニューカマー第二世代の大学進学」『社会学評論』68（4）: 567–583
松宮朝（2012）「経済不況下におけるブラジル人の生活状況と今後の展望」『JICA横浜海外移住資料館研究紀要』6: 21–33
――（2017）「地域コミュニティにおける排除と公共性」金子勇編著『計画化と公共性』ミネルヴァ書房
松宮朝・山本かほり（2017）「ニューカマー外国籍住民の住宅購入をめぐる課題」『人間発達学研究』8: 51–69
山口博史（2014）「日系ブラジル人親の国内居住と子の滞日化傾向」『移民研究年報』20: 59–76
山本直子（2017）「外国人集住地区における日系ブラジル人第二世代の文化変容」渡戸一郎ほか編『変容する国際移住のリアリティ』ハーベスト社
渡戸一郎ほか編（2017）『変容する国際移住のリアリティ』ハーベスト社

◎第9章

移民第二世代の文化変容と学業達成

大阪の中国帰国生徒を中心に

鍛治 致

はじめに

大阪のある地域で生活する中国帰国者たちと、筆者は1997年頃からずっと関わりつづけてきた[1]。昔から真面目でおとなしかった者はもちろんのこと、当時ケンカに明け暮れ、盗んだバイクを乗り回し、親や教師や地域の人々を困らせていた少年たちも今では立派な大人だ。半年ほど前中国人のみんなと中学校の同窓会を開催してみたのだが、感慨深かったのは親子二代で同窓生という者が予想以上に多かったことだ。筆者は二十余年の歳月が中学生を中学生の親に変えてしまったことに愕然とするとともに、彼(女)らが地元を離れずに子育てしていることをとても嬉しく思った。

ところで、このとき気になったのは彼(女)らの子どもたちのゆく末だ。日本で生まれ育った移民第二世代たちは日本の社会のなかで高い学歴を身につけ、高収入の仕事に就くことができるのだろうか。それとも、家計の苦しさや差別にゆく手を阻まれ、あるいは反学校的な対抗文化に染まって学業を放棄し、不安定な仕事に就くことになるのだろうか。

移民の家族の物語には楽観的なシナリオと悲観的なシナリオがあるといわれる。楽観的なシナリオとはホスト社会で生まれ育った移民の子どもたちが社会の上層に同化していくというものだ。これを上昇同化という。一方、悲観的なシナリオは社会の下層に同化していくというもので、これが下降同化といわれる現象だ。

悲観的なシナリオの提唱者として有名なのはGans(1992)

だ。当時はまさに1965年以降に入国した「新移民」（非白人が多い）の第二世代が育ち上がろうとしていた頃であり、彼は「第二世代の凋落（Second-Generation Decline）」と題するこの論文で、米国経済がかつてほど好調でないこともあり、貧しい移民の子どもたち（とりわけ肌の色が暗い男子）は貧しい黒人やヒスパニック同様、米国経済のメインストリームから排除されてしまうリスクを負っていると警告し、楽観論を戒めた。

一方、上昇同化や下降同化がどのような条件のもとで生起しやすいのかをモデルを示して解説してみせたのはポルテスとルンバウト（Alejandro Portes and Rubén G. Rumbaut）（2001＝2014）だった。彼らが着目したのは親子関係だ。何らかの要因で子どもの方だけが英語を習得して米国の生活様式に染まってしまうと、親子間に言語文化的な葛藤が生じ、親は子どもをサポートすることもコントロールすることもできなくなってしまう。一方で、近年の米国には昔の移民（欧州出身者が多かった）が体験しなかったようなひどい人種差別、上下に二極化した労働市場、インナーシティの逸脱的なサブカルチャーといった数々の障害が存在する。親やエスニック・コミュニティに背を向けてしまった第二世代たちはこれら1つひとつに個人の力だけで立ち向かっていかなくてはならないが、多くの場合そんな彼（女）らを待ち受けているのは下降同化という結末である。

では、今の日本はどうなのか。ニューカマーといわれる人たちが1989年の入管法改正以降に来日して子どもをもうけたとすれば、今がちょうど「その時」なのではなかろうか。すなわち、90年代に日本で生まれた第二世代たちは00年代に学校に通い、10年代に社会人になっているはずだ。したがって、ニューカマーの第二世代たちが社会でどのような地位に到達しているのかを調査したいのなら「その時」はまさに今なのだ。

そこで、本章では冒頭で紹介した中国出身の青少年たちを事例として取り上げ、この問題を検証してみる。ただし、彼（女）らが就いている職業については未調査の部分も多く、今回のところは考察の範囲を学業達成（高校進学や大学進学）に限定せざるをえない。また、分析にあたっては統計的な手法を用いる。

1 データ

本章が対象とするのは、ある中学校区（以下A中学校区）に中学生として居住したことのある中国出身者の全数（289人）だが、全数を把握できたのは、やはり第1に教育運動、第2にエスニック・コミュニティに負うところが大きい。

大阪は昔から同和教育や在日朝鮮人教育の運動が盛んで、90年代に急増した中国帰国者の子どもに対してもこれらの枠組みに依拠して教育実践が編成されることが多かった。A中学校区においても学校現場の教員がまっさきに訴えたのは日本語教師ではなく民族講師の必要性だったが、その声をすくい上げたのは教職員組合だった。そして、教職員組合が教育委員会にかけあった結果、中学校と小学校に1人ずつ中国出身の教員が常勤講師（ただし期限付き）として1992年頃から配置され、現在に至っている。また、校区の小中学校では「本名を呼び名乗る」のスローガンのもと中国名を使用することが奨励され、学内外の発表会では中国の伝統衣装に身を包んだ児童生徒たちが演技を披露するなど、中国人としての自覚と誇りをもたせるためのさまざまな教育実践が続けられている。このため、教員はもちろん卒業生たちも自分の学年の誰と誰が中国出身で、誰がどの高校や大学に進学（あるいは退学）したのかを比較的正確に把握しており、そのことが全数把握を可能にした。

また、全数把握を可能にしたもう1つの条件は、この校区にエスニック・コミュニティが発達していたからであるが、その背景はこうだ。この地域の中国人コミュニティは1987～97年に急成長したが、その大多数は黒竜江省方正県からきた中国残留婦人（後述）の係累だった。満州国時代、松花江に面した方正県は交通の要衝にあり、ソ連参戦にともない多くの開拓団が周囲から殺到した。彼（女）らは水路（または徒歩）で哈爾浜《ハルビン》に出ようとしていたが、船舶はすでにソ連に接収されており、脱出経路を断たれてしまった数千人の流入難民（および県内開拓団）は臨時に設けられた収容所に避難することとなった。しかし、引き揚げの目途が一向に立たないまま降雪を迎え、約半数が飢餓と悪疫で死亡するなか、多くの者は収容所での越冬を断念し、中国人の家庭に身を寄せた。このような経緯により、1958年当時、住所氏名がほぼ確実だった満州残留開拓民（1100人）の実に22％を方正県残留者が占めることとなり、その構成比は第2位の奉天市（5％）を大きく上回っていた（満洲開拓史刊行会 1966: 437, 492–493）。

80年代後半から90年代後半にかけて、方正県では多くの中国残留婦人とその子世代や孫世代が日本に移り住んだ。さらに、00年代は国際結婚で日本に渡った女性も多い。このため、今では総人口23万人のうち3万5000人余りが日本で生活しているという。[2] 日本に渡った方正県人たちは千葉県や大阪府で集住地域をいくつか形成しているが、この校区の中国出身の青少年たちも約7割を方正県出身者が占め、彼（女）らの親には来日前から地縁、血縁、その他の縁故で繋がっていた者が少なくない。このため「××

×って子はどこの家の親戚か」と尋ねてまわれば、大抵の場合その親族にたどりつくことができ、そのことが全数把握の助けとなった。

さて、**表1**に示すのは２８９人の入国または出生の経緯だ。本表からは中国残留日本人の孫や曾孫が全体の75%を占めていることが分かるが、実はこのほとんどは残留孤児ではなく、残留婦人の係累である。

表1　入国または出生の経緯
（A中学校区の中国出身中学生：'91～'18年3月卒業生）

大分類	%	小分類	%
中国帰国者	85.5	三世[注1]	53.3
		四世[注2]	22.1
		連れ子	4.2
		「偽装」[注3]	5.9
日本人との国際結婚	10.0	ダブル[注4]	5.2
		連れ子	4.8
他	3.1	就労者の子	2.4
		留学生の子	0.3
		老華僑の子	0.3
不詳	1.4	不詳	1.4
合計 （N）	100.0 （289）		100.0 （289）

注1：日本人の孫。
注2：日本人の曾孫。
注3：入管に日本人との血縁を偽装していたと認定された者。
注4：日本人と中国人の間に生まれた者。

もとより中国残留孤児たちは中国残留婦人よりも総数が少なく、後者が４４６１人と多いのに対し、前者は２５５７人にすぎない（日中国交正常化以降２０１７年3月までに永住帰国した者の人数。自費帰国者を含む）[3]。しかも、彼（女）らは中国でもうけた子孫の数も残留婦人と比べかなり少ない。さらに、彼（女）らの永住帰国のピークは80年代後半であり、その頃には末っ子も育ち上がっており、日本で小中学校に通ったことのある息子や娘は1人もいないという者が少なくない。一方、これとは対照的に、残留婦人たちは永住帰国のピークが90年代中頃であり、彼女らの孫の多くは当時まさに小中学生の年齢だった。この校区の中国帰国生徒の多くが残留孤児ではなく残留婦人の係累であるのも、1つにはこのような事情による。

なお、両者の違いを用語の定義からも解説しておくと、中国残留孤児とは１９７２年の日中国交正常化後、身元調査や肉親調査が必要だった人たちで、１９４５年の満州国崩壊時に乳幼児だった者。一方、中国残留婦人とは身元がはっきりしていた人たちであり、そのほとんどは終戦当時10代、20代の女性だった。ただし、ごくわずかであるが、当時母親と一緒に中国人家庭に身を寄せた幼児や、両親を失った小中学生男子などもいるので、これらの人々も含む用語として中国残留婦人等というのもある（「等」がついていることに注意）。なお、女性と子どもばかりが中国に残留することになったのは、当時18歳以上の男性のほとんどが現地召集、武装解除、シベリア抑留を経て、復員というかたちで早期に引き揚げていたからだ。

ところで、筆者は２００２年に始まった孤児裁判（中国残留孤児たちによる国賠訴訟）において弁護士や他の支援者とともに聴き取り調査やアンケート調査に携わったが、原告たちの中国での社会経済的地位は驚くほど高く、都市部で育ち、学歴も高い給与生活者が珍しくなかった。もっとも、これはあくまで中国残留婦人との比較にすぎない。だが、同じ中国残留日本人でも孤児と婦人とでは中国での暮らしぶりが大きく異なることには留意が必要だ。実際、筆者の知っている中国残留婦人には裕福でない農民と結婚した者が多かった。当時の中国東北部の農村は慢性的な嫁不足状態にあり、方正県でも男性人口１００人に対し女性はわずか79人前後だった（方正県志編纂委員会 1990: 629–630）。これには山東省など関内からの流入者が男性に偏っていたことや、女性のなかに出産で命を落とす者がいたことが関係していたと思われるが、いずれにせよ、彼らの多くは経済的な理由（あるいはその他の理由）で結婚難に直面していたからこそ日本人避難民が生活する収容所に出かけていって女性を家に連れて帰ったのだった。

本章が取り上げる青少年たちをみても中国で親が就いていた職業の６割を農民が占めており、そのなかには出勤して誰かの管理下で働いて月給をもらうという生活を日本にくるまで経験したことがなかった者（あるいは人民公社解体以来ひさしぶりに体験したという者）が少なくなかった。一方、農民以外の職業としてはたとえば次のものがあった。①党や政府の幹部（県の組織部、衛生局、工商局。村長、村の会計）。②専門職（高校教員、県の小学校の副校長、村の中学校の教師）。③管理職（種子公司の社長、煉瓦工場の工場長）。④職員（銀行の職員、郵便局の職員、お菓子や酒の卸売会社の職員、南方産の生活雑貨や蜂蜜の卸売会社の職員、林業局の丸太原木集積所の職員、食糧店従業員、県政府公用車の運転手、人民公社が経営する食堂の調理師）。⑤労働者（集団農場、食用油工場、酒造場、煉瓦工場、農業機械の整備工場）。⑥職人（木工職人、煉瓦工）。⑦漁民。⑧個人で商売を手がけていた者（中距離路線バスの経営と運転、栄養食品の販売、米の輸送と販売、市場の肉屋）。

ところで、本章の目的はニューカマー第二世代の学業達成度合を筆者が長年関わってきた中国出身青少年（２８９人）を事例に統計的手法で検証することだった。だが、そもそもここでいう「第二世代」とはいったい誰を指すのだろうか。一般に中国帰国者について「二世」「三世」「四世」というとき、それらはそれぞれ中国残留婦人（または孤児）の子、孫、曾孫を指す。また、一般に国際移民について「一世」「二世」というとき、それらはそれぞれ移住前に生まれた者、一世が移住先でもうけた子どもを指すが、このとき仮に後者の方式を採用するとしても、来日時1歳だった者を「一世」と呼んで二世と区別すべきかという問題があるし、日本で生まれたが1歳で中国の祖父母に預けられ13歳で日本に戻ってきた者を「二世」と呼ぶべきかという問題もある。そこで、本章ではRumbaut（2004）を参考にしつつ（本章の目的に沿ってそれを少し組みかえるかたちで）この問題を次の通り整理する。

【ニューカマー第二世代の下位分類】

2・0世――日本で生まれ育った者。

1・8世――未就学児（概ね0〜5歳）の頃に来日した者。

1・6世――小学1〜3年生（概ね6〜8歳）の頃に来日した者。

1・4世――小学4〜6年生（概ね9〜11歳）の頃に来日した者。

1・2世――中学生（概ね12〜14歳）の頃に来日した者。

ただし、①長期間に渡り日本を離れていた者は2・0世に含めない。たとえば、1歳から11歳まで中国で生活していた者は日本生まれであっても1・4世とする。②中国での学年は問わない。たとえば、日本で小4に編入した者はたとえ中国で小2だったとしても1・4世とする。③年齢よりも学年を優先する。たとえば、年齢的には高校生だったが中学校に編入した者は1・2世とする。④実態よりも中学卒業年月日と来日年月日から算出される学年を優先する。たとえば、来日して3カ月間は家でじっとしていたが4月から中学1年生として学校に通い始めた者は小6に編入したと見なして1・4世とする。⑤両親がともに「日本生まれ日本育ち」の者は2・0世に含めない。

なお、Rumbaut（2004）は両親の一方だけが外国生まれの者を2・5世と呼んでいるが、本章ではこれも2・0世と見なす。また、前述の通り、本章が扱うのはA中学校区に中学生として居住したことのある中国出身者の全数である。したがって、中学入学前にこの校区を離れていった者や中学卒業後にこの校区に移り住んだ者は含まれないが、中学校在籍中にこの校区を離れていった者やこの校区に居住しつつA中学以外の中学校（たとえば私立中学）に通っていた者は含まれる。

さて、**表2**は289人の日本での編入学年等を卒業年別

表2　卒業年別日本での編入学年等（A中学校区の中国出身中学生：'91 ～ '18年3月卒業生）

（単位：人）

中学校の卒業年[注1]	日本での編入学年等 1.2世 中1～3年	1.4世 小4～6年	1.6世 小1～3年	1.8世 就学前	2.0世[注2] 日本生まれ	合計
'91～'94年	9	4	0	0	0	13
'95～'99年	34	13	8	6	0	61
'00～'04年	6	8	21	8	4	47
'05～'09年	12	6	5	13	17	53
'10～'14年	10	6	3	11	32	62
'15～'18年	7	4	4	4	26	45
合計	78	41	41	42	79	281

注1：1991年3月～2018年3月の卒業生。
注2：中国に長期滞在した者は日本に再定住した時期を基準として1.2～1.8世に分類した。

に集計したものだ（合計が289人でないのは欠損値による。**表4**も同じ）。これをみると、このかん卒業生の多数派が1・2世から2・0世へと推移してきたことが分かるが、これは来日ラッシュの時期（80年代後半～90年代後半）にやってきたさまざまな年齢の子どもたちが、その後15年の歳月をかけてゆっくりと日本の中学校を通りすぎていった波の軌跡だ。一方、それらの子どもたちが通りすぎていった後も（すべての編入学年等において）中学校を卒業する子どもたちが（数名ずつではあるものの）途切れていないことに注目してほしい（2015～18年3月の卒業生において人数が減っているようにみえるのは、2019年3月の卒業生が未集計だからだ）。したがって、このまま推移していけば、今後は2・0世の人数が増えていく分だけ毎年の卒業生も増えていくと思われる。

2　結果

では、移民世代の違いにより学業達成はどう変わるのだろうか。それをみたのが**表3**だ。まず注目してほしいのは日本で生まれ育った2・0世の大学等進学率の高さ（68・3％）だが、これは大阪府全体の最近の数字（66・3％）[4]と同等だ。したがって、本表をみるかぎり、A中学校区の2・0世たちは、全体的な傾向としては下降同化していないことになる（ちなみに、この校区の2・0世のなかには東大・京大に入学した者も1人ずついる）。

次に注目してほしいのは、1・2世から2・0世にかけて大学等進学率が25・0→60・5→38・9→42・4→68・

表3　移民世代別最終学歴（A中学校区の中国出身中学生：'91 ～ '15年3月卒業生）

（単位：%）

移民世代	日本での編入学年等	a 中卒	b 高卒及び高校中退	c 大学等[注1]進学者	合計	(N)
1.2世	中1～3年	40.3	34.7	25.0	100.0	(72)
1.4世	小4～6年	5.3	34.2	60.5	100.0	(38)
1.6世	小1～3年	13.9	47.2	38.9	100.0	(36)
1.8世	就学前	18.2	39.4	42.4	100.0	(33)
2.0世[注2]	日本生まれ	9.8	22.0	68.3	100.0	(41)
合計		20.9	35.0	44.1	100.0	(220)

(x^2=38.462, df=8, p<.001)

		オッズ		
		a/(b+c)	b/(a+c)	c/(a+b)
移民世代	日本での編入学年等	中卒	高卒及び高校中退	大学等[注1]進学者
1.2世	中1～3年	0.67	0.53	0.33
1.4世	小4～6年	0.06	0.52	1.53
1.6世	小1～3年	0.16	0.89	0.64
1.8世	就学前	0.22	0.65	0.74
2.0世[注2]	日本生まれ	0.11	0.28	2.15
合計		0.26	0.54	0.79

		オッズ比：1.4世=1.00		
移民世代	日本での編入学年等	中卒	高卒及び高校中退	大学等[注1]進学者
1.2世	中1～3年	12.14	1.02	0.22
1.4世	小4～6年	1.00	1.00	1.00
1.6世	小1～3年	2.90	1.72	0.42
1.8世	就学前	4.00	1.25	0.48
2.0世[注2]	日本生まれ	1.95	0.54	1.40
合計		4.76	1.04	0.51

注1：短大と専門学校を含む。
注2：中国に長期滞在した者は日本に再定住した時期を基準として1.2～1.8世に分類した。

図1　移民世代別学校段階別在学率(A中学校区の中国出身中学生:'91 ～'15年3月卒業生)

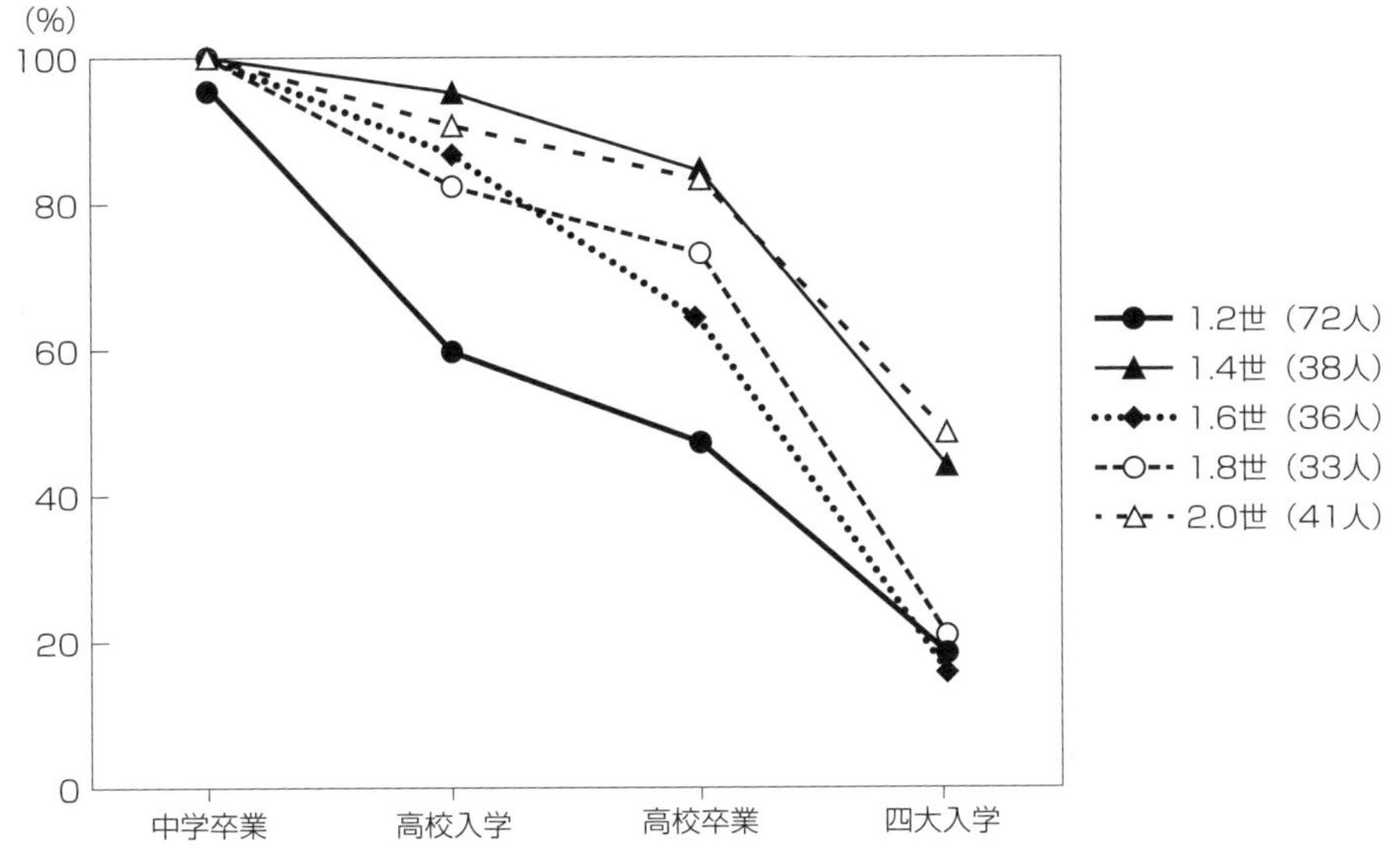

注：1.2～2.0世の定義は表2を参照。

３％と、Ｎ字を描きながらジグザグに上昇している点だ。

ここで奇妙なのはどういうわけか日本の学校に小学校後半から通っている１・４世の方がそれ以前に来日した１・６世や１・８世よりも大学等進学率が高いことだ。一般的にいって来日年齢が低い者ほど日本語が上手だし、学資に回せる親の預貯金も多いはずだ。それなのになぜ大学等進学率が低くなってしまうのか。さらに、高校に進学できなかった者の構成比をみても１・４世のそれは全集団で最も低く（５・３％）、１・６世では１・４世の２・90倍、１・８世では１・４世の４・00倍も高校に進学できなくなるリスクが増大することがオッズ比で示されている。来日年齢が低い者の方が高校に進学できないとは一体どういうことなのか。

この問題に答える前に、もうひとつ別の切り口から眺めてみよう。**図1**は学業達成度合を学校段階別の在学率で表したものだ。**表3**との違いは、高校卒業後、四年制大学以外の学校（短大や専門学校）に進学した者の割合が考慮されていない点だ。また、その一方で、**表3**では考慮されていなかった高校中退率が視覚的に表わされている。

さて、**図1**が明らかにしていることを端的にいえば、学業的に最も成功しやすいのは１・４世と２・０世だということになる。中学校在学時を１００％とした場合、四大に入れたのはそれぞれ44・7％と48・8％であり、これは大阪府全体の最近の数字（47・7％）[5]と較べても遜色ない。これに対し、日本での生活期間が長いわりに在学率が振るわないのは1・6世と1・8世だ。中学校在学時を100％としたときの四大入学率は1・2世と同じくらい低いし、1・6世にいたってはグラフの勾配（高校入学から卒業にかけての勾配）が急峻であることから高校中退率が高いことも分かる。試みに計算したところ彼（女）らの中退率は25・8％であり、1・6世はせっかく高校に進学しても4分の1が退学していることになる。大阪府全体における高校中退率は最も高い時期（2006年度高校入学生）でも13・4％[6]であり、しかも最近の数字ではこれが7・7％[7]にまで下がってきているので、入学者の4分の1が退学するということがどれほど尋常でないかは明らかだ。

さて、ここまでの分析から、最終学歴が最も高いのは2・0世で、最も低いのが1・2世であることが分かった。ただし、日本での生活期間が長くなればなるほど最終学歴が高くなるとはいえないらしいことも分かった。具体的にいうと、むしろ日本での生活期間が相対的に短い1・4世の方が、1・6世や1・8世を最終学歴において凌駕しているらしいのだ。一体なぜなのか。

1つの答えとして考えられるのは、やはり入学者選抜における特別枠の存在だ。大阪府立高校では2001年から中国帰国生徒等を対象に入学の特別枠を設けているが、A中学校区から自転車で通える範囲の府立高校に特別枠校が誕生したのは2002年のことだった。その後2005年になると、さらに近いところにある府立高校にも特別枠ができたし、2014年に通学区域が撤廃されたことにより、自転車で通える府立の枠校がもう1つ増えた。

現在「日本語指導が必要な帰国生徒・外国人生徒入学者選抜」と呼ばれているこの制度はもともと「中国帰国生徒及び外国人生徒入学者選抜」と呼ばれていた。そして、名称に「及び外国人生徒」とあることからも分かるように、当初より中国帰国者以外の中国人やフィリピン人なども受験することができた（鍛治 2008）。試験科目は数学、英語、作文だが、作文は受験生の母語で書いてもよいことになっている。また、中学校時代の成績（内申点）は考慮されず、面接もないので、「日本語はまだ苦手だが学ぶ意欲と学力はある」という生徒にとっては大きな助けとなっている。

しかも、ほとんどの場合、これらの特別枠校には中国語の母語話者が常勤講師（当初は期限付きだったが、教員採用試験合格後は期限を付さない常勤講師）として配置されているし、特別枠で入学した生徒には第二言語としての日本語を習得させるためのカリキュラムも用意されている。また、特別枠で入学する生徒には中国人が多く、どの学年にも数人から十数人の中国出身生徒がいるので「中国語が話せる友人がいない」などの孤独感にさいなまれることも少ない。さらに、特別枠校には中国出身生徒の進路指導に慣れている高校が多く、日本語のハンディキャップがある生徒に対して中国語能力や多文化なバックグラウンドを活かしたさまざまな大学進学ルートを提示してやることができるし、それらのルートで勝ち残るための指導も充実している。

だが、実はこうした特別枠の受験資格は原則として小学校4年以降に来日した者だけに与えられており、それ以前に来日した1・6世や1・8世は受験することができない。したがって、1・4世が1・6世や1・8世よりも高校や大学等に進学できているのはこうした特別枠のおかげであるという説明にはそれなりの説得力がある。実際、2002年3月以降の卒業生のうち、1・4世と1・2世はそれぞれ17人と33人だったが、それぞれの76%と82%が特別枠で高校に進学している。

だが、理由は本当にそれだけなのだろうか。もし入学特別枠がなかったとしたら、1・4世の学業的成功もなかったのか。それを検証するために作成したのが**表4**である。

本表は、単一時点に焦点を絞り、その時点での学業達成度合を集団毎に比較したものである。具体的には中学卒業直後の進路が移民世代別に集計されているのだが、進路は高校に進学しなかった者とした者に分かれており、後者はさらに進学先の高校が「入り易かった」か否かで分かれている。なお、ここでいう「入り易い」高校とはいわゆる偏差値が40未満とされている高校と[8]定時制や通信制の高校を指すが、前述の特別枠を利用して高校進学した者もここ

表4　移民世代別中学卒業直後の進路（A中学校区の中国出身中学生：'91～'18年3月卒業生）

（単位：%）

移民世代	日本での編入学年等	高校進学せず	進学した高校の入学難易度		合計	(N)
			易[注1]	中以上		
1.2世	中1～3年	37.2	57.7	5.1	100.0	(78)
1.4世	小4～6年	5.0	62.5	32.5	100.0	(40)
1.6世	小1～3年	12.5	67.5	20.0	100.0	(40)
1.8世	就学前	15.8	34.2	50.0	100.0	(38)
2.0世[注2]	日本生まれ	7.1	41.4	51.4	100.0	(70)
合計		17.7	52.3	30.1	100.0	(266)

(x^2=65.667, df=8, p<.001)

注1：定時制、通信制、偏差値40未満の高校への進学者および中国帰国生徒等を対象とした入学特別枠利用者。
注2：中国に長期滞在した者は日本に再定住した時期を基準として1.2～1.8世に分類した。

に含めてある。

さて、**表4**で注目してほしいのは右側の列だ。この列は、特別枠を利用せずに入学難易度が中以上の高校に進学した者の構成比を示しているが、1・4世はこれが32・5％となっているので、彼（女）らは入学特別枠に頼らずとも約3分の1が「中以上」の高校に進学する実力をもっているといえる。また、これまで確認してきた図表と多少異なるのは1・8世が2・0世に迫る高い実力を見せている点であるが、いずれにせよ、右側の列の構成比が5・1→32・5→20・0→50・0→51・4％と、1・2世から2・0世にかけて、N字を描きながら上昇していることに変わりはない。なお、本表では対象を2018年3月卒業生にまで広げて集計しているが、これを**表3**や**図1**と同様、2015年3月卒業生までに限定しても、結果はほとんど変わらなかった（表は割愛）。

もっとも、これまで論じてきた1・4世の実力は統計的な有意差をもって確認されたものではない（**表3**と**表4**には0・1％水準で有意差ありと示してあるが、これは1・4世の学業達成度合が1・6世や1・8世より高いことを意味しているわけではない）。したがって、これらの集計結果だけをもって、小学校後半で来日した者はそれ以前に来日した者よりも学業達成度合が高いとまでは断言できない。ただし、移民の子どもたちは出身国を離れた年齢が低ければ低いほど移住先の学校でうまくやっていけるという単純な話でないことだけはいえそうだ。

ところで、このことを「どのモデルがデータに最もフィットするか」「どういうモデルを考案すれば実態をより上手に説明できるか」という視点から検証しようとしたのが次に紹介する**表5**である。

まず、使用した変数について説明しておくと、従属変数である【教育年数】とは中卒を9年、職業訓練校卒を11年、高卒を12年、短大・専門学校入学を14年、四年制大学入学を16年とした数字である。ただし、ある教育機関を中退したことが分かっている場合はその教育機関の標準修業年限の半分を最終学歴に加えてある（たとえば、高校中退であれば9＋1・5＝10・5年）。なお、教育年数の平均は12・6年、標準偏差は2・53年だった。

次に、独立変数である【年数】とは、中学卒業時における日本滞在年数であり、たとえば、中3から日本にいる者は0年、小6から日本にいる者は3年、日本生まれ日本育ちの者は15年と、0から15までの整数により構成されている。なお、この変数の平均は6・6年であり、標準偏差は5・33年だった。

最後に、もう1つの独立変数である【枠で入学】とは前

表5　教育年数の決定要因（A中学校区の中国出身中学生：'91～'15年3月卒業生）

	モデル1 B	モデル2 B	モデル3 B	モデル4 B
年数の3乗		0.01***	0.01***	
年数の2乗		−0.21***	−0.20***	
年数注1	0.12***	1.41***	1.39***	0.16***
枠で入学注2			1.44**	1.57***
定数	11.81***	10.41***	9.96***	11.30***
調整済R2乗	0.064	0.128	0.163	0.106
(N)	(220)	(220)	(220)	(220)

B：非標準化係数，+：p<.1, ＊：p<.05, ＊＊：p<.01, ＊＊＊：p<.001

注1：中学卒業時の日本滞在年数（0～15年）。
注2：入学特別枠で高校に入学した＝1、他＝0。

述の入学特別枠で高校に入学したことを表す変数であり、枠で入学した者には1、それ以外の者（高校に入学しなかった者と枠を利用せずに高校に入学した者）には0を割り振った。なお、枠で入学した者は全体の16・4%だった。

では、さっそく**表5**をみてみよう。**表5**ではある生徒が中学卒業までのあいだに何年間日本で生活してきたのか、また、その生徒が枠を使って高校に進学したのかさえ分かればその生徒の教育年数がある程度予想できるという考え方に基づき、4つのモデル（数式）が示されている。なお、調整済R2乗というのは「個々人の教育年数のばらつきが、そのモデルで何%説明できているか」を示しており、定義上は0から1（すなわち0%から100%）までの値をとる。

さて、モデル1と2ではそれぞれ1次関数と3次関数を想定しているが、調整済R2乗の値をみる限り教育年数をより正確に予想できているのはモデル2（すなわち3次関数）の方であり、これで教育年数の12・8%が説明できていることになる。そして、ここで教育年数をy、中学卒業時の日本滞在年数をxとした場合、この式は$y=0.01x^3-0.21x^2+1.41x+10.41$と表記されるが、これをグラフで表したのが**図2**である。

図2をみると、グラフは最小（$x=0.0, y=10.4$）→極大（$x=4.7, y=13.2$）→極小（$x=11.2, y=12.0$）→最大（$x=15.0, y=13.8$）という形状なので、ここでは中3から日本で生活している者は中卒プラス1・5年程度、小4から日本で生活している者は高卒プラス1年程度、幼稚園の年少から日本で生活している者は高卒程度、日本で生まれ育った者は高卒プラス2年程度の最終学歴を身につけるという予想が立てられ

図2　中学卒業時の日本滞在年数（横軸）から推計される教育年数（縦軸）
（A中学校区の中国出身中学生：'91 ～ '15年3月卒業生）

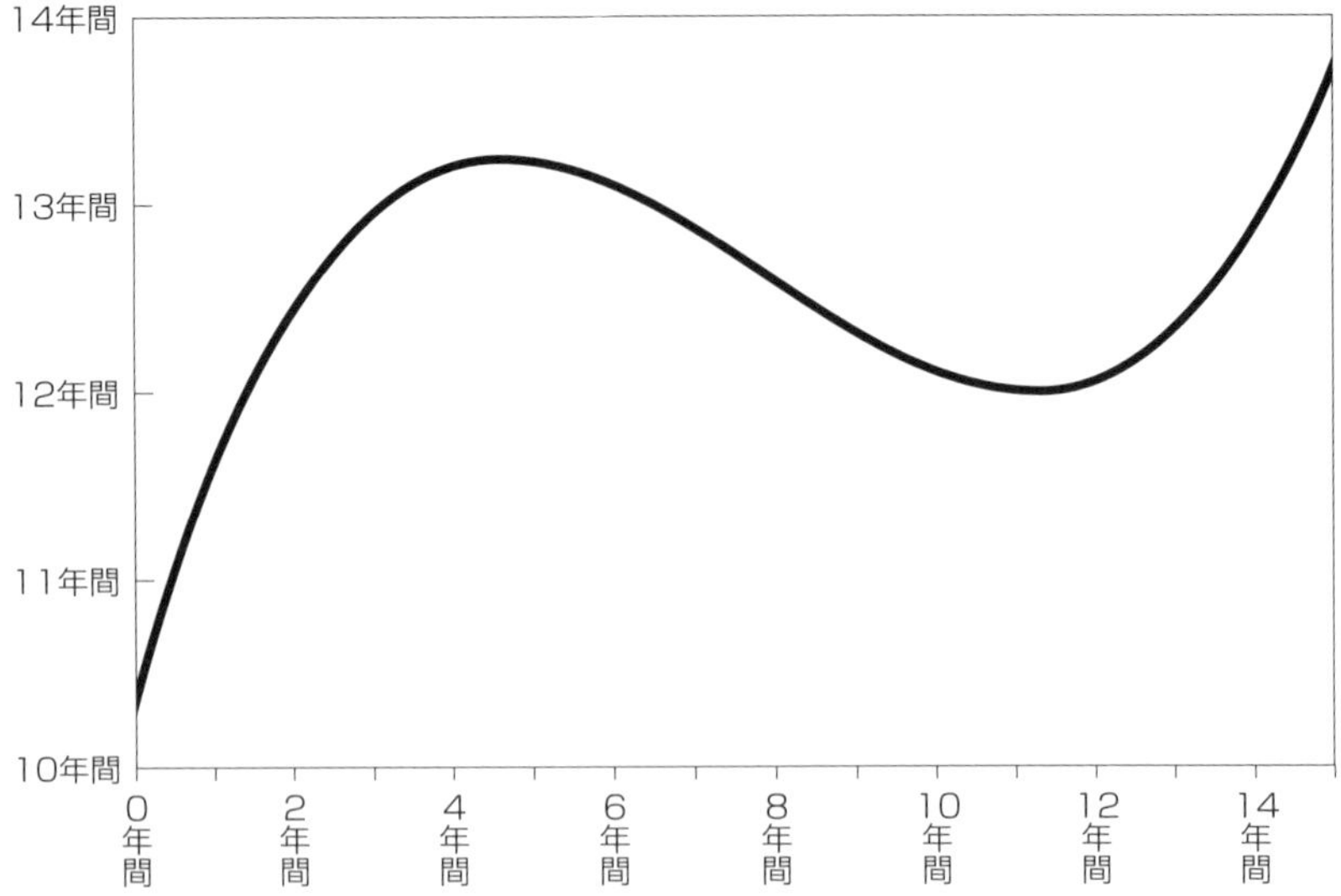

ていることになる。

さらに、入学特別枠を利用して高校に入学したかどうかを220人の1人ひとりについて判断し、それも考慮に入れたところ（モデル3）、その係数が1・44となったので、枠で入学した者はそうでない者に比べて教育年数が1・44年長くなることもはっきりした。ただし、ここでいう「そうでない者」のなかには高校に進学しなかった者が含まれている以上こうした効果が検出されるのは当然で、そのことで一喜一憂すべきはない。むしろ、モデル3で注目すべきは【枠で入学】を投入しても【年数】の3乗、【年数】の2乗、【年数】の係数がほとんど変化しないこと——すなわち、入学特別枠の効果を特定し、それを除外したとしても**図2**で確認した3次関数の形状それ自体はかなり堅牢で、決して崩れたりしないという点——だ。

さらに、モデル4も確認しておこう。これは「**図2**で教育年数が3次関数的なN字を描きながら伸びていくようにみえるのは、1・4世のなかに入学特別枠を利用して高校に入学する者が多いからにすぎず、その効果を取り除いてやればグラフは本来の形状（1次関数的な直線）を取り戻すはずだ」という考えに基づくモデルである。そして、この1次関数モデル（モデル4）が3次関数モデル（モデル3）ほど実態をうまく説明できていないことは、それぞれのR2乗値を比べてみれば明らかだ。

したがって、学業達成に関するここまでの分析結果をまとめると、この校区の中国出身生徒については次のことがいえる。移民がホスト社会の下層に同化していくことを下降同化と呼ぶのであれば、この校区の2・0世は集団全体としては下降同化していない。また、学業達成の度合は基本的に中学卒業時点における日本での生活期間が長ければ長いほど高くなる傾向にあり、その意味で学業達成度合は日本での生活期間の関数である。ただし、これは1次関数的な直線というよりは3次関数的な曲線であり、学業達成の度合は日本での生活期間が長くなるにつれてN字を描きながら上昇していく。3次関数的なN字曲線の極小値がどこになるのかは学業達成度合を何で測るかによって多少異なるものの、極大値が1・4世（小学校後半から日本の学校に通っている集団）にあることは間違いない。なお、1・4世が自分たちより幼い頃に日本に移住した集団（1・6世や1・8世）を学業達成度合で凌駕しているのは、1つには高校入試選抜における入学特別枠のおかげであるらしい。だが、その恩恵を差し引いたとしても3次関数的なN字曲線の形状それ自体はほとんど変化せず、1・4世が学業達成度合において1・6世や1・8世に勝っていることに変わりはなかった。そこで、次節では1・4世の相対的な強み（あるいは1・6世や1・8世の相対的な弱み）がいったい何に由来するのか考察していきたい。

3 考察

本節において考察の手掛かりとしたいのは、やはりポルテスとルンバウト（2001=2014）が示した「分節化された同化」と呼ばれる理論的な枠組みだ。**表6**は同書に掲載されている2つの表をもとに筆者が作成したものであるが、本表では米国に移住した親子それぞれが米国文化や同胞集団とどのような距離をとり、そのことが親子にどのような文化変容をもたらし、その結果、子どもが米国社会のどこに同化していくのかが示されている。

本表に示された親子の文化変容の3つの型について、できるだけポルテスとルンバウト（2001=2014: 109–113）の言葉を用いながら解説すれば次の通りとなる。

【不協和型文化変容（Dissonant acculturation）】子どもが親より先に米国文化を習得すると当時に出身国の文化を喪失／放棄していくときに生じる。親の権威の喪失、親子間の葛藤、親子役割の逆転を引き起こしやすい。その結果、子どもは人として十分に成熟する前に親の監督か

表6　親子の文化変容の3つの型（その背景と予想される結果）

英語と米国の習慣を習得するか		エスニック・コミュニティに加わるか					
子	親	子	親		親子の文化変容の型		予想される子どもの将来
＋	－	－	＋／－	→	不協和型	→	下降同化
＋	＋	－	－	→	協和型[注1]	→	上昇同化[注2]
＋	＋	＋	＋	→	選択型[注3]	→	上昇同化[注4]

注1：子どもは英語モノリンガルに。
注2：差別によって上昇同化が妨げられることがある。
注3：子どもは流暢なバイリンガルに。
注4：バイカルチュラリズムと結びついた上昇同化。
出所：ポルテスとルンバウト（2001＝2014:111,126）をもとに筆者作成。

ら自由になってしまう。その結果、社会で待ち受けるさまざまな障害（ひどい人種差別、上下に二極化した労働市場、インナーシティの逸脱的なサブカルチャー）に立ち向かうときに子どもが動員できるのは個人で保有する資源だけとなり、子どもは社会の下層に同化していきやすい。

【協和型文化変容（Consonant acculturation）】親子が同じペースで米国文化を習得すると同時に出身国の文化を喪失／放棄していくときに生じる。親は子どもと一緒に文化変容していくので子どもを見守ることができる。それゆえ、社会で待ち受けるさまざまな障害に立ち向かうとき、子どもは個人の資源に加え、家族の資源も動員することができる。子どもたちの大多数は英語モノリンガルとして社会の上層に同化していく。ただし、差別によってそれが妨げられることもある。

【選択型文化変容（Selective acculturation）】親子がエスニック・コミュニティにしっかり組み込まれており、そのコミュニティが親子の文化変容を減速させることで、出身国の文化がある程度保持できるときに生じる。親子はエスニック・コミュニティの枠組みの内部で文化変容の重圧に対処することができるので、親の権威は保たれるし、外部からの差別にも強い。社会で待ち受けるさまざまな障害に立ち向かうとき、子どもは個人の資源と家族の資源に加え、エスニック・コミュニティの資源も動員することができる。それゆえ、子どもは完全なバイリンガルになるし、バイカルチュラリズムと結びついた上昇同化を達成しやすい。

この理論的枠組みの柱はエスニック・コミュニティの統合が家族の統合を支え、家族の統合が子どもの学業達成を支えるという考え方である。エスニック・コミュニティがしっかりしていれば、子どもは親の出身国の言語や規範を習得するだろうし、家庭内における親の権威も高まるだろう。逆に、エスニック・コミュニティがなければ、子どもは瞬く間に米国の生活様式に染まっていってしまう。このとき、親に十分な人的資本があれば、親も英語を学び、米国の生活様式を取り入れ、子どもと歩調を合わせて自らをアメリカナイズさせていくことができるが、それができない場合、親と子は文化的に断絶し、疎遠になっていく。最悪の場合、子どもは英語が下手な親を見下すようになるし、出身国の規範を押しつけてくる親と葛藤するようになる。

さまざまな国や地域を出自とする4400人以上の移民第二世代（外国生まれで米国滞在年数が5年以上の者、または、米国生まれだが外国生まれの親をもつ者）のデータを統計的手法により分析したポルテスとルンバウト（2001=2014: 368, 412, 426, 436）が明らかにしたのは、親子間の葛藤が多く、移民第二世代の友人が少ない生徒は中学校での数学力や読解力や評定平均（GPA）が低いということ。また、ストレスとなる家族の出来事が多く、家族の結束が弱く、親子間の葛藤が多い生徒は自尊感情が低いということ。そして、自尊感情の低い生徒ほど高校の評定平均（GPA）も低いし、高校を中退するリスクも高いということだった。

ところで、本章の主張は、まさに本章が定義するところの1・6世と1・8世の家族において、右にいうところの【不協和型文化変容】が生じやすく、それが彼（女）らの平均教育年数を短くしているのではないかというものだ。この考え方をモデルとして示したのが**表7**であるが、本表では子どもが中学生の頃に親子それぞれが日本と中国の文化（言語、生活様式、規範など）をどのような組み合わせで保持してるのかがまとめられている。

このモデルに依拠すれば、2・0世の教育年数が長くなることも親が日本の文化を習得して子どもとの文化的な距離を縮めるからだと説明できる。実際、2・0世の定義からいって、親の日本における生活年数は常に子どもより長い。また、現在の日本のエスニック・コミュニティは米国と比べればはるかに小規模で、ホスト社会に対して開放的なものとならざるをえない。しかも、中国残留婦人の四世の場合、その親である三世もほとんどの場合日本で義務教育を経験している。そのため、バイリンガルといえるレベルに達しているかはさておき、親は通訳を介さずに学校とやり取りできるし、日本の生活様式に対する無知を子ども

表7　子の移民世代別親子間の文化的断絶の説明モデル（A中学校区の中国出身中学生）

	子の移民世代[注2]				
	1.2世	1.4世	1.6世	1.8世	2.0世
親の文化[注1]	中	中	中	中	日中
子の文化[注1]	中	日中	日	日	日
親子間の文化的断絶	無	小	大	大	小

注1：子どもが中学生の頃に親子それぞれが保持している文化（言語、生活様式、規範など）を指す。
注2：1.2～2.0世の定義は表2を参照。

に笑われることも、中国の規範を無理に押しつけようとして子どもと葛藤することもほとんどない。

また、2・0世のもう1つの強みは経済的な豊かさにある。2・0世は他のどの移民世代よりも裕福な生活環境のもとで育つが、これはただ単に親の日本での稼働年数がどの移民世代よりも長いからである。来日20年目で子どもが18歳になる場合と、来日5年目で子どもが18歳になる場合とでは、その後の学資に充てられる費用に大きく差が出るのは当然だ。

一方、1・2世の弱みはまさにそこにある。最近でこそ1・2世のなかには日本で生活する親に呼び寄せられて来日した者が多い。たとえば、母親の再婚にともなって来日する連れ子がこれにあたるし、日本で生活する若い夫婦が稼働に専念するため中国にいる両親（子どもの祖父母）に育児を頼んでいたが、両親の加齢などにともない、あるいは、入国管理局に「日本での生活実態がないお子さんの在留資格はもう更新してあげられないかもしれませんよ」といわれて、子どもを日本に呼び戻すケースもこれにあたる。だが、1999年までの卒業生にそのようなケースは1つもなかった。どの家族でも親と子は同時に来日し、日本での生活がようやく軌道に乗り始めたというときに子どもが18歳になる。だが、そのときに大学進学の学費が捻出できる親は当時まだ非常に少なかったのだ。A中学校区で初めて大学進学を果たしたのは1998年3月に高校を卒業した1・2世4人と1・4世1人だった。1987年に校区の小学校に日本語ができない中国人児童を初めて受け入れてから12年目の快挙に、教員たちは沸きに沸いた。だが、その後1・2世の1人は学費が続かずに大学を中退している。

大学進学だけではない。1990年代当時は多くの1・2世の親子にとって高校進学ですら決して身近な話ではなかった。というのも、中国にいた頃も含め、きょうだいやいとこに高校進学した者など1人もいないという生徒がま

図3　黒竜江省方正県における学校段階別卒業・進学率の推移

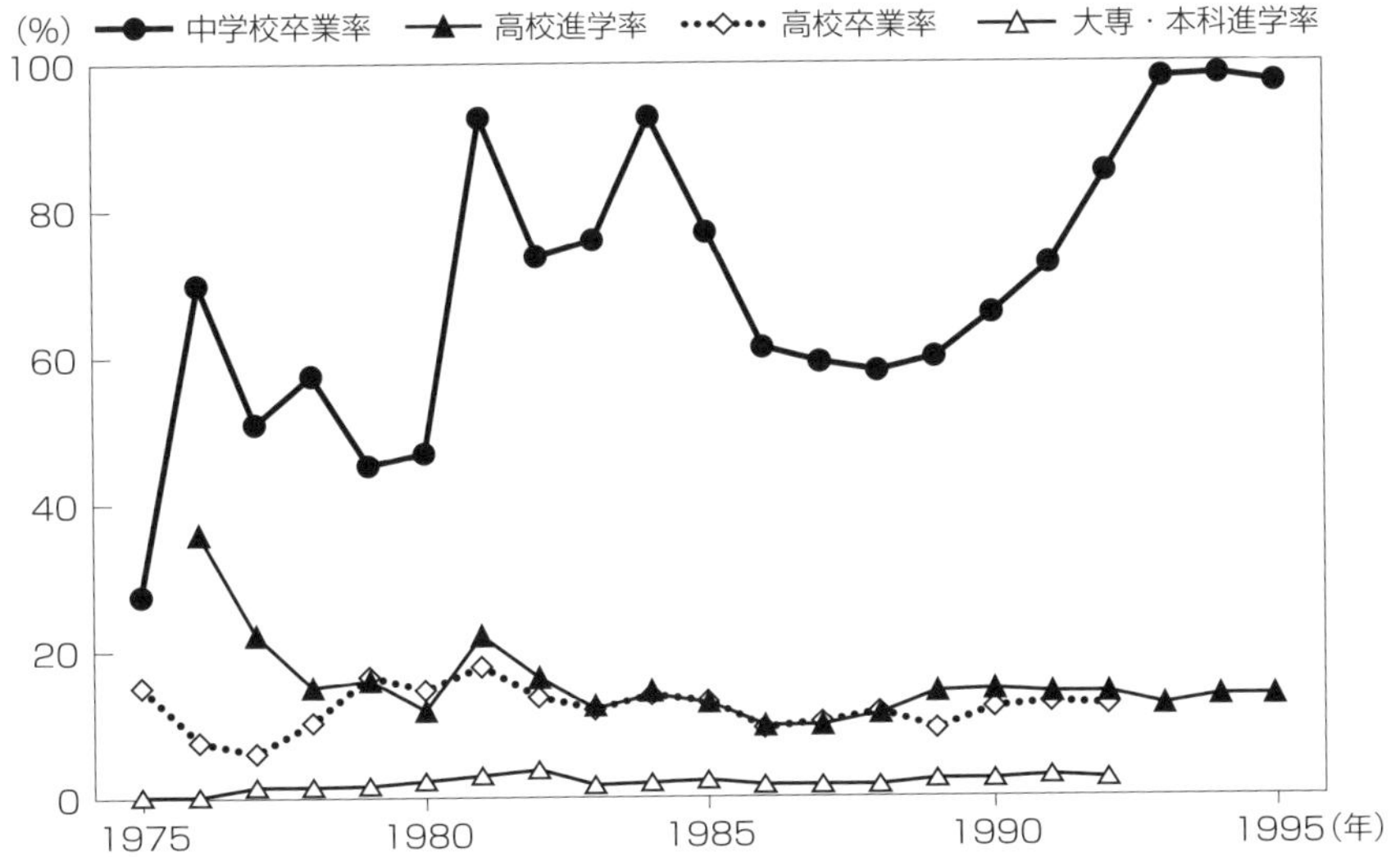

注：横軸は中学校入学年。縦軸は中学入学者に対する卒業・進学率。
出所：『方正県志』『方正教育志』。

だ珍しくなかったのだ。

図3は、前述の方正県における学校段階別の卒業率と進学率の推移を中学校入学年度ごとに算出したものだ。本図では中学入学者のうち何%が3年後に中学を卒業して高校に入学し、中学入学者のうち何%が6年後に高校を卒業して大専や本科に入学したのかが示されている。たとえば、１９９２年秋に中学校に入学したのは全県で３８０４人だったが、１９９５年秋に中学校を卒業した者と高校に入学した者はそれぞれ３８０４人の84・9%と14・1%だったし、１９９８年秋に高校を卒業した者と大専・本科に入学した者はそれぞれ３８０４人の12・5%と2・4%だった（なお、ここでいう大専とは高校を卒業した者が入学する専門学校のことで、本科とは大学の正規課程を指す）。

図3をみると、１９９０年代後半の方正県が、中学生の中途退学問題では目覚ましい改善を達成する一方、高校進学率の方では改革開放以降ほぼ10%台前半で停滞したままだったことも分かる。そして、この10%台前半という数字は、偏差値でいえば「全県で偏差値が65以上ないと高校に入れない」という状態であり、日本との比較でいえば１９５０年中学校卒業生の高校進学率（42・5%）にすら遠く及ばない（文部科学省「学校基本調査」）。「勉強が好きでも嫌いでも高校ぐらいは出ておくものだ」という日本の常識

表8　移民世代別中学校卒業年別最終学歴（A中学校区の中国出身中学生：'91～'18年3月卒業生）

（単位：%）

中学校卒業年	1.2世（中1～3年から日本の学校）中卒	高校入学以上	合計	(N)	1.4世（小4～6年から日本の学校）中卒	高校入学以上	合計	(N)
2001年以前	53.3	46.7	100.0	(45)	8.3	91.7	100.0	(24)
2002年以降[注1]	15.2	84.8	100.0	(33)	0.0	100.0	100.0	(17)
合計	37.2	62.8	100.0	(78)	4.9	95.1	100.0	(41)
	(x^2=11.883, df=2, p<.001)				（独立性の検定ができない）[注2]			

注1：この校区から自転車通学が可能な府立高校に入学特別枠ができたのが2002年だった。
注2：4つのセルのうち2つが期待度数5未満であるため。

は、来日して3年未満の親子にとっては（なかんずく学校の勉強があまり好きでない子とその親にとっては）決して常識ではなかったというわけだ。

だが、1・2世の高校進学にとって最大の障壁は学費の問題でもなければ本国の進学事情でもなかった。実のところ彼（女）らにとって一番のネックは今も昔も日本語だ。「子どもは言葉を覚えるのが速い」とか「日本の学校の同化圧力はすごい」とはいうものの、中学校の途中から編入してきた者が国語の入試問題で点数を取るのは至難の業だ。社会科は学習内容が全然違うし、理科や英語も日本語が読めないと答えられない問題が少なくない。点数が取れそうなのは数学くらいだが、そこでよい点を取ったところで内申点の問題がある。音楽・美術・保健体育・技術家庭――日本で小学校に通ったことのない彼（女）らは中国とは勝手が違いすぎるこれらの教科が非常に苦手（あるいは軽視しがち）だったりするが、副教科に意欲的に取り組まなかった生徒に高い内申点がつくことはない。

このとき、こうした問題を解決してくれたのが前述の入学特別枠だった。実際、付近の府立高校に入学特別枠が設置されて以降、彼（女）らの高校進学率は著しく向上した。それを示したのが**表8**であるが、枠が設置される前と後とで1・2世たちの高校進学率が約40ポイントも違うことに注目してほしい。これをオッズ比で表現するならば、枠が設置されて以降、彼（女）らの高校進学機会は6・4倍に増大したのだ。その意味で、この入学特別枠制度の最大の受益者は日本語のハンディキャップが最も深刻な1・2世たちだったといえるだろう。

一方、状況がこれと全く異なるのは1・4世たちだ。彼（女）らは校区の近くに枠校ができる前から高い高校進学率を誇っており、高校に進学しなかった人数が少なすぎて独立性の検定ができないほどである。1・4世の強さの秘密が子どもの側にバイカルチュラリズムが実現することで親子間の文化的断絶が小さくなることにあるのは**表7**のモデルで示した通りだが、これ以外にもう1つ理由をあげるとすれば、それは中国で小学校に通った経験があるということだ。

　これは中国出身の親子が口を揃えていうことだが、日本の学校は緩くて楽だ。中国の小学校は先生が厳しいし宿題も多いし競争が激しい。覚えなければならない漢字はかなり多く、中国の小学2年生は日本の6年生よりもたくさんの漢字を知っている。さらに、小学3年生にもなれば、日本の常用漢字を遥かに超える数の漢字の習得が求められる。

表9　日中間の学齢の差異

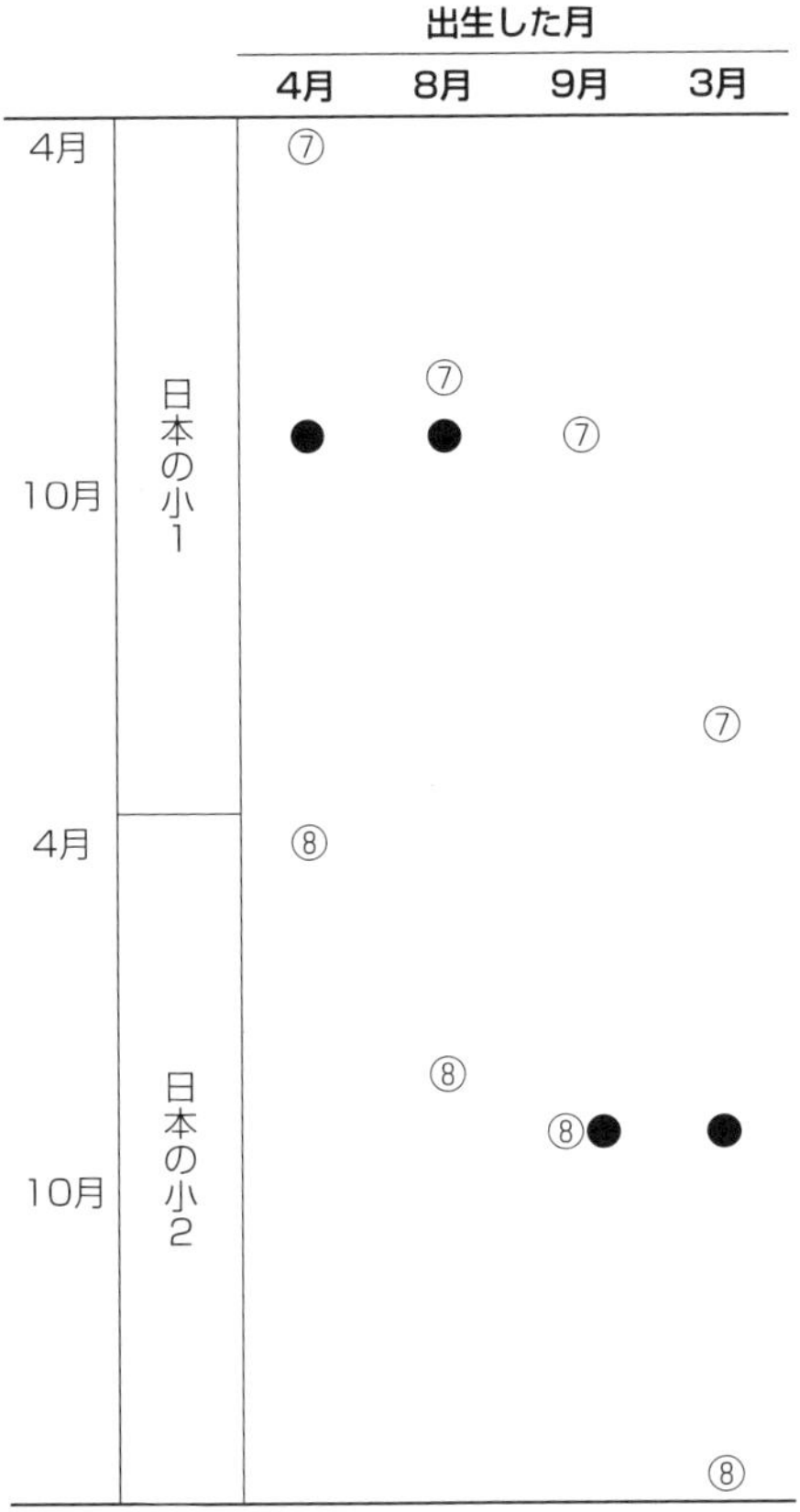

⑦：7歳の誕生日、⑧：8歳の誕生日、●：中国で小学校に入学する時期。
注：中国では8月末日までに7歳になった者が9月1日から就学するとした。

また、中国で小学生になるということは母語と母文化で小学校生活のスタートが切れるということであり、このメリットはかなり大きい。親が話す言語と先生が話す言語が一致していて、家でいわれることと学校でいわれることが一致していれば、子どもは困惑を経験することなく、バリアフリーでシームレスに小学校というステージに踏み出していける。

　なお、付言すれば、そもそも1・4世たちにおいてバイリンガルが実現しやすいのも家庭で教わった音声言語が学校で教わる文字言語と固く結びつくからだ。バイリンガルの実現は第一言語の読み書きの訓練と研鑽が第二言語に先立って充分に行われたかどうかにかかっている。中国で学校に通ったことのない1・8世においてバイリンガルが実現しづらいのは、まさにこれが理由なのだ。人は文字言語で会話できない人を決してバイリンガルとは呼ばない。それはただの「セミリンガル」あるいは「リミテッド・バイリンガル」であり、読み書き能力が重んじられる学校においては評価してもらえないのが現実だ。小学校低学年の時期に家と学校が文化的に「地続き」でなかったことの代償はあまりにも大きい。

ところで、意外に知られていないことだが、1・8世のみならず1・6世のなかにも中国で全く学校に通ったことがないという者が多い。状況にもよるが、一般に中国で小学校に入学するのは満7歳の秋だ。一方、日本では満6歳の春に就学することになっているので、これが親子にとって予期せぬ飛び級をもたらす。**表9**は日中間の学齢の差異を整理したものだが、本表からは日本への移住が4~8月生まれの子には半年の飛び級を、9~3月生まれの子には一年半の飛び級を必然的にもたらすことが読み取れる。たとえば、9~3月生まれの満7歳の子が8月に来日したとしよう。この子は9月から中国で小学校に上がるはずだったのだが、日本にきてみたらいきなり2年生から始めるよういわれてしまう。日本語が全く分からないなか、九九の勉強が始まる。1・4世たちのような漢字の貯金がないので、教わる漢字がみな新しい。しかも、4月になったらもう3年生。まだ半年しか学校に通っていないのにだ。親に人的資本がある場合はまだよい。だが、そうでない場合、彼（女）らはこの落伍したポジションをデフォルトとして受け入れたまま小学校を卒業していくことになりかねない。なぜなら、中国で学校に通ったことがない者には1・4世のような「なぜ40点しか取れないのか。中国ではこんな点数、取ったことがない。悔しい。納得できない。どうにかしなければ……」という危機感が欠けているからだ。学級担任が気づいて何か特別な働きかけをしてやらない限り、勉強に対する自信やプライドを取り戻すのは難しいだろう。

4 おわりに

実をいうと、本章は筆者がまだ大学院生だった頃に書いた論考「中国出身生徒の進路規定要因——大阪の中国帰国生徒を中心に」（鍛治 2007）の続編である。あれから12年の歳月が流れ、147人だった卒業生の人数は289人に倍増したが、驚くべきことに増加分のちょうど半数は日本で生まれ育った2・0世たちだ。未就学児として来日した者たちの相対的な学業不振は前稿においても指摘してあった一方で、2・0世の最終学歴については分析と考察の対象外だった。というのも、当時2・0世はまだ9人しかおらず、しかもその全員がまだ高校生の年代だったからだ。

今回まとまった規模の2・0世について最終学歴を集計してみて分かったことは、彼（女）らの教育年数が他のどの移民世代よりも長く、ホスト社会である大阪府の平均と比較しても遜色がないということだった。一方、１・２世の教育年数はどの移民世代よりも短く、１・４世の教育年数は比較的長く、１・６世と１・８世の教育年数は比較的短かいという前稿の知見には変更がなかった。こうした分析結果を受け、前稿の逆U字型二次曲線は、今回N字型の３次曲線へと更新された。すなわち、日本に文化的に同化しすぎると教育年数がかえって短くなるという前稿の知見は中国で生まれた子だけにあてはまる傾向であり、日本で生まれ育った子は一般の日本人と同じくらい教育年数が長くなるというのが本章の新しい知見となる。

Ａ中学校区で今後主流を占めていくであろう２・０世において下降同化が起こっていないという事実は大変喜ばしいことだ。ただ、それが**表7**のモデルが示すように、子どもの側が中国の文化を習得して親と繋がるからではなく、親の側が日本の文化を習得して子どもと繋がるから達成されているとするならば、それはそれで何だか寂しい気もする。

もっとも、この校区の２・０世たちの多くが中国人としての矜持を捨て去ってしまったのかといえば、決してそんなことはない。前述の通り、校区の小中学校では中国人としての自覚と誇りをもたせるためのさまざまな教育実践があり、特に小学校においては中国にルーツのある児童は国籍や出生地にかかわらず全員参加で舞台に上がり、中国の伝統にちなんだ演技を保護者の前で年に2回以上披露している。また、地域にはボランティアの運営する中国語教室があり、中国にルーツをもつ子どもたちが週に1回、20人前後集まって、1時間程度ではあるが中国語を学んでいる。実は筆者も２００６年以降この教室の運営に関わっているのだが、２０１０年以降現在までに計10回以上出席した児童のうち52人がこの校区の小学生であり、その少なくとも半数が日本生まれ日本育ちの２・０世である。バイカルチュラルといえるほど中国の文化が身についているとはいえないにせよ、中国にルーツがあることを肯定的に受け止め、中国の文化に親しもうと努力している彼（女）らが日本社会のなかで今後どう成長・活躍していくのか、これからも見守っていきたい。

注

1 本章で使用するデータを収集するにあたり過去に受けてきた研究助成は次の通りである。トヨタ財団研究助成99-A-365「地域社会の国際化過程についての民俗誌的研究——ある中国帰国者集住地域における自治会、日本語教室、学校教育、少年グループ、日中交流会、市政、住民運動の10年間の記録」、JSPS科研費21530897「中国出身生徒の進学・就職・結婚——質的調査法と量的調査法を併用したモノグラフ」、JSPS科研費16K04639「家庭環境と地域社会の特性からみた移民の学業達成と地位達成——居住地間・国籍間の比較」。

2 方正県の公式サイトによる。http:// www.hrbfz.gov.cn/mlqx/ztgk/201007142039.htm（２０１９年4月23日閲覧）。

3 中国帰国者支援・交流センターのホームページに掲載されている厚生労働省資料による。https:// www.sien-center.or.jp/about/ministry/reference_02.html（２０１９年1月7日閲覧）。

4 大阪府の学校基本調査をもとに、２０１７年3月における大学・短大進学者数（4万５２９２人）と専修学校（専門課程）進学者数（1万１４１０人）の合計を、２０１４年3月における中学校卒業生の人数（8万５５６０人）で除した値。なお、他府県の中学校から進学してきた生徒と他府県の高校に進学していった生徒は差し引きゼロの同数かつ同質であると仮定した。

5 ２０１７年3月における四大進学者数（4万０７９１人）を２０１４年3月における中学校卒業生の人数（8万５５６０人）で除した値。

6 ２００９年3月の高校卒業者数（6万６９４０人）を２００６年5月の高校1年生の人数（7万７２８３人）で除した値を1から減じたもの。

7 ２０１８年3月の高校卒業者数（7万５１００人）を２０１５年5月の高校1年生の人数（8万１３４４人）で除した値を1から減じたもの。

8 関塾教育研究所編（２００５）『最新版　全国高校・中学偏差値総覧』を参考にしたほか、高校名が毎日新聞出版『サンデー毎日増刊　高校の実力　大学入試全記録』の各年版に記載されているか否かも参考にした。

参考文献

鍛治致（2007）「中国出身生徒の進路規定要因――大阪の中国帰国生徒を中心に」日本教育社会学会編『教育社会学研究』80: 331–349

――――（2008）「大阪府におけるニューカマーと高校入試」志水宏吉編著『高校を生きるニューカマー――大阪府立高校にみる教育支援』明石書店、75–89頁

満洲開拓史刊行会（1966）『満洲開拓史』

方正県志編纂委員会（1990）『方正県志』

方正県教育委員会（1999）『方正教育志』

Gans, Herbert J.（1992）Second-Generation Decline: Scenarios for the Economic and Ethnic Futures of the post-1965 American Immigrants, *Ethnic and Racial Studies*, 15（2）: 173–192

Portes, Alejandro and Rubén G. Rumbaut（2001）*Legacies: The Story of the Immigrant Second Generation*, University of California Press（村井忠政訳『現代アメリカ移民第二世代の研究――移民排斥と同化主義に代わる「第三の道」』明石書店、２０１４年）

Rumbaut, Rubén G.（2004）Ages, Life Stages, and Generational Cohorts: Decomposing the Immigrant First and Second Generations in the United States, *International Migration Review*, 38（3）: 1160–1205

◎第10章

ベトナム系第二世代の学校から仕事への移行*

変わりゆく機会構造

平澤文美

はじめに

(1) 日本におけるベトナム人

２０１８年６月末現在、およそ30万人のベトナム人が日本に暮らしている。中国、韓国に次いで第3位の人口数であるが、日本におけるベトナム人人口が急激に増加したのは２０１１年以降と最近のことである。１９９６年にようやく1万人を超えた日本のベトナム人人口は、毎年10％前後の増加率で増えてきた。在留資格では「定住者」「永住者」等の定住を目的とした在留資格保持者が中心であり、就労を目的とした「人文知識・国際業務」「技術」等の資格、あるいは「研修」や「特定活動」、「留学」、「就学」といった一定期間の滞在を前提とした在留資格保持者の数が上回ったのは、２００６年のことである。**図1**に示したように、２０１１年以降の増加は急激で、前年比40％近い増加を見せている。「技能実習」、「留学」がともに急増したこと、また留学を終えた後「人文知識・国際業務」「技術」等の資格で日本で働き続ける人も増加しつつある。[1]

(2) ベトナム系第二世代

本章で対象とするのは、インドシナ難民[2]として日本に定住したベトナム出身者、また彼らに呼び寄せられた家族など、日本に定住する人々である。なかでも日本での学校教育を経験した第二世代——日本生まれの二世、小学校を経験した一・五世[3]——を対象としている。ベトナム、ラオス、カンボジア出身者を含むインドシナ難民は日本が初めて定住を前提として受け入れた外国人の集団である。在留資格

図1　日本におけるベトナム人：在留資格別の推移

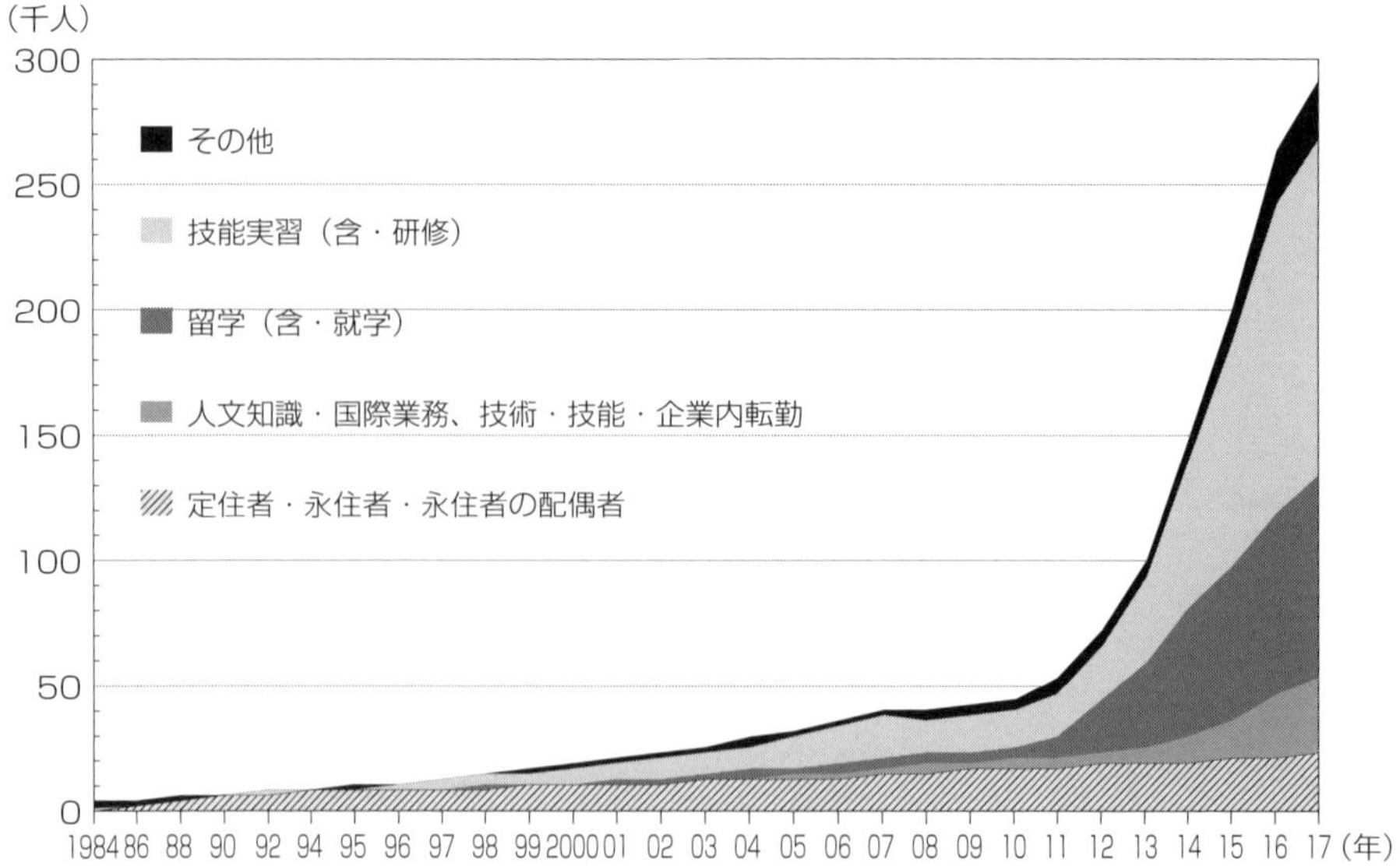

としては、「定住者」、「永住者」、また「永住者の配偶者等」を中心に、日本国籍を取得した人も含まれる。[4] 統計上ベトナム人として集計されていても、現在のベトナム社会主義共和国の国籍はもたないまま無国籍の人もいる。そのため、本章ではベトナム人ではなくベトナム系として、ベトナム系第二世代と呼称している。[5] 第二世代と一口に言っても、来日／日本で生まれた時期も１９８０年代から２０００年代と幅広く、よって学校から仕事へと移行した時期もそれぞれである。１９８０年代から現在まで、日本社会、ベトナム社会、そして日越関係も大きく変化してきた。いつ労働市場に参入したか、そのタイミングによって経験も大きく異なったものとなっている。マクロ、メゾレベルでの情勢の変化とともにベトナム系第二世代個人の移行の経験がどのように変化してきたのか、これまで筆者が実施してきたベトナム系第二世代への聞き取り調査をもとに論じたい。

1　インドシナ難民として日本に定住したベトナム人

(1) 日本定住の経緯

日本でインドシナ難民認定を受けた１万１３１９人のう

ち、ベトナム人は8656人で約4分の3を占めている。[6] 1975年のサイゴン陥落前後、南ベトナムから空路アメリカへ、海路はボートピープルとして脱出を図る人が続出した。1977年当時、東南アジアで庇護を求めていたベトナム人は1万5000人ほどとされているが（UNHCR 2001：81–88）、在越華僑への締め付け、中越関係の悪化を背景に、1978年末には再び船で脱出する人々が増加した。日本にも1975年5月には漂流中に外国船に救助されたボートピープルが入港しているが、日本政府は当初難民ではなく海難者として扱っていた。政府が日本に一時滞在しているベトナム難民のうち、日本定住を希望する人に対し定住許可を与える方針を打ち出したのは1978年のことであり、同年9月にベトナム難民3名に初の定住許可が下りた。[7] ただ日本に上陸した人々の多くは日本定住を望まず、多くがアメリカやカナダ、オーストラリアなどすでに多くのベトナム難民を受け入れていた国への定住を希望していた（内閣官房インドシナ難民対策連絡調整会議事務局 1996：85–86）。1975年から1994年まで、日本には1万1212人のボートピープルが上陸したが、そのうち約6割はアメリカやカナダなどに定住し、日本に定住したのは3536人である。[8] これらの人々に加え、海外の難民キャンプに一時滞在していた1826人、家族統合を目的にODP（Orderly Departure Program）[9]により来日した2669人、そして1975年の政変前入国の元留学生625人を合わせた8656人のベトナム出身者がインドシナ難民として日本に定住した（難民事業本部 2012：10）。政府がボートピープルとして上陸した人々に対して定住を許可する前から難民の庇護に当たったのは、カトリック教会はじめ各宗教団体、日本赤十字社である。政府は1979年より定住諸施策を開始し、兵庫県に「姫路定住促進センター」、神奈川県に「大和定住促進センター」を開設した。1983年にボートピープルの流入増と滞留の長期化に対処するため「国際救援センター」を開設した。[10] 入所者は、約半年の入所期間中、3～4ヵ月の日本語教育、生活指導などを受け、希望する場合にはセンターからの就職斡旋を受けて日本社会に定住していった（内閣官房インドシナ難民対策連絡調整会議事務局 1996：36–39）。1994年以降はODPを通じてではなく、一般的な手続きで難民定住者に呼び寄せられた家族や、難民定住者との結婚により新たに来日する人もセンターに入所できるようになった（難民事業本部 1999：12）。本章に登場する第二世代も、センターを経由して定住した人は多い。

　日本定住後の居住地としては、難民にはカトリック教徒も多いので教会周辺、定住促進センターがあった地域、仕

表1　インドシナ難民の産業別就業者の割合

	1984年	1992年	1996年
建設業	5%（23）	4.5%	4.8%
製造業	72%（361）	79.8%	41.3%
小売業	不明	7%	5.4%
サービス業	12%（59）	5.9%	3.5%
運輸業	3%（17）	2.8%	1.2%
農・漁業	1%（5）	—	0.8%
電気・ガス	6%（29）	—	1.9%
その他	—	—	21.2%

表2　インドシナ難民・ベトナム難民の職業別就業者の割合

	1984年	1992年	1996年	2001年	2004年
製造工	85.0%	82.0%	38.2%	80.0%	54.1%
専門・管理職	—	2.0%	6.4%	8.0%	14.9%
事務職	—	3.0%	1.7%	4.0%	4.1%
販売・サービス	—	8.0%	6.2%	—	10.8%
建設・労務	—	2.0%	—	8.0%	2.7%
その他	—	—	26.3%	—	13.5%

注：表1、表2共通。1984年調査：「我が国におけるインドシナ難民の定住実態調査報告」外務省国際連合局人権難民課。1992年調査：「インドシナ難民の定住状況調査報告」（財）アジア福祉教育財団難民事業本部。1996年調査：「我が国に定住したインドシナ難民の生活実態と今後の課題に関する調査」内閣官房インドシナ難民対策連絡調整会議事務局。2001年調査：「ベトナム人定住者の生活に関するアンケート調査」倉田、津崎、西野（2002:12）より筆者作成。2004年調査：「日本の難民・避難民受け入れのあり方に関する研究」「日本の難民・避難民受け入れのあり方に関する研究」プロジェクト（2005）より筆者作成。

事を得やすい小規模な工場が集中する地域に居住する傾向がある。関東では、神奈川県、東京都、群馬県、埼玉県、中部では静岡県、関西では兵庫県、大阪府などの都市部に集住している。[11]

1975年のサイゴン陥落前後にアメリカに逃れたベトナム人には、南ベトナムでの社会階層が高かった人が多いと言われている（UNHCR 2001：90）。またアメリカにおけるインドシナ難民は史上最も大規模な定住プログラムにより家族統合も促され、コミュニティの強固な紐帯を発達させたので、もともとの人的資本の状況から考えられる以上の経済的達成を果たしたとされている（Portes & Rumbout 2001：258–261）。日本に定住した人のなかにも、ベトナムで中上層だった人はいる。ただアメリカと比べた場合、教育歴の短い下級軍人や農漁民、商工業従業者などが多いとされている（川上 2001：108）。

(2) 一世の仕事

表1・**表2**は、定住後のインドシナ難民、またベトナム難民を対象とした就業状況に関する調査結果である。[12]

定住促進センターや国際救援センターを経て日本に定住した人の退所後の初職は製造業が多数を占める。[13]

職業別には圧倒的に製造工が多い。[14] ２０００年３月に難民事業本部が実施した調査（表には含めていない）では調査に回答した７４２世帯の「世帯主のほとんどが製造業を中心とした仕事に就労」とある。[15] 倉田らが実施した２００１年調査でも８割が製造工に集中している（倉田・津崎・西野 2002：12）。ただ「日本の難民・避難民受け入れのあり方に関する研究」プロジェクトがベトナム難民を対象に実施した２００４年調査では、専門職・管理職従事者の割合が一定程度見られる。この調査では定住促進センター退所後の初職と現職を聞いているが、現職で専門・管理職に就いている11名のうち、センター退所直後に学生であった人が６名だった（「日本の難民・避難民受け入れのあり方に関する研究」プロジェクト 2005：103–106）。この結果は、学生として日本でのスタートを切った人の職業的移動可能性を示唆している。過去に政府によって実施されてきた調査は主に世帯主を対象にしてきたため、回答者の中心は比較的高い年齢で来日した一世である。日本の教育機関を経ずに労働市場に参入することも多いので、日本語能力の点からも、製造工に集中する傾向があった。

(3) 第二世代の教育達成状況

第二世代の就業状況について全体的な傾向を把握するのは難しい。これまでニューカマーの第二世代を対象にした研究は教育に関連するテーマに集中しており、労働市場での機会獲得、階層移動に関しても、調整時点での教育達成の状況から推測されてきたと言えるだろう。２０００年代中頃までのベトナム系を含むインドシナ難民第二世代の教育達成に関する諸研究は、彼らの労働市場での状況も困難なものであろうことを示唆している。田房（2005）は日本社会における外国人差別、学習言語習得の難しさなど教育達成と上昇移動を阻む問題、また進路決定や職業選択の参考になるモデルの不在をあげている。石崎・依光（2003）は高校、大学へと進んでいる人でも、現実的なビジョンや目的意識を欠いたまま通常の試験を経ない推薦制度を利用した進学であることも多く、「教育達成」しても不安を抱えているとする。親の仕事の不安定さから、第二世代に早期就労を望まざるを得ないことも指摘されてきた（宮島 2002：140）。[16] ただ、髙谷ほか（2015：50–55）が実施したオーダーメイド集計（総務省統計局）による２０１０年の国勢調査の分析[17]によると、５年前も日本に居住していたベトナム人は16歳の時点で１００％近くが高校に在籍している。同様に５年前は日本にいた21歳の大学在学率は約30％

である。国勢調査で把握できるのは5年前日本にいた／日本国外にいたという区分までであり、日本生まれか、何歳で来日したかまでは把握できない。分かるのは、少なくとも小学生に相当する11歳の時点で日本にいた人は16歳の時点で高校に在学しているということである。在学率は17歳（12歳までに来日した人）となると約90％に下がるが、第二世代に相当する人のほとんどは、２０１０年の段階では高校に進んでいることが分かる。高校を卒業したとして、必ずしも安定した上昇移動を果たしていると想定することはできないが、日本の学校教育を経ずに製造業、製造工に集中した一世より産業、職種とも多様になっていると考える。

2 マクロ、メゾレベルの変化と第二世代の機会獲得

本章では、教育達成と機会獲得の関係ではなく、マクロ、メゾレベルでの社会の変化と第二世代の労働市場での機会獲得の関係について論じている。教育達成と上昇移動は密接に関わっているが、教育達成それ自体は機会獲得に対し最大公約数的な重要さをもつものの、実際には景気といったマクロレベルの変動が相当に影響している。在日コリアンに対する就職差別の歴史をかんがみれば、特定の属性を有する人の機会獲得を明文化して、あるいは暗黙に阻む社会の意識といったことも影響している。

一般に、人のライフコースは、歴史的な時間と場所に埋め込まれて形づくられていくものである。歴史的な文脈のなかで、どのタイミングで移行やライフイベントを経験したかによって、結果は異なったものとなる（Elder et al. 2003：12–14）。（そもそもベトナム系の人々がなぜ日本に定住しているかということ自体、サイゴン陥落という歴史的な事件が近因、遠因としてあるが、）１９７０年代末以降、ニューカマーのなかでは比較的早い時期から日本への定住を進めてきたベトナム系第二世代の学校から仕事への移行をとらえようとするとき、教育達成だけでなく、埋め込まれる歴史的な文脈、場所、そして移行のタイミングを見ることはことのほか重要であると考える。日本社会、ベトナム社会、そして日越関係は難民の定住初期から現在にいたるまでドラスティックに変化しており、第二世代個人の人生もこのようなマクロレベルの動きと絡み合っているからである。

(1) 民族差別から多文化共生へ

ベトナム系第二世代の学校から仕事への移行と日本社会の変遷の関係を見るとき、日本社会における民族差別と切り離して考えることはできない[18]。日本での学校教育を経た

ベトナム系第二世代が労働市場に入るのは１９８０年代頃からだが、その頃の日本社会は、１９７０年に始まった日立就職裁判で原告である在日コリアン二世側の勝訴をきっかけに、ようやく在日コリアンへの就職差別、根強い偏見、差別の実態に世間の目が向けられるようになっていった時期である。この裁判を機に各地の支援運動が連携し合い、公営住宅への入居や日本育英会（現在の日本学生支援機構）の奨学金からの排除、公的な職業からの排除など「国籍」を理由とする差別をなくすため、運動が展開されていった（田中 2013：141）。同時期、日本は国際人権規約への加入（１９７９年）のため全面的に法令を見直し、ほとんどの法令から国籍条項が廃止され、また相当数の国内企業が内規として定めていた社員の国籍要件も裁判を機に改められ、明文上の国籍による就職差別の存在は姿を消していった。また難民条約への加入（１９８１年）のため、国際人権規約加入時には維持されていた社会保障関連法[19]の条文上の国籍条項は完全に撤廃された（山神 2007：37–38）。

地域社会に目を向ければ、在日コリアンが集住する地域社会において、裁判をきっかけとして二世が本名を名乗ったり、ルーツとなる文化を学ぶ民族教育が始まるなど、現在の多文化共生施策の萌芽となる動きが起こり始める[20]（金 2011：64–65）。この頃から、地域社会においては、インドシナ難民はじめ、ニューカマーの外国人住民も増加していく。地方自治体は必要に迫られる形で多文化共生施策を模索していった。地域のボランティアによる日本語学習教室が開かれたり、学校に通うニューカマーの子どもたちに対しても学校に支援が入る形で支援が行われるようにもなっていった[21]。２００５年には総務省に「多文化共生の推進に関する研究会」が設置され、地域における多文化共生の推進について中央レベルでも検討されるようになった。現在まで大きな変化があったものの、今も国家レベルでの統合政策を欠くという姿勢に問題はあり、また社会生活における差別も残存する。近年の在日コリアンや外国人に対する激しい排外主義行動の高まりを受け、２０１６年にはヘイトスピーチ解消法[22]が制定されるにいたった。

（2）新規学卒採用の日本的慣行の変化

また、ニューカマー第二世代の就職という文脈ではあまり指摘されることはないが、かつて日本で支配的だった移行形式「学校経由の就職」の衰退も大きな変化として指摘したい。「学校経由の就職」とは、学校が企業との連携に基づいて生徒・学生たちの就職先を決定し、学生たちを学校から企業へと間断なく移行させる日本に特異な慣行である（本田 2005：29）。戦前から高学歴者を対象に始まったこの慣行は、高度成長期を通じて中卒者、高卒者まで広がり、オイルショック後の安定成長期に慣行として確立され、日本社会に定着した。しかし90年代の景気低迷や労働力の人口構成の変化、産業構造の変化など基盤となる条件が変化したことにより崩れていった（本田 2005：25–51：岩脇 2010：100–108）。この慣行が自明視されていた時代に移行を経験したベトナム系第二世代にも関わるであろう事象である。

(3) ベトナム社会の発展、日越関係の深化

ベトナムは１９８６年よりドイモイ路線を打ち出し、社会主義体制を維持しながらも市場経済化、対外経済開放路線に舵を切った。また１９９１年にはカンボジア和平協定を結び、国際的な孤立状況を解消した。外交面でも中国、アメリカと国交正常化を図るなど、転換を図っていった。日本は１９９２年以降、凍結していた対ベトナムへのＯＤＡを再開し、投資と貿易の両面で両国の関係が緊密化していった（池部 2004：73–81：国際協力機構 2013：3–4）。90年代後半には、人口８０００万人（当時）の潜在市場を狙った「第一次ベトナム投資ブーム」が起き、ホーチミン市または市周辺を中心に日本から多くの有力企業が進出した（関 2004：5）。２０００年代中頃となるとベトナムは「チャイナ・プラス１」として、生産拠点の中国一極集中を回避するための投資先として位置づけられるようになり、「第二次ベトナム投資ブーム」が起こった（JETRO 2006）。実際には、中国リスクを回避してベトナムやほかの地域に向かったというより、中国における人件費の上昇や、セットメーカーから下請けへの要請などが背景としてあるが（池部 2012：427–428, 432）、大企業だけでなく多くの中小企業もベトナムに進出していった。２０００年代半ば以降、日本からベトナムに進出する企業の増加は顕著である。[23] そして現在、ベトナムに進出する日本企業の産業も多様化している。ベトナムは従来、零細な個人経営によって担われてきたサービス産業を外資系企業に開くことには慎重であったが、２００７年のＷＴＯ加盟より市場開放を進めてきた（池部 2012：434–435）。日系のスーパーやコンビニチェーンの進出も急速に進んだ。近年ホーチミン市には日本の大手外食産業が進出し、南部を中心に消費市場のさらなる成熟が進み日本企業の進出拡大が期待されている段階にある（JETRO 2017：6）。２０１７年の対ベトナムＦＤＩ国・地域別認可額では日本が約91億ドルでトップである（次いで韓国、シンガポール、中国）（Bộ kế hoạch và đầu tư 2017）。

先述のように、日本におけるベトナム人人口も２０００年代半ば以降急増している。２００８年に日越間で結ばれ

たＥＰＡ（経済連携協定）に基づき、２０１４年からは看護師、介護士の候補生も来日し、日本で働いている。これは深刻な少子高齢化という日本の人口構造上の問題が背景としてあることは言うまでもない。急増する技能実習生、留学生の就労は人手不足による穴を埋めている。そしてこれらの動きと日本に定住するベトナム系第二世代の仕事は関連している。

3 学校から仕事への移行の経験——就職時期による違い

本章では、このようなマクロ、メゾレベルでの変化のなかで、第二世代の学校から仕事への移行の経験がどのように変化したのかを検討している。第二世代の語りの変化から、おおまかに80年代、90年代に移行を経験した人とそれ以降に移行を経験した人を分けている。経験と年代を図式的に対応させるのは難しいが、２０００年前後から日越関係、来日するベトナム人数、また日本の諸地域での多文化共生への取り組みが大きく変化していったことは、第二世代にも相当の影響を及ぼしていることは確かである。

本章で使用するデータは主に筆者が２０００年代半ばより断続的に実施しているベトナム系の第二世代への聞き取り調査が中心である。難民の定住初期よりインドシナ難民を支援してきた個人、インドシナ難民の就学を支援してきた国内の社会福祉法人「さぽうと21」[24]の資料、相談員への聞き取り調査も使用している。

(1) 80年代、90年代に就職した第二世代——就職差別による排除、雇用慣行による包摂？

一世の事例であるが、ベトナム共和国（南ベトナム）時代に留学生として来日し、１９７７年に日本の大学を卒業した男性は、日本で外資系企業に就職した。当時外国人留学生の日本企業への就職は難しく、留学生仲間も外資系企業に就職した人が多かったという。[25] 難民として定住した第二世代が就職するのは１９８０年代以降であるが、当時はたとえ日本で大学を出たとしても就職は難しかった。80年代から神奈川県の大和定住促進センターで難民相談員を務めた女性は、当時のインドシナ難民第二世代の就職について「横文字はだめよ」という。外国人名である時点で就職には不利であったと語った。[26]

10歳でボートピープルとして来日し、大学で経済学を専攻した女性は、卒業後は母が開いた料理店を手伝う予定だったものの、企業に就職したいという思いも捨てきれずに卒業前に就職活動をした。１９９０年代半ばのことである。[27]

その時はもうお店やるってことは決まってるんですが、でもせっかく学校行ってて、そういう経験がないとあれだから、説明会だけちょっと参加しようと思って。（説明会で）名前書いて提出するじゃないですか。そうしたら、「うちは外国人いりません」、とかそういう……。

会社説明会の受付の段階で門前払いであった。この女性は大学卒業後、母の料理店で働いた。

1990年代初頭の次の手記からは、自らの来歴を企業側に伝えるかどうかの葛藤が窺える。書き手は10歳で来日し、すでに日本国籍を取得していた男性で、高校の本科3年、無線通信専攻科2年を修了する前の就職活動について書いている。

今年は景気が悪いので、就職活動がたいへんだったです。でも内定したから、ほんとうによかったです。正直に言うと私は落ちると思いました。なぜかというと私は面接のときに「私は日本人ではなく、ベトナム人政治難民として日本にきました。日本の国籍を取って今現在となっただけです。」と言ったからです。

私はその言葉を言う前に考えました。約1年半前に私は朝日新聞に将来の夢として、「私はベトナム人政治難民として日本に来たことを堂々と言えるように立派な社会人になりたい」と書きました。[28] だから、面接のときに隠さないではっきり言った方がよい、と思いました。もし、これで落ちるならば、行く価値がない会社と思っていました。しかし合格することができました。私はこの会社を選んで間違いがなかったことをよかったと思います。早く社会や会社に貢献したいです。（難民を助ける会『AARボランティア情報』1992年11月5日第155号、10頁）

この男性は、手記中の朝日新聞の取材に対し、無線通信専攻科を選んだ理由として「通信士の資格は万国共通。だから父に勧められてこの道を選んだ」と答えている。「万国共通」という、生きることができる地理的な範囲を広げようという発想に、難民として移住を余儀なくされた人の戦略を見るが、それはさておき、このような専門的な技術を学んでもなお、出自の影響が大きな懸念事項だったことが分かる。

マイノリティが、労働市場で評価される理工系分野を専攻し機会確保を図ることは指摘されてきた（Xie & Goyette 2003）。日本においても、先のようなあからさまな就職差別がある一方で、理工系や専門性の高い分野を専攻した人の場合、良好な機会を得ているケースもある。13歳で来日し、工業高校から工業系の大学に進んだ男性は、90年代半ば、教授の紹介で見学に行った企業からすぐに内定を得た（1979年来日）[29]。高校卒業後、父方の親戚が暮らすカナダに留学しグラフィックデザインを学んだ女性は、90年代半ばに帰国した後はグラフィックデザイナーとして就職した（1980年8歳で来日）。80年代よりインドシナ難民の就学を支援してきた「さぽうと21」の相談員は、優秀な学生でも日本で就職が決まらず、難民として定住した親戚が暮らすアメリカやオーストラリアに再移住した例もある一方で、難関大学の理工系を卒業した学生の場合は大企業に就職する例もあったという[30]。かつて大学の理工系分野では学科によって差はあるものの、教授や学校からの紹介による就職が多かった（中村 1996：262–264）。専門高校でも学校と企業の間で就職の「実績関係」が強いことが指摘されている（本田 2005：87）。紹介があることは雇用者側の信用を得やすくなる効果もあるだろう。「学校経由の就職」という日本の特異な慣行が、就職局面で不利に陥りがちな外国出身第二世代の機会獲得に寄与していた可能性がある。

一方、企業側が難民に理解を示すようでいて逆に無知と差別が露呈されるような事例もある。「さぽうと21」相談員は、90年代半ば、ある企業からの団体の奨学生に対する採用の申し出を断ったことがあるという。1994年のNHKのテレビ番組「特報・首都圏'94」[31]にて団体が支援する学生たちの現状が放送された後、就職で困っている学生の力になりたいという企業から連絡があった。団体側は卒業を控えた学生たちのリストをたずさえてその企業を訪問したという。企業は学生たちの優秀さを知り、なかでも1人の国立大理工系の男子学生の採用が検討された。ただ、後日告げられたのは、自社ではなく親会社の方で採用するが、ただし現地社員としてなら、ということだった。学生は難民であり、当時すでに日本人女性と結婚しておりベトナムに帰国して働くということは論外だった。団体としても、現地採用ならという申し出は納得できず、結局辞退したという。後に日本人社員と同様に本社採用させてほしいという申し入れがあり、学生はその企業に就職したという[32]。

困っている難民の学生を助けたいと申し出た企業は、故国を逃れてきた人に故国に帰って働くことを要求している。現地採用でなら、という別枠扱いの申し出が不当であることにも、団体からの抗議を込めた辞退を受けて思い至ったようである。差別が悪意からではなく、むしろ善意や義侠心に基づいた恩恵のように行われていること、そして採用権限をもつかも不明な立場の人からも「うちは外国人いりません」という言葉が熟考なく反射的に口を突いて出てくることに、明文上の国籍条項が撤廃された後にも、意識の深い部分にまで根を張る差別心を見る。このような話は必ずしも90年代までの今は昔の話ではないだろう。しかしながら、ベトナム社会の発展や日越関係の変化が顕著になってきた2000年代以降に学校から仕事への移行を経験した人の経験に、変化が見られるようになるのも確かである。

(2) 2000年代以降に就職した第二世代——属性の評価、属性への封じ込め?

①ルーツが強みに

ホア(女性)は難民として定住した父に呼び寄せられ、6歳で来日した。短大に進み英語を専攻した。2002年に就職活動をしたとき、同級生が10社以上に応募するなか、ホアが応募したのは2社のみで、そのうちの1社の大企業から内定を得た。ホアは、自身のルーツをうまく面接官たちにアピールできたことが内定につながったのではないかと考えている[33]。

面接の時に、自分がベトナムっていうのを言って、それで受かったと思いますよ。こちらの技術とか学んで、日本でこういうことをやっているってベトナムに伝えられる、ってことを言ったんですよ。たぶんそこがすごい響いたと思いますよ。だから受かったんですよ。賢いでしょ(笑)

ホアは高校時代に日本国籍を取得し、名前は漢字表記の日本名であり、外見も言葉も日本生まれの「日本人」と変わらない。当時のベトナム語能力は聞けば理解できるが話すのは片言、読み書きもできなかった。そしてベトナムに関する仕事に従事したかったかと言えば「ぜんっぜんなかったです。ベトナムの関係とか、関わる仕事しようと思ったこと、一回もなかったです」ということで、面接のときにベトナムに触れたのは「いや、いいふうにかっこよく言えば受かるかなって。そんなそこまで。……(略)……その時はほぼ受かるためですよ」と、面接で良い印象を与えるためだったという。そして面接官たちの反応もよく、「何か自分は受かった気がしましたもんね。みんなオーッという感じで」と好印象を与えたようだった。

日本生まれで日本国籍を取得しているソン(男性)も就職活動では自身のエスニシティが強みとなるのではないかと考えている。大学で情報科学を専攻するソンは、4年生で公務員を目指している[34]。公務員を志望した理由について、一番は楽かなって思って選んだんですけど（笑）。それで志望動機聞かれたらあれなんで、自分のルーツを活かして外国人に対しての公共的サービスが柔軟にできれば、とか自分のルーツを売りにする戦略っていうか、エントリーシートにはそういう感じで書いたんで。公務員になる理由、ぼくは、とりあえず仕事してお金を稼げればいいって思ってるんで、仕事をしようとする動機っていうのはそこから来てるわけですけど、自分のルーツを活かしてやるっていうのはまあ後付けになるんですけど。……企業の方はあんまりそれ（ルーツ）を出さない方がいいかなって思って。それがあってもなくても企業は働けばいいから。出しても意味ないかな。でも市役所の場合は国際交流ってものを重視しているところ結構多いんで、出さざるを得ない。その、受かるために。自分のアドバンテージってなんやろな、って。興味をもってもらうために（ルーツを）使わせてもらって。

ソンは日本生まれ、日本国籍、日本名である。日本語の環境で育ち、インタビュー時のベトナム語能力は、聞くことはできるが、話すこと、読み書きはあまりできないという。

先の90年代の事例では、外国人名だけで門前払いが当たり前の状況のなか、自身がベトナム出身であることが知れたなら就職で不利を被るかもしれないという恐れが示されており、ルーツを開示することには相当の葛藤がともなっていた。しかしながら2000年代に就職した2人の事例は、認識が大きく異なっている。ルーツから想定される語学力などの有効な資源はもっていなくても、ベトナムにルーツをもつこと自体が他の人との差異化を図る「アドバンテージ」となると考え、積極的に開示しようとしている。

本人にその意図がなくても、企業側がベトナム人という属性やベトナム語能力を評価して採用していることもある。2004年に高校からの紹介で電気工事を請け負う企業に就職した男性は、入社した後に、その企業の元請け会社がベトナムに拠点を置く予定だったことが自身の採用のひとつの理由だったことを聞かされたという（1996年13歳で呼び寄せられて来日）[35]。2007年に東京都内のIT企業に就職した男性は、Webアプリケーションの開発が主な業務だったが、後に当初は聞かされていなかったホーチミン市の支社から日本に研修に来る社員たちをサポートする仕事も担当することになった[36]（1982年日本生まれ。大学院卒）。

日越間の企業活動、人の往来がより活発化した2000年代、ベトナムに由来する文化的資源の市場価値は高まり、また地域行政においても多文化共生がより尊重される価値観となっているという気運は、ベトナム系第二世代の機会を拡大していると言えるだろう。そして、第二世代自体も変わっている。先の90年代初めに移行を経験した人のように「政治難民として日本に来た」という強い難民としての自覚は2000年代に就職した人へのインタビューではまったく語られないことである。南ベトナムに生まれ育った初期の難民とは異なり、ドイモイ前後に生まれた現在の若い世代にとっては、統一ベトナムが故国である。ルーツを前面に押し出し、ベトナムと日本をつなぐ存在として自己PRすることに政治的な意味での葛藤はないのである。

②属性の評価と属性への封じ込め

しかしながら、次のような事例は2000年代半ばにおいてもなお、エスニシティに基づく差別は残っていると思わせる。かつてのそれが、ネガティブな偏見による排除や、恩恵としての包摂だとすれば、近年のそれは、ポジティブな評価を与え期待をかけ、包摂しつつ周辺化もするようなあり方である。

フック（男性）は1984年8歳のとき、インドシナ難民として定住していた年長のきょうだいの呼び寄せで両親、きょうだいとともに来日した。工業高校卒業後1年間浪人して大学に進み、電気工学を専攻した。[37] 2006年、フックが就職活動をしたとき、同級生たちは内定を得るのに苦労していたという。一方フックは応募1社目で重工業分野の大企業から内定を得た。勉強には力を入れていたが、内定を得られた理由としては「語学が大きかった」と、ベトナム語能力の高さゆえだったと思っている。しかしながら、フックは家族全員が喜んだこの内定を熟考の末に卒業間近で辞退した。企業からの期待と彼が将来目指すところが合致しなかったためである。

企業からフックに示された入社後のコースは次のようなものだった。まずアメリカの機関に4年間出向し、仕事と英語を学ぶ。その後は、その企業が設立に関わり機器を納めているベトナムの火力発電所で機器のメンテナンスに当たるエンジニアになるというものだった。機器の寿命は約60年であり、フックは日本とベトナムを往来しながら業務に当たることになる。「その60年、というのがあってね。もう自分が箱の中に収まっているような感じがあって、それが嫌だったんですよ」とフックは内定辞退の理由を説明する。フックは、幼い頃からいつか独立して仕事をしたいという夢をもっていた。会社に使われる立場で働き通しであった周囲を見てきた。「親の世代を見ても、出稼ぎみたいな感じだったんで、何かを自分でやりたいと思ってたんですよ。何か企業を自分で立てたい」。フックは経営のあり方も身近で学べる中小企業に就職した。

マイ（女性）のケースはベトナム系第二世代が労働市場で評価され、求められると同時に周辺化もされる可能性をより明確に示している。[38]

マイは1996年、11歳のときにインドシナ難民として先に定住していたきょうだいに呼び寄せられ、一家で来日した。以後ベトナム名、ベトナム国籍である。商業高校から4年制大学の人文学系に進んだ。将来の職業として特に目指していたものはなかったが、大学の就職担当の先生から、語学力を生かしてベトナムとの関係がある企業に応募してみてはどうかと勧められた。自分でも「国際的な仕事」に憧れていたところもあった。マイは来日後もベトナム語を維持しており、大学の授業はすべて英語だったので、英語も堪能になった。国際的な仕事への憧れはベトナムに限定されるわけではなかったので、就職活動を始めた最初の頃（2007年）はベトナムとは関係をもたない企業2、3社に応募してみたが、書類選考も通過しなかった。ベトナムと関係をもつ企業は面接まで進んだので「応募してみて、ベトナムとは全然関係のない会社だったら受け取ってくれないんだな、とそこで思ったんです」と言う。ただ、面接に進んだ企業でも、採用後はしばらく日本で働き、その後はベトナムで働くことを求められた。プラスチック製造の中小企業、飲料メーカー、人材派遣企業など業種はさまざまであったが、一定期間日本で研修してベトナムへ移り、現地をまとめる立場になることを期待された。

> 私は日本でずっと生活してきたので、ベトナムに帰って仕事ってのは……、短期間だったらいいけど、（日本に）戻らない、永住してくださいって言われると、え⁉って。将来自分の子どもも日本で育てたいし。

将来家族を形成した後も日本に暮らすつもりだったマイは企業からの要求に戸惑いを感じた。賃金面でも納得できなかった。マイがベトナム国籍であるから、現地のベトナム人と同じ待遇となり、日本円にすると月に5、6万円ほどの賃金ということだった。[39]日本国籍なら日本人と同じ賃金になるという企業もあったが、ベトナム人としてのアイデンティティを強くもつ（そのためベトナム語を維持しようと努力をしてきた）マイとしては、日本人と同じ賃金を得るためだけに日本国籍を取ろうとは思わなかった。そして、各企業の採用過程から退いた。

> 確かに、5、6万ならベトナムで生活できるんですけ

ど。でも、考えると……。なんで日本人と違うねん。なんでわざわざベトナムに戻って安い給料をもらうんだ、っていうのを考えて。

フックとマイは入社前にかなり具体的なキャリアコースを提示されている。このこと自体が、日本企業の大学新卒採用の慣行から見ると例外的である。日本企業では理工系や研究職などは職務の限定はある。だが、一般的に新卒の「正社員」を採用するとき、採用時に職務を限定することは稀で、従業員は定期的な配置転換により多様な職務に従事する（岩脇 2010：100）。フックもマイも大企業、知名度の高い企業からのオファーであった。企業側は確かに彼らのエスニックな資源を評価し特別な期待をかけているのだが、はじめから別枠の扱いである。機会が開けたようで、未来が限定されている。

第二世代たちにとって、自身が保持してきた文化が注目され、仕事を通じて発揮できること自体は肯定的に受け止められる。大手食品会社の研究職に就職した女性は「会社も私を採用した理由のひとつに、私のバックグラウンドを仕事に活かしてほしいという期待が感じられるので、嫌な気持ちになるよりも、むしろ期待されていることに対して有難いなと思いました」という（8歳で来日。2013年就職）。実際少なくない第二世代たちが、今日、日越両言語能力を生かすなど、日本（人）とベトナム（人）が関わる仕事に就いている。ただ、次のことは顧みられてもよいだろう。

単一文化化を志向し暗黙に同化を強いる共同体的な日本の学校文化（恒吉 1996）のなかでは、言語を含めエスニックな文化は排除こそされ、評価されてこなかったことである。話を聞いた第二世代たちは、学校生活において外国人ということで暴言を受けたり、ベトナム料理の弁当をからかわれたり、そのためベトナム出身ということを隠そうとしたりと、程度の差はあるが出自や文化を貶められる経験をしている。それでも彼らは自ら選択したわけではない日本で言葉を学び、日本での生活に適応しようと努力を重ねてきた。学校生活では日本語を使い、周囲の「日本人」と同じようにあることを期待され続けてきたが、労働市場では一転して、エスニックな文化こそ重要で、「ベトナム人」であることを期待される。手のひらを返すがごとくの世間のまなざしと期待をとらえ返して、機会を得て、それまで潜在させていた能力を発揮していく人がいる一方で、第二世代をあくまでネイティブのベトナム人と見なしたうえで都合の良い期待を押しつけられ、困惑する人もいる。

4 マクロレベルの変化と第二世代の機会構造

グローバル展開する企業の採用のあり方に信頼のヒエラルキーが見えることがある。ドイツ企業の例だが、Kotthoff（2001：139–140）は、駐在員を頂点としてドイツ文化への親和性が高いことを基準に、ブラジル支社ではドイツ系の子孫、トルコ支社ではドイツ育ちでドイツの大学を卒業したトルコ人第二世代が好まれるとしている。吉田（2015）が実施した調査では、日本企業が海外の事業展開をするときに求める人材の属性は、日本人、男性、大学学部卒であり、外国人では採用したい留学生が少ないとする企業が多かったことが示されている。このようなエスニシティに基づくヒエラルキーがあるなかでは、移民第二世代（の男性）が海外展開する企業に求められることも頷ける。日本生まれ／日本育ちであることから日本企業の文化に対しても親和性が高いことが期待され、さらに出身地が当該企業の海外展開と合致しているなど都合のよい条件を兼ねていれば、望ましい人材に映るだろう。

本章で取り上げたベトナム系第二世代の例は、移民の階層移動において、人的資本、社会関係資本のあり方と並んでその時々の労働市場における機会構造のあり方がいかに大きな影響力をもつかを示している。機会構造はグローバル化時代の世界経済の下でドラスティックに変わっていく。以前は見向きもされなかった言語などエスニックな資源、両文化への親和性といったことが、高く価値づけられるようにもなる。

今日、ニューカマーの第二世代をとりまく状況が変化してきたことは指摘されるようになっている。三浦（2016：152）は高等教育や職業面ではエスニシティを肯定的に評価する文脈が存在するとしたうえで、「特に、グローバル化の進展や昨今の『ハーフブーム』は、グローバル人材としてのかれらの可能性を高めるものとなる。これらの社会的文脈を背景に、出自を学業・地位達成のための手段として利用できるかどうかもかれらの学業・地位達成を左右する1つの要因となる」とする。しかしながら、個人の戦略はともかく、移民統合の議論としてこの状況をみるならば、出自を「手段として利用できるかどうか」を考えるより、出自を利用しているようで（利用しようとする意図はなくても）、出自に留め置かれかねない方を問題にしたい。

グローバル化の進展や、昨今の「ブーム」は、エスニシティを梃にした機会獲得戦略を可能にした。それは「外国人」として門前払いだった過去の状況に比べれば大きな転換と言えるだろう。しかしながら、個人の属性のなかでエスニシティだけが過度に注目されていること、日本で育った人をエスニシティというひとつの要素に基づいて別枠扱いする思考はまだ残っている。「グローバル人材」として求められることは、包摂に帰結するのか、それともいつの間にか「蚊帳の外」に置かれることとなるのか。

＊本章は、2013年6月21日一橋大学国際社会学プログラム創設20周年記念シンポジウム「国際社会学への地域的パースペクティブ――北米・ヨーロッパ・東アジアの比較にむけて」のプレシンポ企画「若手研究者ワークショップ」にて発表した"Occupational Opportunities in Transnational Social Fields : Changing Employment Scenarios among the 1.5 and Scond-Generation Vietnamese in Japan"をもとに大幅に加筆修正したものである。本章には、松下幸之助記念財団研究助成（2013―2014年）によって実施した調査研究を含む。

注

1 「留学」、「就学」（2010年の改正入管法まで）の在留資格をもつベトナム人のうち、日本の企業等に就職するために在留資格の変更を許可されたのは、2006年までは100名に満たなかったが、10年後の2016年には、2488名となった（法務省 2011, 2017）。

2 「インドシナ難民」は、日本が1981年に加入した「難民の地位に関する条約」、及び「難民の地位に関する議定書」が定義するところの難民である「条約難民」（「狭義の難民」）ではなく、「条約難民」の諸条件を厳密に満たさなくても、人道的見地から保護されるべきと考えられる「広義の難民」に含まれる。その立場は条約難民に準じるものである。政府は「我が国への定住を既に許可され、又は今後許可されるインドシナ難民については、難民条約にいう難民として認定されない者に対しても、可能な限り難民条約にいう難民に準じて処遇するよう配慮する」としている（昭和56年4月22日インドシナ難民対策連絡調整会議決定）（内閣官房インドシナ難民対策連絡調整会議事務局 1996：26）。「インドシナ難民」のなかには、後に「条約難民」に申請し認定されている人もいる。

3 本章では一・五世の定義として、日本生まれではないが少なくとも日本の小学校で学んだ経験がある人とする。移住年齢による世代の区分は学校教育と関係する。研究者によって世代の区切り方には違いがある。例えばZhou & BankstonIII（1998：243）の研究では、アメリカ生まれと〇歳から四歳（就学前）に移住した人を言語的、文化的、発育上の経験において類似性をもつことから「二世」に分類し、五歳から一二歳までの小学校に当たる年齢で移住した人を「一・五世」、一三歳から一七歳を「一世」としている。各世代のなかでも差はあり、一様な傾向を示すわけではないが、移住年齢と組み込まれる社会制度が移住者のライフコースに及ぼす影響は大きく、変数として注目する必要がある。

4 2018年3月31日現在、難民事業本部が把握している人数としては、インドシナ難民のうちベトナム出身者の1070人が日本国籍を取得している。難民事業本部「日本の難民受け入れ」(http://www.rhq.gr.jp/japanese/know/ukeire.htm)。

5 本章に登場する対象者は、すべて両親ともにベトナム人である。ベトナムに定住した日本人を祖父にもつ人が1名含まれる。

6 ほか、カンボジア人1357人、ラオス人1306人。

7 1978（昭和53）年4月28日の閣議了解。

8 ベトナム人上陸者1万1212人のうち、出国者は6816人である。内訳はアメリカ4010人、カナダ749人、オーストラリア727人、ノルウェー702人、ベルギー、イギリス、フランス、スイス、デンマークと続く（難民事業本部 2006：21）。スクリーニングアウトは756人、死亡は16人。内閣官房インドシナ難民対策連絡調整会議事務局『インドシナ難民に関する諸統計表（参考）』（2002年）。

9 ODP（Orderly Departure Program合法出国計画）。1979年5月30日にUNHCRとベトナム政府のあいだで取り決められた「合法出国計画に関する了解覚書」に基づき、家族再会及び他の人道的ケースの場合に限りベトナムからの合法出国を認めようとするものである。相次ぐボートピープルの海難事故や海賊からの襲撃などの状況にかんがみ、人道上、また上陸した難民の一次庇護国の負担の軽減の観点から、UNHCRが難民の流出抑制のための方策としてベトナム政府と協議を行った結果締結されたもので、UNHCRの援助の下に離散家族の再会のための合法出国が開始された。難民事業本部「インドシナ難民とは」（http://www.rhq.gr.jp/japanese/know/i-nanmin.htm）。

10 各センターの活動期間は、姫路定住促進センター1979年12月～1996年3月、大和定住促進センター1980年2月～1998年3月、国際救援センター1983年4月～2006年3月。また、日本に上陸したボートピープルを一時庇護し、健康診断や必要であれば治療を行う大村難民一時レセプションセンターは1982年2月に設立、1995年3月に閉所した。

11 日本のベトナム人人口において「定住者」「永住者」など定住目的の在留資格が主流だった1998年の時点での各都市のベトナム人人口数を見ると、神奈川県横浜市911人、大和市303人（横浜市と大和市にまたがる形でベトナム出身者が多数居住する県営いちょう団地がある）、藤沢市244人、兵庫県神戸市885人、姫路市244人、静岡県浜松市436人、群馬県伊勢崎市418人、大阪府八尾市405人、東京都大田区244人、埼玉県川口市453人、となっている（戸田 2001：6）。

12 各調査により職業の職種設定に差があるので、表にまとめるために筆者が分類し直すなど手を加えている。

13 1999年3月末の時点でのセンター退所者（インドシナ難民全体4619人）の業種別就職状況は、金属加工31％、電気・機械器具、自動車組立など19％、印刷・製本5％、その他の製造業30％、建築労務4％、サービス業2％、その他の職種9％となっている（難民事業本部 1999）。

14 1996年調査では製造工の割合が4割弱になっているが、この調査は郵送による配布と回収であり、「その他」に分類されるものが2割以上もあるので、回答者が自分の職業をどのように分類すべきか迷ったと思われる。単純に製造工の割合が減ったとは考えられない。

15 16歳以上のインドシナ難民定住者で難民事業本部が住所を把握している8660名のうち、単身を含む世帯主3871名にアンケート用紙を郵送し、742世帯（781名）から回答を得た。調査結果は、難民事業本部発行のパンフレット（2003年）に要約が掲載されている。この調査についてはパンフレット掲載の要約のみが公表されていて、その他詳細な調査結果は公表されていない。製造業従事者の人数、割合ともに記載なし。

16 宮島のインタビュー調査対象者はインドシナ難民第二世代、南米系第二世代である（宮島 2002：128–129）。

17 2010年の国勢調査よりベトナム人を含めたオーダーメイド集計が可能となった。

18 ベトナム系の一世には、在日コリアンが担ってきた神戸のケミカルシューズ産業や姫路の皮革産業に従事した人も多い。定住促進センター退所直後に皮革産業に就職する人は少ないが、数年経つと皮革の仕事に変わり、姫路近辺在住ベトナム人の70％くらいの人が従事しているのではないかという見解もある（１９９０年代初頭）。難民事業本部（1993b）。

19 国民年金法、児童手当法、児童扶養手当法、特別児童扶養手当法。

20 金は神奈川県川崎市を事例として論じている。

21 たとえば、兵庫県は１９９９年から「子ども多文化共生サポーター」を開始した。日本語指導が必要な外国人児童生徒に対し、生徒の母語を用いてコミュニケーションできるサポーターが、生活適応や学習支援、精神面でのサポートを担い、学校生活への適応を助ける。

22 本邦外出身者に対する不当な差別的言動の解消に向けた取組の推進に関する法律（平成28年5月24日成立、同年6月3日施行）。

23 ２０１６年10月1日現在、管轄地域の日系企業（拠点）数としてホーチミン市総領事館が１０１２社、ベトナム大使館（ハノイ市）が６７５社となっている。２００５年は、ベトナム全体で６１６社だった。外務省『海外在留邦人数調査統計』各年統計より。

24 社会福祉法人さぽうと21は、海外の難民キャンプに滞留するインドシナ難民の救援を目的に、相馬雪香（1912–2008）が１９７９年に設立した「インドシナ難民を助ける会」に始まる。同会は１９８２年に返済義務のない「難民救援奨学金制度」を発足させ、日本在住難民の学生を対象に就学支援を開始した。１９８３年以降は各地で日本語教育や教科補助事業も開始した。同団体は、１９８４年にインドシナ難民だけでなく、諸地域の難民への支援を開始したことを機に「難民を助ける会」に名称を変更した。１９９２年に同会の活動のうち国内事業を引き継ぐ姉妹団体として「社会福祉法人さぽうと21」を設立し、それまでの奨学金制度から「さぽうと21生活支援金」給付制度に改め、支援対象者を難民だけでなく日本に定住する外国出身者（正規の定住資格をもつ人）にまで広げた。今日まで経済的には厳しい状況にあっても向学心ある優秀な学生を対象に支援を行っている。このほか、教科補完学習支援、災害時の緊急経済支援、また相談事業等も同団体の主な業務である。所在地は東京。

25 インタビュー２００６年8月22日。

26 インタビュー２０１３年9月24日。

27 インタビュー２００５年8月～9月

28 朝日新聞１９９１年3月1日「ベトナム人兄弟に春暖か　兄は勝浦校卒業、弟も同校に推薦入学」（面：千葉）。

29 インタビュー２０１３年9月～２０１４年1月。

30 インタビュー２０１３年3月2日。

31 特報・首都圏'94にて「二つの祖国のはざまで　インドシナ難民の子供は今」という特集が放送された。「難民を助ける会」が１９９３年10月に刊行したインドシナ難民の学生たちの文集『２つの祖国、２つの故郷』をもとに、彼らの現状を伝えたものだった。

32 インタビュー２０１５年6月19日。

33 インタビュー２０１２年9月27日。

34 インタビュー２０１２年9月21日。

35 インタビュー２０１２年9月17日。

36 この男性自身は日本生まれだが、アメリカに留学したときに滞在した親戚の家ではすべてベトナム語での会話だったために、20歳を過ぎてベトナム語が上達し、ベトナム語での対応ができたのだという。日本生まれや幼少時に来日した人のなかにはベトナム語能力が低い人も多いが、この男性のようにアメリカに留学したことを機に現地のベトナム人と触れ合うことで上達したり、日本に留学したベトナム人留学生、研修生との交流、長期のベトナム滞在などをきっかけにベトナム語能力を高めていく例も少なくない。

37 インタビュー２０１２年9月11日。

38 インタビュー２０１２年9月15日。

39 ２００７年の大卒女子初任給は月額19万１４００円である。男子は19万８８００円である（厚生労働省 2007）。

参考文献

池部亮（2004）「対外経済関係の拡大」白石昌也編著『ベトナムの対外関係――21世紀の挑戦』暁印書館、67–90頁
――――（2012）「補論2　チャイナ・プラス・ワンの実像」関満博・池部亮編『増補新版　ベトナム／市場経済化と日本企業』新評論、420–439頁
石崎直一・依光正哲（2003）「日本に存在する外国人労働者第二世代の進路選択の研究――2002年度調査より」Institute of Economic Research, Hitotsubashi University, ディスカッションペーパー166
岩脇千裕（2010）「『就職』の社会学」岩井八郎・近藤博之編『現代教育社会学』有斐閣、97–114頁
外務省（2005, 2006）『海外在留邦人数調査統計』
外務省国際連合局人権難民課（1985）『我が国におけるインドシナ難民の定住実態調査報告』
川上郁雄（2001）『越境する家族――在日ベトナム系住民の生活世界』明石書店
金侖貞（2011）「地域社会における多文化共生の生成と展開、そして、課題」『自治総研』392：59–82
倉田良樹・津崎克彦・西野文子（2002）「ベトナム人定住者の就労と生活に関する実態調査　調査結果概要」Institute of Economic Research, Hitotsubashi University, ディスカッションペーパー76
厚生労働省（2007）「賃金構造基本統計調査結果（初任給）の概況（平成19年）」、https://www.mhlw.go.jp/toukei/itiran/roudou/chingin/kouzou/07/index.html
国際協力機構（JICA）（2013）『日本とベトナムのパートナーシップ　これまで、そしてこれから――人と人、国と国をつなぎ、地域の平和と安定を目指して』
関満博（2004）「ベトナム南部に進出する日本企業」RIETI（経済産業研究所）Discussion Paper Series 04–J–038
髙谷幸・大曲由起子・樋口直人・鍛治致・稲葉奈々子（2015）「2010年国勢調査にみる外国人の教育――外国人青少年の家庭背景・進学・結婚」『岡山大学大学院社会文化科学研究科紀要』39：37–56
田中宏（2013）『在日外国人　第3版――法の壁、心の溝』岩波書店
田房由起子（2005）「子どもたちの教育におけるモデルの不在――ベトナム出身者を中心に」宮島喬・太田晴雄編『外国人の子どもと日本の教育――不就学問題と多文化共生の課題』東京大学出版会、155–169頁
恒吉僚子（1996）「多文化共存時代の日本の学校文化」堀尾輝久ほか編『学校文化という磁場』柏書房、215–240頁
戸田佳子（2001）『日本のベトナム人コミュニティ――一世の時代、そして今』暁印書館
内閣官房インドシナ難民対策連絡調整会議事務局（1996）『インドシナ難民受入れの歩みと展望――難民受入れから20年』
――――（1997）『インドシナ難民の定住の現状と定住促進に関する今後の課題』
――――（2002）『インドシナ難民に関する統計表（参考）』
中村高康（1996）「80年代以降の工学系大卒労働市場と専門学科」『放送教育開発センター研究報告』91：258–70
難民事業本部（1993a）『インドシナ難民の定住状況調査報告』
――――（1993b）『ていじゅう』第70号（1993年12月）
――――（1999）『財団30年、難民事業本部20年のあゆみ』
――――（2003）『日本に定住する難民のために――インドシナ難民と条約難民』
――――（2006）『難民事業本部案内』
――――（2012）『難民事業本部案内』
難民を助ける会（1992）『AARボランティア情報』第155号（1992年11月5日）
日本の難民・避難民受け入れのあり方に関する研究プロジェクト編（2005）『東京財団研究報告書　日本の難民・避難民受け入れのあ

り方に関する研究』東京財団
日本貿易振興会（JETRO）（2006）「特集　第2次投資ブームに沸く『チャイナ・プラス1』ベトナムの実像」『ジェトロセンサー』56（670）：8–20
―――（2017）「世界貿易投資報告（ベトナム）」、https://www.jetro.go.jp/ext_images/world/gtir/2017/11.pdf
法務省（2011, 2017）「在留外国人統計　統計表」
本田由紀（2005）『若者と仕事――「学校経由の就職」を超えて』東京大学出版会
三浦綾希子（2016）「ニューカマーの若者の現在――第二世代の直面する格差問題」『現代思想』44(9)：142–154
宮島喬（2002）「就学とその挫折における文化資本と動機づけの問題」宮島喬・加納弘勝編『国際社会2　変容する日本社会と文化』東京大学出版会、119-144頁
山神進（2007）「インドシナ難民の受け入れについて日本政府が取った政策、施策の変遷をめぐって」『政策情報学会誌』3(1)：23–41
UNHCR（2001）『世界難民白書2000――人道行動の50年史』時事通信社
吉田文（2015）「グローバル人材の育成をめぐる企業と大学とのギャップ」駒井洋監修、五十嵐泰正・明石純一編著『「グローバル人材」をめぐる政策と現実』明石書店、206-221頁
Bộ kế hoạch và đầu tư（計画投資省）（2017）*Báo cáo tình hình đầu tư trực tiếp nước ngoài năm 2017*（外国直接投資状況報告2017年）、http://www.mpi.gov.vn/Pages/tinbai.aspx?idTin=38656&idcm=208
Elder, G. H., M. K. Johnson & R. Crosnoe（2003）"The emergence and development of life course theory," in J.T. Mortimer and M. J. Shanahan eds., *Handbook of the life course*, Springer, pp. 3–19
Kotthoff, H.（2001））"Pluri-local social spaces in global operating German companies," L. Pries ed., *New Transnational Social Spaces: International migration and transvational companies in the early twenty-first century*, Routledge, pp.135–144
Portes, A. & R. G. Rumbaut（2001）*Legacies: The Story of the Immigrant Second Generation*, University of California, Russell Sage
Xie, Y. & K. Goyette（2003）"*Social mobility and the educational choices of Asian Americans,*" *Social Science Research*, 32(3)：467–498
Zhou, M. & C. L. Bankston III（1998）*Growing up American: How Vietnamese Children Adapt to Life in the United States*, Russell Sage

◎第11章

フィリピン系移民第二世代の階層分化とエスニシティの日常的実践

エスニシティは上昇移動の資源か、障壁か

額賀美紗子

1 「フィリピン系移民第二世代」の多様性

1990年代以降、日本では少子高齢化と労働力不足を背景に外国人労働者の受け入れが加速し、社会の多民族化が急速に進んでいる。この30年間で在日外国人の数は約2・5倍に増加し、職場や学校や、地域において移民のプレゼンスは高まりを見せている。2018年6月時点でフィリピン国籍者は中国、韓国、ベトナムに次ぐ人口総数第4位の移民集団である。その数は26万6803人となり、前年度に比べて2・4%増加して過去最高を記録した[1]。

歴史を遡ると、日本でフィリピン人人口が増えたのは1980年代後半頃のことである。その大多数が若年女性労働者であった。彼女たちは「演劇、演芸、演奏、スポーツ等の興行に係る活動またはその他の芸能活動」を目的とした興行ビザで来日したが、実際は日本各地の性風俗産業における低賃金労働に従事した。やがてそのなかの多くの者は日本人男性と結婚して日本に定住することになる。2005年の興行ビザの厳格化にともなって来日するフィリピン人女性の数は激減し、日比結婚件数は2006年をピークに減少していくが、結婚移民の永住化や家族呼び寄せによって、日本におけるフィリピン人人口は増え続けている。このように、女性が圧倒的に多い結婚移民であることが1980年代から2000年代にかけて来日したフィリピン系第一世代の特長である（高畑 2016）。

本章がとりあげる在日フィリピン系第二世代は、主に結婚移民として日本に定住するフィリピン人女性移民第一世代の子どもたちである。ここでは、フィリピン系第二世代

を、「両親または片方の親がフィリピン人であり、日本生まれもしくは10代前半までに来日した子どもたち」と定義したい[2]。このなかには実に多様な背景の子どもたちが含まれることに留意せねばならない。

かれらの背景を大別すると3つに分けることができるだろう。第1に、日本人の父親とフィリピン人の母親を実の両親とする子どもたちである。日本生まれが多いと予測され、両親が法的に結婚していれば日比二重国籍となる。日比の「ハーフ」や「ダブル」といった呼称が当事者及び他者によって使われることも多い。第2に、フィリピン人の両親のあいだに生まれ、後に母親が日本人男性と結婚したことによって主に定住者ビザで来日し、日比国際結婚家庭で育つ子どもたちである。帰化して日本国籍を取得している場合もあれば、フィリピン国籍のままの場合もある。第3に、日系フィリピン人の（両）親のあいだに生まれ、定住者ビザで来日して両親ともにフィリピン人の家庭で育つ子どもたちである。この場合も、国籍はフィリピンのまま、あるいは帰化して日本国籍を取得している可能性もある。

上記の2と3に含まれる子どもたちは、ある程度成長するまでフィリピンの親族のもとで育ち、学齢期途中で日本に住む親に呼び寄せられる一・五世が多いと推測される。

国レベルの統計データが国籍を基準に集計されているため、それぞれのカテゴリーに入る子どもたちが実際何人いるのかを正確に把握することは現時点では難しい。そのなかで髙谷ら（2015）による２０１０年国勢調査のオーダーメイド集計は、フィリピン系第二世代の育つ環境の多様性の一面をとらえている。集計によれば、少なくとも片方の親がフィリピン国籍である家庭に居住している子どもは10万人にのぼり、そのうち82・5％が日比国際結婚世帯、10・8％がフィリピン母子世帯、6・7％が両親ともフィリピン世帯となっている。両親ともフィリピン人の家庭に育つ子どもに比べると、日比国際結婚家庭に育つフィリピン系の子どもが圧倒的に多いことが分かる。繰り返しになるが、後者のなかには日比父母の実子と、フィリピン人父母の実子の両方が含まれ、内実は多様である。

2 フィリピン系移民第二世代のエスニシティと教育達成の分岐

このように、フィリピン系移民第二世代として本章が扱う子どもたちは、「フィリピン人の親をもつ」ことを共通のベースとしながらも、父母のエスニシティ、自身の外見、国籍、出生地、呼び寄せの有無といった次元で異なりを見せる。さらに家族構造の違いや呼び寄せの有無は、子どもたちのホスト文化と母文化それぞれの獲得の程度に大きな影響を与える。すなわち、マジョリティが定義する「日本人らしさ」に関して、フィリピン系第二世代のあいだにはかなりのグラデーションが見られることが推測される。

ただし、その内部の多様性に配慮してもなおフィリピン系移民第二世代が少なからず共有する経験がある。それは、かれらが「フィリピン人の母（と父）をもつ」ことに起因するスティグマを日本社会のなかで引き受けざるを得ない存在であるということだ。日本社会にはフィリピン人女性が主に性風俗産業に従事する労働者として来日した経緯から、フィリピン人に対するステレオタイプと偏見が根付いている。また、フィリピン系移民第二世代の親の学歴は全般的に低く、ブルーカラー職に従事する者が圧倒的に多く、シングルマザー率も高いが（髙谷ら 2015）、こうした家族背景もかれらを日本社会における階層構造の低位に押しとどめている。

筆者はこれまでさまざまな背景をもつフィリピン系移民第二世代にインタビューを行ってきたが、その誰もが日本社会におけるフィリピン人への偏見と差別に少なからず自覚的であった。とりわけかれらが過ごしてきた学校という場は「日本人／外国人」という二項対立的な境界が日々の相互作用のなかで顕在化しやすい場所である。その境界形成は、教師や同級生の何気ない一言で即時的につくられる場合もあれば、集団内の「いじめ」という形で構造的につくられる場合もある。子どもたちは、排斥の対象となる「外国人」のなかにもさらに序列構造があり、フィリピン人が劣位に位置づけられることに気づいていく。授業参観のときにフィリピン人の母親が学校に来ることが嫌だったと語る子どもが多いが、その背景には母親の存在によって自身の「外国人性」が露呈し、周囲の子どもたちから差別や排斥の対象となることに対する彼らの不安と恐怖がある。親世代から継承されるエスニシティとそれに向けられるマジョリティからの否定的なまなざしに対してどのような位置取りをするか。それがフィリピン系移民第二世代が日々向き合っている課題である。

エスニシティの位置取りが重要なのは、それがホスト社会における移民の地位達成とリンクするからである。そのことを最初に提示したのはアメリカ社会における移民の同化理論であった。古典的な同化理論（Gordon 1964）は、移民は自文化を棄てて主流のアングロサクソン文化に同化することによって上昇移動が可能になると説明してきた。しかし1965年の移民法改正によって南米やアジアから移民が急増し、アメリカにおける移民第二世代の文化変容と地位達成のパターンは多様化していく。新たに提唱された

「分節的同化理論」（Portes & Rumbaut 2001）は、移民第一世代と第二世代の文化変容のパターンが3つに分岐し、それがかれらの地位達成の違いに結び付いていることを提示した。こうした分岐のコンテクストとして、親世代の人的資本、家族構造、及び移民の編入様式（政府の移民受け入れ政策、社会における差別や偏見の受け入れ文脈、エスニック・コミュニティの有無）が重要であることも指摘された。

新しい同化理論が提起しているのは、社会の多民族化と多文化主義の高まりとともにアメリカにおける移民のエスニシティが主流社会のみによって規定されず、移民自身の選択可能性を含むより柔軟なものに変質しているということである（Bean & Stevens 2003）。エスニシティの消失による構造的同化を主張した古典的同化理論に対し、分節的同化理論は移民のエスニシティが世代を超えて残ることを実証的なデータをもとに提起した。制度的に完備されたエスニック・コミュニティ（Breton 1964）の存在によって、移民はエスニシティを部分的に維持しつつ、主流社会のなかで上昇移動していく「選択的文化変容」を遂げることが可能になっている。他方、エスニック・コミュニティが存在しない地域に住む場合、移民は差別に個人として直接対峙し、その抑圧された状況のなかで自己を防御するためにエスニシティを立ち上げやすい。この「反応的エスニシティ（reactive ethnicity）」（Portes & Rumbaut 2001）は都市下層の文化と親和性があり、移民第二世代の子どもたちは「不協和的文化変容」を経てワーキングクラスや貧困層に統合されていく。こうした移民第二世代の文化変容と地位達成の分岐は、主流社会において移民のエスニシティがもつ意味をあらためて問い直す契機となっている。階層化された多民族社会のなかでは、エスニシティが移民の地位達成のための資源にもなり得るし、障壁にもなり得るのである（Glazer & Moynihan 1970）。

アメリカにおける分節化された同化理論は、日本の移民第二世代の事例を検討するうえで示唆に富む。日本社会における移民の編入様式が、移民第二世代のあいだでどのようなエスニシティ実践を可能にし、そのあり方がどのような階層分化に繋がっているかを考察する視角を提供してくれる。その一方で、この理論を日本の事例に援用しようとするとき、両国の社会的コンテクストの違いには注意する必要があるだろう（Takenoshita et al. 2014；樋口・稲葉 2018；是川 2018）。

たとえば、人種による階層化が進むアメリカ社会に対して、日本では「日本人／外国人」の差別化が強く、エスニシティにかかわらず外国人に対する排除の力学が強く働きやすい。アメリカでは公民権運動を経て多文化主義が一定の浸透を見せているが、日本では特に学校で日本人への同化圧力が強いことが明らかにされており（志水・清水 2006）、エスニシティに積極的価値を見出すマジョリティの視点はいまだ乏しい。さらに、アメリカのように制度的に完備されたエスニック・コミュニティは集住傾向のある日系ブラジル人のあいだですら見られない（Takenoshita et al. 2014）。フィリピン人の場合、日本人の夫の生育地や職場によって居住地が決まる場合が多く、そのため目に見える形での集住地域をもたない。教会を中心にネットワークを形成することもあるが、基本は分散居住である（三浦 2015）。

外国人（移民）に対する日本社会の同化と排除のまなざし、そして制度的に完備されたエスニック・コミュニティの不在は、日本に住む移民第二世代がエスニシティを資源として利用することを著しく難しくさせるように思える。そのため、エスニシティは消失してしまうか、状況によっては日本人や日本社会に対抗的な形で立ち上がってくることが考えられる。

このような仮説をもとに、これまで筆者らは、フィリピン系移民第二世代の若者30名への聞き取り調査を行ない、第二世代のエスニシティが「主流文化志向」「エスニック文化志向」「ハイブリッド志向」に分かれ、その文化変容のあり方が教育達成と結びついていることを明らかにしてきた[3]（額賀 2016；額賀・三浦 2017）。移民の子どもたち、なかでもフィリピン系第二世代はブラジル系と並んで高校在学率や大学進学率が低いことが大規模データをもとに指摘されてきたが、近年は大学進学を果たす子どもたちも増加している（髙谷ら 2015；是川 2018）。筆者らの事例研究では、大学進学を果たした者のなかに日比の文化的境界を柔軟に横断するハイブリッド志向の子どもたちが多くいた。かれらは自身のフィリピンのルーツやフィリピンとの繋がりをさまざまな社会的場面で資源として活用して教育達成や地位達成を果たしており、日本社会でも「選択的文化変容」と呼べるような適応パターンが第二世代のあいだに見られたのである。

本章ではフィリピン系第二世代に見られるエスニシティの日常的実践に注目し、その多様なエスニシティのありようが教育達成や地位達成の分岐につながっていることを示したい。川端（2012）は、非集住地域で育つ在日コリアンの若者が、エスニック共同体の不在と新自由主義の「強い自己」論のなかで個人化されるなか、アイデンティティ政治が築いてきた在日の戦略的なエスニシティに依拠しながら、それに完全に取り込まれることなく即興的にエスニシティの戦術を編み出していることを描いている。エスニック・コミュニティを欠くフィリピン系移民第二世代のエスニシティ実践もまた個人化しているといえるが、現代の在日コリアンの若者と異なるのは、かれらが参照できる戦略的エスニシティが、アイデンティティ政治を展開してきた在日ほど強固に存在しないことである。そのため、フィリピン系移民第二世代の集団的アイデンティティの意味は多様性に開かれており、どのような文化に準拠するかによって、移民第二世代のエスニシティ実践は大きく異なってくることが考えられる。本章では、フィリピン系移民第二世代の子どもたちが参照する文化として「主流文化」「対抗文化」「マイノリティの上昇文化（Neckerman, Carter & Lee 1999）」があり、それぞれエスニシティの「無化」「閉塞化」「資源化」という異なる戦術に繋がっていることを、5人の子どもたちのライフストーリーをもとに提示する。この戦術の積み重ねのなかで、子どもたちの教育経路が分岐していくことを見ていきたい。[4]

3　エスニシティの日常的実践と教育達成のプロセス――3つのパターン

(1) 主流文化への同化とエスニシティの無化

1996年、水野アントニオさん（以下、アントニオ）[5]は日系フィリピン人の両親のあいだに生まれた。両親はアントニオが生まれてすぐに彼と姉二人を祖母の元に預けて日本に渡り、精肉工場で働いて稼いだお金を送り続けてくれた。アントニオが12歳になったとき、両親は日本に一軒家を購入し、アントニオと姉2人を呼び寄せた。

筆者がアントニオと出会ったのは彼が来日して2年目、外国ルーツをもつ子どものための学習支援教室でのことだった。日本語に苦労している様子が見えたものの、アントニオは勉強に対して意欲が高く、特に日本語力がそれほど要求されない英語と数学は成績が良かった。学校適応は順調に見えたが、中学2年時から遅刻や欠席が増えてやがて不登校に陥った。学校に行けない理由を尋ねると、「友達いない、誰ともしゃべれない」と答えた。20歳になった彼に当時のことを振り返ってもらうと、「日本人のノリがそのときは全然分からなくて、コミュニケーションができなかったのが本当につらかった」と語る。

日本の学校のなかで疎外感を深めていくなか、彼は故郷のフィリピンに思いを馳せた。しかし、母国のユートピア的な思い出は父親に強く否定される。以下はアントニオが15歳のときの発言である（もとは英語）。

お父さんはフィリピンが危険で貧しいって言います。

日本はお金持ち。フィリピンではいつもどこかで放火とか強盗があるから帰れないって。日本にいなさいって。僕には選択肢がないんです。フィリピンに帰りたいけど。もういっそ、日本人になりたい。日本人に生まれてたら日本語も喋れて日本人の友達もつくれてこんなに苦労しなくてすんだから。

「日本人になりたい」というアントニオの同化意識はそれ以降も変わることはなく、むしろ成長とともにますます強くなる傾向を見せた。彼はフィリピンについて「貧しい」「汚い」というイメージを強くもっており、それに対して日本は「お金持ち」「自由」「なんでもできる」と感じていた。筆者がフィリピンに調査に行くという話をすると、目を丸くして「なんで行くんですか？　なんにもないですよ」と言い放った。彼は日本人がフィリピンに対して抱いているネガティブなステレオタイプをそのまま内面化しており、その反面、日本の社会や学校に対しては好意的な見方を崩さなかった。筆者が、アントニオが学校に行けなくなったのは日本の学校に問題があるのではないか、という考えを示すと、「どうして？　日本人はベストを尽くしてくれてるでしょ。外国人をどうやって教えたらいいか分からないだけです。僕がもっとがんばらなきゃいけないんです」と反論するくらいだった。

このように、アントニオのなかには親から伝えられた「ジャパン・ドリーム」――日本に来れば安全で良い教育が受けられて、給料の高い仕事も得られて金持ちになれる――がしっかりと根を下ろしていた。その価値観は、大学進学の理由を尋ねた筆者の質問への回答にも表れている。

お父さんなんか見てて、あまり工場だけで仕事したくないなって、ちゃんと生活したいなと思って、大学行こうかなって。ちゃんと勉強して大学卒業して、仕事していきたいなと思った。

そして、彼は「ジャパン・ドリーム」を実現する。学習支援教室や不登校児のための適応指導教室に通うなかで不登校から回復し、進んだ定時制高校では生徒会や部活に積極的に参加して自信を取り戻していった。やがて彼は親族に看護師が多いことが影響して、自分も看護師になりたいという意思を固め、推薦入試を経て希望の大学に進学を果たす。その過程では学習支援教室のスタッフが一緒に申請書や自己推薦書を書いたりするなど、さまざまな手助けがあった。

大学進学後、彼は日本人の友達もたくさんできて充実した学生生活を送っていると話す。特徴的な外見や肌の色から「すぐ日本人じゃないとバレちゃう」が、「なるべく日本人の友達のノリに合わせよう」と心がけている。ここにはエスニックな境界を無化しようとする彼の試みが看取できる。彼は日本に永住する意思を強くもち、「日本人的な生活」をしていくことの展望を語る。「日本人らしい結婚生活がしたいなと思ってる」ので、結婚相手は日本人がいいと答える。

筆者：昔からよく日本人だったらよかったみたいなことを言ってたけど、今はどう？

アントニオ：あまり考えてないですけど、もっと日本語をうまく言えたらなって。

筆者：フィリピン人プライドはある？　それともやっぱり嫌だ？

アントニオ：あまり考えてないです。もうここで一生生活する覚悟なので。だから日本人的な生活をしようかなって。

アントニオに見るように、移民第二世代の主流文化への同化傾向とエスニシティの無化は、移民のもつジャパン・ドリームの価値観と重なることで、かれらの学業意欲を高め、結果的に教育を通じた社会的上昇を促す方向へと働く。しかし、そのしわ寄せは家庭内の親子関係に表れる。彼は日本人になりたいと強く希求する一方で、家族中心主義（Espiritu 2003）というフィリピン社会に特徴的な文化に囲まれて生活し、家族の世話やフィリピンに住む家族への送金などの義務を伴う「フィリピン人であること」を、親やフィリピンの親族から求められることに苛立ちも感じている。外見的な特徴と家族との紐帯が際立つフィリピン系第二世代の若者ほど、主流文化への「完全な」同化は未完のプロジェクトであり続けるだろう。親世代と比較して社会的上昇を遂げたとしても、エスニシティの無化を志向する限り、その過程は強い心理的葛藤をともなう可能性が高い。

①対抗文化の形成とエスニシティの閉塞化

1995年、笹井サラさん（以下、サラ）はフィリピン人の父母のもとにフィリピンで生まれた。母親はサラが生まれる前からエンターテイナーとして日比間を行き来していたが、やがて勤め先のパブで出会った日本人男性と結婚し、日本に移住することになる。男性は建築現場の作業員をしていて生活にゆとりはなかった。経済的な心配から、母親はまず4歳になったサラの姉だけを連れて渡日し、サラは祖母と叔母の庇護のもと、フィリピンで小学校時代を過ごした。

　サラが日本に呼び寄せられたのは彼女が10歳のときである。そのとき初めて日本人の継父、義弟2人と顔を合わせた。1年に1回程度しか会えなかった母親も「知らない人みたいだった」。新しい家族のなかに居場所を見つけることの難しさは、日本の学校に慣れることの苦労と重なり、サラは辛い気持ちを募らせていった。しかし、小学校では周りのサポートもあり、徐々に日本語を覚えて日本人の友達をつくっていった。

　楽しいと思えた学校生活は中学時代に一変する。勉強が難しくなり、授業についていけなくなったのだ。小学校時代と違って中学では取り出し授業もなく、先生は日本人生徒と同じ基準で宿題の提出やテストの点数をサラに求めた。筆者がサラと学習支援教室で出会ったのはその頃である。筆者は顔を合わせるうちに、彼女が真面目な性格で学習意欲も高いことに気づかされた。しかし、彼女の学校嫌いは深刻で、先生やクラスメートが彼女の困難を理解せず、なかには自分を蔑むまなざしを向けてくることに苛立ちを隠せなくなっていった。以下は中学2年生当時の彼女の発言である。

サラ：うち、コミュニケーションしようとしてるけどできないんだよ。先生ががんばれっていうけど、がんばってるよ。
筆者：周りのクラスメートとは話してる？
サラ：話してない。悪口言ってくる子もいるから。何言っているか分かんないけど、悪口言ってるみたいでがまんできないから喧嘩したんですよ。『お前馬鹿じゃないの。フィリピン人、日本語分かってないし』って。頭おかしい、あの男。うちキックしたの。筆箱も外に投げた。そしたら殴られた。

　このころから、彼女のノートにはI hate schoolという文章が幾度となく書かれるようになった。そして「日本人きらい」と口にすることも多くなっていった。学校だけではなく家庭にも居場所がなかった。母親はパブで働いていたため、日中の掃除や料理、洗濯といった家事や幼い弟たちの世話はサラにまかせられ、彼女は学習に集中する時間を削がれていった。

　彼女の拠りどころとなったのは、同じフィリピン系の同世代の若者たちだった。学校にフィリピン系の生徒は3名しかいなかったが、SNSを通じて隣接するA市とB市に住むフィリピン系の若者たちがつながり、頻繁に集まるようになったのだ。ある時からその集まりはA市の名前を取って「Aファミリー」とメンバーたちに呼ばれるようになった。メンバーは15人程度で中学生から高校生まで。サラのような一・五世もいれば、日比ハーフで日本生まれの子もいた。一番年長のリーダーは高校に通っていなかった。彼らは週末には必ず誰かの家やカラオケボックス、公園に集合し、タガログ語と日本語をまぜながらおしゃべりを楽しみ、歌やダンスに興じる。飲酒や喫煙、「ヤンキーと喧嘩する」こともあったという。

Aファミリーのメンバーの1人で、サラと親しい関係にある倉敷ルイさん（以下、ルイ）はリーダー格の1人であった。1993年に日本人の父親とフィリピン人の母親のあいだに生まれたが、水商売とドライバーをかけもちしていた父親の生活が経済的に厳しかったため、12歳まではフィリピンで母と姉と共に生活していた。父に呼び寄せられて来日後、日本の中学校に編入するが日本語が全く分からず、フィリピンでは優等生だったのが「日本に来て一気に馬鹿になった」ことにショックを受けた。そのようななかで彼はAファミリーに出会い、同じ高校に通うフィリピン系の友達2人と一緒に「しょっちゅう公園で日本人とタイマンはってた」。「高校三年間トップを守り通した」と言い、その意味を次のように語った。

そのときになんのためにやってるか。フィリピン人をなめられないようにやってたんですよ。だからみんなフィリピン人怖がるように。むかつく日本人いるから。いじめられたことあったんですよね。中3のとき。日本人がいてわざとぶつけられて、僕はあたまきちゃってけんかになっちゃった。フィリピンって喧嘩当たり前なんですよ。結局（相手を）ボコボコにして。

このように、Aファミリーでは日本人や日本社会、日本の学校に対する対抗文化が形成されていた。それはメンバーたちを学業から遠ざけるネガティブな側面をもっている。「Aファミリー」との関係が強くなるにしたがって、サラの学習意欲はみるみるうちに下がっていった。彼女は定時制高校に進学したものの、1年生後期からは遅刻や欠席が増え、先生から幾度となく呼び出されるようになった。学習支援教室には来ていたものの、「Aファミリーのイベント」や「家の手伝い」で欠席することも増えていった。サラは高校をドロップアウトする危機に幾度となく直面したが、学習支援教室やルイの励ましも助けとなり、5年かけて高校を卒業した。その過程では、「Aファミリーが最近悪いことやってて嫌な感じだから、あまり行かないことにしてる」という変化もあった。だが、ルイをはじめ、

「Aファミリー」の数人との親密な関係は続き、やがて彼女たちはA市で一緒に住むことになった。そのなかの1人がフィリピン系の友人や親族を誘い、今ではアパート6室のうち4室に、9人のフィリピン系の20代の若者たちが住んでいる。そのなかには日本生まれの日比ハーフ同士で結婚し、子どもを育てているカップルもいる。サラは「フィリピン・アパートメントですよ」と笑う。彼らは毎晩誰かの部屋で夕飯を食べに集まり、タガログ語と日本語を混ぜながら会話し、週末には一緒に外出する。

「フィリピン・アパートメント」の住人たちは不安定な就労状況にある。全員が高校中退または高卒で非正規雇用か無職あるいは自営である。サラは高校卒業後、2年間は母親の経営するパブと雑貨店の裏方を手伝っていたが、母親から離れたいという思いから、最近フィリピン系の友達の紹介で工場で働き始めた。ルイは高校卒業後、以前から興味のあった刺青を仕事にしたいと決心してフィリピン人の刺青師のもとに弟子入りした。今ではA市に個人スタジオをもっている。彼の腕や首周りには赤と黒の刺青が大きく入っており、それはすべて彼自身がデザインしたものだ。刺青業と並行して、彼はアパートに住む年上の友人と一緒にパブをA市の駅前に開業した。フィリピン人女性を15人ほど雇い、売上げはまだ目標値に達していない。反社会的勢力との関係もあり、「ひどい日本人の客」も多いため、緊張の絶えない毎日だという。

このように、サラとルイはフィリピン系のメンバーシップが重視される閉塞的なエスニック境界を強固に維持し続ける一方で、日本社会の階層構造においては下層に位置づく経路を辿っている。親世代からの地位向上は見られない。サラもルイも現状を良しとしているわけではない。特にルイは、「できれば大学に行きたかった。でもお金ないし父さんに反対されて無理だった」と語る。

日本社会への定着が進むなか、かれらはフィリピン社会との繋がりも維持し続け、そのことがエスニシティの閉塞化に拍車をかけている。Facebookで緊密に連絡を取り合っているフィリピンの親族たちは頻繁に仕送りを要求してくる。サラはパブで働く姉や母と一緒に親族に送金しているが、「日本にいてリッチでいいねって言われる。全然こっちのこと分かってない」と憤る。その一方で、フィリピンの社会と親族とのトランスナショナルな繋がりは、日本のしんどい生活から一時的に避難する余地を与えてくれる。「ストレスとか全部なくしたいときはフィリピンに帰ったほうがいい」とルイは呟く。トランスナショナルな紐帯がもたらす自由と束縛の両義性（Levitt & Waters eds. 2002）は、閉塞的なエスニシティ空間を形成するフィリピン系移民第二世代の子どもたちに大きな影響を及ぼし続けている。

②マイノリティの上昇文化の形成とエスニシティの資源化

野村洋祐さん（以下、洋祐）は1996年に日本人の父とフィリピン人の母のあいだに生まれた。両親はパブで出会って結婚。父親は貸金業を起こし、母もパブで働く共働き家庭であったが、洋祐が小学校に上がる頃に両親は離婚する。洋祐は母親と母親の日本人の恋人と同居を始めるが、その恋人は母親に暴力を振るい続けた。洋祐自身が被害を受けることはなかったが、「自分が小さすぎて何もできないのが悔しかった」と振り返る。

家庭内でタガログ語を話していた洋祐は、小学校入学時にはひらがなが読めず苦労した。学校で特別な取り出し授業などはなく、洋祐は中学生になるころには自分は頭が良くないと思うようになった。当時住んでいた団地は、洋祐と同じように生活保護を受けている家庭が多く、ハーフの子どもたちも多くいた。彼は中国人と日本人のハーフの子どもと仲良くなり、一緒に夜遅くまで公園で「やんちゃしてた」。

しかし、ある人との出会いが中学生になった洋祐を勉強に向かわせる。母親の勤務先に出入りしていた日本人男性で、暴力を振るっていた母親の恋人を追い払ってくれた人だ。洋祐は「自分の育ての親みたいな感じで尊敬している人」とその人について語り、このように話した。

その人に、「お前がうまくやらないと世間は、外人の子どもだからってなるぞ。母さんは日本人じゃないから、そもそも評価がそんなになされていないうえで、お前が頑張らないと結局最終的に馬鹿にされるのは母さんなんだぞ」って言われて。「外人だからだろ」って言われたときに悔しいなって思って。そっからですけどその親友との誘いも全部断るようになって。そっから勉強するように。

洋祐自身は自分の顔立ちが日本人とほとんど変わらないことから「外人」というレッテルを他者から貼られたことはほとんどなく、「自分は日本人だ、みんなと同じだ」と思おうとしてきた。しかし、尊敬する日本人男性からの言葉が、母親が受ける差別を自分のものとして真摯に受け止め、自分のマイノリティ性に向き合う契機となった。そのとき芽生えた反骨精神と上昇志向を、彼は「移民としてのハングリー精神」と表現する。

洋祐に見られるこの上昇意欲は、「マイノリティの上昇文化」（Neckerman, Carter & Lee 1999）に依拠していると考えられる。それは「集団の置かれた不利な立場と差別のコンテクストのなかで、経済的上昇を遂げようとするマイノリティの戦略であり、マイノリティ集団に特有の文化的要素のまとまり」（949頁）と定義できる。差別的な状況のなかで主流集団を敵対視する反抗文化を立ち上げるのではなく、主流集団及びスティグマ化される自集団の双方と一定の距離を保ちながら、エスニシティを資源に上昇移動していく戦略である。アメリカ社会では中流階級に属するマイノリティ集団に見られる文化と指摘される。

では洋祐の場合、マイノリティの上昇文化はどこに存在していたのだろうか。彼に「上昇するフィリピン人」のイメージを強烈に与えたのは、高校時代に英語の授業を担当していたフィリピン系アメリカ人のALTと、アメリカに住む母親のフィリピン系親族たちとの出会いであった。ALTについて彼は次のように語る。

そのALTの人はフィリピン人であることにすごい誇りをもってて。冗談とかで「白人は俺らみたいに黒くなりたいんだぜ」みたいなこと言ってて。フィリピン人に憧れてるんだみたいな。すごいコンフィデンスがあって。だからすごいなと思ってました。そっからです、「自分はフィリピン人のハーフなんだよって」普通に言えるようになったのは。

洋祐は、アメリカにおけるフィリピン人の位置づけが、日本におけるそれとまるで違うことに感銘を受けた。ALTや親族はロールモデルとなり、かれらを通じて在米フィリピン系の上昇文化が彼に伝播したのである。母親は高校卒業後に家計のために就職してほしいと考えていたが、洋祐は強い学習意欲を母親に伝え、推薦入試で地元の大学に合格した。

1992年生まれの藤江香保子ハナさん（以下、香保子ハナ）も、マイノリティの上昇文化を体現していた1人である。彼女もフィリピン人の母と日本人の父のあいだに生まれた。父親は高校卒業後に職を転々とし、母親はパブで働き、生活は楽ではなかった。学校ではいじめを経験する。彼女が住んでたのは、「差別が強い地域で、学年に1人外国の血が混ざっている人がいれば珍しい。完全に見世物扱い」だった。小中学校を通じて彼女は特徴的な名前や肌の色やフィリピンの出自について周りの子どもたちから「フィリピン」「バナナ」「汚い」「帰れ」などと差別的な発言をされ続けた。

こうした体験を通じて、香保子ハナは学業に打ち込み始める。彼女は高校時代に交換留学制度を使ってイギリスに

1年間留学した後、上位ランクの大学に進学を果たした。その意味について問うと次のように答えた。

筆者：自分としては達成感がある？

香保子ハナ：ありますよ。誰に対してかは分かんないけど見返すっていう気持ちはいつもあるし。だから絶対に大学行って卒業して就職してやるって思ったのもあるし。

筆者：向上心がある方だと思う？

香保子ハナ：あると思います。見下されたくないから。

香保子ハナの「誰に対してかは分かんないけど」という言葉は、フィリピン人を見下す日本人というマジョリティの透明性への言及のように思える。香保子ハナもまた、反骨精神と上昇志向を強めていったが、彼女の場合は洋祐と異なり、家庭のなかにマイノリティの上昇文化が形成されていた。両親、特に母親は日本におけるフィリピン人のステレオタイプから距離をとる言動を香保子ハナの前でとってきた。たとえば、両親はパブで出会ったが、香保子ハナは両親から、父親が「フィリピンマニア」ではなくて偶然の出会いから結婚したことを繰り返し強調された。また、彼女の母親は「教育に無関心というかほんとに放置」するフィリピン人の母親とは違う「珍しいタイプ」で、「自分が教育を十分に受けられなかった分、私にはちゃんと勉強してほしいと思っていた」。

マイノリティの上昇文化を共有する2人は、ともに英語力の獲得に強い意欲を示した。2人とも幼少期の頃から周囲の人々に「ハーフだから英語しゃべれるでしょ」とステレオタイプを押し付けられてきたことに憤りを覚えており、その期待に見合う自分になりたかったという。大学進学後、香保子ハナはフィリピン、洋祐はアメリカに交換留学を果たし、英語力に磨きをかけて帰国した。

2人は自らのエスニシティに積極的な価値を見出し、自分が有利な位置取りをするためにエスニシティを資源として利用する戦術を繰り出している。洋祐が自分の移民背景を「ユニーク」で「価値がある」ことに気づかされたのは、大学時代に参加したアメリカ大使館主催の半年間の日米講座であった。そこには有名大学の学生が参加し、地方大学出身の洋祐は引け目を感じていたが、「移民」がテーマとなった回に彼は自分の生い立ちを話し、周囲の興味を誘ったことで「自分の経験って需要があるんだなって気づいた」のである。

エスニシティ資源化の戦術は、就職活動でも発揮された。本命の大学院進学準備と並行して、洋祐はコンサルティング会社やバイリンガル人材派遣会社を受けて数社から内定をもらったが、面接では日本語と英語に堪能、タガログ語も会話程度はできるということをアピールした。それに加えて、彼は日比ハーフであることも必ずはじめに言うという。そうすることで「あのフィリピンハーフの奴」と覚えてもらえるからだ。特に外国人の面接官の場合、「同じマイノリティだから受けがいいというか、分かり合える気がする」。

香保子ハナは洋祐よりも早い時期にエスニシティの利用価値に気づいていた。彼女が入学した高校は「すっごいアホな高校」だったが、イギリスに交換留学をした後にAO入試で合格を果たす。その決め手は「人生であなたに一番インパクトを与えた経験は何か」というテーマの小論文で、「ハーフとして生まれてきたことだ」と書いたことだと話す。複数の言語を学んできたこと、フィリピン社会と繋がってきたこと、自分がフィリピンをはじめとする途上国に貢献できることを書き連ねた。

大学卒業後、彼女は国内大手企業の国際部に就職するのだが、その就職活動の際にも「ハーフ」のバックグラウンドを活用して自分の能力をアピールしたという。

筆者：A社では何が受けたんだと思う？

香保子ハナ：ハーフやからやと思います。C大卒のハーフやから。で、「アジアで頑張っていきたい」って。（……）「日本の人は東南アジアは汚いとか、衛生的に耐えられないみたいな人がいますけど、大丈夫ですか」って聞かれて、「大丈夫もクソも、そこで生活していますけど」みたいな、「そんなこと言うんですね」みたいな。こっちは、「フィリピンが汚くて日本がきれいなのは、ある意味普通なことなのでその程度だったら平気ですけど」みたいなレベルなので。

このように彼女は「ハーフ」という位置取りから、日本人がもつ東南アジアへのナイーブな偏見に異議を唱え、日本社会ともフィリピン社会とも繋がっている自分の卓越した立場を主張している。エスニシティの境界をまたぎながら、エスニシティを適切と考える文脈で即興的に資源として利用していく彼女たちの戦術は、本人が地位上昇するための有効な手段となるだけではなく、日本社会で「フィリピン人」に付与されたステレオタイプを解体していくことにつながるだろう。香保子ハナは次のように語る。

私みたいな人が1人でもいれば（フィリピン人の）イメージが変わるだろうし、特に何かしているわけではないですけど、変えていきたいなと思うし。

彼女が意識的・無意識的に行っている日常の柔軟なエスニシティの実践の積み重ねは、在日フィリピン系二世たちの新しいイメージの形成に繋がっているといえるだろう。

4 結び――エスニシティを資源化していく戦術のために

本章で紹介した5人のライフストーリーは、日本の学校と社会において、移民の子どもたちに対する同化と排除の力がいかに強く働いているかを示している。学校はフィリピン人をスティグマ化する言説空間になっており、そのなかで子どもたちはエスニシティを隠蔽して無化するか、逆にエスニシティを立ち上げるかの選択を迫られている。ここではエスニシティの日常的実践を促す文化がどのような個人の属性と社会構造の影響下で形成されているのか、本人の属性（一・五世／二世、呼び寄せ／ハーフ）、家族、家庭外における社会関係に注目して若干の考察を試みよう。

まず属性に関して、日比ハーフで日本生まれの子どもよりも、フィリピン人の母親の連れ子として呼び寄せられた一・五世の方が外見の特長や日本語力の不足から強い排除の力を学校のなかで感じやすく、フィリピン人意識を「反応的に」強めていく可能性が高い。日比ハーフの場合は、「日本人らしい」外見からエスニシティの無化を行いやすい条件が整っており、主流文化に同化してパッシングすることで差別をかわそうとする傾向が見られる。また片親が日本人であることから家庭のなかで主流文化がすでに伝達されていることの影響も大きい。

しかし、家族の影響力の大きさを考えると、一・五世であっても、アントニオのように主流文化に迎合してエスニシティを無化しようと努力を重ねる場合もある。彼が日本人になることを希求する背景には、「ジャパン・ドリーム」を念頭に日本社会を礼賛する親の強い影響力がある。親世代の「ジャパン・ドリーム」は主流文化と親和的であるため第二世代の上昇移動を支える学習意欲を子どものなかにつくり出すが、その一方で親子のあいだに役割逆転（Portes & Rumbaut 2001）と葛藤を生み出すという皮肉な結果も招いている。

家族は、差別に対抗する手段として子どもたちを反抗文化に促すか、マイノリティの上昇文化に促すかの分岐点にもなっている。サラやルイの事例が示すように、子どもたちが家族のなかに居場所を見出せず、親も仕事で多忙なために子どもの教育に十分な関心を払えない場合、子どもたちは家庭の外に自己肯定感の拠りどころを求めにいく。そのような子どもたちがネットワークで繋がったとき、反抗文化が形成されやすい。一方、香保子ハナの場合は、家庭のなかにマイノリティの上昇文化が形成されており、幼い頃からその影響下で育った。フィリピン人の母親はモデル・マイノリティとしてのふるまい方を香保子ハナに教えて、フィリピン人のステレオタイプに取り込まれないように留意した子育てをしていた。洋祐の場合は父親代わりの日本人男性が「移民としてのハングリー精神」を呼び覚ますうえで大きな役割を果たした。

フィリピン系移民第二世代の家族はトランスナショナルに拡張しており、フィリピンあるいは第三国に住む親族の文化も日本に住むフィリピン系移民第二世代の子どもたちのエスニシティ戦術に影響を与えている（額賀 2012）。洋祐の場合、一緒に暮らすフィリピン人の母親は教育にあまり関心を示さなかったが、彼はアメリカで成功した親族から大きな影響を受け、アジア系アメリカ人に体現されるマイノリティの上昇文化を継承している。一方、サラやルイには教育を通じて地位達成した親族がフィリピンにも海外にもおらず、マイノリティの上昇文化に触れる機会がない。

こうした文化は家族の階層と関係があるように思える。親の学歴や生活の安定が第二世代の子どもの教育達成に影響を与えていることが指摘されているが（樋口・稲葉 2018）、家族の資本と子どもの教育達成のあいだには家族に特有の文化の働きがあることを検討する必要がある。30件という少数の事例研究の限界はあるが、親の学歴が比較的高く経済的に安定している家庭の子どもは、主流文化あるいはマイノリティの上昇文化を家庭のなかで育んでいる傾向が見られる。一方、親の学歴が比較的低く経済的に不安定な家庭の場合は、主流文化との断絶が見られ、母国の家族中心主義や送金文化が色濃く見られた。特に女子に対する家事や育児、送金など家族ケアの期待が高く、サラの事例に見られるように、家庭のなかに居場所を失う女の子たちの姿が浮き彫りになった（額賀 2016）。

しかし、家族の階層と文化だけが子どもたちのエスニシティ実践を規定しているわけではない。移民第二世代では階層と教育達成の関連性が日本人に比べて弱いことが指摘されているが（是川 2018）、それは家庭外の社会関係において子どもたちが接触する文化の影響力を窺わせる。洋祐や香保子ハナの事例は、マイノリティの上昇文化を形成する契機が日本の学校や社会のなかにも存在している可能性をわずかながらも示唆している。洋祐の場合、高校の英語の時間に出会ったフィリピン系アメリカ人のＡＬＴとの交流や、アメリカ大使館の講座における移民をテーマにした対話が自分のエスニシティを価値あるものとして再発見する機会となり、移民として上昇移動していく展望へと繋がっている。香保子ハナも大学入試や就職を通じてエスニシティが資源として有効であることを確信していっている。

他方、エスニシティの無化や閉塞化を実践していた子どもたちのあいだには、自分のエスニシティを日本社会のなかで価値あるものとしてまなざす視線が希薄であった。日常生活のなかでマイノリティの上昇文化を育む機会がなく、エスニシティを教育達成や地位達成の資源として利用していくという発想もなかった。移民第二世代の子どもたちの教育達成を支えるためには、マイノリティの上昇文化を体現し、移民が移民としての誇りをもちながら教育を通じた上昇移動が可能であることを示す、移民のロールモデルの存在が必要である（Portes & Rumbaut 2001；宮島 2002）。

そうした文化やロールモデルの創出のためには、社会や教育における制度と日々の実践がマイノリティの文化を高く評価する方向に変わっていく必要がある。大学の推薦入試やAO入試が移民第二世代が教育達成するための「間隙」になることが指摘されているが（樋口・稲葉 2018）、香保子ハナや洋祐の事例に見るように、大学入試や就職において移民の背景や文化を評価していくことも1つの方法である。アファーマティブ・アクションには弊害もあるが、移民の差異に対して積極的な意味が付与されない日本社会のなかでそうした価値を制度化していくためには必要な過渡的措置であるように思える。

移民第二世代のエスニシティ戦術は本人の成長過程及び社会的文脈のなかで変化していくことにも留意したい。高校までは無化の戦術をとってルーツを隠していた子どもが大学入学以降、同じ移民的背景の若者との出会いや留学、マジョリティの若者との交流と対話を通して、エスニシティを資源化していく傾向も見られる（三浦・坪田・額賀 2016）。このことは、高校までの学校環境ではエスニシティを資源化する契機がほとんどなく、同化と排除の力が支配的であったことを示唆する。大学に進学した子どもたちはより幅広い背景の人々との交流を通じてエスニシティを積極的に資源化していく戦術を学んでいけるが、小中高時代に反抗文化を形成して学業から離脱してしまった子どもたちは、エスニシティの価値転換を図る機会に恵まれないまま、日本社会の下層に早い段階で水路づけられてしまっている。大学以前の段階で移民第二世代が家庭で継承するエスニシティの価値を承認し、移民が移民として上昇移動していくことを支えるような学校の文化が強く求められるといえるだろう。

このことを考えるうえで、最後に7歳のときに来日し、大学進学を果たした日系フィリピン人の横山ジュリアンさんを紹介して筆を置きたい。彼は来日当初全く日本語が分からなかったが、小学校の校長先生が自ら日本語を教えてくれて急速に日本語を上達させた。その校長先生とはずっと繋がりをもち、中学生のときには「少年の主張のスピーチ」大会に出ることを勧められた。校長先生との話し合いのなかでテーマが決まったことを次のように語る。

> やっぱり自分の生い立ちについて書こうと。そこで何を書こうかなってやりとりのなか、自分はどういうルーツなのかと考えるなかで、別にこれは弱みじゃないな、そういうふうに考えを切り替えられる機会があったから、ここからは別に気にしなくなりました。

学校が移民第二世代の若者たちにもたらす影響は大きい。若者たちが自身のエスニシティを教育達成の障害ではなく資源としていけるよう、日本の学校は変わっていかねばならない。

注

1 法務省『在留外国人統計』に基づく。

2 PortesとRumbaut（2001）は移民第二世代を「少なくとも一方の親が外国人であるアメリカ生まれの子ども、あるいは12歳以前にアメリカに入国した子ども」と定義している（23頁）。本章の移民第二世代の定義もこれにならうことにする。

3 この調査は平成27～30年度科研費補助金（基盤研究（B））「ニューカマー第二世代の義務教育卒業後のライフコースと次世代形成に関わる総合的調査」（研究代表者：角替弘規）の一部として進められ、三浦綾希子さん（中京大学）と坪田光平さん（職業能力開発総合大学校）と共同でインタビューを実施した。

4 本章では3つのパターンを挙げたが、ほかにも「エスニシティの無化」を志向して「日本人化」の過程をたどりつつも、本章の事例とは逆に、反学校文化を形成して学業からドロップアウトし、不安定就労に陥るというパターンが見られる（額賀・三浦 2017）。しかし、調査ではこのパターンに該当する者へのアクセスが難しく、詳細な分析ができなかったため本章では除外した。「日本人らしい」外見や名前のために外国人性が露呈しないフィリピン系の若者は多く存在し、本人の「無化」志向と相まって、移民生徒として必要な支援が行き届かないまま学業不振に陥るケースが多くあると予測される。こうした子どもたちの教育機会を十分に保障していくことも課題である。

5 調査協力者の名前はすべて仮名である。カタカナ表記あるいは英語の名前についてはそのニュアンスを保つような仮名にしてある。

参考文献

笠間千浪（2002）「ジェンダーからみた移民マイノリティの現在——ニューカマー外国人女性のカテゴリー化と象徴的支配」宮島喬・梶田孝道編『国際社会4　マイノリティと社会構造』東京大学出版会、121-148頁

川端浩平（2012）「二重の不可視化と日常的実践——非集住的環境で生活する在日コリアンのフィールドワークから」『社会学評論』63(2)：203-219

是川夕（2018）「移民第二世代の教育達成に見る階層的地位の世代間変動――高校在学率に注目した分析」『人口学研究』54:19–42

志水宏吉・清水睦美編（2006）『ニューカマーと教育――学校文化とエスニシティの葛藤をめぐって』明石書店

髙谷幸・大曲由起子・樋口直人・鍛治致・稲葉奈々子（2015）「2010年国勢調査にみる外国人の教育――外国人青少年の家庭背景・進学・結婚」『岡山大学大学院社会文化科学研究科紀要』39：37–56

高畑幸（2016）「フィリピン系日本人――10万人の不可視的マイノリティ」駒井洋監修『マルチ・エスニック・ジャパニーズ――○○系日本人の変革力』明石書店、154–167頁

額賀美紗子（2012）「トランスナショナルな家族の再編と教育意識――フィリピン系ニューカマーを事例に」『和光大学現代人間学部紀要』5：7–22

――――（2016）「フィリピン系ニューカマー第二世代の親子関係と地位達成に関する一考察――エスニシティとジェンダーの交錯に注目して」『和光大学現代人間学部紀要』9：85–103

額賀美紗子・三浦綾希子（2017）「フィリピン系ニューカマー第二世代の学業達成と分岐要因――エスニック・アイデンティティの形成過程に注目して」『和光大学現代人間学部紀要』10：123–140

樋口直人・稲葉奈々子（2018）「間隙を縫う――ニューカマー第二世代の大学進学」『社会学評論』68(4):567–583

三浦綾希子（2015）『ニューカマーの子どもと移民コミュニティ――第二世代のエスニックアイデンティティ』勁草書房

三浦綾希子・坪田光平・額賀美紗子（2016）「フィリピン系ニューカマー第二世代のエスニック・アイデンティティ――ライフコースの分岐と選択的エスニシティへの変容」『国際教養学部論叢』9(2):69–96

宮島喬（2002）「就学とその挫折における文化資本と動機づけの問題」宮島喬・加納弘勝編『国際社会2　変容する日本社会と文化』東京大学出版会、119–144頁

Bean, F. D. and G. Stevens（2003）*America's Newcomers and the Dynamics of Diversity*, Russell Sage Foundation

Breton, R.（1964）“Institutional Completeness of Ethnic Communities and the Personal Relations of Immigrants,” *American Journal of Sociology*, 70(2):193–205

Espiritu, Y. L.（2003）*Home Bound: Filipino American Lives Across Cultures, Communities, and Countries*, University of California Press

Glazer, N. and D. P. Moynihan（1970）*Beyond the Melting Pot: The Negroes, Puerto Ricans, Jews, Italians, and Irish of New York City (Second Edition)*, Mass: M.I.T Press

Gordon, M. M.（1964）*Assimilation in American Life: The Role of Race, Religion, and National Origins*, Oxford University Press

Levitt, P. and M. C. Waters eds.（2002）*The Changing Face of Home: The Transnational Lives of the Second Generation*, Russell Sage Foundation

Neckerman, K. M., P. Carter and J. Lee（1999）“Segmented Assimilation and Minority Cultures of Mobility,” *Ethnic and Racial Studies*, 22 (6):945–965

Portes, A. and R. G. Rumbaut（2001）*Legacies: The Story of the Immigrant Second Generation*, Russell Sage Foundation

Takenoshita, H., Y. Chitose, S. Ikegami and E. A. Ishikawa（2014）“Segmented Assimilation, Transnationalism, and Educational Attainment of Brazilian Migrant Children in Japan,” *International Migration*, 52(2):84–99

書評

BOOK REVIEW

田巻松雄／スエヨシ・アナ編『越境するペルー人――外国人労働者、日本で成長した若者、「帰国」した子どもたち』下野新聞社、２０１５年

川本綾著『移民と「エスニック文化権」の社会学――在日コリアン集住地と韓国チャイナタウンの比較分析』明石書店、２０１８年

駒井　洋

本シリーズでは、毎回、日本語で刊行された移民・ディアスポラ関連の重要な単行本を紹介をかねて書評する。今号では、田巻松雄氏／スエヨシ・アナ氏の編著と川本綾氏の単著を書評の対象とした。

田巻松雄／スエヨシ・アナ編『越境するペルー人――外国人労働者、日本で成長した若者、「帰国」した子どもたち』

下野新聞社、２０１５年

本書のねらい

本書は「田巻／スエヨシ編」となっているが、実際にはコハツ・ホセを含む3人により執筆されている。以下では、執筆者名を（　）内に記す。

本書のねらいを「はじめに」（田巻）から紹介すると、宇都宮大学国際学部による外国人児童生徒支援事業ＨＡＮＤＳの進展や、日系ペルー人であるスエヨシとコハツとの出会い、ペルー人に関する先行研究の少なさ、ペルー人生徒を受け入れてきた国際学部の環境等によって、ペルー人に焦点を当てた研究を一冊の本にまとめたいとの思いが強くなっていった。そのための具体的な構想

を検討し始めたのは、2013年の春であった。

スエヨシはペルーに帰国した児童生徒を追跡する調査をすでに数回行なっていた。コハツは卒業論文作成のために日本で成長して大人になったペルー人の若者たちへのインタビューを、田巻は出稼ぎ外国人労働者として長年日本で暮らしてきたペルー人に対するインタビューとアンケート調査を、2013年から14年にかけて実施した。本書はこれらの作業をまとめ、日本と関わりをもったペルー人の生活状況や意識等に接近しようとしたものである。

以下、「おわりに」(田巻)から引用する。「越境するペルー人を取り上げた本書が、この分野に関する数少ない文献に加わることで、越境するペルー人への理解が深まることを期待している。ペルーでは日本へのペルー人移民に関する学術的な関心がほぼ存在しないのが現状であり、この面に対しても一石を投じたいと考えている。ペルー人は、在住外国人の中のマジョリティではないが、かれらの動向が日本社会および日系社会に与える影響は決して小さくない。」

本書の構成

本書は「はじめに」と「おわりに」のほか4章と9本のコラムから構成されている。

「出稼ぎ労働者8人の語り」と題される第1章(田巻)は、第1節「解説」と、第2節「8人の語り」からなっている。インタビューの対象となった8人はすべて1990年前後の出稼ぎブームの時期に来日し、20数年にわたって日本で生活してきた。

第1節では、8人のプロフィールとともに、日本語能力、仕事、出稼ぎから定住へ、子どもの教育と帰化の4つの事項についての語りをまとめている。1人を除いて来日当初は短期の出稼ぎを希望していたが、滞在は長期化し、妻や子どもをペルーに残してきた場合には比較的早い時期に呼び寄せが行なわれている。この8人は、安定した就労環境と子どもの教育環境を重視し、結果的に定住化に向かった。8人のなかで帰化した者はいないが、子どもの帰化については全体的に肯定的である。

第2節では、8人の語りが再現されている。そのなかで、評者の興味をひいたのは7番目の非日系男性であり、「不法滞在」であったため、弁護士とともに在留特別許可の申請を行なって、定住ビザを得ることができた。そのとき同じような4家族がいたが、仕事が無くなったり、父親、母親が捕まってしまったりした2家族は在留特別許可を得ることができなかった。
「日本で成長し大人になった若者たち」と題される第2章（コハツ）は、「はじめに」と「おわりに」のほか4節からなっている。第1節では、調査対象者を日本在住者に限定し、最終学歴を中卒から専門学校および大学卒業までの5段階に区分し、それぞれについて2から5人を選出して計16人に対する面接を行なったことが述べられる。第2節では、家族との関係、特に母親との関係が育ち方にきわめて大きな影響を与えたとされる。第3節では、通説と異なって、小学校入学前の来日者か、小中学校期間中の来日者かという条件が達成学歴に影響しなかったとし、その理由が説明される。第4節では、日本で生活基盤を築いたかれらには、帰国したい気持ちがあっても、ペルーでの新たな生活に挑む自信がないように見受けられるとする。

「ペルーと日本を行き来する子どもたち――日系人児童生徒の二重準拠枠の構築を視野に入れて」と題される第3章（スエヨシ）は、5節と「おわりに」とからなる。第1節によれば、本章のデータは、２００８年と２００９年に日本からペルーに帰国した日系人児童生徒が多いいくつかの都市におけるインタビュー調査に基づき、理論的枠組みとしては、二重準拠枠（Dual Frame of Reference: DFR）理論が採用されている。それによれば、移住者による現実の諸問題の理解は、母国と今住んでいる社会という２つの社会的文脈を比較しながらそのなかに位置づけることにより行なわれる。

第2節では、日本とペルー間の移住の歴史が概観され、ブラジル人と比較してペルー人は国内外を問わず頻繁に移動する性質をもたないとされる。第3節によれば、調査対象は幼稚園4人、小学校53人、中学校１００人、中学卒14人、計１７１人であった。第4節には、１２８人に対するインタビュー調査の結果が示されているが、環境については日本の清潔な都市と完ぺきな交通システムが評価されており、また「日本人は冷たく、ペルー人は暖かい」とされている。第5節では二重準拠枠についての考察が提示される。それによれば、日本に関連するポジティブな事項は物質的な幸福に、ネガティブな事項は精神的な幸福に関連しており、ペルーに関連するポジティブな事項は精神的な幸福に、ネガティブな事項は物質的な幸福に関連している。このように二重準拠枠は時間と空間を超越する。

「在住ペルー人の生活と意識――アンケート調査結果より」と題される第4章（田巻）は、「はじめに」と「おわりに」のほか5節からなる。

「はじめに」によれば、調査は20歳以上の栃木県に在住するペルー人141人を対象とし、生活全般についての実情と子どもの教育に対する意識を探ることを目的に実施された。

第2節は、主な集計結果を紹介している。滞日歴については15年以上が約6割を占め、栃木県への直接の来日が他県経由を上回った。引っ越しは多く、雇用については派遣社員が4割を占め、収入は20万円以下が約7割を占めた。日本語能力については、話すおよび聞く力についてはそれほど不自由ではないが、読み書きの能力は劣っている。生活全般についての満足度は8割以上が満足、あるいはおおむね満足であった。

子どもの教育に対する意識についての第3節によれば、全般的に子どもの大学・高校進学を望んでいる保護者が多いが、大学進学に対する不安感のほうが強い。また、特に経済的な理由で進学について不安を感じている者が多い。第4節で定住への傾向を見ると、当初の短期滞在予定が長期滞在に変わった。第5節で、南米系生徒の進学率が相対的に低いことについての自由記述を見ると、「親の問題」をあげる者が圧倒的に多い。また生活全般についての高い満足度の理由としては安全・安心をあげる者が多く、低い満足度の理由としては専門職や専門を活かした仕事に就けていないことがあげられている。

「おわりに」では、母国ペルーとの比較のもとに日本での生活に対する満足度が高くなると結論される。

本書の意義

本書の意義として第1にあげたいことは、本書が日系ペルー人を中心とする、越境するペルー人についての初の本格的研究であることである。ラテンアメリカからの来日者については、とりわけ日系ブラジル人を対象とする多くの研究成果の蓄積があるが、ペルー人については断片的な研究しか存在していなかった。その意味で、本書は貴重である。

本書の意義として第2にあげたいことは、本書の対象が、日本に在住するペルー人労働者、日本で成長したペルー人の若者、ペルーに帰国した児童生徒からなり、空間を超える複眼的考察が可能になったことである。すなわち、母国から移住先国そして帰国という移動のダイナミズムがそれを担う人間としてのペルー人にもたらしたものは、これからの地球社会のありかたを考えるうえで重要な意味をもつ。

本書の意義の第3にあげたいことは、しっかりした調査方法が採用されていることである。本書では、質問票を用いるアンケート調査とともにインタビュー調査が多用されているばかりでなく、アンケート調査の自由記述も活用されている。アンケート調査は量的分析を、インタビュー調査と自由記述は質的分析を可能にし、両者相まってより迫力と深みのある全体像への接近に成功している。

本書の問題点の第1としては、理論的に一貫した体系性が希薄であることがあげられる。田巻は労働・生活・意識一般などを検討する一方、スエヨシは理論としての二重準拠枠を重視し、コハツは達成学歴を視軸としている。このような視点の分散は、本書の著者たちが問題意識を共有できなかったことに由来すると思われる。

本書の問題点の第2は、調査対象者の地域性に関するものである。アンケート調査の対象者は栃木県在住者に限られている一方、コハツの対象者16人のうち栃木県在住者はわずか4人にすぎない。またスエヨシは、日本全体からの帰国者を対象としている。他地域と比較しながら、栃木県固有の地域的特性が栃木県のペルー人在住者にどのような影響を与えているかの検討が望まれる。

それにしても、このような問題点も、パイオニアとしての本書がもつ価値を毛頭損なうものではない。

川本綾著
『移民と「エスニック文化権」の社会学——在日コリアン集住地と韓国チャイナタウンの比較分析』

明石書店、2018年

本書のねらい

著者は、「終章　新たな共同性の構築に向けて」の結論部分で、「日本が、近い将来必ず直面するであろう移民を含めた地域社会の再構築を考える際、エスニックな文化や言語の権利保障は、『単一民族神話』の呪縛から抜け出す糸口となることが期待できるだろう」と述べて、新たな共同性に基づく地域社会の構築において、エスニック文化権の保障が果たすべき重要な役割を力説している。これが、本書全体を通した基本的問題意識であるといえよう。

このような問題意識に立って、著者は、本書の分析から得られた知見を以下の3点に要約している。1点目は、国家や制度と移民との関係である。日本の場合、戦後の外国人住民に対する権利保障は、国際的な圧力や当事者および支援者からの異議申し立てにより、既存の国民国家体制に支障が出ない範囲で行なわれてきた。そのなかで、仮滞在の外国人ではなく、地域社会でともに暮らす旧来型移民としての在日コリアンが認知されていった。

移民国家へ踏みだした韓国の事例を見ると、政策対象となる国際結婚移住女性など新たに流入してきた定住外国人としての新来型移民と、華僑としての旧来型移民という二重構造が存在している。前者については、二重言語教育政策などの政府主導による施策が展開された。それに対して、後者については、権利獲得における韓国人との連帯や、行政との共同関係の形成は見られず、その処遇は社会的イシューとはならなかった。

2点目は、地域コミュニティの重要性である。大阪では、非差別部落の日本人住民が、在日コリアンに対する民族差別を地域が抱える課題であると認識した結果として、民族学級の取り組みが誕生した。それから40年以上が経過したが、民族学級は地域コミュニティの資源として残り、朝鮮半島にルーツをもつ子どもたちの受け皿となっている。

韓国の「仁川チャイナタウン」の事例では、華僑の代表組織の力量が弱かったため行政がまちの運営に当たり、華僑は主体性を獲得できなかった。さらに、華僑が権利として保持すべきエスニックな文化資源も、観光資源として消費されてしまっていた。

3点目は、地域社会でコミュニティを構築するに当たって、エスニック文化権の保障がもつ重要性である。それには移民とホスト社会の構成員が異質性を媒介として対等な地域住民として共同関係を築くばかりでなく、行政との共同関係も担保されなければならない。

本書の構成

本書は序章と終章および5章から構成されている。

「都市とエスニック・コミュニティをめぐる課題」と題される序章は、3節からなる。

第1節では、本研究の新規性について、①日本同様に旧来型移民を抱えながら移民の統合へと踏みだした韓国の事例を参照し、その是非を踏まえ、国際的な観点から日本の移民政策の方向性を考察する点、②旧来型移民の実践をとりあげ、エスニック・コミュニティの機能と役割を分析し、都市社会学におけるエスニック研究を補完する点、③旧来型移民と新来型移民をつなぐ分析概念としてエスニック文化権に着目する点にあるとする。

第2節では、地域社会における移民に着目したシカゴ学派、日本における新来型移民による都市コミュニティの研究、都市部における在日コリアンのコミュニティの研究、韓国における新来型移民のエスニック・コミュニティの研究、在韓華僑の歴史的研究が検討されたあと、エスニック文化権を主張する欧米の主要な学説が紹介され、日韓の旧来型移民についてもこの権利の保障が重要であるとされる。

第3節では、とりわけライフヒストリー調査という手法をとったことが述べられ、調査対象者として大阪の西成地域の10人、仁川地域の11人が示される。

「日本における外国人政策の変遷と在日コリアン」と題される第1章は、2節からなる。第1節では、20世紀初頭から2010年代にいたる在日コリアンの歴史がまず概観され、つづいて新来型外国人に対する地方自治体を中心とする施策が検討され、さらに大阪市の在日コリアンを含む外国人に対する1990年代以降の施策が紹介され、最後に1970年代に民族学級が自主的に開設されたが、大阪市の「在日外国人教育基本方針」（2001年）においてその意義が認められたとする。第2節「小結」では、民族学級をエスニック文化権の萌芽であったとして高く評価する。

「エスニック・コミュニティの形成と地域社会」と題される第2章は3節からなり、主として聞き取り調査に基づいている。第1節では、コリアンの西成への流入と定住、西成コリアンの仕事とコミュニティの形成、教会を通したネットワークの形成が検討される。第2節では、西成コリアンの民族教育、長橋小学校に設立された民族学級の歴史と、八尾市における市民団体の活動が述べられる。第3節「小結」では、民族教育をはじめとするエスニック文化権の保障は、地域住民が行政を巻きこみながら築いたとする。

「韓国の移民政策の変遷と在韓華僑」と題される第3章は2節からなっている。第1節では、19世紀末から始まった華僑の排除と定住の歴史、新来型移民に対する多文化政策のもとでの華僑政策のあいまいさ、華僑の法的地位の不安定性が検討される。第2節「小結」では、華僑の諸権利が剝奪されていると結論する。

「エスニック・コミュニティの再

構築」と題される第4章は3節からなり、聞き取り調査によるデータも活用されている。第1節では、仁川華僑の定住の歴史と、華僑の参与の無いなかでの国と地方自治体、民間資本によるチャイナタウンの造成の過程が紹介される。第2節では、華僑の歴史や文化を一方的に観光資源にしようとする行政の姿勢が検討される。第3節「小結」では、華僑と行政、ひいては韓国社会とのあいだの不信感は払拭されなかったと結論される。

「新しいエスニック・コミュニティの形成」と題される第5章は2節からなっている。第1節では、まず韓国語に不自由な国際結婚移住女性のつくる多文化家族の子どもたちが概して学校に不適応であり、それへの対応としてエスニックな言語や文化をも重視する二重言語教育政策が2000年代末から採用され、その成果として多文化家族の子どもたちばかりでなく韓国人の子どもたちにも意識の変化が現れたとする。第2節「小結」では、この政策がエスニック文化権の構築に資すると結論される。

終章については、冒頭ですでに紹介した。

本書の意義

本書の意義の第1は、西成と仁川という旧来型移民の集住地を主たる研究対象として、教育や言語を中核とするエスニック文化の保持や発展を検討していることにある。エスニック文化こそ、地域社会を基盤とするコミュニティ形成の条件にほかならないからである。移民が分散居住している場合と比較すれば、移民の集住地ではエスニック文化の確立がはるかに容易となるであろうことはいうまでもない。

本書の意義の第2にあげたいのは、このような集住地におけるホスト社会の住民との共同関係の重要性を指摘していることである。西成では、被差別部落民との共同関係のもとに、在日コリアンのエスニック文化権の保障を前進させることができた。それに対し、仁川ではホスト社会の住民との共同関係が存在しなかったため、華僑のエスニック文化権の保障もなされなかった。

本書の意義の第3は、西成と仁川という集住地の歴史的形成について、計21人からライフヒストリーを聞き取り、それに依拠しながらきわめて興味深いモノグラフを提供していることにある。世代交代が進んでいる現在、本書で紹介されているような数十年前のさまざまな事例は、近い将来には手に入れることが不可能となろう。この意味で、本書は貴重なデータを提示している。

以下、評者が感じた本書の問題点を2つほどあげておきたい。その第1は、著者が重視する行政との関係についてである。行政には国レベルと地方自治体レベルとがあるが、この両者は峻別される必要があろう。移民政策について見ると、日本では国は無策であるが、韓国では二重言語教育政策など国を主体とする多文化政策がとられている。一方地方自治体については、日本ではかなり積極的な対応がなされているのに対し、韓国では仁川に見られるように消極的である。

問題点の第2は、在日コリアンの民族教育に関するものである。本書では主として西成の民族学級が注目されており、大きな役割を果たしてきた朝鮮学校のシステムへの言及がほとんどない。長い歴史をもつ朝鮮学校は、在日コリアンのエスニック文化権の保障に多大な貢献をしてきた。それを考えると、この欠落は残念である。

それにしても、本書が著者の多年にわたる精進の結晶であり、著者自身による一次的データをも踏まえて重要な問題提起に成功していることは、高く評価されてよい。

編者あとがき

本書の編者をお引き受けするに当たって、最も留意したのは、外国人労働者の受け入れに関して大きな転換点を迎えている現在の日本において、移民受け入れによる人口・階層構造への影響に関する研究のフロンティアをどれだけ明確に示せるか、ということであった。人口・階層構造への影響は、実社会においても移民受け入れに関する期待や不安の背景にある重要なイシューでありながら、なかなかそれに対して真正面から答えた研究は少ないなか、いかにその難しい課題に迫れるかが私に課されたミッションであった。

そのため、各章のテーマ、及び執筆者の選定に当たっては、今一度、数多くの文献に当たることで最先端の研究成果をレビューするとともに、執筆依頼に当たっても可能な限り、編者が執筆者一人ひとりに実際にお会いし、1－2時間程度のディスカッションを行うことで各分野における論点を絞り込んでいった。

その際、執筆者の方々に何度も投げかけたのは、これまでの移住過程の実態を明らかにするとともに、そこにおける分かれ目はどこか、そして今後の展望はどのようなものか、という問いであった。各章の執筆者はいずれもそれぞれの分野における第一人者であり、それぞれの移住過程の詳細を熟知しておられる方々である。よって、各章においては、こうした点について詳細に分析いただけたものと思う。

また、今回は海外の研究者からも寄稿いただいた。これは低出生力下における移民受け入れという課題が、われわれだけの課題ではなく、他の先進各国に共通した課題であるということ、及び日本でわれわれが経験している移民人口の急増が、アジア全域で起きている現象の一端であることを知っていただきたかったためである。

もちろん、こうした試みが成功しているか否かは、読者の皆様のご判断にお任せしたいが、全体の編集作業を通じて感じたことをひとつだけ記しておきたい。

それは本書の冒頭でも述べているように、本書は移民受け入れの推進/抑制のいずれをも目的としたものではなく、また、多文化共生社会の実現といった価値観にも直接コミットしたものではないということである。もちろん、各章の分析結果に基づいたうえで、各種政策提言がなされることはあるものの、それよりも本書で目的としたのは、移民の移住過程について、これまでの実態、要因‐分かれ目を明らかにすること、及びそれに基づいて今後の展望を示すことであり、これは移民政策、及び受け入れについてどのような立場をとる人にとっても共通の前提知識となることが期待されるものである。

その意味で、本書は移民受け入れに対して否定的な人、あるいは受け入れによって日本社会がネガティブな影響を受けると思っている人にこそ読んでいただきたい。実際、この分野については(政府や大手マスコミにとってすら)分かっていることはあまりに少なく、ましてや個人にとってその全体像をつかむことは、ほとんど不可能であるといってよい。そうしたなか、本書に寄稿いただいた各執筆者はそれぞれの分野において、最先端の情報を有している数少ない専門家たちであり、現時点において最も信頼できる情報源であるといえる。

実際、先進各国において移民受け入れについて最も懸念されているのは、根拠のないデマや社会不安であるとされている。また、移民問題は他の社会問題に比べても、こうした根拠のないデマや不安の影響を受けやすい。理由は簡単で、それは観察者と観察対象のあいだに重複が少ない、つまり移民と現地人とは多くの場合、別の集団であり、現地人が自分たちのことについて知っている知識がどこまで移民について妥当するのか、一見して分からないためである。未知の存在に対しては、どうしても想像力や共感能力は及びにくくなってしまうし、その結論は極端なものになりやすい。

さらに、そういった誤解やデマが当の移民の存在以上にその社会にとってどれだけ甚大な被害を及ぼすかについては、ここで改めて繰り返すまでもないほどであろう。われわれが他の国の移民受け入れの経験に学ぶことがあるとすれば、まさにそういった点こそ重要である。われわれは他の社会問題以上に、移民については知ることを怠ってはいけないということを忘れてはならないのである。

最後に本書の編集に当たっては、そもそも本件を私にご提案いただいた駒井洋先生、鈴木江理子先生をはじめ、お忙しいなか、短期間で高い水準の原稿をご執筆いただいた執筆者の先生方、及び全体の進行管理、編集作業をご担当いただいた明石書店の関正則さん、上田哲平さんに心から感謝申し上げる。本書が多少なりとも読者の方々にとって読み応えのあるものになっているとしたら、それはこうした方々のご尽力によるものである。

折しも今春（2019年4月）より新たな在留資格である特定技能による外国人労働者の受け入れが始まった。これが今後、日本社会にどのような影響を及ぼすのかについては、実際の推移を見守るしかないものの、私たち移民研究者としても、こうした変化に真摯に謙虚に向き合い、新しい変化やその諸相を明らかにしていければと考えている。本書がその際の指針のひとつとなれば、幸いである。

2019年4月22日

移民・ディアスポラ研究8　編者　是川　夕

鍛治　致（かじ・いたる）―― 第9章
大阪成蹊大学マネジメント学部准教授。京都大学大学院教育学研究科博士後期課程認定退学。論文に「在日外国人の子どもの家庭背景と高校在学率――2010年国勢調査から」（『教育と医学』第775号、2018年）、「中国出身生徒の進路規定要因――大阪の中国帰国生徒を中心に」（『教育社会学研究』第80集、2007年）、「中国帰国生徒と高校進学――言語・文化・民族・階級」（蘭信三編『「中国帰国者」の生活世界』行路社、2000年）など。

平澤文美（ひらさわ・あやみ）―― 第10章
一橋大学大学院社会学研究科博士後期課程単位取得退学。修士（社会学）。論文に「帰国したベトナム人留学生の仕事と収入」（『アジア太平洋研究』No.3、2018年）、「日本に定住したベトナム難民――第一世代の就労状況を中心に」（ファム・ティ・トゥ・ザン編『日本研究論文集　越日交流史』Nhà Xuất Bản Thế Giới、2013年）、「ベトナム人――外部市場志向のビジネス」（樋口直人編『日本のエスニック・ビジネス』世界思想社、2012年）など。

額賀美紗子（ぬかが・みさこ）―― 第11章
東京大学大学院教育学研究科准教授。UCLA社会学部博士課程修了。博士（社会学）。著書に『越境する日本人家族と教育――「グローバル型能力」育成の葛藤』（勁草書房、2013年）、"Growing Up in Multicultural Japan: Diversifying Educational Experiences of Immigrant Students"（A. Yonezawa et al. eds., *Japanese Education in a Global Era*, Springer, 2018, T. Tokunaga とF. Takahashi との共著）、「外国人家族の《見えない》子育てニーズと資源仲介組織の役割――外国人散在地域におけるフィールド調査からの政策提言」（『異文化間教育』第49号、2019年）など。

［連絡先：小林 真生（ma716@ybb.ne.jp）］

【執筆者】（執筆順）

ジル・スピルボーゲル（Gilles Spielvogel）―― 第2章〔訳　是川夕〕
OECD移民課エコノミスト、パリ第一大学（パンテオン・ソルボンヌ）准教授。パリ政治学院（Science Po）修了。Ph.D.（経済学）。著書に「OECD諸国における近年の難民流入の労働力人口への影響（OECD移民アウトルック2018特別章）（"The contribution of recent refugee flows to the labour force, in OECD," International Migration Outlook 2018）」（OECD、2018年）、「移民労働者の採用：フランス2017（Le recrutement des travailleurs immigrés: France 2017）」（OECD、2017年、共著）など。

ミケーラ・メグナジ（Michela Meghnagi）―― 第2章〔訳　是川夕〕
OECD地域経済雇用開発プログラムジュニアポリシーアナリスト。統計学及び国際経済の修士課程を修了。業績にOECDから出された英国・北アイルランドにおける雇用開発に関する報告書、及びベルギー・フランダース地方における雇用創出及び地域経済開発に関する報告書など。

シャフェイ・グー（Shafei Gu）―― 第3章〔訳　是川夕〕
香港中文大学社会学部大学院生（博士課程）。西安交通大学管理経営学部修士課程修了。業績にMeng Baiとの共著である都市の規模別に見た地方の移住労働者核家族の家族再結合に関する論文など。

エリック・フォング（Eric Fong）―― 第3章〔訳　是川夕〕
香港中文大学社会学部教授（学部長）、移民と移動に関する研究所所長（Director, the Research Centre on Migration and Mobility）。シカゴ大学博士課程修了。Ph.D.（社会学）。著書にBrent Berryとの共著である*Immigration and the City*（Polity, 2017）など。

石田賢示（いしだ・けんじ）―― 第4章
東京大学社会科学研究所准教授。東北大学大学院教育学研究科博士後期課程修了。博士（教育学）。著書に「孤立と信頼――平時と災害時の関連性」（東大社研・玄田有史・有田伸編『危機対応学――明日の災害に備えるために』勁草書房、2018年）、「社会的孤立と無業の悪循環」（石田浩編『教育とキャリア』勁草書房、2017年）、論文に"The Academic Achievement of Immigrant Children in Japan: An Empirical Analysis of the Assimilation Hypothesis"（*Educational Studies in Japan: International Yearbook*, 10, 2016）など。

永吉希久子（ながよし・きくこ）―― 第5章
東北大学大学院文学研究科准教授。大阪大学大学院人間科学研究科博士課程修了。博士（人間科学）。著書に「移民排斥――世論はいかに正当化するか」（髙谷幸編『移民政策とは何か――日本の現実から考える』人文書院、2019年、五十嵐彰との共著）、論文に"Economic Integration of Skilled Migrants in Japan: The Role of Employment Practice"（*International Migration Review*, 52(2), 2018, Hilary J. Holbrowとの共著）など。

馬　文甜（Ma Wentian）―― 第6章
中央民族大学外国語学院専任講師。筑波大学大学院人文社会科学研究科博士課程修了。博士（社会科学）。論文に「現代日本における中国出身留学生の将来設計に関する一考察」（『移民政策研究』第8号、2016年）、書評に「本の紹介『現代における人の国際移動』日本への中国国費留学生の進路選択――改革・開放初期の学部留学生へのインタビュー調査を通じて」（『Migrants Network』No.165、2013年）など。

松宮　朝（まつみや・あした）―― 第8章
愛知県立大学教育福祉学部准教授。北海道大学大学院文学研究科博士後期課程中退。博士（文学）。著書に「地域コミュニティにおける排除と公共性」（金子勇編著『計画化と公共性』ミネルヴァ書房、2017年）、「Ｉターン移住者、集落支援員による『協働』型集落活動」（日本村落研究学会企画『年報村落社会研究』農山漁村文化協会、2017年）、『食と農のコミュニティ論』（創元社、2013年、碓井崧との共編）など。

【監修者】
駒井　洋（こまい・ひろし）―― 刊行にあたって・書評
筑波大学名誉教授。移民政策学会前会長。東京大学大学院社会学研究科博士課程修了。博士（社会学）。著書に『国際社会学研究』（日本評論社、1989年）、『移民社会学研究――実態分析と政策提言1987-2016』（明石書店、2016年）、監修書に『移民・ディアスポラ研究1～7』（明石書店、2011～2018年）など。

【編著者】
是川　夕（これかわ・ゆう）―― 序章・第1章・第7章・編者あとがき
国立社会保障・人口問題研究所人口動向研究部第三室長、OECD移民政策専門家会合（SOPEMI）政府代表。東京大学大学院人文社会系研究科博士課程修了。博士（社会学）。著書に『移民受入れと社会的統合のリアリティ』（勁草書房、2019年刊行予定）、「移民第二世代の教育達成に見る階層的地位の世代間変動――高校在学率に注目した分析」（『人口学研究』第54号、2018年）、「日本における国際人口移動転換とその中長期的展望――日本特殊論を超えて」（『移民政策研究』第10号、2018年）など。

移民・ディアスポラ研究 8
人口問題と移民 ―― 日本の人口・階層構造はどう変わるのか

2019 年 6 月 10 日　初版第 1 刷発行

監修者　駒 井　洋
編著者　是 川　夕
発行者　大 江 道 雅
発行所　株式会社明石書店
〒101-0021 東京都千代田区外神田6-9-5
電　話　03(5818)1171
ＦＡＸ　03(5818)1174
振　替　00100-7-24505
http://www.akashi.co.jp
装　丁　明石書店デザイン室
組　版　朝日メディアインターナショナル（株）
印　刷　モリモト印刷株式会社
製　本　モリモト印刷株式会社

（定価はカバーに表示してあります）　ISBN978-4-7503-4844-5

移民・ディアスポラ研究

7

産業構造の変化と外国人労働者

労働現場の実態と歴史的視点

駒井 洋［監修］ 津崎克彦［編著］

A5判／並製／304頁 ◎2,800円

在留外国人が250万人を突破し、多くの外国人労働者が日本社会を支えている。その労働現場で何が起こっているのか、なぜ日本の産業社会は外国人労働者を必要としているのか、そしてその背景にある世界の国際労働力移動についても問う。

【内容構成】

〈価格は本体価格です〉